U0622463

中国水产科学发展报告

(2016—2020)

中国水产科学研究院　编

中国农业出版社
北　京

图书在版编目（CIP）数据

中国水产科学发展报告．2016—2020 / 中国水产科学研究院编．—北京：中国农业出版社，2021.10

ISBN 978-7-109-28916-1

Ⅰ．①中…　Ⅱ．①中…　Ⅲ．①渔业—科学技术—技术发展—研究报告—中国—2016-2020　Ⅳ．①F326.43

中国版本图书馆 CIP 数据核字（2021）第 237802 号

中国水产科学发展报告（2016—2020）

ZHONGGUO SHUICHAN KEXUE FAZHAN BAOGAO（2016—2020）

中国农业出版社出版

地址：北京市朝阳区麦子店街 18 号楼

邮编：100125

责任编辑：贾　彬　　文字编辑：林维潘

版式设计：王　晨　　责任校对：吴丽婷

印刷：北京通州皇家印刷厂

版次：2021 年 10 月第 1 版

印次：2021 年 10 月北京第 1 次印刷

发行：新华书店北京发行所

开本：787mm×1092mm　1/16

印张：25.25

字数：650 千字

定价：180.00 元

版权所有・侵权必究

凡购买本社图书，如有印装质量问题，我社负责调换。

服务电话：010-59195115　010-59194918

编 辑 委 员 会

主　　任： 王小虎

副 主 任： 唐启升　林祥明

委　　员（按姓氏笔画排序）：

王印庚　王鲁民　戈贤平　孔　杰　孙慧武　李来好
李纯厚　陈　军　金显仕　梁利群　韩　刚

编 写 组 成 员

主　　编： 林祥明

编写人员（按姓氏笔画排序）：

王　书　王印庚　王建波　王鲁民　王鹏飞　戈贤平
孔　杰　危起伟　刘　欢　刘子飞　刘世晶　刘兴国
齐占会　闫　雪　许玉艳　孙英泽　孙昭宁　李　强
李来好　李应仁　李纯厚　李国栋　李道亮　杨　健
吴立冬　岑剑伟　邱丽华　闵明华　张殿昌　陈　军
罗建波　金　岳　金显仕　单秀娟　孟宪红　赵　蕾
胡　婧　袁立来　徐乐俊　黄志斌　梁利群　韩　刚
曾令兵　谢　骏

序 RPEFACE

我国渔业有着悠久的历史，特别是改革开放以来，我国渔业快速发展，已经成为世界上最大的渔业产品生产国、消费国和出口国，是世界上唯一养殖产量超过捕捞产量的主要渔业国家。2020 年，全国水产品产量 6 549.02 万吨，其中养殖产量 5 224 万吨，分别较 2016 年增长 2.66%和 8.99%，全社会渔业经济总产值达到 27 543 亿元，较 2016 年增长 18.50%，渔民年人均纯收入超过 2.1 万元。渔业除了传统上提供优质蛋白保障国家食物安全和人民营养需求、发展农村经济保障渔民生计的作用外，在养护水生资源促进生态文明建设，养殖贝藻固碳服务国家碳达峰、碳中和战略，发展海洋渔业经济维护国家领土权益，转型升级促进农村规模经济发展等方面，发挥着越来越重要的作用。

创新驱动是现代渔业发展的第一动力。“十三五”期间，渔业科技在渔业资源养护、生态环境保护、生物技术、遗传育种、病害防治、养殖技术、水产品加工、质量安全、装备工程、信息技术等领域均取得长足发展。遗传育种、养殖技术等一些领域进入国际领跑、并跑阶段。科技支撑引领产业转型升级作用更加突出，一大批高精尖技术、装备、品种、产品用于实际渔业生产，渔业科技进步贡献率由 2016 年的 58%提高到 2020 年的 63%。“十三五”期间，渔业科技获得国家级奖励 6 项，审定新品种 61 个，制定渔业标准和规范 1 035 项，主推了 65 个渔业主导品种和 53 项渔业技术，受益渔民 500 多万人。

中国水产科学研究院作为渔业科技创新国家队，自成立以来，始终坚持履行国家渔业战略科技力量职责定位，以产业需求为自身发展所向，坚持“以研为本、以创为先”，着眼于解决全国渔业发展基础性、方向性、全局性、关键性重大科技问题，为渔业转型升级长期高效提供科技支持，对推进渔业绿色高质量发展做出了积极贡献。由我院组织编写的《中国水产科学发展报告(2016—2020)》，旨在全面总结我国渔业科技“十三五”期间取得的最新进展和重要成果，系统对比分析国内国际渔业科技优势与短板，全面展望“十四五”渔业科技主攻方向和重要领域，对新时期、新形势、新格局下我国渔业科技战略方向布局等具有重要参考价值，也是从业者了解我国渔业科技发展现状及动向的重要窗口。

党的十九届五中全会提出，坚持创新在我国现代化建设全局中的核心地位，把科技自立自强作为国家发展战略支撑，这对广大渔业科技工作者来讲，既是重大机遇，更是责任挑战。“十四五”时期，我们将与广大渔业科技工作者一起，围绕提质增效、减捕增养、绿色发展、富裕渔民的目标，坚持创新链对接产业链，坚持协同创新，加快攻克渔业发展关键共性技术，突破前沿引领技术，研发现代工程技术，创制适用产品模式，为新时期渔业转型升级、构建渔业绿色高质量发展新格局提供源源不竭的科技动力。

《中国水产科学报告（2016—2020）》是集体智慧和劳动的成果，编写过程中得到了相关高校院所，渔业管理人员、专家学者、技术人员的大力支持，在此向你们表示衷心的感谢，也向付出艰辛劳动的全体编写人员表示衷心的感谢！

王小虎

2021年10月

前言 FOREWORD

《中国水产科学发展报告》由中国水产科学研究院组织编写，自2006年开始，在国家每个五年规划完成后出版，主要总结每个五年规划期间我国渔业领域的主要科技进展与成果，展望下一个五年规划的发展方向和重点，以期为全面掌握渔业科技发展现状和加快推动渔业科技创新提供参考和借鉴。

《中国水产科学发展报告（2016—2020）》是《中国水产科学发展报告》系列的第三册，较为系统地总结了“十三五”期间渔业科技重要领域的主要进展与成果，比较分析了这一时期国内外渔业科技水平差异，预测了各领域的科技发展需求和趋势，并针对智慧渔业、长江渔业资源保护、黄河渔业等热点话题进行了专题综述。此外，该书还汇编了“十三五”期间获得的国家级渔业科学技术奖励和通过审定的水产新品种。

本报告集聚了我国渔业领域相关专家学者等的智慧与心血，但因时间和资料有限，书中难免存在不足和疏漏，敬请广大读者批评指正。

编　者

2021年10月

目 录 CONTENTS

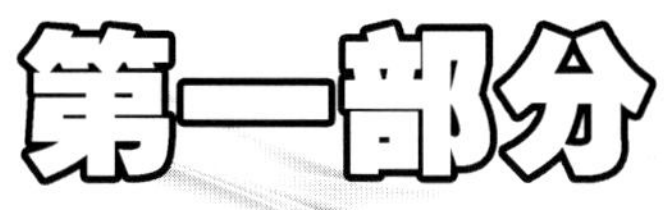

重点领域研究进展

渔业资源保护与利用领域研究进展

一、前　　言

渔业对于保障各国食物安全和促进经济发展发挥了极其重要的作用，成为各国缓解粮食危机的战略措施之一（联合国粮食及农业组织，2020）。我国是渔业大国，渔业是现代农业和经济发展的重要组成部分，特别是 20 世纪 80 年代引入市场经济以来，我国渔业生产力得到有效释放，渔业捕捞产量迅速增加，渔业经济得到空前发展，对改善国民膳食结构、发展渔村经济做出了重要贡献（Ding et al.，2020）。然而，在人类活动和环境变化的压力下，我国水域生态系统的结构与功能正发生着显著的变化，并影响到其生态服务功能。渔业资源养护、提质增效和绿色发展是提升渔业可持续发展能力的基本途径。

"十三五"期间，国内外渔业资源保护与利用学科领域取得了长足发展，成为世界上发展最快、活力最强的学科领域之一。文献统计表明，2016—2020 年渔业资源保护与利用学科国内外发表论文 894 篇，2016—2017 年论文发表数量呈上升趋势，2018 年以后，论文数量有所下降，但渔业资源养护方面的研究论文一直维持较高水平。本报告主要聚焦渔业资源养护、渔业新资源开发与利用、濒危水生野生动物保护以及渔业微生物等方向，总结了国内外发展现状，对比分析了国内外差距，并提出了渔业资源保护与利用学科领域"十四五"科技发展需求与建议。

二、国内研究进展

1. 海洋生态系统动力学研究亮点纷呈

生态系统动力学是海洋-全球变化国际前沿领域之一，是国际科学理事会（ICSU）等多个国际科学组织新组建的"未来地球计划"的内容。中国生态系统动力学研究正在从近海走向深远海，其中极地海洋生态系统动力学与全球变化成为新的关注点。"十三五"期间，在"973"计划"近海环境变化对渔业种群补充过程的影响及其资源效应"等项目的支持下，我国进一步提升了基于生态系统水平的渔业资源适应性管理的科学认知和基础。2018 年，国家重点研发计划"我国重要渔业水域食物网结构特征与生物资源补充机制"和"渔业水域生境退化与生物多样性演变机制"项目启动，通过数据深度挖掘与整合分析，从生态系统整体效应和适应性管理层面进一步推进生态系统动力学研究的进程。国家重点研发计划“全球变化及应对”专项“近海生态系统碳汇过程、调控机制及增汇模式”等项目，围绕“近海碳汇”的核心主题，以海洋生态系统可持续发展为导向，以近海碳汇能力为切入点，以解决“增汇”重大国家需求为目标，评估了自然过程和人类活动对碳汇的影响，阐明了近海碳循环过程、碳源汇变化及蓝碳增汇机制，建立了海洋碳汇的指标体系和陆海统筹的近海增汇模式，为海洋蓝碳增汇奠定理论基础和提供技术储备，为我国应对气候谈判和发展低碳经济提供科技支撑和示范。国家科技基础资源调查专项“西太平洋典型海山生态系统科学调查”项目于2017年启动，围绕深海大洋生物多样性和资源热点——海山系统，开展多学科综合科考，摸清了西太平洋典型海山生态系统的本底资料，提升了科学认知，提高了深海探测能力，完善了技术体系，为维护国家深海大洋权益、拓展和发掘国家战略性海洋资源、支撑国家深远海资源调查与合理开发提供基础数据和科学依据。这些研究大大提高了我国水域生态系统与生物资源的综合观测、建模和预测技术的水平。

2. 渔业资源调查与评估成效显著

《国务院关于促进海洋渔业持续健康发展的若干意见》（2013年）发布后，农业部（现农业农村部）先后启动了一系列渔业资源评估与调查项目，开展了主要渔场生态系统结构功能研究，掌握了重要渔业资源变化规律，研发了渔业资源利用能力和渔场环境数字化监测评估系统，基本实现了资源评估技术标准化，为摸清我国渔业资源状况及产卵场功能、探明和开发外海渔业资源储备了基础资料，并为制定积极稳妥的利用政策、科学合理的养护政策以及涉外海域的渔业谈判等提供了重要科学依据。

（1）内陆水域渔业

“十三五”期间，一系列政策措施的出台，推动了内陆水域生物资源养护工作的完善，为整体性、系统性保护水平提升提供了有力保障。2018年中央1号文件提出“科学划定江河湖海限捕、禁捕区域，健全水生生态保护修复制度”“开展河湖水系连通”“实施生物多样性保护重大工程，有效防范外来生物入侵”“建立长江流域重点水域禁捕补偿制度”等。2018年4月，生态环境部、农业农村部、水利部三部门联合制订并印发的《重点流域水生生物多样性保护方案》，提出了开展调查观测、强化就地保护、加强迁地保护、开展生态修复、规范水域开发、推进科学养殖六大重点任务，以及相关的具体目标和保障机制。2018年9月，国务院办公厅印发了《关于加强长江水生生物保护工作的意见》，从国家政策顶层设计确立了相关制度框架和措施体系，是指导以长江流域为代表的生物资源保护和水域生态修复工作的纲领性文件。

自2002年在长江等重要河流实行禁渔制度后，禁渔制度在“十三五”期间不断加强与完善。2017年中央1号文件要求“率先在长江流域水生生物保护区实现全面禁捕”。2017年，长江一级支流赤水河作为试点，率先实施全面禁渔10年。2017年《关于发布珠江、闽江及海南省内陆水域禁渔期制度的通告》调整了珠江禁渔期制度的时间和范围，以及福建闽江及海南省纳入禁渔期制度的实施范围。从2018年1月1日起，长江流域内332处水生生物保护区率先逐步实施全面禁捕，这意味着长江流域全年禁捕工作启动。2019年1月，《长江流域重点水域禁捕和建立补偿制度实施方案》出台，要求“2020年底以前，完成长江干流和重要支流除保护区以外水域的渔民退捕，暂定实行10年禁捕”，确定了分阶段推进长江全面禁捕的工作安排，同时从政策上保障了禁渔制度的贯彻落实。2018年起实行黄河禁渔期制度。这是黄河首次实施流域性禁渔，填补了黄河流域性渔业资源保护制度的空白。目前，我国内陆七大流域中长江、珠江、淮河、黄河四大流域禁渔期制度已基本建立。

“十三五”期间开展了内陆水域重点区域的渔业资源与环境专项调查，包括长江专项、西北专项、黄河专项、东北专项以及西藏地区专项调查等，调查范围已经覆盖了全国绝大部分重要内陆水域，为后期禁渔期制度效果评估、人类活动和环境变化对渔业资源的影响评价、鱼类种质资源天然生态库的建设以及水生生物资源资产台账建立等奠定了良好的基础。

（2）河口渔业

河口渔业的系统研究起步较晚，但进展较快。2001年，国家“973”计划支持了有关东海、黄海生态系统动力学及生物资源产出机制相关研究，突出强调了长江口对于东海渔业资源的重要作用，并单独列出了2个专题进行研究，开创了我国河口渔业系统研究的先河。农业农村部先后设立了公益性行业科研专项，重点聚焦长江口、黄河口、珠江口等我国重要河口水域，开展了渔业资源调查评估及养护研究，查明了我国重要河口渔业资源现状、变动规律及其影响因素，支撑建立了重要渔业资源科学管理政策和养护措施，在重要河口渔业资源的种群重建与养护和栖息生境修复、优质种质资源发掘利用等方面取得了显著进展，如长江口中华绒螯蟹天然资源量从20世纪90年代的几吨提高到了近年的50吨的水平，长江口牡蛎礁建设使水域生物多样性和丰度提高3倍以上，这些工作都对流域和近海渔业资源养护与生境修复产生了积极影响。“长江口重要渔业资源养护技术创新与应用”成果荣获国家科学技术进步奖二等奖，它从长江口渔业资源衰退机制、关键生态功能修复和重要资源养护三个递进层面开展系统研究，阐明了长江口渔业资源衰退成因与机制，并在中华绒螯蟹和鳗鲡资源养护、刀鲚和河鲀繁育、中华鲟保护等方面取得多项创新性成果和关键技术突破，整体水平处于国际领先。这项成果的实施成功恢复了长江口重要渔业资源，维护了生态平衡，促进了生态文明建设，是落实中央提出的“长江大保护”国家战略的具体行动和良好开端。

（3）近海渔业

渔业资源调查与评估基础观测体系基本建立。2014 年启动的全国近海渔业资源调查和产卵场调查项目完成，这是继 126 项目之后，首次大规模的全国渔业资源和产卵场调查，为摸清近海渔业资源状况及产卵场补充功能提供了基础资料，为渔业资源可捕量和渔业资源利用规划的科学制定提供科学依据；同时支撑了 2021 年《中国近海渔业资源状况公报》的发布。另外，我国开展了“中韩、中日、中越协定水域渔业资源调查”“南锋专项”“蓬莱溢油生物资源养护与渔业生态修复项目”等项目。以上项目在渔业生物学、资源数量分布与变动规律、渔业生态环境等方面积累了重要的调查数据，产生了一批开创性研究成果，为评估我国渔业资源动态变化奠定了基础，也为我国渔业资源合理利用及渔业资源多国（地区）共同管理体系的建立提供了重要的科学依据。以上项目促进了渔业资源调查与评估新技术的研发和开展，如声学评估技术的改进、生态区划标准的完善、环境监测实现数字化等（金显仕 等，2015；金显仕 等，2019；Szuwalski et al.，2020）。以环境 DNA 技术为例，我国是较早利用该技术开展海洋生物多样性监测和资源量评估的国家之一。开发并建立了中国对虾环境 DNA 技术及相关的绝对定量 PCR 技术，有效开展了渤海中国对虾生物量资源调查与评估。中国对虾增殖放流对资源量和繁殖群体均具有不同程度的补充效应，证明了不同海域放流的中国对虾能够完成索饵、越冬及部分的生殖洄游，并从群体遗传水平对增殖放流中国对虾群体的生态安全进行了评估（李苗 等，2019；李苗 等，2020；钱塘毅 等，2021）。

针对近海渔业资源衰退，2017 年农业部印发《关于进一步加强国内渔船管控实施海洋渔业资源总量管理的通知》，明确提出了海洋捕捞总产量控制目标，并在当年开始实施总量管理制度和限额捕捞试点。为推进落实该项工作，2019 年农业农村部成立全国海洋渔业资源评估专家委员会，旨在为制定海洋渔业资源保护相关管理制度、政策规划、标准规范等提供技术支撑；指导开展海洋渔业资源调查监测，从全国和海区层面开展海洋渔业资源评估，并提出海洋渔业资源总量管理控制目标建议；指导总量管理和限额捕捞制度实施并对实施情况进行评估。

在科技基础条件方面，“北斗”号和“南锋”号科学调查船能够同时进行物理、化学、生物环境和渔业资源研究，大大提高了我国近海渔业资源调查与评估方面的科研能力，为我国近海渔业资源的调查与评估提供了坚实的保障。2017 年 3 月，上海海洋大学远洋渔业资源调查船“淞航”号在天津下水；2019 年，中国水产科学研究院“蓝海 101”号和“蓝海 201”号正式投入使用，并在近海调查中展示了其优势。此外，国家近海渔业资源重点野外试验站的建设也为我国渔业资源研究的发展提供了良好的平台。

（4）远洋与极地渔业

我国远洋渔业发展受到了国家的高度重视，先后得到了国家“863”计划项目

"远洋渔业捕捞与加工关键技术研究"、国家科技支撑计划项目"远洋捕捞技术与渔业新资源开发"和农业农村部"远洋渔业资源探捕"与"南极海洋生物资源开发利用"专项的支持，进行了持续10多年的远洋与极地渔业资源探捕调查，先后开展了南大洋南极磷虾、西北太平洋公海秋刀鱼、东南太平洋公海西部竹荚鱼、东太平洋公海鱿鱼、北太平洋公海中上层鱼类、印度洋公海中上层渔业资源调查。初步掌握了目标海域和目标鱼种的渔业资源状况、开发潜力、中心渔场形成机制及适合的渔具渔法，形成了一批可规模化开发的新渔场和后备渔场。使我国远洋渔业船队遍布太平洋、大西洋、印度洋和南大洋，年捕捞产量已突破了200万吨。

"十三五"期间，我国深度参与南极海洋生物资源养护委员会（CCAMLR）磷虾渔业管理。一是逐步以科学研究成果积极参与CCAMLR科委会相关工作组及科委会与委员会的年会，从源头上实质性地参与南极磷虾资源养护与渔业管理措施的制修订，完成提案及工作文件10余份，在CCAMLR这一国际舞台发出中国科学家的声音，为我国南极磷虾渔业发展创造了有利的国际环境。二是通过积极参与入渔培训和渔业科学观察、出色完成履约数据报送任务等，确保了我国南极磷虾渔业良好的履约记录，为负责任渔业大国形象的树立提供重要保障，为我国南极磷虾渔业的稳步发展提供了有效而重要的支撑。2020年我国取得11.8万吨的捕捞业绩、成为仅次于挪威的第二大南极磷虾渔业国。

3. 渔业资源增殖放流与养护技术不断提升

一批资源增殖和养护的新观点、新理论、新方法、新技术和新成果相继涌现，有力地支撑了行业发展（唐启升，2019）。在黄渤海、东海和南海水域筛选了资源增殖关键种，建立了这些资源增殖关键种在自然海域和生态调控区的生态容纳量模型，评估了其在不同海域的增殖容量；创制了不同资源增殖关键种的种质快速检测技术，构建了其增殖放流遗传风险评估框架。在海洋牧场方面，筛选出腐蚀率低、析出物影响小、使用寿命大于30年的人工鱼礁适用材料，优化设计出新构件、新组合群和新布局模式，创新了增殖品种筛选和驯化应用技术，形成了基于资源配置优化的现代海洋牧场构建模式，建立了生态增殖、聚鱼增殖和海珍品增殖3类海洋牧场示范区，为重要渔业资源养护与渔业可持续发展提供了重要技术支撑（农业部渔业渔政管理局等，2017；林承刚 等，2021）。"十三五"期间还启动了中韩联合增殖放流活动。

内陆渔业资源养护与生态修复技术方面，在长江、黄河、珠江和黑龙江流域全面开展了增殖放流及效果评估工作，增殖放流技术体系逐渐成熟，各区域或重要物种的国家（行业）放流标准陆续发布。近期主要侧重于增殖放流效果的评估工作，对重要渔业资源的栖息地修复的研究也已逐步开展。在对重要经济物种产卵规模及范围和产卵场生态环境持续监测的基础上，通过开展基于鱼类产卵水文需求的生态调度，促进自然产卵场生态功能恢复（帅方敏 等，2016）；研发基于鱼类繁殖生境需求的产卵场重建技术（杨计平 等，2015；李新辉 等，2021）；开展了重要湖泊或河流栖息生境的修复试验与示范（曹文宣，2019）；研究出用于低水头水坝的过鱼通道加建方法，开展了过鱼对象游泳能力评价以及过鱼效果监测研究（李捷 等，2013；谭细畅 等，2013；李捷 等，2019）。但总体看来，在鱼类生态通道或栖息生境修复工程方面仍处于试验探索或特定水域范围的示范性实施阶段。

自2016年农业部发布《关于做好“十三五”水生生物增殖放流工作的指导意见》以来，全国各地陆续开展内陆水域的增殖放流活动。全国各省份大部分水域基本已经形成定期化的增殖放流模式，淡水增殖放流已有成熟的放流技术标准和流程。

在保护区建设方面，保护区的数量与面积继续增加。全国目前已建立水生生物自然保护区200余处，总面积超过10万千米^2，划定水产种质资源保护区535个。截至2019年底，仅长江流域就划定有332个自然保护区和水产种质资源保护区，对渔业水域生态环境和水生生物资源养护发挥了重要作用。

4. 濒危水生野生动物繁育与物种保护技术快速发展

“十三五”期间，我国濒危水生野生动物保护技术体系已初步建立，濒危鱼类迁地保护、繁育养护和就地保护技术研究得到加强，对国家重点保护的重要水生野生动物的生物学、种群动态、洄游规律和补充机制等进行了较广泛的研究（左涛 等，2018；Li et al.，2019；方冬冬 等，2020；王俊 等，2021；杨海乐，危起伟，2021），制订了中华鲟、中华白海豚、斑海豹、海龟、鳗鲡等国家层面的物种拯救和保护行动计划，自然保护区建设和管理得到加强，禁渔制度的实施为资源恢复提供了条件，特别在珍稀濒危鱼类人工繁育和资源增殖养护方面取得了较大的突破。

为更好地保护、恢复我国珍稀濒危水生动物，有效应对濒危物种保护面临的新问题、新挑战，农业农村部组织编制了《中华鲟拯救行动计划（2015—2030年）》《长江江豚拯救行动计划（2016—2025）》《中华白海豚保护行动计划（2017—2026年）》《长江鲟（达氏鲟）拯救行动计划（2018—2035）》和《鼋拯救行动计划（2019—2035年）》，研究编制了《长江珍稀水生生物保护工程建设规划（2019—2023）》，制定了各种类的保护行动措施，整体提升了我国珍稀濒危水生动物保护的水平，提出了下一阶段各珍稀濒危物种保护的行动纲领。同时，我国海洋哺乳动物保护法律法规进一步健全，新修订的《中华人民共和国野生动物保护法》于2018年第十三届全国人民代表大会常务委员会第六次会议正式通过，2020年发布的《国家重点保护野生动物名录（征求意见稿）》将多种鲸类动物升级为一级保护动物。

“十三五”期间，内陆流域首个以珍稀水生动物保护为主题的公益性行业（农业）科研专项“珍稀水生动物繁育与物种保护技术研究”、国家重点基础研究发展计划（“973”计划）“可控水体中华鲟养殖关键生物学问题研究”“圆口铜鱼人工繁殖技术研究”等研究课题取得较好进展，解决了一批珍稀濒危鱼类的规模化人工保种及繁育问题。环境DNA技术、精原干细胞移植技术、保护养殖和科学放归技术等在物种保护实践中不断完善，基于珍稀栖息地的生态水力学模型与栖息地修复、大尺度流域综合保护、生态修复技术正在取得进展，为国家生态优先、绿色发展的战略布局提供技术支撑。

5. 休闲渔业呈现出蓬勃发展态势

我国休闲渔业在经历萌芽起步期和快速发展期之后，目前正处于由快速发展向高质量发展阶段的转变时期，呈现出发展加快、内容丰富、产业融合、领域拓展的良好势头。2016年农业部会同国家发展和改革委员会（简称：发改委）、财政部等14部门联合印发了《关于大力发展休闲农业的指导意见》，提出到2020年，基本形成布局优化、类型丰富、功能完善、特色明显的休闲农业产业格局，逐渐发展成为拓展农业、繁荣农村、富裕农民的新兴支柱产业。2017年，农业部在全国范围内组织开展休闲渔业发展监测工作，全面了解我国休闲渔业发展现状，加强休闲渔业管理和服务；2018年编制休闲渔业发展报告，全面总结我国休闲渔业产业发展现状，剖析产业经营状况，分析存在的主要问题，并提出相关对策。此外，农业农村部在新《渔业法》中将制定专门条款来支持、规范休闲渔业发展，并推动制定休闲渔业船舶等管理办法，推进休闲渔业制度建设。

“十三五”期间，我国休闲渔业持续快速发展，占渔业经济和渔业第三产业经济总量的比重稳步提升。2019年，我国休闲渔业产值943.18亿元，占我国渔业经济总产值的3.57%，占渔业第三产业产值的12.45%，产值相比2015年增长88.22%，接待游客约2.73亿人次，已成为渔业经济的新增长极。

三、国际研究进展

1. 海洋生态系统动力学研究深入拓展

海洋生态系统动力学经过近半个世纪的不断发展，已准确模拟刻画全球变化下海洋环境要素与海洋生物相互间错综复杂关系。目前，海洋生态系统动力学模型可以从个体、种群和生态系统等不同层面进行模拟及情景研究，包括生物个体生长、发育、死亡等整个生活史过程，不同种群之间的竞争、捕食与被捕食关系和整个系统内的物质循环、能量传递及稳态调节机制等。当前，全球气候变化下海洋生态动力学模型的研究出现了两大趋势：一是对海洋生态系统的复杂性有了更多考虑；二是注重从全球气候变化的角度，解析海洋生态系统对全球气候变化的响应。

国际海洋生态系统动力学研究前沿与重点集中在全球气候变化对海洋生态系统的影响、海洋生态系统服务功能、人类社会与海洋生态系统的关系、海洋生物多样性、基于生态系统的海洋管理、海洋生态系统保护、深海生态系统、海洋生态系统动力学研究相关技术和模型、极地生态系统研究等方面。2016 年，联合国教科文组织政府间海洋学委员会（IOC）发布的世界公海及大型海洋生态系统全球评估报告中指出，目前全世界 60%珊瑚礁受到本地活动的威胁；50%位于大型海洋生态系统（LMEs）的渔业资源遭过度捕捞；全球 66 个大型海洋生态系统中有 64 个在过去几十年里经历了海水暖化。2017 年，“黄海大海洋生态系项目二期”在韩国首尔启动，该项目旨在促进相关的可持续性的制度、政策制定，对黄海生态系统进行有效管理。

《美国海洋科技十年规划报告》中建议海洋与地球系统方向需优先解决的科学问题为全球水文循环、土地利用和深海上升流对近岸和河口海区及其生态系统的影响，海洋生物地球化学和物理过程对当今的气候及其变化的贡献，以及预测海洋乃至地球系统在未来百年的变化。英国政府发布的《英国海洋科学战略 2010—2025》将“促进海洋多学科交叉研究”确定为英国未来海洋科学的发展方向。

2. 渔业资源调查与评估持续推进

发达国家注重加强长时间序列的生物基础资料的收集，积累了丰富的渔业生物学和资源动态方面的长期数据，为渔业资源管理提供了重要的科学依据。国外水资源机构在流域综合开发和水资源利用的过程中，十分重视总体规划与跨区域、跨部门和跨学科的合作，国际地圈——生物圈研究计划（IGBP）建立了全球观测站，利用生物群落的完整性评估生态系统健康水平，从流域、国家甚至大洲的层面上制定鱼类洄游通道恢复规划和计划，对受损湿地进行恢复与重建，对河流进行再自然化恢复，实施水库联调及生态调度，相关研究成果为有关国家决策提供了坚实的理论基础与科学依据。

在南极磷虾资源研究领域，美国西南渔业研究中心开展的南极磷虾资源声学调查与评估方法研究，建立了南极磷虾声学散射 SDWBA 目标强度模型和基于频差技术的南极磷虾回波映像识别方法，相关成果被 CCAMLR 所采纳，形成 CCAMLR 南极磷虾声学调查评估规范化方法。英国南极局开展的南极磷虾生物学及南极磷虾资源变化趋势研究，建立了大西洋扇区南极磷虾资源及海樽分布数据库，评估了南乔治亚群岛水域南极磷虾资源的长周期趋势变化，相关成果成为 CCAMLR 制定南极磷虾养护管理措施重要的参考依据。英国南极局在南极磷虾输运方向的研究，提高了对磷虾资源变动规律和南大洋生态系统的认知水平。澳大利亚南极局在南极磷虾早期生活史过程及环境胁迫研究上取得重大进展，提高了对南极磷虾生活史的认知水平。

在捕捞装备技术领域，南极磷虾捕捞主要有网板拖网捕捞和泵吸式连续捕捞两种方式。连续捕捞系统结合海洋工程船工作理念与技术，集成采捕渔具与管输渔获传送装备，实现对磷虾群的连续捕捞，渔获效率远高于传统拖网，且避免了虾体相互挤压，渔获质量高，目前只有挪威 Aker 公司将该技术实际应用于磷虾商用捕捞，应用在挪威磷虾船“Saga Sea”和“Antarctic Sea”上。

3. 渔业资源增殖放流与养护技术显著提升

国外的生态养护与修复工作，更着重对水生态系统完整性的维护和修复。从生态系统整体的角度，定量地开展修复机理研究，通过水环境改善、生物栖息地修复、生物种类及其空间分布的合理配置，促进生态系统的恢复与重建。增殖放流作为国外增加重要渔业资源数量的主要措施，在开展过程中重视保证放流水域生态系统结构和功能、物种自然种质遗传特征不受干扰。对放流的定量化研究比较深入，包括水体环境容量和物种关系的基础研究，尤其是对水生生物群落结构和种间关系进行了广泛的研究，为确定放流种类和数量等问题提供了理论基础。在鱼类的生态通道修复的研究方面，对鱼道结构设计及水文动力学、过鱼对象游泳能力、鱼道过鱼效果监测、过鱼效果影响因子等方面研究比较深入，重视生态修复的效果评估（杨红玉 等，2021）。通过针对鱼类繁殖的生态水文需求研究，建立了生态水文指标体系，生态水文需求研究已进入实践和应用阶段。内陆水域的生物操纵理论和技术比较成熟，以生态系统稳态转换理论和自组织修复为途径，建立了水域生态调控的一般理论与方法。在对栖息地进行保护与管理中，重视对生境适宜性和生物完整性的评估研究，形成了比较成熟的评价方法，如生境适宜度指数模型、生物完整性指数和无脊椎动物群落指数等（黄滨 等，2018；严鑫 等，2020）。

4. 保护生物学研究方法和理论体系更加完善

世界自然保护联盟（IUCN）在物种受威胁程度评估标准的制订与应用方面具有权威性，其不断更新并发布的全球物种红色名录被广泛采用，作为生物多样性保护的重要参考（Kaschner et al.，2012）。2016 年召开的第六届世界自然保护大会上，正式发布了生态系统红色名录的等级和标准。2017 年，生态系统红色名录研讨会重点讨论了全球生态系统分类原则和框架，以及应用生态系统红色名录过程中遇到的问题和可能的解决办法。

发达国家在野生动物保护方面的法律制度建设相当完善。如美国在世界野生动物保护制度中一直处于重要地位，在对待野生动物保护方面的问题时更多采取制定法律的方式，对一些野生动物物种专门制定单行法予以保护，为其他国家的野生动物保护提供了制度借鉴范本。美国海军早在 20 世纪 50 年代末期就设立了军用海洋哺乳动物的专门研究与训练项目。乌克兰海军已经重新开始了对海豚和其他动物的特种训练工作，训练这些动物是为了执行军事任务，俄罗斯训练北极地区的海洋哺乳动物如白鲸和海豹，用它们来保卫舰队基地。

5. 休闲渔业发展更加成熟

早在 20 世纪 60 年代，休闲渔业就在拉丁美洲的加勒比海地区兴起，以后逐步扩展到欧美和亚太地区。从国外休闲渔业发展过程看，都经历了从分散、无序、对资源破坏性强到集中、有序、规模化、对资源养护性强的阶段，休闲渔业已成为现代渔业的重要组成部分。发达国家（如美国、澳大利亚、加拿大、日本等国）休闲渔业发展较早，休闲渔业规模大，科技含量高，且休闲渔业法规和政策趋于成熟。以美国为例，休闲渔业在美国经济中占据重要地位，产值约为常规渔业的3倍以上，同时还极大地带动了相关产业，如渔具、车船、修理、交通、食宿等的发展，促进了社会就业。美国休闲渔业的蓬勃发展得益于其在管理体系建设、资源保护、法制建设、科研支撑等方面采取的一系列积极措施。

四、国内外科技水平对比分析

1. 海洋生态系统动力学机理解析和模拟预测需进一步深入

国际上对较大尺度的海洋资源变动与预测等研究较为深入，并且侧重于机制机理的阐明与模拟，能够更为有效地评估大尺度气候变化和人类活动对生态系统的影响。另外，大洋、极地生态系统动力学也是国际研究热点。当前我国海洋生态系统动力学研究在解析生态系统的结构与功能的机制和机理探索方面、生态系统模型构建与预测方面尚需进一步加强。

2. 渔业资源调查与评估技术需进一步加强

渔业监测与评估技术领域，国际上在环境DNA（eDNA）等新技术和方法的应用和生物资源评估与管理上研究较为深入，多物种评估模型、基于生态系统的渔业资源评估模型等方面已有较多研究，水声学资源探测评估技术的国际主流产品性能和稳定性较高（Foote et al.，2012）。我国在环境DNA（eDNA）等渔业监测与评估技术与国际并跑，但在其他方面与国际上仍有一定差距。

渔业资源评估管理体系领域，美国建立了完善的海洋渔业资源评估管理体系，确立了专门的主管机构，每年、每季度定期对海洋渔业资源进行科学评估，并发布年度报告和季度报告，按照这些报告来科学评估海洋渔业的动态变化，以及由此采取的开发手段和恢复重建方式。珠江自2005年建立了鱼类早期资源监测体系，迄今可掌握10多年日水平的早期资源补充情况数据（李新辉 等，2020a；李新辉 等，2020b；李新辉 等，2020c；李新辉 等，2020d；李新辉 等，2020e）。总体而言，我国尚未建立较为完善的海洋渔业资源评估管理体系，虽然在黄海、渤海、东海和南海，长江、珠江、黄河、黑龙江等开展了渔业资源科学调查，但很少能完整地获取每年、每季度的渔业资源动态变化数据。

南极磷虾资源声学调查与评估技术领域，美国西南渔业研究中心处于领先水平。我国近年来取得了积极进展，建立了渔船声学数据噪声消除技术，推动基于渔船的南极磷虾资源声学评估（杨洋，朱国平，2018）；评估了主要渔场南极磷虾捕捞群体年龄结构、资源分布与变化趋势，但利用该项技术进行渔业资源评估研究仍需加强；对泵吸连续捕捞技术尚处于认知阶段，在南极磷虾渔业奥林匹克式限额管理模式下，迫切需要开展相关技术装备的研发（王万勇 等，2020）。

3. 渔业资源增殖放流与养护技术和理论体系需进一步完善

国际上增殖放流更加注重在综合生态效益、社会效益和经济效益评价的基础上，开展"生态性放流"，以达到资源增殖和修复的目的，恢复已衰退的自然资源，并将放流增殖作为基于生态系统的渔业管理措施之一，推动增殖渔业向可持续方向发展。国内资源增殖上游技术体系逐渐成熟，下游增殖效果评估技术研发相对落后，流域综合治理等关键技术有待建立或完善，资源增殖基础研究有待系统深入。我国休闲渔业发展存在政策体系不完善、区域发展不平衡、产业融合不充分的情况。

4. 水生野生动物保护研究需进一步跟进

发达国家对水生野生动物保护和研究起步较早，建立了相对完善的自然保护区监管技术和管理体系，对保护物种资源开展动态的长期监测，濒危水生野生保护动物的基础性研究工作处于领先水平，具有完善的珍稀濒危水生野生动物养护规范。相比之下，我国自然保护区的监管技术和管理水平有待提高，适合我国国情的自然保护区分类经营管理体系亟待制定和完善；对保护物种资源动态的长期监测，保护物种的基础生物学、生态学、生活史研究，濒危物种种群恢复技术以及濒危机制等方面的研究有待加强；濒危水生野生保护动物的基础性研究薄弱，对于包括其种群动态、生活习性、生态习性、资源分布以及受环境条件变迁影响的程度等水生野生保护动物的基础性研究有待深入等。国内外相关方向研究差异详见表 1-1。

表 1-1　渔业资源保护与利用学科领域各研究方向国内外发展现状及对比分析

研究方向	国外发展现状	国内发展现状	对比分析
渔业资源监测与评估	渔业资源监测与评估常态化； 资源评估技术成熟，管理支撑体系完善，单鱼种渔业为主，基本实现精准化管理； 生态系统水平的渔业管理、资源监测新技术是热点	渔业资源基本实现监测评估常态化； 多鱼种渔业资源评估技术已经基本实现标准化； 生态系统水平的渔业管理基础研究、eDNA 资源监测新技术处于先进水平	资源监测与评估、资源监测新技术研发等方面与国外并进； 国外完善的精准化管理体系建立，国内还有待于进一步完善； 国外从整体角度考虑内陆渔业资源利用、保护和管理；国内斑块化、区域化为主
极地渔业	南极磷虾资源声学调查与评估方法成为 CCAMLR 南极磷虾声学调查评估规范； 利用物理生物模型方法分析斯科舍磷虾输运路径； 连续捕捞系统结合海洋工程船工作理念与技术，集成采捕渔具与管输渔获传送装备，实现对磷虾群的连续捕捞	基于渔船的南极磷虾资源声学评估方法纳入 CCAMLR 声学调查评估规范； 南极磷虾渔场形成、磷虾资源输运机制研究处于起步阶段； 传统捕捞技术，适合我国渔船特点的南极磷虾拖网网具，连续捕捞系统研发处于起步阶段	我国极地渔业资源声学评估技术与国际并跑； 国内外均没有直接面向渔业生产的渔情服务，渔场探查主要依靠经验判断，缺乏渔场形成、存留机制分析； 我国捕捞加工装备相对落后，对泵吸连续捕捞技术尚处于初步研发阶段，迫切需要开展相关绿色高效捕捞装备研究

（续）

研究方向	国外发展现状	国内发展现状	对比分析
资源增殖与养护	重视生态养护与修复； 从生态系统整体的角度开展恢复与重建研究与示范； 资源养护措施规模不大，但是技术储备和技术支撑体系完善	资源增殖与养护措施多样化、规模大； 资源增殖上游技术体系逐渐成熟，下游增殖效果评估技术研发相对落后； 资源增殖基础缺乏系统研究	增殖规模比欧美、日韩等规模大，但是基础研究和部分支撑技术相对落后； 国外重视总体规划与跨区域、跨部门和跨学科的合作，最大限度地提高流域水资源与生物资源开发利用的整体综合效率； 国内资源养护分散、呈现碎片化，缺乏与生态系统之间的有机结合，修复技术融合应用方面仍较为落后；缺乏流域综合治理技术等
濒危水生野生动物	完善的水生野生动物保护技术体系已建立； 基于流域和物种的保护行动宏观规划方面有一些成功的案例； 在保护技术方面，标志跟踪技术迅速发展，声呐、卫星标志跟踪技术正逐渐成为濒危水生野生动物监测评估的重要技术手段	我国水生野生动物保护技术体系已初步建立。 在宏观体制方面，水生生物多样性和水生野生动物保护纳入到社会经济发展的重要战略布局中； 重要水生野生保护动物的生物学、种群动力学、洄游规律和补充机制等进行了初步研究，制定了相关的保护计划	国内基础性研究工作严重滞后，许多重要水生野生动物的基础研究尚未系统开展； 国内对一些稀有物种尚未建立人工保种群体，人工繁育与养护技术储备不足，难以持续健康发展； 国内自然保护区建设管理有待于进一步完善等
休闲渔业	休闲渔业规模大，科技含量高； 休闲渔业法规和政策趋于成熟	休闲渔业产业基础薄弱； 在渔业经济总产值中占比仍较小，缺乏资金和技术支持	目前我国休闲渔业发展存在政策体系不完善、区域发展不平衡、产业融合不充分等问题；亟须加强对休闲渔业的规范管理，提升产业发展层次和激发内生动力

五、“十四五”展望与建议

“十四五”期间，深入贯彻生态优先和可持续发展理念，围绕现代渔业资源环境重大科技问题，充分发挥科技创造绿色、科技引领绿色的驱动力效应，扭转渔业粗放式发展格局，保护水生生物多样性，养护水生生物资源，改善水域生态环境，强化科技创新提升渔业生态系统价值。重点针对渔业产业提质增效和绿色发展需求，突破渔业资源精准管理技术、渔业资源评价与增殖技术、水生野生动物保护技术、构建智能化渔业资源综合管理平台，提升渔业产业的核心竞争力；形成生态屏障构建、生物层级养护、重要鱼类栖息生境营造和修复、增殖放流评估与捕捞管理和“以渔净水”等技术体系，实现渔业资源科学养护与管理及渔业可持续健康发展。

1. 近海渔业资源

解析渔业种群长期演变特征及其对生境变化的响应；阐明主要渔业种群适应性调控机制，评估种群适应性对资源变动的贡献；解析主要渔业种群的资源补充过程及衰退机制；研发环境DNA的资源监测与评估技术、全基因组种群鉴定与遗传多样性评估技术、人工智能生物多样性监测和评估技术等新型资源评估技术；建立区域渔业资源负责任管理支撑体系；建立智能化渔业资源综合管理平台。

2. 内陆渔业资源

开展重要淡水渔业物种关键生活史阶段的生境特征研究，解析重要资源种群不同生活史阶段的生境偏好选择，揭示渔业资源补充、衰退过程与关键生境特征变化关系，探讨重要渔业资源补充与衰退调控机制；研究水陆纵向与横向梯度营养和物质交流与传递过程，评估不同时空尺度流域景观格局变迁与水体生产力的关系，评估内陆重要水域的生态容量及动态变化过程；开展渔业系统关键物种生态位演变过程研究，评估人类活动干扰对渔业资源的影响及关键渔业物种的生态响应轨迹，建立以生态渔业发展和水生态系统健康为目标的生物调控技术模式。开发渔业资源预测预警模型，建立流域水生生态系统预警技术体系和应急响应机制；建立全国性的渔业资源大数据平台，提高数据和信息共享水平。

3. 河口渔业资源

研发基于河口潮下带、潮间带等生境特征的渔业资源标准化监测技术和综合评估技术，解析河口渔业资源种群特征、变动规律、产出过程及其对流域和近海渔业资源的贡献；调查研究河口渔业生物多样性组成及其维持过程，收集保存和深度发掘利用河口特色优质渔业种质资源；研究重要渔业资源不同生活史阶段对河口生境的选择利用特征及其影响因素，解析水文变化、气候变化（升温、盐水入侵、酸化等）、人类活动（捕捞、禁捕、工程建设等）等对河口生境及其重要渔业资源的影响过程，建立预测预警模型，为河口乃至流域和近海渔业资源科学管理提供支撑。

4. 大洋渔业资源

查明三大洋主要生产区资源结构和环境特征；完善大洋渔业资源种类组成和资源结构、数量分布和主要渔业种群渔业生物学信息；掌握重要经济种类的资源量状况、资源补充机制、产卵场和索饵场位置、渔场分布和洄游习性；评估北太平洋秋刀鱼、鲐鱼、鱿鱼，南太平洋竹筴鱼，印度洋金枪鱼和头足类等主要代表种类生物量和可捕量、渔场分布；发掘远洋新资源种及其渔场分布、开发潜力；提出鱿鱼、秋刀鱼、竹筴鱼和金枪鱼类等重要经济种类的开发利用和管理策略，建立大洋公海渔业资源与环境专业调查数据库；为我国远洋渔业高质量发展、国际履约和深度参与国际治理等提供科技支撑。

5. 南极磷虾渔业

查明南极磷虾与主要渔业相关种类的声学散射特性，建立南极磷虾集群声学数据自动化处理与资源快速评估技术；摸清南极磷虾种群生物学与资源时空变化规律，阐明南极磷虾渔场形成的环境驱动机制，构建磷虾中心渔场判别与声学探查技术；掌握水下连续泵吸捕捞系统工作模式，建立系统整体集成方案；研究气候变化背景下，极地海洋生态系统与渔业生物种类的群落结构变化，为深度参与南极海洋生态系统养护和渔业管理提供支撑。

6. 资源增殖与养护

研究自然和增殖种群对环境变化和人类活动的适应性响应；解析自然和人工干预渔业生态系统调控机制；建立增殖容量评估技术、生态风险评估与预警技术及增殖效果评价技术体系；开展关键栖息地生态功能系统恢复技术研发，重点创新不同产卵类型鱼类产卵场修复技术与工艺；开展原生境保护和复原技术研究；基于生态功能评价技术，量化关键指标因子，构建基于水生生物、评价地域和水体类型的水生态健康评估体系。

7. 水生野生动物保护

开展环境 DNA、遥感-无人机-水下机器人等星空地一体化资源调查新技术应用，进行水生野生动物资源动态新一轮全面系统监测评估，形成新时代国家珍稀濒危水生动物保护对策制定的本底资料；以代表性类群和旗舰物种为对象，阐明人类活动、环境变迁和种质变化过程对水生野生动物资源退化的影响和机理，为流域综合管理提供科技支撑；攻克代表性珍稀水生野生动物关键栖息地生态修复技术及效果评估，突破制约物种拯救的重大生境改良技术、替代生境建设技术和野外种群重建技术，力争实现 1—2 种代表性濒危物种的成功修复案例；建立并实施基于遗传管理的水野生动物科学繁育技术；突破克隆、生殖细胞移植等生物技术在濒危水生动物拯救中的应用。建立完善濒危水生动物繁育利用和跟踪管理技术。

（金显仕　单秀娟　金岳执笔）

致谢：本报告撰写过程中，得到中国水产科学研究院渔业资源保护与利用学科委员陈大庆、危起伟、赵宪勇、王俊、杜浩、李新辉以及中国水产科学研究院东海水产研究所庄平研究员、赵峰研究员、中国水产科学研究院长江水产研究所段辛斌研究员、中国水产科学研究院黄海水产研究所张庆利研究员、赵云霞副研究员、丁琪助理研究员等的大力支持，他们为报告撰写提供了相关资料，进行了相关文字修改，在此一并感谢！

参 考 文 献

曹文宣，2019. 长江上游水电梯级开发的水域生态修复问题［J］. 长江技术经济，3（2）：5-10.

方冬冬，邹远超，危起伟，2020. 多维视角下的水生野生动物保护与利用探析［J］. 中国水产科学，27（8）：980－1002.

黄滨，傅菁菁，芮建良，等，2018. 水利水电工程鱼类栖息地保护模式及研究展望：基于文献综述的思考［J］. 环境与可持续发展，43（1）：103－105.

金显仕，窦硕增，单秀娟，等，2015. 我国近海渔业资源可持续产出基础研究的热点问题［J］. 渔业科学进展，36（1）：124－131.

金显仕，窦硕增，王震宇，等，2019. 渤海渔业种群对环境变化的适应性响应及资源效应［M］. 北京：中国农业出版社：18.

李捷，李新辉，潘峰，等，2013. 连江西牛鱼道运行效果的初步研究［J］. 水生态学杂志，34（4）：53－57.

李捷，李新辉，朱书礼，等，2019. 连江西牛鱼道过鱼效果及其影响因子研究［J］. 生态与农村环境学报，35（12）：1593－1600.

李苗，单秀娟，王伟继，等，2019. 中国对虾生物量评估的环境 DNA 检测技术的建立及优化［J］. 渔业科学进展，40（1）：12－19.

李苗，单秀娟，王伟继，等，2020. 环境 DNA 在水体中存留时间的检测研究：以中国对虾为例［J］. 渔业科学进展，41（1）：51－57.

李新辉，李跃飞，张迎秋，2020a. 珠江肇庆段漂流性鱼卵、仔鱼监测日志（2006）［M］. 北京：科学出版社：11.

李新辉，李跃飞，杨计平，2020b. 珠江肇庆段漂流性鱼卵、仔鱼监测日志（2007）［M］. 北京：科学出版社：22.

李新辉，李跃飞，朱书礼，2020c. 珠江肇庆段漂流性鱼卵、仔鱼监测日志（2008）［M］. 北京：科学出版社：34.

李新辉，李跃飞，武智，2020d. 珠江肇庆段漂流性鱼卵、仔鱼监测日志（2009）［M］. 北京：科学出版社：18.

李新辉，李跃飞，张迎秋，2020e. 珠江肇庆段漂流性鱼卵、仔鱼监测日志（2010）［M］. 北京：科学出版社：50.

李新辉，赖子尼，李跃飞，等，2021. 江河鱼类产卵场功能研究［M］. 北京：科学出版社：15.

联合国粮食及农业组织，2020. 2020 年世界渔业和水产养殖状况：可持续发展在行动［R］. 罗马：联合国粮食及农业组织.

林承刚，杨红生，陈鹰，等，2021. 现代化海洋牧场建设与发展—第 230 期双清论坛学术综述［J］. 中国科学基金，35（1）：143－152.

农业部渔业渔政管理局，中国水产科学研究院，2017. 中国海洋牧场发展战略研究［M］. 北京：中国农业出版社：10.

钱瑭毅，王伟继，李苗，等，2021. 黄海中国对虾环境 DNA（eDNA）的垂直分布规律及其影响因素初探［J］. 渔业科学进展，42（2）：1－9.

帅方敏，李新辉，李跃飞，等，2016. 珠江东塔产卵场鳙繁殖的生态水文需求［J］. 生态学报，36（19）：6071－6078.

谭细畅，陶江平，黄道明，等，2013. 长洲水利枢纽鱼道功能的初步研究［J］. 水生态学杂志，34（4）：58－62.

唐启升，2019. 我国专属经济区渔业资源增殖战略研究［M］. 北京：中国农业出版社：25.

王俊，李洪志，左涛，等，2021. 海洋江豚的研究概述［J］. 渔业科学进展（10）：1－10.

王万勇，刘怡锦，谢宁，2020. 南极磷虾捕捞加工船及装备发展现状和趋势［J］. 船舶工程，42（7）：33－39＋93.

严鑫，成必新，杨绍荣，2020. 鱼类栖息地保护与修复措施研究［J］. 绿色科技（18）：16－19＋22.

杨海乐，危起伟，2021. 论水生野生动物的主动保护与被动保护［J］. 湖泊科学，33（1）：1－10.

杨红玉，李雪凤，刘晶晶，2021. 国内外鱼道及其结构发展状况综述［J］. 红水河，40（1）：5－8.

杨洋，朱国平，2018. 海洋渔业资源声学评估技术及在南极磷虾资源声学评估中的应用［J］. 海洋渔业，40（3）：368－376.

左涛，孙坚强，时永强，等，2018. 渤海江豚种群现状初探［J］. 兽类学报，38（6）：551－561.

DING Q，SHAN X J，JIN X S，2020. Ecological footprint and vulnerability of marine capture fisheries in China［J］. Acta Oceanologica Sinica，39（4）：100－109.

FOOTE A D，THOMSEN P F，SVEEGAARD S，et al.，2012. Investigating the potential use of environmental DNA（eDNA）for genetic monitoring of marine mammals［J］. PLoS One，7（8）：e41781.

KASCHNER K，QUICK N J，JEWELL R，et al.，2012. Global coverage of cetacean line－transect surveys：status quo，data gaps and future challenges［J］. PLoS One，7（9）：e44075.

LI M，WANG X，HUNG S K，et al.，2019. Indo－Pacific humpback dolphins（*Sousa chinensis*）in the Moyang River Estuary：The western part of the world's largest population of humpback dolphins［J］. Aquatic Conservation－Marine and Freshwater Ecosystems，29（5）：798－808.

SZUWALSKI C，JIN X S，SHAN X J，et al.，2020. Marine seafood production via intense exploitation and cultivation in China：Costs，benefits，and risks［J］. PLoS One，15（1）：e0227106.

渔业生态环境领域研究进展

一、前　　言

渔业生态环境学科是研究渔业活动与生态环境相互作用、渔业环境中的生物地球化学过程、其他活动和过程对渔业环境影响、渔业环境恢复与修复等科学和产业问题。渔业生态环境学科的基本功能，一是解决、澄清渔业生态环境研究中出现的各种理论问题，并对其有关概念、定义与基本原理给出合理解释；二是采用各种方法与手段，评价、揭示渔业生态环境变动规律；三是揭示水产养殖等渔业活动对水域环境的影响；四是阐明生态环境变动对渔业资源的保护和利用、水产增养殖业的健康发展和水产食品安全的作用、影响机理，提出解决的途径、方法和技术，为国家实施的生态文明建设，推进生态大保护、修复生态环境以及渔业的可持续发展等绿色发展国策提供科学依据。

综观本学科的研究和实践，渔业环境学科的研究区域包括开展渔业生产活动水域及其毗连自然水域。研究范畴包括渔业生态环境学科的基本理论和方法论。研究内容包括：①渔业生物基本生境的组成、结构、性质和演化的调查、评价和预测；②环境质量变化和化学污染物在渔业生境中的化学行为，包括鉴定、测量和研究化学污染物在水圈、生物圈中的含量、存在形态、迁移、转化和归宿，探讨污染物的降解和再利用；③研究污染物对水生生物的毒理作用和遗传变异影响的机理和规律；④研究环境污染与水产品安全的关系，阐明污染物对养殖生物健康损害的早期反应和潜在的远期效应，提供制定相关环境标准和预防措施的科学依据；⑤研究渔业生物及水产增养殖活动与环境之间的相互作用机理及规律，揭示养殖对环境的影响机制和关键过程，评估和建立养殖容量管理体系，为发展和制定环境友好和可持续发展的养殖模式提供科学依据；⑥运用工程技术的原理和方法，防治环境污染，合理利用自然资源，保护和改善渔业水域环境质量；⑦研究经济发展与环境保护之间的相互关系，涉渔工程环境影响评价、污染事故的调查和损失评估。

渔业生态环境具有环境的整体性、环境资源的有限性、环境的区域性、环境的变动性和稳定性、危害作用的时滞性等特性。本学科的显著特点是领域覆盖面广，研究内容与渔业的可持续发展密切相关，研究方法综合性强等。

二、国内研究进展

（一）渔业水域环境生态

近海养殖结构与环境容量评估技术。以黄渤海、东海、南海的典型增养殖区及其主要养殖品种为监测对象，建立近海养殖结构与环境容量评估分中心和 11 个农业科学实验站，制定了监测指标体系和数据采集、汇交、共享和分析规范；搭建了监测平台系统，监测水产养殖生态环境、养殖结构、养殖生产要素和主要养殖生物的生理生态指标 4 大类 52 个指标，形成了数据集 11 套。构建了筏式贝藻、底播贝类、深水网箱等主要养殖方式的养殖容量和生态容量评估技术（张继红 等，2016；董世鹏 等，2020；Zhang et al.，2020；Sun et al.，2021），实现了在生态系统水平上由概念模型向数值模型的跨越。颁布了我国第一个大型藻类养殖容量评估技术《大型藻类养殖容量评估技术规范 营养盐供需平衡法》行业标准；建立了具有自主知识产权的筏式贝藻养殖系统模型 NEMURO. CULTURE；构建了底播贝类耦合模型；“浅海贝藻养殖容量数值评估技术创建与应用”获得了中国水产科学研究院科技进步三等奖。

河口近岸渔业生境及其资源环境效应。精确定位了长江口中华绒螯蟹产卵繁育场、刀鲚和中华鲟索饵场、凤鲚产卵场等重要渔业物种关键栖息地位置及其规模；评价了岸线开发、工程建设等对重要渔业物种关键栖息地的影响及其生物资源效应；掌握了风电场建设和运行对渔业资源及其生态环境的影响（王腾 等，2020）。发现了珠江口生物膜中细菌群落的组成和功能多样性沿环境梯度呈现变化的规律，阐明了珠江中下游颗粒直链藻形态多样性机制及其对水体营养等级的指示功能（Chai et al.，2016）；分析了珠江河网水生食物网的碳源贡献（曾艳艺 等，2020）；研究了珠江口典型河口生境与生物多样性变化特征，阐明了河口重要资源种群对产卵场等关键生境演变的适应机制，污染等环境扰动对河口生境及生物多样性的影响途径和作用机制（Wang et al.，2020）。

典型海湾生态系统结构与能流特征。构建 Ecopath 模型，对比研究了典型海湾（大亚湾、胶州湾）生态系统结构和能流特征。发现大亚湾不同时期的能量流动均以牧食食物链为主，高营养级鱼类渔获量较低，食物链变短，功能组间相互影响小，说明胶州湾生态系统正处于不稳定，容易受外界环境干扰的状态。两个海湾生态系统均处于不稳定的退化状态，系统成熟度降低，表征生态系统稳定度和食物网联系复杂性的各项参数指标均减小。在营养级结构上，大亚湾和胶州湾生态系统均出现鱼类营养级下降的趋势，现阶段大亚湾生态系统结构相对优于胶州湾。胶州湾高营养级大型鱼类资源衰退更为严重（马孟磊 等，2018）。相关成果提升了对中国近海海湾生态系统演变过程和适应性机制等关键科学问题的认识，为基于生态系统水平的海洋生物资源管理提供科学依据。

重要河流渔业生境结构与变化。开展了长江、黄河、西藏和西北等重点水域渔业生境结构及其理化和生物因子的调查研究，查明了理化和生物因子组成及其变化及其渔业生境特征；通过环境遥感监测，摸清了河流长度、水域面积、水系形态，以及岸线利用现状等，掌握了重大涉水工程对河流结构的改变、防洪堤坝及城市建设导致的河流生态环境现状的改变；开展流域消落区渔业生态环境遥感监测，掌握了消落区的面积和格局以及水生植物的分布及覆盖状况；掌握了大型通江湖泊水位的年际动态变化情况，掌握了丰/枯水期水体面积、水位消涨区域水生植物功能类型的空间分布状况等。掌握了西藏雅鲁藏布江、澜沧江、怒江西藏段干流水系形态和水域面积及水情变动趋势，从宏观尺度上掌握了鱼类栖息地的潜在分布区域；弄清了巴松错等四个湖泊的水域面积及动态变化，以及植被指数及植被覆盖度，建立了重点水域生态环境数据库，为重点水域渔业资源保护对策的制定提供科学数据集。

南海中部海域渔业栖息地生态环境特征。初步掌握了南沙-西中沙海域渔场理化环境主要特征，揭示了新发现的"高产渔场"形成与生态环境因子间的关系，阐述了春季南海中沙群岛北部海域的低温高盐水形成机制和夏季南海中部越南近海"强上升流区"生态环境特征及其渔场形成的关系，探讨和建立了基于脂肪酸的浮游植物种类组成生物标志物，分析了南海南部海域不同粒径浮游动物的春季和夏季的生物量和稳定同位素特征（张文博 等，2019）。相关研究填补了该区域资源栖息地生态环境的研究空白，为深入分析南沙渔业资源状况和合理开发利用、系统开展南沙海域生态环境保护与生态系统提供了基础资料。在国家重点研发计划和"南锋专项"Ⅱ期支持下，摸清了西沙七连屿水域岛礁生态环境、生物资源本底状况，为后续开展岛礁生态系统生物资源养护提供有力数据支撑，为南海典型岛礁水域的生物资源养护和可持续利用提供了决策依据。

渔业水域污染物及其生态学效应。构建了我国目前鱼类网箱养殖主要模式的氮磷物质平衡模型，定量评估了网箱养殖对氮磷的输入通量（Qi et al.，2019）。量化了贝藻养殖对近海碳循环的贡献，解决了碳汇渔业研究中无法量化贝类生物沉积对近海碳循环影响的科学问题（Xia et al.，2019）。建立了重金属多介质长时序污染评估系统，以典型重金属建立了一套适宜区域水生态风险防控的方法（Gu et al.，2020）。在有机物污染物污染研究方面，研究发现了双酚 F 和双酚 AF 具备与双酚 A 相当、甚至更强的致死、致畸和雌激素效应（Mu et al.，2020）；探讨 PAHs 在水生食物链上的迁移转化特征和健康风险，对不同类型污染物敏感的生物标志物并获得污染物的标准限量建议值（Mu et al.，2018）。开展了松花江水体中雌激素的运移规律及生态毒理效应的研究（Huang et al.，2020）。开展了新型持久性有机物及温排水胁迫下的海洋生物影响评估研究工作。建立了污染物对生物体毒性效应影响的定量评估方法，解析了海洋生物受体对外界干扰的毒理响应机制与表征（Mu et al.，2020）。溢油污染研究方面，研究了不同溢油污染物对个体水平和细胞水平的富集规律、毒性效应、致毒机制、在食物链中积累和放大的迁移机制等，给出了溢油对水产品质量安全影响结论并开展了风险评估（贺义雄 等，2016）。微塑料污染研究方面，掌握了重要渔业水域微塑料的污染现状，初步阐明了微塑料对海洋生物的毒性效应，为科学评价微塑料对渔业资源的影响提供了科学依据（Xia et al.，2020；Sun et al.，2020；Sui et al.，2020）。人工纳米材料污染研究方面，揭示了海洋酸化对人工纳米颗粒毒性效应的影响机制（夏斌 等，2016）。渔业生境污染生态学研究相关成果先后获得了2016年度广东省科学技术三等奖、全国渔业生态环境监测优秀成果奖、2016年度上海海洋科学技术奖一等奖（海洋科技进步奖）、中国水产科学研究院獐子岛渔业科技进步奖励基金二等奖、黑龙江省2018年科技进步奖三等奖。

渔业环境生物指示物筛选与应用。研究查明了耐药菌（ARB）和耐药基因（ARGs）在广东省主要海水网箱养殖区中的分布特征（Wu et al.，2019a，Wu et al.，2019b）。建成了以背角无齿蚌作为专用指示生物的“淡水贝类观察”的渔业生态安全评价、环境污染监测及污染物毒理筛查的综合技术体系（Liu et al.，2016a；Liu et al.，2016b；Chen et al.，2017；Chen et al.，2019；陈修报 等，2021）。建立了耳石中对应于不同盐度水体生境元素微化学图谱，反演了其洄游履历和不同生态型组成规律（李孟孟 等，2017；Chen et al.，2017；Khumbanyiwa et al.，2018），发现了鄱阳湖刀鲚溯河繁殖洄游的回归性（Jiang et al.，2016），定位了鄱阳湖中庐山到都昌水域溯河洄游型刀鲚的产卵场（Jiang et al.，2017）及确证了长江中游洞庭湖仍分布有溯河洄游型刀鲚的实情（轩中亚 等，2020）；研发的渔业生境生物指示物相关研究成果已得到广泛应用，先后获得了江苏省海洋与渔业科技创新奖一等、三等奖，2019年度中国商业联合会科学技术奖一等奖和2019年度海洋科学技术奖二等奖。

（二）渔业生态环境监测与评价

全国渔业生态环境监测持续开展。全国渔业生态环境监测网持续开展对渤海、黄海、东海、南海、黑龙江流域、黄河流域、长江流域和珠江流域及其他重点区域的160多个重要渔业水域以及部分养殖池塘（网箱）的水质、沉积物、生物等18项指标的监测，监测总面积约1 100余万公顷。通过监测，掌握了我国重要渔业水域生态环境的现状，为每年发布《中国渔业生态环境状况公报》提供了科学数据。监测结果表明，我国渔业生态环境总体保持稳定，局部渔业水域污染仍比较严重，主要污染物为氮、磷。其中：海洋重要渔业水域水体主要污染指标为无机氮和活性酸盐，但超标的范围趋于减小；淡水重要渔业水域水体主要污染指标为总氮、总磷和高锰酸盐指数，其中江河重要渔业水域中总氮、总磷和非离子氨超标范围趋于减小；湖泊、水库重要渔业水域中高锰酸盐指数和石油类的超标范围趋于减小，总氮和总磷的超标范围趋于增加。

第二次全国水产养殖业污染源普查全面实施。2018 年全面实施了第二次全国水产养殖业污染源普查工作。具体内容包括：针对目前我国水产养殖种类繁多、生产模式多样、养殖工艺参差不齐、养殖规模大小不一、养殖区域布局不尽相同等行业特点，研究了水产养殖生产过程污染物质产生机制和排出水平及其动态规律；通过抽查、实测、类比和理论推算估算排污量，认识总排污量与养殖类型、单位产量之间的关系，获得水产养殖不同养殖模式、不同养殖品种的养殖产量，再根据通过实测获得的单位养殖产量、排污系数，核算全国水产养殖业的产量、排污量。其中，水产养殖业排污量、排污系数测算是全国污染源普查项目中水产养殖业污染贡献核算的核心技术，其科学性和准确性将直接影响全国水产养殖污染普查的结果和结论，影响水产养殖产业发展规划和产业政策的制订，对渔业产业的可持续发展和水域环境保护也将产生重大影响。

基础性长期性专项“渔业水域环境污染与生态效应监测”启动。2017 年中国水产科学研究院牵头启动了渔业水域环境污染与生态效应监测工作，以渔业水域生态环境定点监测网络为主，结合区域遥感监测、地理信息系统和数学模型等现代化手段，实现了对我国典型渔业水域环境污染与生态效应的长期、规范、全面、系统的监测和研究，阐明了我国渔业水域生态环境质量状况、变动趋势及污染生态效应，建立了基于地理信息系统的渔业生态环境数据管理、综合分析评价和预警应用的大数据平台系统，直接服务于渔业生态环境保护与决策管理。通过长期定点监测数据的对比和统计分析，研究分析渔业生态环境时空变化特征及其生态效应，运用主成分分析、层次分析法等方法甄别筛选不同渔业水域环境特征污染因子和生态环境风险关键指标因子，在此基础上研究建立渔业生态环境质量综合评价方法，结合现场定点监测数据，开展我国重要渔业水域生态环境质量综合评价工作。建立了含有绿潮、赤潮、蓝藻、溢油等的水体遥感信息模型和信息提取方法，形成了利用中-低分辨率遥感数据实现快速监测渔业水域生态环境变化的实用化技术手段。结合不同类型渔业水域类型特点，针对性地提出渔业水域生态环境安全风险预警指标体系及其风险阈值，建立适宜的生态环境安全风险预警评价方法。

空间遥感和实时在线等监测技术得到广泛应用。在长江口水域建立了基于高空间分辨率遥感及无人机技术，开展了长江河口潮间带栖息地地物空间特征及其变化的监测研究，实现了在空间/光谱/时间分辨率、成本、精度之间的优化组合和平衡，为河口潮间带生境保护、栖息地环境质量的评价、受损生境的生态恢复提供了一种高时效、高分辨率、高信息量、高准确度和低成本的监测手段。在长江流域，运用遥感技术，开展了河流长度、水域面积、水系形态以及岸线利用现状遥感监测，开展消落区面积和格局以及水生植物的分布及覆盖状况遥感监测；在西藏重点水域，采用地面调查、无人机和卫星遥感技术相结合的手段，对西藏重点水域如雅鲁藏布江、怒江、澜沧江干流西藏段以及巴松错、哲古错、错那、错鄂等四个湖泊的渔业生境状况开展了监测。在长江干流水域建设了“长江流域渔业资源环境监测与重大水生态因子实时在线监测系统信息采集与分析支持系统”，实现了重要水生态因子野外实时在线监测、数据实时传输、数据云存储与分析、数据浏览与发布等。开发了一种自动记录微生物生长曲线的仪器及应用方法，不但具有现有自动化技术的所有功能，而且能够用于实现现有自动化仪器不能完成的分析，比如在纳米材料、微塑料、泥沙等悬浮物存在情况下（浑浊液中）微生物生长的实时、在线监测。同时，建立了一种水体中大肠杆菌和金黄色葡萄球菌的自动化快检方法。基于电容耦合非接触电导监测，开发出了一种自动化滴定仪，并成功应用于多种环境及药物样品的快速分析。

渔业生态环境质量管理向标准化发展。“十三五”期间，《水产养殖环境（水体、底泥）中磺胺类药物的测定液相色谱-串联质谱法（SC/T 9436—2020）》《广东省沿海人工鱼礁建设规划（2018—2030）》《海水滩涂贝类养殖环境特征污染物筛选技术规范》《淡水池塘循环水三级净化技术规范（DB32/T 3238—2017）》《淡水池塘原位修复集成技术规范》《稻蟹共作技术规范》等一系列标准、规范得到批准立项或发布实施，使得渔业生态环境监测、评价和质量管理向标准化、规范化推进。此外，优质水产品原产地环境的鉴别和保护也越来越得到重视（骆仁军 等，2020）。

（三）渔业水域生态环境修复

长江口关键渔业生境综合修复。发明了“漂浮湿地＋底质修复”为核心的繁育场生境重建技术和以“柔性鱼礁”为核心的索饵场再造技术，建立了长江口关键渔业生境综合修复技术体系，保障了中华鲟幼鱼河口生活史阶段的摄食肥育需求。相关研究成果获得 2018 年度国家科学进步二等奖。

海藻（草）场生态修复重建。在广东大亚湾集成马尾藻幼苗度夏培育技术、马尾藻网袋捆苗藻礁构建技术、马尾藻网袋捆苗藻礁构建技术、马尾藻缠绳绕石式藻礁构建技术和马尾藻粘黏式藻礁构建技术等关键技术，形成马尾藻场生态修复重建技术体系。先后获得广东省科技进步奖三等奖、中国水产学会范蠡科学技术奖二等奖、广东省农业技术推广奖二等奖、中国水产科学研究院科技进步奖一等奖。

牡蛎礁生态修复。以我国沿海广布性牡蛎——近江牡蛎和熊本牡蛎为造礁物种，围绕“基础理论—技术研发—应用示范”这一主线，开发了牡蛎礁构建技术。建立了以邻近生境为参照系的牡蛎礁生境功能及价值评估方法，发展了基于稳定同位素分析的修复牡蛎礁食物网结构和能流效率评估方法，开展了海岸带牡蛎礁生态修复技术应用示范（Quan et al.，2020）。

气体过饱和的生物学效应及修复。研究完成了气体过饱和评价指标体系、标准和监测方法，气体过饱和监测技术方法和技术规程、金沙江中下游重要水域气体过饱和发生规律基本状况研究，以及气体过饱和影响的水生态减免措施方案与水生态损失评估方法研究等相关内容，为环境管理决策和水生态保护提供了技术支撑。

浅海养殖区生态修复技术。开展了人工湿地中的植物、基质和微生物在去除海水养殖外排水中氮的贡献与作用的研究。系统分析了我国典型养殖海域的不同养殖模式与海域生态环境的关系，研究了贝类对浮游植物的选择性摄食规律。建立多物种立体轮养全时空生境修复技术，在象山港建立了 2 个修复生态工程示范基地，为了解异养硝化-好氧反硝化细菌使用过程中各种形态氮的转化提供理论依据（Han et al.，2019）。

淡水池塘养殖环境修复。建立了藻类定向调控和固化微生物修复技术（陈家长等，2020）。在无锡宜兴市屺亭养殖基地、鹅湖甘露青鱼养殖基地和苏州未来水产养殖场进行示范与应用。成果获得了 2020 年度中国水产学会范蠡科学技术奖科技进步类二等奖。

（四）外来物种与生态安全

外来水生生物调查与监测。建立了外来入侵水生动物监测网络和基础数据库，绘制了主要外来水生动物在华南地区主要水系的分布图。对华南地区入侵水生动物罗非鱼、革胡子鲶、清道夫和福寿螺等、华东地区入侵水生动物杂交鲟、美国红鱼等开展了系统的研究（Wei et al.，2017；Gu et al.，2019；Mu et al.，2019）。

外来水生生物风险评估与预警。创新发展了外来物种生态影响评估方法、生态风险评估及预警系统，建立了通过测量物种与资源相互作用的功能反应（Functional Responses）评估外来物种单位影响效应的方法体系（Xu et al.，2016）。

外来水生生物入侵及危害机制。通过全球尺度大数据整合分析证实了外来物种入侵核心假说“天敌释放假说”的普遍性，同时揭示了天敌释放并不存在系统的纬度变化趋势（Xu et al.，2021）。从鱼类群落生态学的角度，揭示了水生生态系统的破坏和水质下降导致的水生生物多样性降低对罗非鱼等外来鱼类入侵的促进作用（Gu et al.，2018）。

外来水生生物的防控与利用。开展了高危外来生生物的应急处理，针对典型外来水生生物筛选了特异性药物，研发了转化利用技术。相关成果先后获得广东省科技进步奖二等奖和中国水产学会范蠡科学技术奖二等奖各 1 项。

三、国际研究进展

（一）愈发重视渔业生产的环境效应研究

荷兰和美国等国家的科学家将渔业生产的环境效应纳入全球资源和生物地化循环研究，例如规模化水产养殖对全球渔业资源的影响、全球不同类型水产养殖活动向水域排放和吸收的氮磷通量、水产养殖氮磷的排泄并与其他人类活动的比较，探讨人类规模化渔业生产对局部和全球海域重要元素生物地球化学循环的影响（Qi et al.，2019）。美国等国家的科学家评估水产养殖对物质循环和通量影响，除了从养殖和收获途径外，还深入研究了贝类生物沉积作用对沉积环境硝化-反硝化过程的影响，探讨了贝类养殖对氮元素以 N_2O 和 N_2 途径移除水体的影响，更深刻地认知和理解贝类养殖的正负环境效应（Lunstrum et al.，2018）。基于产前和产中的水产养殖自身污染的防治，挪威、加拿大、以色列等国家强调在保护水域环境前提下发展渔业生产（称为“清洁生产”），通过构建多营养层次综合养殖模式和技术（Integrated Multi-Trophic Aquaculture），加强养殖过程中氮磷等营养元素的吸收和同化，减少向渔业环境中的输入通量（Neori et al.，2017）。美国、加拿大、日本等还开展退化生态系统环境修复技术研究，如利用微生物降解技术修复池塘和湖泊沉积环境，用底栖生物吞食有机碎屑修复增养殖环境。对于湖泊、水库等淡水开放水域网箱养殖对环境的影响，已经从定性发展到定量评述，从短期直接到长期间接效应影响评价，构建评价水体承载能力的评估模型，利用 GIS 等建立了较完善的环境预报预警服务体系。

（二）愈发关注陆源污染对渔业生态环境的影响过程及机制研究

除了渔业生产活动对局部水域的影响外，也逐渐重视陆源和空气污染对渔业环境的影响。例如，研究发现，中国煤炭型发电站的汞排放是另一个对水产养殖构成潜在威胁的污染源。持久性有机污染物（POPs）由于其在环境介质中的持久性、生物富集性、长距离迁移能力、对区域和全球环境的不利影响以及毒性作用，依然是优先研究方向。近年来对微塑料在水体中的含量、分布、迁移，以及在水生生物体内的富集成为了水生毒理学的研究热点（Xia et al.，2019）。

（三）检测手段和渔业环境监测技术发展迅速

近年来，各类传感器技术在渔业环境监测中不断尝试创新，特别是其中的生物传感器发展较快。同时，基于生物标志物的监测技术也是领域内较受关注的热点。美国和丹麦等国家的科学家在电化学和传感器技术研究方面取得很大进展，研发了基于光学和化学的平面传感器技术，可以实时动态监测环境中 pH、CO_2、H_2S、O_2 等的一维、二维分布，为更深刻认知沉积物早期成岩化学过程和养殖等人类活动对环境的扰动效应提供了强有力的技术手段，取得了很多新的发现（Yin et al.，2017）。渔业水域生态环境监测兼具较为重要的理论和实践意义，通过监测能够实时掌握重要渔业水域生态环境的现状，相关数据可为了解环境对于资源的支撑功能提供基础。

元素微化学“指纹”研究。水产品生物背景元素（含矿质元素、稳定同位素比）值的差异将导致水产品产出潜力及品质形成特质各异。这种元素微化学“指纹”特征性的自然差异和属性的研究已经成为国际上备受关注的研究热点之一，也被日益广泛地应用于渔业生物的生境评价、水产品原产地生境保护、污染监测等方面较为精准的理论研究和技术开发之中（Li et al.，2016；Luo et al.，2019）。

（四）外来水生生物入侵风险评估及其机制研究成为焦点

生物多样性的维持机制是全球生态学者研究的焦点问题之一，而外来生物入侵是该研究中的重要组成部分，它可以很好地作为切入点来解释物种的共存机制，还可以评估对生物多样性，甚至生态系统功能与安全的影响。目前，国内外大部分关于生物入侵的研究主要集中在森林、草地、高原、湿地和土壤等生态系统中，研究对象主要是入侵植物、昆虫和病原菌等，涉及水生生物入侵的研究相对较少。研究内容则侧重外来物种的入侵机制（Mu et al.，2019），而在外来物种的风险评估及入侵物种对生态系统功能与安全方面的研究相对薄弱，加强该方面的研究将是未来研究的趋势。

四、国内外科技水平对比分析

（一）渔业生产的环境效应

国外的研究主要包括环境效应纳入全球资源和生物地化循环，水产养殖对物质循环和通量影响，多营养层次综合养殖模式和“稻-鱼”系统构建，网箱养殖水体承载能力，环境预报预警服务体系等方面，在基础研究方面处于领先地位，但应用技术研发存在着局限性。

我国对养殖环境效应的科学认知还不够深刻。在贝类养殖环境效应研究方面，目前国内主要是从贝类收获产量估算对水体中氮磷等元素的移出数量，测定了贝类生物沉积过程对有机质和氮磷的沉降通量，但关于贝类对沉积物环境早期成岩过程的影响、对硝化-反硝化耦合反应及与之相关联的 N_2 和 N_2O 释放的影响、对有机质和元素再矿化和埋藏的影响等领域的研究还不够深入。多营养层次综合养殖模式实现了一定程度的产业化，但基础研究的支撑力度仍待提升，系统内部的能流、物流过程尚不明晰，各养殖单元间互利作用机理缺乏深层次的理论阐释，在定量研究及整体设计等基础理论方面还需要更多、更深入的探讨（马雪健 等，2016）。在“稻-鱼”系统研究中，已利用稻田资源发展出高产高效、环境友好的稻-鱼系统，但在稻-鱼系统的区域性、种养结合的技术体系、规模化和品牌产品的创建等方面仍面临很多挑战（胡亮 等，2015）。

（二）渔业生境及生物样品的监测分析

国外起步较早，建立了相对系统完善的渔业生境长期定位观测体系和生物样品分析方法。现代监测技术手段和相关设备的研发处于领先地位，且在现场调查、数据处理、实验模拟及模型构建等方面得到广泛应用（钟名军 等，2005）。在国际方法中规定了生物样品中 PCBs、OCPs 的测定方法，但操作烦琐，样品前处理技术相对落后，目前尚未有针对食品中 PCBs 和 OCPs 多组分同时分析的标准方法（杜静 等，2019）。

我国建有系统的渔业环境监测体系，但在长期的定位观测系统构建和新技术新设备研发方面，与国外相比还存在较大差距。我国渔业生境的监测重点集中在水产养殖区与重要鱼、虾、蟹类的产卵场、索饵场和水生野生动植物自然保护区等功能水域。目前，国内渔业生态环境监测已具有开展水质、底质、生物及生物质量等 200 多个参数的监测、评价能力，对优先污染物监测分析水平相对较弱。生物及生物质量分析研究、污染事故鉴定与处理水平处于国际先进水平（杜静 等，2019）。

（三）陆源污染的影响及风险评价

国外对陆源污染的影响及风险评价关注较早。早在 1979 年，美国环保局就已提出了 129 种优先监测污染物，并加强了其影响与评价研究。持久性有机污染物（POPs）含量微、成分复杂、检测难度大，我国的研究还比较薄弱，仅确定了少数污染物的环境效益阈值，未对海洋中新型 POPs 的风险评估开展全面和深入的研究。对于陆源和空气污染对渔业环境和养殖生物的影响研究还相对较少。关于微塑料研究，尤其在真实环境及微塑料实际含量水平下，仍有诸多具有挑战性的科学、技术与管理问题，包括对小粒级微塑料尤其是亚微米和纳米级塑料分离和鉴定技术，微塑料在多介质环境中的分布、迁移、输运及通量，生态效应和健康风险等（骆永明 等，2021）。对于渔业自身污染在全部污染源中的比重及效应等问题，国内相关研究还需要进一步深入。陆源污染物的基因毒性研究也日益受到国际重视，比较来说，国外比国内的研究起步要早，但研究水平相当（张清顺 等，2008）。

（四）退化渔业生境生态修复

发达国家重视水生态系统完整性的修复，注重从生态系统整体定量开展修复研究，通过水环境改善、生物栖息地修复、生物种类及其空间分布的合理配置，促进生态系统的恢复与重建。在增殖放流方面，重视保证放流水域生态系统结构和功能、物种自然种质遗传特征不受干扰。在鱼道、人工鱼巢、鱼礁的研究方面，结合鱼类生物学需求，重视效果评估，建立了生态水文指标体系。运用生物操纵理论和技术，以生态系统稳态转换理论和自组织修复为途径，建立了水域生态环境调控的一般理论与方法。在流域综合开发和水资源利用的过程中，十分重视总体规划与跨区域、跨部门和跨学科的合作，最大限度地提高流域水资源与生物资源开发利用的整体综合效率（曲维涛 等，2019；沈新强，2008）。发达国家普遍对资源环境的保护和修复事业形成了统一的共识，给予了高度的重视，成立了相应的组织管理机构，并制定了相关法律、法规或宣言。

我国在渔业水域生态修复方面起步较晚，但组织管理机构已经比较健全，还制定了一系列的法律、法规及条例等。尤其是“十二五”以来，针对典型渔业水域生境开展了系列研究，在桑沟湾海域实施了黄海大海洋生态系统多营养层级综合养殖示范项目，在浙江千岛湖建立了“保水渔业”生态模式，在长江口构建了中华绒螯蟹“三合一”繁育场生态修复技术模式等，在国际上树立了典范。在降解菌种的筛选以及养殖池塘、网箱养殖区、底栖生态环境方面开展了一些试验性研究，尚未形成成熟技术。在内陆河流中，鱼类生态通道和栖息地评估、保护、修复的研究还处于起步阶段，范围较小，有关内陆江河人工鱼巢、鱼礁相关研究仅停留在位置、材料选择上。我国渔业生态修复研究主要集中在生态修复技术，且研究多停留在局部区域范围内或集中于某一生物群落或物种，对生态修复的其他环节，如退化诊断评估与预测、修复管理等方面的研究相对较少，缺乏从整体生态系统水平开展生态修复研究。

（五）外来水生生物入侵风险评估及机制

国外在生物入侵机制研究中，引入网络来预测入侵者的生态影响，梳理错综复杂的人为和生态因素，基于物种网络特征进行入侵预防和管理（Frost et al.，2019）。近年来，国内在外来水生生物种类、分布和入侵状况等基础数据积累以及入侵机制方面取得了一些进展，但与欧美国家相比，国内对外来水生生物的管理和生态风险评估研究和应用相对较少，尚未形成完善的管理体系（乔延龙 等，2010）。《水产苗种管理办法》中虽然规定了引进水产物种时需要提交包括进口目的和用途、进口苗种的生物学特性、原产地生态环境、引进地疫病情况、申请人养殖规模、技术力量和隔离场所等内容的水产苗种进口申请表，但通常是以水产苗种的经济价值和疫病情况判断是否引进。该办法没有对风险评估进行具体的规定，也很少考虑引进的水产物种对生态环境和社会的影响。另外，对于一些已引进的经济物种，在养殖过程中未充分评估经济效益和生态风险，养殖模式未考虑外来物种逃逸和携带外来病原的风险，造成了如罗非鱼等外来鱼类的大规模逃逸和在野外建群的现象。因此引进和借鉴国际上最新的外来水生生物管理理念，加强物种的生态风险评估，建立中国外来鱼类风险评估和管理体系，对于提高我国外来物种的监管能力是十分重要的（郭晓奇，2014）。

总体上看，我国在生态环境学科方面开展了较为扎实的工作，也取得了较为显著的进展，主要的技术和流程也日趋成熟。然而，与国外相比，在总体发展水平、监测和修复等技术领域仍存在一定的差异。例如，渔业生态环境研究对于渔业生产的科技贡献率较低，目前国内对于渔业生态的研究多为理论研究，而较具操作性和实践性的研究成果仍然较少，相关研究结论对于渔业生产的科技支撑能力有限。我国渔业生态环境大数据库尚不完善，渔业生态环境动态规范化、大规模的监测时断时续，研究手段创新性有待提高，渔业生物生存和产出的最基本生境尚未得到有效保护，新型污染因素及极端气候的许多灾害环境胁迫机理尚不明了，亦缺乏有效的防控措施；而相关研究又仍偏重应急方式，支持力度大、较长期的科研专项仍不足且过于集中，互补性、特色性研究力量的整合还需完善。因此，与有效防治渔业水域生产力下降、渔业水域的沙漠化以及确保渔业生态安全与水产品质量安全的现实需求仍有较大差距。

五、“十四五”展望与建议

（一）科学评价水产增养殖对环境综合效应

加强系统、全面研究和揭示渔业增养殖活动对环境的影响，投饵型动物和不投饵型（滤食性）动物以及大型藻类等增养殖生物对环境的正负面影响，包括对氮磷等生源要素的输入通量和元素生物地化循环的影响，科学、客观、定量化评价渔业活动的环境效应；科学评价藻类和贝类等具有生物滤器功能的养殖生物对环境的生态修复作用和固碳功能；揭示渔业水域环境演化趋势，甄别环境变化中的不同因子的贡献。

建立科学的环境承载量评估方法，评估不同环境下，不同养殖模式下渔业环境的最大承载量，防止超量养殖，降低养殖自身污染，建立健康的养殖模式，最大限度地减少养殖过程中向养殖环境中输入的营养物质量。

针对典型养殖系统对自然水域生态系统的影响过程与机理等关键科学问题，研究池塘、滩涂、浅海、网箱等典型养殖模式对水体环境的影响及其调控途径；解析典型养殖系统及毗连自然水域中生源要素的转归机制及其对生态环境（碳汇）的影响机理；研究养殖群体或入侵物种对自然资源的影响；建立资源与环境承载力评估模型；解析养殖水域与毗连自然水域环境互作过程和生态效应；构建养殖生物对环境的作用机制模型。

（二）渔业生态环境监测、诊断和预警技术

重点研究污染监测生物指示物种的选择，各类环境样品中痕量污染物质分析方法，水质、底质、生物体污染的快速检测技术，渔业生态环境污染现状评估及原因的

诊断、渔业灾害的预测、预警技术的研究。近期集中力量监测重要渔业水域受污染的程度包括水质、底质、生物和生物体污染水平，找出渔业水域生态环境变化的原因，特别要弄清养殖污染对环境和养殖生物的影响，及时提出预警和改善生态环境的相应措施。

（三）渔业污染生态学和环境安全评价技术

结合生物指示物、生物指示指标体系，重点研究渔业内源污染因素、外源污染物质（如重金属、持久性有机污染物、危险化学品、生物毒素、农药、药物、微塑料等）的环境生物地球化学特性，迁移和转化规律，及其对自然/养殖渔业水域、水产种质资源保护区、原良种场、关键渔业生态系统（包括结构和功能和生物多样性等）的污染生态学后果；通过受控生态系统生态毒理学实验，了解污染物的遗传、生理、生化毒性和代谢、转归机制，研究多种生态灾害叠加导致典型渔业水域生境退化的影响规律；研究生境退化和生物多样性演变的评估方法；建立产地环境安全评估生物指示物/指标系统和模型，水产养殖业源产排污系数，探索建立渔业关键污染物分析评价的新方法及新技术。

（四）退化水域生态系统重建与修复技术研究

重点研究养殖生态环境调控理论与技术，清洁养殖生产环境保障技术，退化的天然渔场、增养殖水域生态系统的环境变化诊断技术，生态环境污染损害的生物修复技术，人工生态环境设计和运用技术。由于不同退化生态系统存在着地域的差异性，加上外部干扰类型和强度的不同，导致生态系统所表现出的退化类型、阶段、过程及其响应机理也各不相同。因此在对不同类型的退化渔业水域生态系统重建与修复过程中，其恢复目标、侧重点及其选用的配套相关技术也不同。

（五）生态环境质量控制标准化技术研究

根据水域环境污染的背景值、环境容量，污染物质的物理输运、相互交换、化学迁移和积累，污染源入海的通量和各类污染物质在环境中的不同存在形态及其毒理，研究更合理的水质、生物体质量标准体系，放养及养殖渔业与水体环境协调的关系，渔业环境容纳量和渔业水域的功能区划，以及污染的生态影响及其损失评估技术，建立渔业生态系统健康标准和评估管理技术。

（六）重大工程对渔业生态环境影响

重点研究以三峡工程、南水北调等特大型水利工程和不同流域河流梯级开发、流域国家级经济区建设等为代表的大型工程对渔业水域生态环境影响的性质和程度，阐明大型工程对渔业生物栖息地、洄游路线、资源量等的影响机制及渔业基本生境修复策略，研发评价、减缓和补偿不利影响的技术，为综合影响评价和修复或避免重大工程建设导致渔业生态环境功能退化和丧失的不利影响提供理论和技术支持。

（七）重要养殖生物对典型环境胁迫的响应机制

针对重要养殖生物对主要养殖模式下环境胁迫的响应机制等关键科学问题，解析养殖水域与自然水域环境间互作过程和生态效应。重点研究气候变化（特别是极端高温、低温、低氧、干旱等环境胁迫）对鱼、虾、蟹、贝等生存和生长等重要经济性状的影响，分析多重环境胁迫的生态效应；构建主要养殖生物对环境胁迫的响应机制模型，摸索生物应对环境胁迫的行为和生理生态机理；研究新型污染物潜在危害因子在养殖水域的迁移转化规律和生物蓄积特征，探索其毒性效应与机制并评估环境风险。

（八）外来水生生物的监测、预警与防控

构建全国性外来水生生物基础数据平台。开展外来水生入侵生物基底信息调查，联合全国优势单位，产、学、研相结合，采用实地调查和收集信息相结合，并应用 GIS 和 GPS 等信息定位技术及环境 DNA、指纹图谱等新兴调查技术，对不同生境如水库、湖泊、池塘、河道、农田、湿地等进行普查，建立外来水生生物种的传播、分布、危害信息数据库。构建外来水生入侵生物监测信息交流平台，开发基于 Field - Server 的实时监测系统，对入侵生物种群发生、扩散、传播实施定点监测，实现实时动态管理，为进一步的研究和管理提供基础资料。

构建服务于全国的外来水生生物监测预警平台与风险评估系统。针对危险性、暴发性的福寿螺、空心莲子草等外来入侵水生生物样本种，采用 CLIMEX、DYMEX、GIS、MAXENT 等软件及实验生态模拟等分析方法，研究建立定量风险评估技术和预警技术，形成技术标准（规范），构建早期预警与狙击体系。在研究掌握外来水生入侵生物的入侵分布、成灾规律的基础上，利用 PRA 技术分析外来水生生物成灾风险，并利用 GIS 技术，编制外来水生入侵生物灾害风险分布图。

开展全国典型地区典型外来水生生物的综合防控技术研究。野外防控包括应急灭除、资源利用、生态平衡控制以及综合技术体系控制等技术措施。根据研究对象设定有一定规模的试验区域，分别选取一个河段或支流、湖泊或水库为试验区，进行由实验室——试验段——全区域的外来水生生物种控制实验研究。实验包括药物（化学）控制、器械（物理）控制、生态制衡（生物与理化因子）控制、资源化利用控制以及综合技术控制等途径，针对特定物种或类群建立有效控制技术体系，建立安全有效、

科学、可行的控制管理技术规范。通过区域实验进一步构建针对特定物种或种类的暴发性入侵危害的应急处理方案和技术体系。

（李纯厚　杨健　齐占会　赵峰　执笔）

致谢：本报告撰写过程中，得到中国水产科学研究院渔业生态环境学科委员陈碧鹃、陈家长、胡隐昌、黄洪辉、赖子尼、穆希岩、倪朝辉、王云龙、张继红、庄平，以及辽宁省海洋水产研究院、中国科学院水生生物研究所以及中国水产科学研究院所属各研究所等单位相关专家的大力支持，他们为报告撰写提供了相关资料，在此一并感谢！

参考文献

曾艳艺，杨婉玲，王超，等，2020. 江河网典型水草床与贝类群落生物量特征［J］. 生态学杂志，39（1）：172－179.

陈修报，杨健，刘洪波，等，2021."淡水贝类观察"：生物阐释水污染和毒理的创新手段［J］. 湖泊科学，33（1）：11－27.

崔正国，曲克明，唐启升，2018. 渔业环境面临形势与可持续发展战略研究［J］. 中国工程科学，20（5）：63－68.

董世鹏，蔺凡，姜娓娓，等，2020. 基于叶绿素 a 时空分布的胶州湾菲律宾蛤仔养殖容量评估［J］. 渔业科学进展（6）：100－107.

杜耘，2016. 保护长江生态环境，统筹流域绿色发展［J］. 长江流域资源与环境，25（2）：171－179.

贺义雄，李佳，张瑜，等，2016. 溢油对海洋渔业产业中长期影响评价指标体系研究［J］. 中国渔业经济，34（4）：99－107.

黄伟强，纪炜炜，付婧，等，2020. 三沙湾大黄鱼网箱养殖衍生有机物的沉降特征［J］. 中国水产科学，27（6）：709－719.

李翠梅，张绍广，姚文平，等，2016. 太湖流域苏州片区农业面源污染负荷研究［J］. 水土保持研究，23（3）：354－359.

李孟孟，姜涛，陈婷婷，等，2017. 长江安庆江段刀鲚的耳石微化学及生态学意义研究［J］. 生态学报，37（8）：2788－2795.

骆仁军，姜涛，陈修报，等，2020. 基于稳定同位素和矿质元素的中华绒螯蟹产地鉴别潜力评价［J］. 食品科学，41（2）：298－305.

马孟磊，陈作志，许友伟，等，2018. 基于 Ecopath 模型的胶州湾生态系统结构和能量流动分析［J］. 生态学杂志，37（2）：462－470.

农业农村部，生态环境部，自然资源部，等，2019. 关于加快推进水产养殖业绿色发展的若干意见［J］. 黑龙江水产，2019（3）：1－4..

田雅洁，曹煜成，胡晓娟，等，2018. 4 种因子对玫瑰红红球菌 XH2 氨氮去除效应的影响 [J]. 渔业科学进展，39（6）：164-172.

王腾，黄洪辉，张鹏，等，2020. 珠海桂山风电场水域渔业资源声学评估与空间分布 [J]. 中国水产科学，27（12）：1496-1504.

轩中亚，姜涛，刘洪波，等，2020. 洞庭湖中是否存在溯河洄游型刀鲚？[J]. 水生生物学报，44（4）：838-843.

张继红，蔺凡，方建光，2016. 海水养殖容量评估方法及在养殖管理上的应用 [J]. 中国工程科学（3）：85-89.

张文博，黄洪辉，李纯厚，等，2019. 华南典型海湾主要渔业生物碳氮稳定同位素研究 [J]. 南方水产科学，15（5）：9-14.

赵峰，黄孝锋，宋超，等，2020. 长江口中华绒螯蟹幼蟹对人工漂浮湿地生境的选择利用 [J]. 中国水产科学，27（9）：1003-1009.

中华人民共和国农业农村部，环境保护部，2016. 中国渔业生态环境状况公报（2000—2015）[R]. 北京：中华人民共和国农业农村部，环境保护部.

BOUWMAN L，BEUSEN A，GLIBERT PM，et al.，2013. Mariculture：significant and expanding cause of coastal nutrient enrichment [J]. Environment Research Letter（8）：044026.

BUNLIPATANON P，SONGSEECHAN N，KONGKEO H，et al.，2014. Comparative efficacy of trash fish versus compounded commercial feeds in cage aquaculture of Asian seabass（*Lates calcarifer*）（Bloch）and tiger grouper（*Epinephelus fuscoguttatus*）（Forsskål）[J]. Aquaculture Research（45）：373-388.

CHAI C，JIANG T，CEN J，et al.，2016. Phytoplankton pigments and functional community structure in relation to environmental factors in the Pearl River Estuary [J]. Oceanologia（58）：201-211.

CHEN T，JIANG T，LIU H，et al.，2017. Do all long supermaxilla type estuarine tapertail anchovies Coilia nasus anadromously migrate? [J]. Journal of Applied Ichthyology，33（2）：270-273.

CHEN X，SU Y，LIU H，et al.，2017. Element concentrations in the shells of freshwater bivalves *Anodonta woodiana*（Lea，1834）at different growth stages [J]. Invertebrate Reproduction and Development，61（4）：274-282.

CHEN X，SU Y，LIU H，et al.，2019. Active biomonitoring of metals with cultured *Anodonta woodiana*：a case study in the Taihu Lake，China [J]. Bulletin of Environmental Contamination and Toxicology，102（2）：198-203.

CHEN Z，XU S，QIU Y，2015. Using a food：web model to assess the trophic structure and energy flows in Daya Bay，China [J]. Continental Shelf Research（111）：316-326.

GU Y，GAO Y，HUANG H，et al.，2020. First attempt to assess ecotoxicological risk of fifteen rare earth elements and their mixtures in sediments with diffusive gradients in thin films [J]. Water Research（185）：116254.

HAN T，QI Z，HUANG H，et al.，2018. Nitrogen uptake and growth responses of seedlings of the brown seaweed *Sargassum hemiphyllum* under controlled culture conditions [J]. Journal of Applied Phycology，30（1）：507-515.

HAN T, SHI R, QI Z, et al., 2017. Interacted effects of Portuguese oyster *Crassostrea angulata* and red seaweed *Gracilaria lemaneiformis* on seawater dissolved inorganic carbon system: implications for integrated multi - trophic aquaculture in Chinese coastal waters [J]. Aquaculture Environment Interactions (9): 469 - 478.

HAN T, SHI R, QI Z, et al., 2017. Interactive effects of oyster and seaweed on seawater dissolved inorganic carbon systems implications for integrated multi - trophic aquaculture [J]. Aquaculture Environmental Interactions (9): 469 - 478.

HUANG X, SONG W, TANG Z, et al., 2020. Photocatalytic hydrogel layer supported on alkali modified straw fibers for ciprofloxacin removal from water [J]. Journal of Molecular Liquids (317): 113961

JIANG T, LIU H, LU M, et al., 2016. A Possible connectivity among estuarine Tapertail anchovy (*Coilia nasus*) populations in the Yangtze River, Yellow Sea, and Poyang Lake [J]. Estuaries and Coasts, 39 (6): 1762 - 1768.

JIANG T, LIU L, LI Y, et al., 2017. Occurrence of marine algal toxins in oyster and phytoplankton samples in Daya Bay, South China Sea [J]. Chemosphere (183): 80 - 88.

JIANG T, YANG J, LU M, et al., 2017. Discovery of the possible spawning area for *Coilia nasus* in the Poyang Lake, China [J]. Journal of Applied Ichthyology, 33 (2): 189 - 192.

JIANG T, YU Z, QI Z, et al., 2017. Effects of intensive mariculture on the sediment environment as revealed by phytoplankton pigments in a semi - enclosed bay, South China Sea [J]. Aquaculture Research, 48 (4): 1923 - 1935.

JU T, GE W, JIANG T, et al., 2016. Polybrominated diphenyl ethers in dissolved and suspended phases of seawater and in surface sediment from Jiaozhou Bay, North China [J]. Science of the Total Environment (20): 571 - 578.

KELLOGG M L, SMYTHA A R, LUCKENBACH M W, et al., 2014. Use of oysters to mitigate eutrophication in coastal waters. Estuarine [J], Coastal and Shelf Science, (151): 156 - 168.

KHUMBANYIWA D D, LI M, JIANG T, et al., 2018. Unraveling habitat use of *Coilia nasus* from Qiantangjiang River of China by otolith microchemistry [J]. Regional Studies in Marine Science (18): 122 - 128.

LI L, BOYD C E, SUN Z, 2016. Authentication of fishery and aquaculture products by multi - element and stable isotope analysis [J]. Food Chemistry (194): 1238 - 1244.

LI L, WANG S, SHEN X, et al., 2020. Ecological risk assessment of heavy metal pollution in the water of China's coastal shellfish culture areas [J]. Environmental Science and Pollution Research, 27 (15): 18392 - 18402.

LI Z H, LI P, WU Y H, 2021. Effects of temperature fluctuation on endocrine disturbance of grass carp *Ctenopharyngodon idella* under mercury chloride stress [J]. Chemosphere (263): 11 - 22.

LIU H, CHEN X, SHIMASAKI Y, et al., 2016a. The valve movement response of three freshwater mussels *Corbicula fluminea* Müller 1774, *Hyriopsis cumingii* Lea 1852, and *Anodonta woodiana* Lea 1834 exposed to copper [J]. Hydrobiologia, 770 (1): 1 - 13.

LIU H，CHEN X，SU Y，et al.，2016b. Effects of calcium and magnesium ion on acute copper toxicity to the glochidia and early juveniles of Chinese pond mussel *Anodonta woodiana* Lea，1834 [J]. Bulletin of Environmental Contamination and Toxicology，97（4）：504-509.

LIU J，YUAN L，HUANG Y，et al.，2020. The pigmentation interference of bisphenol F and bisphenol A [J]. Environmental Pollution（266）：115139.

LUNSTRUM A，MCGLATHERY K，SMYTH A，2018. Oyster（*Crassostrea virginica*）Aquaculture Shifts Sediment Nitrogen Processes toward Mineralization over Denitrification [J]. Estuaries and Coasts（41）：1130-1146.

LUO R J，JIANG T，CHEN X B，et al.，2019. Determination of geographic origin of Chinese mitten crab（*Eriocheir sinensis*）using integrated stable isotope and multi-element analyses [J]. Food Chemistry（274）：1-7.

MENG S，LIU T，CHEN X，et al.，2019. Effect of Chronic Exposure to Methomyl on Tissue Damage and Apoptosis in Testis of Tilapia（*Oreochromis niloticus*）and Recovery Pattern [J]. Bulletin of Environmental Contamination and Toxicology（102）：371-376.

MU X，CHEN X，LIU J，et al.，2020. A multi-omics approach reveals molecular mechanisms by which phthalates induce cardiac defects in zebrafish *Danio rerio* [J]. Environmetal Pollution（265）：113876.

MU X，HUANG Y，LI X，et al.，2018. Developmental effects and estrogenicity of bisphenol A alternatives in a zebrafish embryo model [J]. Environmental Science & Technology（52）：3222-3231.

MU X，LIU J，YUAN L，et al.，2019. The mechanisms underlying the developmental effects of bisphenol F on zebrafish [J]. Science of the Total Environment（687）：877-884.

Mu X，M Xu，Ricciardi A，et al.，2019. The influence of warming on the biogeographic and phylogenetic dependence of herbivore-plant interactions [J]. Ecology and Evolution（9）：2231-2241.

NEORI A，SHPIGEL M，GUTTMAN L，et al.，2017. Development of Polyculture and Integrated Multi-Trophic Aquaculture（IMTA）in Israel：A Review [J]. The Israeli Journal of Aquaculture-Bamidgeh，69（1385）：1-19.

QI Z，SHI R，YU Z，et al.，2019. Nutrient release from fish cage aquaculture and mitigation strategies in Daya Bay，Southern China. Marine Pollution Bulletin [J]. Marine Pollution Bulletin（146）：399-407.

QUAN W M，FAN R L，LI N N，et al.，2020. Seasonal and temporal changes in the Kumamoto oyster *Crassostrea sikamea* population and associated benthic macrofaunal communities at an intertidal oyster reef of China [J]. Journal of Shellfish Research，39（4）：207-214.

SHI R，XU S，QI Z，et al.，2019. Seasonal patterns and environmental drivers of nirS- and nirK-encoding denitrifiers in sediments of Daya Bay，China [J]. Oceanologia（61）：308-320.

SUI Q，ZHANG L，XIA B，et al.，2020. Spatiotemporal distribution，source identification and inventory of microplastics in surface sediments from Sanggou Bay，China [J]. Science of the Total Environment（723）：138064.

SUN K，ZHANG J，LIN F，et al.，2021. Evaluating the growth potential of a typical bivalve-seaweed integrated mariculture system：a numerical study of Sungo Bay，China [J]. Aquauclture（532）：736037.

SUN X, CHEN B, XIA B, et al., 2020. Impact of mariculture - derived microplastics on bacterial biofilm formation and their potential threat to mariculture: A case in situ study on the Sungo Bay, China [J]. Environmental Pollution (262): 114336.

VERDEGEM MCJ, 2013. Nutrient discharge from aquaculture operations in function of system design and production environment [J]. Reviews in Aquaculture (5): 158 - 171.

WANG C, SOVAN L, LAI Z, et al., 2017. Morphology of Aulacoseira filaments as indicator of the aquatic environment in a large subtropical river: the Pearl River, China [J]. Ecological Indicators (81): 325 - 332.

WANG C, WU N, LI W, et al., 2020. Curved filaments of Aulacoseira complex as ecological indicators in the Pearl River, China [J]. Ecological Indicators (118): 106722.

Wei H, COPP G H, VILIZZI L, et al., 2017. The distribution, establishment and life - history traits of non - native sailfin catfishes *Pterygoplichthys* spp. in the Guangdong Province of China [J]. Aquatic Invasions (12): 241 - 249.

WU J, MAO C, DENG Y, et al., 2019a. Diversity and abundance of antibiotic resistance of bacteria during the seedling period in marine fish cage - culture areas of Hainan, China [J]. Marine Pollution Bulletin (141): 343 - 349.

WU J, SU Y, DENG Y, et al., 2019b. Prevalence and distribution of antibiotic resistance in marine fish farming areas in Hainan, China [J]. Science of The Total Environment (653): 605 - 611.

WU LY, CHEN HG, RU HJ, et al., 2020. Sex - specific effects of triphenyltin chloride (TPT) on thyroid disruption and metabolizing enzymes in adult zebrafish (*Danio rerio*) [J]. Toxicology Letters (331): 143 - 151.

XIA B, ZHANG J, ZHAO X, et al., 2020. Polystyrene microplastics increase uptake, elimination and cytotoxicity of decabromodiphenyl ether (BDE - 209) in the marine scallop Chlamys farreri [J]. Environmental Pollution (258): 113657.

XU M, MU X, DICK JTA, et al., 2016. Comparative functional responses predict the invasiveness and ecological impacts of alien herbivorous snails [J]. PLoS ONE (11): e0147017.

XU M, MU X, ZHANG S, et al., 2021. A global analysis of enemy release and its variation with latitude [J]. Global Ecology and Biogeography (30): 277 - 288.

YANG S, CUI Z, ZHANG Y, et al., 2019. Phytoplankton pigments in surface sediments in the northwest of the Bohai Sea, China: Potential implications for sediment deposition of brown tides of *Aureococcus anophagefferens* in coastal waters [J]. Ecological Indicators (102): 145 - 153.

YAO F, WU J, RU H, et al., 2020. Thyroid disruption and developmental toxicity caused by Cd^{2+} in *Schizopygopsis younghusbandi* larvae [J]. Comparative Biochemistry and Physiology Part C: Toxicology & Pharmacology (235): 108783.

YIN H, ZHU Q, ALLER RC, 2017. An irreversible planar optical sensor for multi - dimensional measurements of sedimentary H_2S [J]. Marine Chemistry (195): 143 - 152.

YIN L, CHEN B, XIA B, et al., 2018. Polystyrene microplastics alter the behavior, energy reserve and nutritional composition of marine jacopever (*Sebastes schlegelii*) [J]. Journal of Hazardous Materials

(360): 97 - 105.

YUAN L, QIAN L, QIAN Y, et al., 2019. Bisphenol F - Induced Neurotoxicity toward Zebrafish Embryos [J]. Environmental Science & Technology (53): 14638 - 14648.

ZHANG J, HANSEN PK, WU W, et al., 2020. Sediment - focused environmental impact of long - term large - scale marine bivalve and seaweed farming in Sungo Bay, China [J]. Aquaculture (528): 735561.

ZHANG J, LIN F, REN JS, et al., 2020. Evaluating the influences of integrated culture on pelagic ecosystem by a numerical approach: A case study of Sungo Bay, China [J]. Ecological Modelling (415): 108860.

ZHANG X, YANG Q, JIANG X, et al., 2019. A portable eight - channel titrator based on high - throughput capacitively coupled contactless conductivity measurements [J]. Measurement (135): 565 - 571.

ZHAO Y, ZHANG J, LIU Y, et al., 2020. Numerical assessment of the environmental impacts of deep sea cage culture in the Yellow Sea, China [J]. Science of the Total Environment (706): 135752

ZHU L, WANG H, CHEN B, et al., 2019. Microplastic ingestion in deep - sea fish from the South China Sea [J]. Science of the Total Environment (677): 493 - 501.

水产生物技术领域研究进展

一、前　　言

水产生物技术是以水产养殖生物及其部分成分为对象，以现代生命科学为基础，结合先进的工程技术手段，按照预先的设计，改造水产生物体或加工生物原料，为人类生产出所需新产品或达到某种目的的技术。水产生物技术领域的主要研究内容包括水产生物基因组水平和分子水平的研究与应用、细胞工程育种技术、水产相关特殊蛋白和有效产物的基因重组技术、精子与胚胎的低温保存和精原细胞移植技术等。

“十三五”期间，国内外生物技术已在水产科学的不同领域广泛应用，在解决良种培育、生殖调控、病害防治、种质资源保存与濒危物种保护以及水环境监测与污染治理等行业关键性重大科技问题方面表现出巨大的应用价值和前景，已成为世界各国水产科技竞争的焦点和国际交流合作的热点，以基因组研究开发为代表的水产生物技术已成为当今世界水产学科中发展最快的高技术领域之一。特别是在水产养殖物种的基因组资源挖掘、分子标记辅助育种、基因操作和精原细胞移植方面取得了长足的进步。

二、国内研究进展

我国拥有世界上最大的水产养殖产业，养殖物种多样。近年来在测序技术快速发展的推动下，多个水产主养动物的全基因组测序已完成或接近完成，进入经济性状的分子遗传基础深度解析并开展了设计育种，生物技术对产业发展起到了前所未有的推动作用。

（一）水产生物基因资源挖掘

1. 水产养殖生物重要性状相关功能基因发掘

（1）生长和生殖

生长和生殖性状是水产生物重要的经济性状之一，近年来国内在淡水鱼类（鲤、草鱼、鳜鱼等）和海水鱼类（黄姑鱼、花鲈等）中通过 QTL 定位技术筛选鉴定出了数十个与生长、生殖相关的基因和单核苷酸多态性（SNP）和微卫星多态性（SSR）分子标记。

根据长江鲤遗传图谱，研究检测到了 21 个生长相关性状的 QTL，并在这个基因组区域中发现了 5 个潜在的候选基因（Feng et al.，2018）。在鲤中，与神经通路、性别和脂肪酸代谢相关的基因，对提高黄河鲤新品系的生长性能起到了重要作用（Li et al.，2018），鲤基因组中 QTL 可能是有多效性和/或紧密连锁作用的（Wei et al.，2016）。在草鱼中定位了一个与体重相关的 QTL，且与幼鱼质量、肥满度、体长、体宽、体高等相关的性状位点（张猛 等，2018）。克隆了红鳍东方鲀脑组织中生长激素基因、生长激素抑制素基因，发现改变光周期会影响这两种生长基因的表达模式（魏平平 等，2020）。在斑点叉尾鮰、黄姑鱼中，分别鉴定出与生长性状相关的 QTL，并筛选出了多个与生长相关基因（Zhang et al.，2019；Qiu et al.，2018）。在鳜鱼（Sun et al.，2019）和黄颡鱼（李美娟，2018）中，将生长激素基因的 SNP 和 SSR 与主要的生长性状进行关联分析，获得了调控经济性状的优势基因位点。此外，在黄姑鱼（Han et al.，2018）、翘嘴鲌（刘士力等，2020）和翘嘴红鲌（王志刚 等，2018）中，也分别鉴定出了一些生长相关的分子标记。

生殖基因方面，对半滑舌鳎性腺发育和配子发生相关基因进行了克隆、表征和功能研究，克隆和表征了 7 个性腺发育相关基因（*figla*、*β-catenin1*、*spexin*、*nanos*、*trim36*、*dmrt2*、*lhx9*），鉴定获得与精子发生相关基因 6 个（*neurl3*、*gsdf*、*strbp*、*pod1*、*aqp1*、*patched1*），并发现 *neurl3*、*strbp* 等多个精子发生相关基因为 Z 染色体特异基因，且在精巢生殖细胞中高表达，它们在 W 染色体的缺失可能是伪雄鱼 W 精子无法成活的重要原因。鉴定获得卵子发生相关基因 3 个（*altesk1*、*zglp1*、*lrp13*）（Cui et al.，2018；Jiang et al.，2018）。在棘头梅童鱼转录组中，筛选出了 650 个与生殖和生殖过程相关的单基因簇，筛选出 12 个性腺特异基因，发现 *dmrt1* 和 *foxl2* 基因在精巢和卵巢的发育以及性别分化过程中承担着重要的作用（李羽，2019）。通过对黄颡鱼转录组分析，发现了一些与生殖系统潜在相关的基因，如 *dmrt1*、*sox9a/b*、*cyp19b*、*wt1*、*amh*（陈昕，2018）。在青鳉（Li et al.，2016）和点带石斑鱼（Qu et al.，2020）中都克隆出了 Dazl 基因，研究并发现其在原生殖细胞形成过程中起到了的重要作用。在花鲈中，对不同年龄花鲈的卵巢进行转录组分析，共鉴定挖掘出 402 个可能参与生殖生长调控的基因（Zhao et al.，2018）。在罗非鱼中克隆出了在卵母细胞成熟、排卵和精子形成过程中起重要作用的生物活性孕激素 17α，20β-DP，DHP，同时发现 RU486 处理可阻断 DHP 生理过程（Sun et al.，2018）。在斑马鱼中克隆了早期胚胎发育中起重要作用的受体基因 *gpr161*（Wang et al.，2020）。在大西洋盘鲍的转录组中也筛选出 17 个与生殖相关的基因，并发现 ZP12 基因是一个重要的生殖细胞特异性标记（Yu et al.，2018）。在斑节对虾中，细胞周期蛋白与 CDK、CDC 等与卵巢发育调控密切相关，细胞周期蛋白一定与 CDK 结合才能发挥调控卵巢发育的作用（Zhao et al.，2016）。

（2）免疫和抗逆

“十三五”期间，国内在海水鱼类（大黄鱼、花鲈、石斑鱼）、淡水鱼类（鲤鱼、草鱼）、甲壳类（南美白对虾、斑节对虾、拟穴青蟹）、贝类（牡蛎、蛤仔、鲍）中筛选鉴定了数十种与免疫、抗逆相关基因，克隆了点带石斑鱼的多个免疫相关基因，如抗病毒相关的肿瘤坏死因子受体1型相关死亡结构域蛋白（Zhang et al.，2019）、干扰素β（TRIF）（Wei et al.，2017）、转导素β1 X连锁受体蛋白1（TBLR1）（Ni et al.，2019）等，并研究了它们在抑制石斑鱼神经坏死病毒和斑石鱼虹彩病毒中的作用机制。中山大学何建国团队首次鉴定了南美白对虾IE1/JNK/c-Jun对白斑综合征病毒复制的正反馈回路，该回路的激活推动了病毒的复制（Wang et al.，2020）。黄海水产研究所陈松林团队首次对牙鲆补体分子C1ql3、趋化因子受体CCR6、趋化因子CXCL9和精氨酸酶Ⅱ等进行了基因克隆、表达模式和蛋白抑菌活性的鉴定，并对铁离子代谢通路进行了研究。南海水产研究所邱丽华研究团队对斑节对虾*akirin*、*pmprx1/3/5*、*p53*、*phgpx*、*C-Jun*、*hsp60*、*hsp10*，花鲈*tlr1/3/5*、*ir12*、*irak4*、*traf6*等基因进行了基因结构、表达模式、免疫功能等方面的研究（Bu et al.，2017，Li et al.，2017，Bu et al.，2018，Peng et al.，2019，Xie et al.，2019）。通过对鲤脾脏感染嗜水气单胞菌的不同阶段进行转录组学分析，获得与病原体识别、细胞表面受体信号转导和免疫应答相关的通路（Jiang et al.，2016）。通过对暗纹东方鲀和海水东方鲀物种进行全基因组重测序和选择性清除分析，发掘*stp*基因家族、*slc*基因家族、*fyn*、*prlr*、*aqp3*等多个与离子转运、水分重吸收、激素调节等耐低盐性状相关的候选基因和通路（Zhang et al.，2019）。在草鱼中，进行了*ido*、*il2*、*il6r*、*cd40*、*cd154*等基因克隆，研究了这些基因在受病毒和细菌诱导感染后的表达特征（Lu et al.，2018，Cui et al.，2019，Wang et al.，2019，Lv et al.，2020）。在蟹类中，对三疣梭子蟹几丁质酶、C型凝集素、补体*c1q*、拟穴青蟹神经肽短神经肽F、中华绒螯蟹铁硫簇组装蛋白等基因进行克隆、结构和表达分析，并剖析了这些基因在细菌和病毒刺激下的功能作用（Zhang et al.，2018，Zhang et al.，2018，Ning et al.，2019，Song et al.，2020）。在贝类中，进行了牡蛎组织蛋白酶L1、游离脂肪酸受体4等基因的克隆、表达和功能分析（Lv et al.，2018，Li et al.，2020）。

（3）性别决定与分化

水产动物性别决定与分化一直是研究热点。“十三五”期间，开展了一些水产动物性别决定与分化的基因分离、功能分析与调控机制研究。

研究表明，在尼罗罗非鱼雄性性别决定中，*gsdf*是*dmrt1*的下游调控基因，可能抑制雌性激素的产生，诱导精巢组织的分化（Jiang et al.，2016）。*gsdf*基因对青鳉的卵巢发育也具有重要作用（Guan et al.，2017）。*Amh*基因可能在控制斑马鱼雄性生殖细胞增殖与分化之间充当平衡因子（Lin et al.，2017）。*amhr2* 是 *amh* 基因的受体，在动物体性腺发育中起调控作用，大多数虎河豚类的性别受 *amhr2* 的调控（Kikuchi et al.，2019）。*cyp19a1a* 是硬骨鱼中产生 17β-雌二醇（E2）的关键基因。首次鉴定了一个 miRNA，命名为 360 miR-26a-5p，研究表明它通过与 *cyp19a1a* 直接进行相互作用，对 E2 进行调节，同时筛选出了在性逆转中具有高表达量的 miRNA 候选基因（Yu et al.，2020）。

通过斑石鲷雌、雄鱼全基因组测序和比对，筛选到雄性特异 DNA 标记，利用该雄性特异 DNA 标记，首次建立了斑石鲷遗传性别鉴定的 PCR 技术，准确率达 99% 以上（李明，2020）。绘制了国际上第一张非模式生物半滑舌鳎的单碱基分辨率甲基化图谱；发现半滑舌鳎性逆转后发生的甲基化改变，显著富集于性别决定通路的有关基因中；发现伪雄鱼的 Z 染色体并没有发生全局剂量补偿，而是存在一个局部的剂量补偿区域，该区域富集甲基化位点以及存在与精子发生相关的基因。克隆和表征了半滑舌鳎 15 个性别分化和配子发生相关基因并进行功能分析，初步揭示性别分化和精子发生的分子机制（齐茜 等，2016；Zhu et al.，2019；Cui et al.，2017）。半滑舌鳎 Shh 基因在进化中高度保守，与胚胎分化、组织器官形成、雌雄性腺分化及性腺发育密切相关（齐茜 等，2016）；半滑舌鳎 *dmrt2* 基因可能在性腺分化和发育以及雄性生殖细胞成熟方面起作用（Zhu et al.，2019）。*pod1* 只在半滑舌鳎雄性精巢生殖细胞中发现，在卵巢生殖细胞中没有检测到（Wang et al.，2017）；在雌鱼和伪雄鱼的性腺中，Strbp 启动子中有甲基化现象，因此 Strbp 可能在半滑舌鳎精子发生过程中起作用（Meng et al.，2018）。*lhx9* 的表达与甲基化负相关（Zhu et al.，2019）。成功敲除了半滑舌鳎的雄性基因 *dmrt1*，证明 *dmrt1* 基因是半滑舌鳎雄性决定基因（Cui et al.，2017）。半滑舌鳎的 *neurl3* 基因敲除后，与精子发生相关基因的表达量提高，说明 *neurl3* 在精子发生过程中起作用，另外 *neurl3* 转录本表达量与和精巢蛋白泛素化相关（Xu et al.，2016a）。Inhα 可能参与了半滑舌鳎的精巢发生和卵子发生过程，Inhβb 可能参与了卵子发生过程（Zhang et al.，2020）；Tesk1 基因主要在卵巢中表达，在不同的性别基因型中，Tesk1 的启动子在雌性性腺中甲基化程度低，可能参与了卵子发生过程（Xu et al.，2016b）。半滑舌鳎 *nanos* 基因在 PGCs 迁移和分化，Cysezglp1 基因在中华舌鳎卵子发生过程中起作用（Huang et al.，2017，Dong et al.，2019）。

2. 全基因组测序和精细图谱绘制

全基因组测序是进行基因组资源挖掘、功能基因鉴定的关键步骤。通过全基因组测序可以获得基因组和重要功能基因的序列信息，基于此可以进行物种生长、生殖、发育、抗病、抗逆的分子机制研究。目前，已发布水产生物的全基因组序列已经达到 200 多种。

在基因组组装和注释方法方面，先后开发出利用同源蛋白序列进行基因组 scaffolding 拼接的软件 PEP _ scaffolder（Zhu et al.，2016）、利用双端转录组序列辅助基因组 scaffolding 拼接的 P _ RNA _ scaffolder 软件（Zhu et al.，2018）和利用三代测序数据来提高基因组装配完整性的高效软件 LR _ Gapcloser（Xu et al.，2019）。

在全基因组测序和精细图谱绘制方面，完成了我国耐高碱瓦氏雅罗鱼的全基因组测序和精细图谱绘制，通过全基因组重测序和群体基因组分析，发现了与瓦氏雅罗鱼适应极端碱性环境相关的酸碱调节、离子转运、含氮废物排泄和胁迫应答多个通路和基因（Xu et al.，2017）。发表了乌鳢的全基因组序列图谱，为乌鳢的双模式呼吸等重要性状的研究提供了基础（许建 等，2017）。Shao 等（2017）发表了牙鲆全基因组序列图谱，证明了视黄酸对于建立不对称色素沉着以及与甲状腺激素的交互调节眼睛迁移的机制。Yang 等（2016）报道了金线鲃属 3 个物种的基因组，阐述了洞穴适应性进化机制。Lin 等（2016）报道了海马基因组的测序结果，发现了海马大量丢失的基因与性状功能减弱有关，如牙齿的退化、嗅觉减弱、腹鳍消失等。另外，花鲈（Shao et al.，2018）、团头鲂（Liu et al.，2017）、大口黑鲈（Sun et al.，2020）中华绒螯蟹（Song et al.，2016）、仿刺参（Zhang et al.，2017）等也完成了精细图谱绘制。Wang 等（2017）报道了虾夷扇贝全基因组图谱绘制结果，通过对扇贝基因组深度解析，揭示扇贝呈现众多原始动物祖先基因组特征。

3. 高密度遗传连锁图谱绘制

遗传图谱或遗传连锁图谱是根据基因或 DNA 标记在染色体上的重组值或交换值，将染色体上的各基因/标记之间的距离和顺序标志出来绘制而成的图谱（陈松林，2019）。构建高精度的遗传连锁图谱对于定位生长、性别与抗病力等性状位点、了解控制这些性状的基因结构与功能、开展分子标记辅助育种等有着重要意义。近年发展起来的 *radseq* 测序技术，具有可靠、高通量和相对低价等优点，可有效降低基因组复杂性而被用于挖掘 SNP 位点与基因分型（Mousavi et al.，2016），并成功用于多种水产生物。另外，对于已知基因组序列的物种，重测序也是一个构建高密度遗传连锁图谱的重要手段。

“十三五”以来，有超过 30 种水产物种构建了以 SNP 为主的高密度遗传连锁图谱。基于 *radseq* 技术，用 6 524 个 SNP 构建了斑节对虾的高密度遗传连锁图谱（Guo et al.，2019）。基于 ddRAD 技术，用 5 261 个 SNP 构建了大黄鱼的高密度遗传连锁图谱，并筛选出与感染刺激隐核虫（*Cryptocaryon irritans*）相关的基因和 QTL（Kong et al.，2019）。基于 ddRAD 技术，用 3 283 个 SNP 构建了鳜鱼的高密度遗传连锁图谱，筛选出 11 个与生长相关的 QTL（Sun et al.，2017）。大口黑鲈的高密度遗传连锁图谱拥有 6 917 个 SNP 标记，其中与性别相关的 QTL13 个和与生长相关的 QTL32 个（Dong et al.，2019）。基于 2b－RAD 技术，用 7 820 个 SNP 和 295 个微卫星标记构建了黄河鲤的高密度遗传连锁图谱，并找到了一些与生长相关的 QTL（Feng et al.，2018）。通过 QTL 定位到与生长性状相关的候选基因 *kiss2*、*igf1*、*smtlb*、*npffr1* 和 *cpe*，定位到与性别分化相关的候选基因 *3ksr* 和 *dmrt2b*（Peng et al.，2016）。基于黄河鲤、荷包红鲤和德国镜鲤三个鲤亚种进行全基因组序列图谱绘制，通过精细的分子系统研究，鉴定出"吻孔鲃（Poropuntius）-小鲃（Puntius）-裂峡鲃（Hampala）"为最可能的鲤祖先二倍体类群之一，初步完成了异源四倍体鲤的二倍体祖先溯源（Xu et al.，2016）。利用 RAD 技术构建了大口黑鲈的高密度遗传连锁图谱，并获得了大口黑鲈与生长相关的 QTL 位点（Li et al.，2019）。利用 ddRAD-Seq 技术构建了鳜鱼的首张高密度遗传连锁图谱（Sun et al.，2017）。在黄姑鱼和珍珠贝等中利用重测序技术构建了高密度遗传连锁图谱，并对其生长和性别性状进行了 QTL 定位（Qiu et al.，2018；Liu et al.，2020）。

（二）水产生物重要性状相关分子标记筛选与应用

1. 生长性状

生长性状作为水产动物最为重要的经济性状之一，是育种研究关注的重要性状。近年来，国内对各水产动物生长性状的研究取得了积极进展，为分子标记辅助育种提供了重要基础。研究发现，在翘嘴鳜 GH 基因上的 G1－G3 和 GH－AG 4 个多态性位点与生长性状显著相关，均可作为候选分子标记应用于翘嘴鳜的良种选育（孙海林，2018）。在对大口黑鲈生长相关标记的聚合及其效果分析研究中发现，个体中生长相关优势基因型聚合数量多少与生长性状呈正相关（李胜杰 等，2019）。在鲤生长速率性状的 QTL 定位分析研究中，得到 16 个与生长速率性状显著相关的标记（张晓峰 等，2019）。在对大泷六线鱼关联性分析得出 HOS17 的 GG 基因型对于体重增长，HOS13 的 TT 基因型与 HOS21 的 GA 基因型对体长增长，HOS18 的 TT 基因型对体重体长增长均有影响，其中 HOS18 的 TT 基因型对体长增长影响显著（沈朕，2017）。在对中华鳖生长相关分子标记的筛选研究结果表明，位点 LTF1 中的 BE 型，位点 LTR87 中的 BB 型，以及位点 LT8 中的 CF 型、BC 型、AC 型、CC 型具有明显的生长优势，可作为辅助育种的参考标记（李婷，2016）。在对鲢的全同胞家系检测结果显示，SCE26 标记与体长和体重显著相关，SCE65 标记与肥满度显著相关（王丹 等，2020）。

2. 抗病和抗逆性状

随着遗传图谱构建和 QTL 定位技术的发展，分子标记辅助育种工作在逐步推进，"十三五"期间，国内发现了一些与抗逆、抗病相关的分子标记。

在罗非鱼耐盐和耐低氧性状研究中，对耐盐区间进行了 QTL 定位和微卫星分子标记验证，并对该区间中耐盐性状相关基因进行了筛选和鉴定，获得了与耐盐性状密切相关的分子标记（谷小慧，2018）；鉴定出与低氧性状相关标记，发掘出性状相关QTL区间及候选功能基因，获得了耐低氧性状紧密连锁的分子标记（李红莲，2017）。在乌鳢中筛选出63个差异显著的候选基因，并解释了乌鳢具有特殊结构的上鳃室，具有更高的气体交换率，从而更有利于空气呼吸的水气双模呼吸，适应低氧环境的分子机制（Jiang et al.，2016）。在大菱鲆高温耐受研究中筛出15个与耐高温相关的SNP位点，设计出可用于HRM检测的SNP扩增引物，并在四个家系中利用HRM小片段法对耐高温相关SNP位点进行分型及QTL位点验证，获得四个与耐高温性状显著相关的基因型（杨凯，2019）。

在对半滑舌鳎抗病和非抗病家系的基因组重测序和GWAS分析中，鉴定到多个抗病性状重要基因，并发现这些基因在抗病和非抗病家系的表达差异显著。在尖吻鲈中进行了神经坏死病毒抗性基因的QTL定位，发现1个与病毒抗性和存活时间密切相关的重要QTL区间，绘制尖吻鲈高密度连锁图谱，精细定位了抗神经坏死病毒QTL，筛选到原钙粘蛋白为抗病候选基因，并分析了该基因在受到病毒刺激后的表达情况（Liu et al.，2016）。在刺参研究中，进行了抗灿烂弧菌性状的QTL定位，获得相关候选区域和SNP位点（和飞，2016）。

3. 性别控制与单性选择

大多数水生动物不具有明显的性别特征，开发水生经济动物的性别鉴定分子标记，是水生经济动物人工繁育、养殖和遗传选育的重要基础。“十三五”期间，针对不同水产动物利用生物技术手段筛选鉴定性别分子标记工作取得了重要进展。

性别特异性分子标记筛选。在鳗鲡中获得了 *f5r2* 雌性特异DNA序列，根据测序结果获得了稳定性和特异性更好的SCAR标记（张利娜，2017）。根据常染色体 *dmrt1* 和Y染色体 *dmy* 基因部分序列，设计弓背青鳉性别特异引物Ocsex-F/Ocsex-R，该引物在遗传雌性弓背青鳉基因组DNA中可扩增出959bp的单一条带，在雄性基因组DNA中可扩增出959bp和656bp的双条带（董忠典 等，2018）。发现1个性别特异性分子标记用于分辨鳙鱼雌雄个体（Liu et al.，2018）；获得2个鲶鱼雄性特异性标签和1个雄性特异性配子SNP位点，并开发出3对引物用于性别鉴定（Zhou et al.，2019）；用InDel标记可扩增获得斑节对虾雌雄特异性序列，准确率达100%（黄智康 等，2020）。依据高密度遗传图谱获得性别特异性分子标记。在大黄鱼的高密度遗传图谱中，通过连锁分析和全基因组关联分析定位了大黄鱼性别决定区域，通过比较该区域所在连锁群（染色体）雌性和雄性大黄鱼DNA序列差异，在雄性大黄鱼的基因组性别决定区域中发现了1个15bp的缺失和一些表现与性别显著相关（雌性为纯合、雄性为杂合）的SNP标记，并利用该缺失作为分子标记，成功建立了准确有效鉴定大黄鱼遗传性别的方法（Lin et al.，2017）。还可以通过全基因组重测序获得性别特异性分子标记，筛选出11个与大黄鱼性别显著关联的SNP，最终鉴定出

1个雄性特异SNP标记，确认大黄鱼属于XX/XY类型的性别决定（林晓煜 等，2018）。在半滑舌鳎全基因组测序结果的基础上，通过分析Z染色体和W染色体差异序列，设计一对跨Z/W染色体同源差异DNA片段的引物，建立了一种成本低、操作快、准确可靠的鉴定半滑舌鳎遗传性别的方法（董忠典 等，2016）。基于2b-RAD技术，鉴定出2个鳗雄性的特异性分子标记，确定鳗属于XX/XY类型的性别决定系统（Xue et al.，2020）。通过2b-RAD技术对半滑舌鳎ZW个体进行简化基因组测序，采用全基因关联分析发现：性逆转受Z染色体上*fbxl17*（Jiang et al.，2017）和*dmrt1*（Cui et al.，2018）两个位点控制，这两个位点通过互作方式控制着性逆转的发生。用二代测序的方法获得乌鳢中3个Y染色体特异性片段，并由此开发用于区分雌、雄和超雌乌鳢个体分子标记（Qu et al.，2017）。基于RAD-seq技术在锈斑蟳基因组中获得5个雄性特异性SNP位点，最终获得在雄性个体中特异分子标记，确定锈斑蟳属XX/XY类型的性别决定系统（Fang et al.，2020）。

（三）水产育种生物技术

1. 转基因技术

20世纪生命科学与技术迅猛发展，“量体裁衣”式育种出现在人类视线之中，即转基因育种。目前，转基因技术愈发成熟，水产转基因技术发展迅速，无论是在技术方法还是在转基因生物的应用方面都有很大的进展。

2018年，在赤眼鳟中转入了草鱼生长激素基因，发现转基因赤眼鳟的生长速度为对照鱼的4倍（杨雄，2018）；在草鱼中转入了赤眼鳟抗粘液病毒基因，并通过PCR检测筛选出一批转基因阳性个体，为进一步开展草鱼抗病育种工作打下了基础（王静安，2018）。以转基因斑马鱼为模型，发现Cd对转基因斑马鱼免疫毒性的机制与上述基因表达的变化具有一定的相关性（赵爽 等，2019）。

2. 基因编辑技术

基因编辑是指对基因组进行精确修饰的基因操作技术，可以实现基因组定点突变、基因定点敲入、多位点突变和小片段缺失。基因编辑技术（CRISPR/CAS 9系统）是当下最为前沿的生物体基因层面的操作技术，该技术的发展不仅显著提高了转基因效率，而且基因改造更准确，对转基因鱼类的研究起到了不可替代的作用。

快速发展的基因编辑技术已广泛应用于动植物和模式鱼类的基因功能研究中，并随着技术平台的日益完善逐步在养殖鱼类中得以应用。迄今为止，国内在6种淡水养殖鱼类（尼罗罗非鱼、鲤、黄颡鱼、南方鲇、瓯江彩鲤、团头鲂）和海水养殖鱼类（半滑舌鳎）中成功建立了基因编辑技术。陈松林团队以半滑舌鳎为对象突破了海水鱼类胚胎的显微注射技术瓶颈，在国际上率先建立海水养殖鱼类基因编辑技术，并应用于半滑舌鳎雄性决定基因*dmrt1*的功能研究。发现*dmrt1*基因敲除后，雄性性腺发育受阻，不能形成精子，而是发育成卵巢腔样结构。梁利群团队筛选到与肌间刺数量和发育相关的基因，采用 CRISPR/Cas9 基因敲除鉴定到了一个肌间刺关键基因，可致使斑马鱼肌间刺部分或全部缺失，且基因功能缺失并不影响斑马鱼正常生长和繁殖。初步揭示了关键基因影响肌间刺形成的分子机制，并在鲤、鲫中进行肌间刺关键基因的敲除，建立了高通量的突变体筛选技术和鲤科鱼类基因编辑技术平台，在鲤、鲫中各获得突变体 500 多尾，已构建 F1 突变体。

3. 基因组选择及基因芯片技术

培育抗病养殖品种是水产遗传育种研究中的热点和难点。基因组选择是一种利用全基因组内高密度分子标记估算个体育种值的高效选育方法。目前，该方法的研究及应用已在国内外一些重要的养殖鱼类抗病选育中有报道，例如大西洋鲑抗寄生虫和抗立克次体综合征、虹鳟抗细菌病、抗病毒病和抗立克次体综合征、牙鲆抗细菌病和罗非鱼抗细菌病等。此外，基因组选择技术在金头鲷、银鲑、欧洲鲈、欧洲鲤、大黄鱼和斑点叉尾鮰的抗病选育中也有报道。陈松林团队以培育抗迟缓爱德华氏菌牙鲆品种为目标，建立了牙鲆抗迟缓爱德华氏菌基因组选择技术平台，成功选育出牙鲆抗病高产新品种“鲆优 2 号”，于 2017 年获新品种证书；同时，他们还自主设计研制了用于牙鲆抗病育种的 SNP 基因芯片，该芯片能够对待测样品进行快速、准确的基因分型，结合基因组选择技术选育出的子代家系的感染存活率明显提高。此外，黄海水产研究所与广西水产科学研究院联合建立了吉富罗非鱼抗无乳链球菌基因组选择技术平台，培育的罗非鱼新品种“壮罗 1 号”获新品种证书。

4. 鱼类细胞培养和细胞系建立

近五年，国内在鱼类细胞培养和细胞系的建立方面也取得了积极进展，增加了一些新的细胞系。已在石斑鱼、大黄鱼、大菱鲆、罗非鱼、青鱼、鲤等硬骨鱼类中获得脑、鳃、肌肉等组织的细胞系，建立了锦鲤和罗非鱼病毒敏感脑细胞系（Wang et al.，2018）、大理石鳗尾鳍细胞系（Pao et al.，2018）、青鱼肾和鳍细胞系（Xue et al.，2018；Wang et al.，2020）、大菱鲆肌肉成纤维细胞系（Gao et al.，2019）、银鲳鳍组织细胞系（Li et al.，2019）、大黄鱼头肾巨噬细胞系（Cui et al.，2020）、云纹石斑鱼脑和肾细胞系（Liu et al.，2018）、驼背鲈肌肉细胞系（Wang et al.，2020）和金鱼心脏细胞系（Jing et al.，2017）等。以上细胞系在病毒敏感性试验、质粒转染及表达等研究中发挥了重要作用。

5. 胚胎冷冻保存

胚胎冷冻保存目前仍然是国际上的重要研究课题。“十三五”期间，通过对中华绒螯蟹胚胎玻璃化冷冻保存研究，获得 7 粒复活胚胎，其中 1 粒孵化出膜（Huang et al.，2017），在国际上首次实现了甲壳动物冻后胚胎的成活和出膜，在甲壳动物胚胎冷冻保存上取得了突破性进展。

6. 细胞移植

生殖细胞移植是指将供体的生殖细胞移植到同种或异种受体内，供体生殖细胞嵌合到受体性腺，经过增殖、分化并最终发育为功能性配子的过程。作为辅助生殖技术，它不仅为珍稀濒危动物的繁育和保护提供了新途径，同时也为生殖干细胞的功能研究提供了有效手段。该技术在缩短鱼类性成熟周期、性控育种、珍稀濒危鱼类保护等方面具有巨大的应用前景，已成功在多种淡水和海水鱼类中进行研究与应用。

在生殖细胞移植中，受体的育性极大地影响了移植效率。制备鱼类不育个体的方法主要有诱导三倍体、杂交、生殖细胞发育关键基因的敲降或敲除和高温-化学药物处理法。在斑马鱼中，敲除 *dnd* 基因后其突变体发育为生殖细胞缺失的雄性，并且以斑马鱼的突变体作为生殖细胞移植的受体，能够高效地产生来自供体斑马鱼的配子（Li et al.，2017）。通过石首鱼科的 4 种海水鱼的杂交实验，筛选出箕作黄姑鱼（♀）和银姑鱼（♂）的杂交组合，其后代具有精巢样性腺，但没有生殖细胞而体细胞正常；通过将供体生殖细胞移植到杂交后代仔鱼腹腔，其成熟后仅产生供体精子，是石首鱼类生殖细胞移植的理想受体（Xu et al.，2019）。

以长江鲟作为受体，开展了中华鲟生殖细胞移植。将分离得到的中华鲟卵巢细胞移植到长江鲟仔鱼腹腔，发现供体中华鲟的卵原干细胞成功嵌合到受体长江鲟性腺（Ye et al.，2017）。2020 年，该研究团队又建立了供体和受体分别为匙吻鲟（白鲟近亲）和长江鲟的跨科移植体系，将匙吻鲟精巢中纯化得到的精原细胞移植到出膜 7～8 天长江鲟仔鱼，移植 2 个月后，发现供体匙吻鲟精原细胞高效的嵌合到受体长江鲟性腺，并发生了增殖。为了追踪供体精原细胞在受体性腺的发育状况，检测了受体性腺中供体匙吻鲟 mtDNA 的存在情况，发现供体精原细胞只在受体性腺存活至 7 个月左右（Ye et al.，2020）。这些结果表明受体长江鲟的性腺能够支持异源（科间）生殖细胞的嵌合、增殖和存活，为未来通过生殖细胞移植技术恢复白鲟物种提供了重要的信息。

三、国际研究进展

（一）水产生物基因资源挖掘

1. 水产养殖生物重要性状相关功能基因发掘

（1）生长和生殖

近几年，国际上通过对转录组的分析，在模式鱼类和经济鱼类中筛选出了数十种与生长生殖相关的基因。在鲷中，鉴定出生长激素、肌生长素、小白蛋白等生长相关基因（David et al.，2019）。在虹鳟中，克隆了胰岛素样生长因子-Ⅰ（IGF-Ⅰ），发现该基因对虹鳟幼体的体长体重增长有显著影响（Cleveland et al.，2018）。在斑马鱼中，克隆出了生长激素基因（GH1），并发现 GH1 的缺失会阻止雌性卵泡的发生，延缓雄性的精子发生（Hu et al.，2019）。在斑马鱼中识别出生殖相关 *dmrt2a* 基因下游的 6 个基因：*foxj1b*、*pxdc1b*、*cxcl12b*、*etv2*、*foxc1b* 和 *cyp1a*（Pinto et al.，2018）。在欧洲鲈转录组学研究中，发现睾丸静息期和增殖期这两个阶段之间有 315 个基因差异表达，并从中筛选出一些生殖相关基因（Blázquez et al.，2017）。在鲤幼鱼性腺（睾丸和卵巢）转录组中，鉴定了近 809 个与生殖有关的基因，并对 Nanos、Ad4bp/sf－1 和 Gdf9 基因进行了表达分析（Anitha et al.，2019）。对俄罗斯鲟雌雄转录组分析，鉴定出 9 个与生殖相关的基因，其中 5 个（*cyp19* 和 *foxl2*）基因 mRNA 在卵巢中含量较高，而 Ighm1 在睾丸中较高，说明雄性和雌性鲟的转录组有明显差异（Degani et al.，2019）。

（2）免疫和抗逆

近几年随着测序技术的广泛应用，国际上通过多组学方法获得了大量免疫、抗逆相关基因。如在鱼类中，研究了易感鲤和抗病鱼的差异，共发现了 2 369 个差异表达的基因，获得了 23 个白细胞迁移相关基因、32 个趋化因子基因，并分析了趋化因子基因在进化中的作用（Tadmo et al.，2019）；在贝类中，对 3 个具有不同抗病能力的长牡蛎群体进行了基础表达谱研究，获得了上千个抗病相关基因，分析了 TLR－NFκB、JAK－STAT 和 RLR－STING 通路基因在不同抗病群体中的表达特异性（Lorgeril et al.，2020）；研究了海参白细胞对细菌的免疫反应，分析了其在细菌感染下 TLR、ILs 和补体系统基因的应答模式（Eggestøl et al.，2018）。

（3）性别决定与分化

Dmrt1 是精巢发育所必需的基因，通过转录调控促进斑马鱼雄性性腺发育（Webster et al.，2017）。对大菱鲆基因组进行测序和分析，发现性别决定区域主要在 LG5 上，并对 186 个性别分化基因进行定位，使得性别决定区域的分析更加精细（Figueras et al.，2016）。

2. 全基因组测序和精细图谱绘制

国际上报道了斑点叉尾鮰的全基因组序列和精细图谱，阐明了斑点叉尾鮰由于缺乏分泌钙结合磷蛋白导致鳞片缺失的进化机制（Liu et al.，2016）。绘制了大西洋鲑的全基因组精细图谱，发现新功能化的重复基因在数量上要远多于亚功能化的重复基因，并阐述了四倍化起源后二倍化进程中重要的基因组进化事件（Lien et al.，2016）。此外，大菱鲆（Figueras et al.，2016）、斑点雀鳝（Braasch et al.，2016）、亚洲鲈（Vij et al.，2016）等基因组精细图谱也已在近年发布。

3. 高密度遗传连锁图谱绘制

高密度大西洋鲑遗传图谱（Tsai et al.，2016），包含了 96 396 个 SNP，雌、雄图谱平均标记间隔分别 0.05 厘米和 0.07 厘米。鲫高密度 SNP 图谱，含有 8 487 个

SNP，平均标记间隔 0.44 厘米，定位到 8 个与体重相关 QTL（Liu et al.，2017）。构建了亚洲鲈高密度遗传图谱，包含 2 852 个 SNP 和 148 个 SSR 标记，平均标记间隔为 1.27 厘米，并定位到 4 个病毒性神经坏死病相关 QTL，确定 Pcdhac2 为候选基因，进一步分析发现该基因内含子上 6 bp 缺失与该病抗性显著相关（Liu et al.，2016）。

（二）水产生物重要性状相关分子标记筛选与应用

1. 生长性状

在对太平洋蓝鳍金枪鱼的研究上，利用 AFLP 筛选方法对其扩增产物进行序列分析，获得了单倍型 1，在高生长组和平均生长组中具有统计学显著性，可用作区分高生长和平均生长个体与低生长个体的分子标记（Yasuo et al.，2016）。研究生长激素基因与尼罗罗非鱼两个品系生长速度的关系，分析生长激素单核苷酸多态性基因型的加性效应对尼罗罗非鱼生长率的可能影响（Suhaila et al.，2017）。研究了上升洋流对海水鱼类生长性能和关键生长相关基因（胰岛素- kike 生长因子 1（igf1）、肌球蛋白重链（myhc））、萎缩相关基因（murf1）、F - box only 蛋白 32（atrogin - 1）、BCL 2/腺病毒 E1B 19 kDa 的相互作用（Fuentes et al.，2017）。

2. 抗病和抗逆性状

随着测序技术的发展，国际上有关水产动物抗病、抗逆分子标记的研究也在逐渐增多。如在大西洋鲑对抗心肌病综合征（CMS）的遗传力分析中，判断出其遗传力在 0.12～0.46，可以通过选育来提高抗性，筛选出两个染色体区间与 CMS 抗性相关的 SNP，其中在 1 个染色体区间上发现了最高的关联信号，发现 4 个影响病毒抗性的功能基因（*magi1*、*pi4kb*、*bnip2* 和 *ha1f*）与所鉴定的 QTLs 紧密相关（Boison et al.，2019）。针对虹鳟，通过 RAD 测序获得了与嗜冷黄杆菌抗性相关的 QTL（Fraslin et al.，2018）；通过 GWAS 确定了与鲑立克次氏体抗性相关的基因区间，鉴定了与虹鳟抗病性状相关的候选基因（Barria et al.，2019）。在银鲑中，研究了鲑立克次氏体抗性相关的分子标记，最终筛选出一种与 B 细胞发育有关的 SNP 位点作为鲑立克次氏体抗性相关的分子标记（Barría et al.，2018）。

3. 性别控制与单性选择

利用 GWAS 得到了 114 个与大西洋鲑（*Salmo salar*）性别显著相关的 SNPs，并发现 Ssa02 是该物种性别的候选染色体，丰富了对大西洋鲑性别决定遗传调控的认知（Gabián et al.，2019）。

（三）水产育种生物技术

1. 转基因技术

早在 2015 年 11 月 19 日，经历了长达 20 年的严格审核，美国相关部门便批准了转“全鱼”生长激素基因的大西洋鲑为第一种可供食用的转基因动物产品，加拿大也紧随其后批准了转基因鲑入市销售，这是世界转基因动物育种研究与产业化应用的里程碑事件。近年来，选育驯化的鲑和转基因鲑，在不同实验条件下的生长性能和成活率等比较研究表明，转基因鲑在各项指标方面均具明显优势（Cui et al.，2020；Gaffney et al.，2020）。

此外，转基因鱼类作为生物反应器的研发在国外备受关注。生物反应器是指通过转基因生物对外源目的基因的高效表达，进而工业化生产功能蛋白质的技术。现在，世界许多公司利用转基因生物反应器生产医用蛋白，例如β-乳球蛋白、hFVIII和红细胞生成素等。但以转基因鱼类作为生物反应器的研究还相对滞后，鱼类作为高产量、低成本的生物反应器优势明显。随着鱼类转基因技术的日趋成熟，鱼类作为生物反应器必将迎来属于自己的时代。

2. 鱼类细胞培养和细胞系建立

鉴于细胞在水产生物基础研究中的重要地位，国际上开展了多种水产动物不同组织细胞系的建立工作。德国建立了锦鲤鳍组织细胞系（Rakers et al.，2018）；西班牙建立了金头鲷脑组织细胞系（Ruiz et al.，2020）；挪威建立了大西洋鲑鳃组织细胞系（Gjessing et al.，2018）；加拿大建立了玻璃梭鲈真皮成纤维细胞系（Vo et al.，2019）；印度建立了星丽鱼尾鳍细胞系（Kumar et al.，2018）和镶边鲶鱼尾鳍上皮细胞系（Soni et al.，2019）。

3. 细胞移植

国际上，在虹鳟、星点东方鲀以及鳑鲏中，将供体精原细胞移植到Dnd敲降获得的生殖细胞减少的受体中，可获得来自供体的生殖细胞及后代（Yoshizaki et al.，2016；Octavera et al.，2018；Yoshikawa，2020）。将三倍体不育虹鳟作为受体，通过精原细胞移植可成功获得来自供体大西洋鲑的后代（Hattori et al.，2019）。两种日本鲭（*Scomber australasicus*×*S. japonicus*）杂交可获得生殖细胞减少的后代个体，其可作为理想的蓝鳍金枪鱼的移植受体（Kawamura et al.，2020）。日本的科研机构在鱼类细胞移植方面的研究工作走在了世界的前沿，他们率先在鱼类中开展了生殖细胞移植研究。2016年，Yoshikawa团队将供体黄姑鱼的精原细胞移植到不育三倍体黄姑鱼受体内，其成熟后仅产生来自供体的精子，并可获得正常的黄姑鱼后代（Yoshikawa et al.，2016）。从冻存了几年的虹鳟卵巢中分离获得生殖细胞，将其移植到受体内，能够产生供体功能性的配子（Lee et al.，2016）。该方法极大地推动了生殖细胞冷冻保存在实际生产上的应用。随后，冷冻保存的青鳉精巢进行复苏后分离得到的精原细胞成功移植到受体，并产生来自供体的精子（Seki et al.，2017）。而将冻存的鲤精原细胞移植到不育的金鱼受体中，移植后3个月可成功检测到来自供体鲤鱼的生殖细胞（Franěk et al.，2019）。

四、国内外科技水平对比分析

“十三五”期间，我国在水产生物技术领域各方面的工作均取得了很大的成就，在某些研究方向上已经处于国际领先的地位，但水产生物基因组学研究与国际上水产模式生物的基因组学和分子遗传学研究水平相比仍存在较大的差距，主要体现在：关键领域研究的深度和广度均不够，还处于一种缺乏原创力的粗放式发展状态；新技术和新理念创新不足，对国际新理论接受慢，基因资源的产业化利用严重滞后；基因组研究团队与遗传育种、病害防治等应用团队的合作薄弱，无法发挥多学科合作优势，导致水产动物基因组资源应用缓慢，缺乏竞争力；此外，基因资源共享平台缺乏，共享机制不完善，也限制了水产基因资源深度发掘和利用。

水产动物转基因研究产业化进程缓慢。与国外类似，国内转基因鱼类在研发初期也主要集中在单一功能的外源目的基因上，而国外已开始多基因复合性状的转基因技术研究，用于培育出具有多种优良经济性状的水产动物，比如培育出品质好、生长快、耐低温低氧等复合优良性状的转基因鱼。

水产生物技术研究成果在遗传育种中的实际应用还有待加强。国内水产物种在生长、生殖、抗逆等经济性状分子标记筛选方面的研究成果数量在国际上占比较大，体现了我国水产业雄厚的科研实力，但缺乏高质量、有影响力的成果。基础研究在系统性和深度方面有待进一步提升，研究成果的实际应用有待加强。国内利用分子标记在性别判定方面的研究多于国外，这或许与我国养殖物种多、产量大、产业对开发雌雄鉴定的分子标记有迫切需求有关。鱼作为低等的脊椎动物，是脊椎动物中最大类群，其性别决定机制和性别分化呈现出多样性，包括遗传决定（GSD）、环境因素决定（ESD）和两者共同决定（GSD+ESD）等模式。由于鱼类无法像一些无脊椎动物容易区分雌雄，因此性别决定与分化是水产动物的研究热点。但总体来看，国内对于性别的遗传决定和分化方面研究的较多，而国外对 GSD 和 ESD 两方面都有研究。

建立的鱼类细胞系除了可用于科学研究外，还可应用于诊断试剂盒研发、疫苗创制、环境评价等方面。在基础研究和应用研究方面都有重要价值。我国已建立多种经济鱼类细胞系，在鱼类细胞培养和细胞系建立技术方面处于国际领先水平。

五、“十四五”展望与建议

水产生物技术是当代水产学科中发展最为迅速的一个领域，根据国际上本学科的研究现状和发展趋势，“十四五”水产生物技术研究将在如下几个方面取得突破或重大进展。

（一）基因组资源深度发掘

目前，已发布水产生物的全基因组序列已经达到200多种。随着测序技术和基因芯片技术的大量使用，将会有越来越多的水产生物完成全基因组测序，并通过全基因组关联分析、系统生物学、蛋白质组学等方法，研究性状相关基因的功能、信号通路及调控网络，从而阐明重要经济性状的遗传基础，创新遗传改良手段和途径。

（二）基因组选择育种技术及基因编辑育种技术研究和应用

利用鱼类的抗病家系（群体）和易感家系（群体）开展全基因组重测序，筛选抗病相关SNP位点，进行GWAS分析，建立抗病性状基因组选择育种技术体系；研制鱼类抗病育种用基因芯片，进行基因芯片在鱼类抗病育种中的应用技术研究，为抗病高产优质良种培育提供基因组育种的共性技术。突破鱼类基因芯片育种技术难关，建立鱼类抗病育种基因组选择实用化技术，为鱼类抗病、高产、优质突破性新品种培育提供技术支撑。探索基于基因组编辑研制苗种的新途径，研发基因编辑性控育种新技术。

（三）鱼类细胞培养、精子及胚胎冷冻保存技术研究和应用

开展鱼类细胞培养技术研究，重点针对鱼类性腺细胞系、免疫组织细胞系，进行细胞培养技术创新；开展细胞系在基因功能分析、种质保存及环境监测等方面的应用技术研究，解决重要经济鱼类缺乏适合的细胞系等问题；开展重要水产动物精子批量化保存及其在水产动物遗传育种中的应用技术研究，研究重要经济和濒危鱼类胚胎超低温冷冻保存实用化技术等。

（四）水产生物表观遗传研究

水产生物表观遗传研究是水产生物育种技术发展的必然趋势。大多水产生物属变温生物，受环境变化影响，其性别、生长、发育等重要性状往往不是遗传因素独立作用的，而是受到遗传和环境的双重调控。目前的分子育种技术大多基于遗传操作，而忽略了环境效应，导致育种效率相对较低。因此，解析环境因素介导的重要经济性状形成的表观遗传调控机制，建立基于epiQTL、EWAS、ES和epiGE等核心技术为主的表观遗传育种技术体系是水产生物育种技术发展的必然趋势。

（五）水产合成生物学

水产合成生物学是综合利用分子生物学、生物信息学、系统生物学、工程学等多学科知识，对水产生命的基础物质DNA施以改造，进而对原有生物系统进行重塑或

设计全新的生物系统。水产生物的复杂性和多样性决定了水产生物拥有特殊性质的基因。因此，开展水产生物特有基因人工合成与功能通路分析，构建高效底盘细胞进而合成水产生物产品，对拓展水产生物技术下游产业具有重要意义。此外，基于合成生物学，研发水产生物经济性状基因回路设计与合成育种技术也是重要的产业发展途径之一。

（邱丽华　王鹏飞　梁利群　执笔）

致谢：本报告撰写过程中，得到中国水产科学研究院水产生物技术学科委员陈松林、李创举、李炯棠、蒋科技、叶星、邵长伟、唐永凯的大力支持，他们为报告撰写提供了相关资料，并进行了相关文字修改，在此一并感谢！

参考文献

陈松林，徐文腾，刘洋，2019. 鱼类基因组研究十年回顾与展望 [J]. 水产学报，43（1）：1-14.

陈昕，2018. 黄颡鱼的转录组分析以及 p15～（PAF）在斑马鱼胚胎发育中的功能研究 [D]. 武汉：华中农业大学.

董忠典，龙水生，黄承勤，等，2018. 一种快速鉴定弓背青鳉遗传性别的方法大口黑鲈生长相关标记的聚合及其效果分析 [J]. 广东海洋大学学报，38（3）：25-29.

谷小慧，2018. 罗非鱼耐盐性状 QTL 作图研究 [D]. 广州：中山大学.

和飞，2016. 刺参（*Apostichopus japonicus*）重要经济性状遗传力估计及高密度遗传连锁图谱的构建 [D]. 上海：上海海洋大学.

黄智康，江世贵，周发林，等，2020. 基于 InDel 标记的斑节对虾早期性别鉴定方法的建立 [J]. 南方水产科学，16（3）：113-118.

李红莲，2017. 罗非鱼低溶氧耐受性状的遗传网络解析 [D]. 广州：中山大学.

李美娟，2016. 黄颡鱼生长激素基因多态性与生长性状的关联性研究 [D]. 广州：华南农业大学.

李明，2020. 斑石鲷基因组学初步研究及性别特异标记发掘与遗传性别鉴定技术的建立 [D]. 上海：上海海洋大学.

李胜杰，姜鹏，白俊杰，等，2019. 大口黑鲈生长相关标记的聚合及其效果分析 [J]. 水生生物学报，43（5）：962-968.

李婷，2016. 中华鳖生长相关分子标记的筛选 [D]. 上海：上海海洋大学.

李羽，2019. 基于转录组测序的棘头梅童鱼四个生殖发育相关基因研究 [D]. 上海：上海海洋大学.

林晓煜，肖世俊，李完波，等，2018. 大黄鱼性别特异 SNP 标记的开发与验证 [J]. 水产学报，42（9）：1329-1337.

刘士力，贾永义，刘加林，等，2020. 翘嘴鲌两种生长激素受体基因结构及微卫星多态性与生长性状的相关性 [J]. 水产学报，44（6）：894-906.

齐茜，董忠典，张宁，等，2016. 半滑舌鳎 Shh 基因的克隆与表达及甲基化分析［J］. 中国水产科学，23（2）：316－327.

沈朕，2017. 大泷六线鱼分子标记的开发、生长性状的关联性分析及遗传多样性研究［D］. 济南：山东大学.

孙海林，2018. 翘嘴鳜生长相关分子标记的挖掘及其与生长的关联分析和在系谱鉴定中的应用［D］. 上海：上海海洋大学.

王丹，邹桂伟，罗相忠，等，2020. 鲢 EST－SSR 标记的开发及其与生长性状关联性分析［J］. 水生生物学报，44（3）：494－500.

魏平平，李鑫，刘鹰，等，2020. 光周期对红鳍东方鲀脑组织中 GH 和 SS 基因表达水平和昼夜表达模式的影响［J］. 大连海洋大学学报，35（1）：108－113.

徐钢春，杜富宽，卞超，等，2017. 鱼类基因组研究进展［J］. 生物技术通报，33（9）：23－31.

杨凯，2019. 大菱鲆热胁迫相关功能基因分析及耐高温性状 QTL 区间内共享标记筛选［D］. 上海：上海海洋大学.

张利娜，2017. 长江口降海鳗鲡雌雄判别方法及雌性特异 SCAR 标记的建立［D］. 上海：上海海洋大学.

张猛，沈玉帮，徐晓雁，等，2018. 草鱼 7 个突变位点多态性及与幼鱼生长性状关联分析［C］. 中国水产学会学术年会.

张晓峰，李超，鲁翠云，等，2019. 鲤生长速率性状的 QTL 定位分析［J］. 水产学杂志，32（4）：15－22.

郑先虎，匡友谊，吕伟华，等，2019. 水产生物基因组研究进展与趋势［J］. 水产学报，43（1）：15－35.

AGAWA Y，KAGA T，KATAYAMA S，et al.，2017. Identification of growth－related nucleotide polymorphism in cultured Pacific bluefin tuna，*Thunnus orientalis*［J］. Aquaculture Research，48（7）：3320－3328.

ANITHA A，GUPTA YR，DEEPA S，et al.，2019. Gonadal transcriptome analysis of the common carp，*Cyprinus carpio*：Identification of differentially expressed genes and SSRs［J］. Gen Comp Endocrinol，1（279）：67－77.

ASHTON D T，RITCHIE P A，WELLENREUTHER M，2019. High－Density Linkage Map and QTLs for Growth in Snapper（*Chrysophrys auratus*）［J］. G3：Genes | Genomes | Genetics，9（4）：1027－1035.

BANGERA R，CORREA K，LHORENTE J P，et al.，2017. Genomic predictions can accelerate selection for resistance against *Piscirickettsia salmonis* in Atlantic salmon（*Salmo salar*）［J］. BMC Genomics，18（1）：121.

BARRíA A，CHRISTENSEN K A，YOSHIDA G M，et al.，2018. Genomic predictions and genome－wide association study of resistance against *Piscirickettsia salmonis* in coho salmon（*Oncorhynchus kisutch*）using ddRAD sequencing［J］. G3－Genes Genom Genet，8（4）：1183－1194.

BARRIA A，MARÍN－NAHUELPI R，CÀCERES P，et al.，2019. Single－step gnome－wide association study for resistance to *Piscirickettsia salmonis* in rainbow Trout（*Oncorhynchus mykiss*）［J］. G3－Genes Genom Genet，9（11）：3833－3841.

BARRIA A. MARÍN－NAHUELPI R. CÁCERES P，et al.，2019. Single－Step Genome－Wide Association Study for Resistance to in Rainbow Trout（*Oncorhynchus mykiss*）［J］. G3（*Bethesda*，Md.），9（11）：3833－3841.

BLÁZQUEZ M, MEDINA P, CRESPO B, et al., 2017. Identification of conserved genes triggering puberty in European sea bass males (*Dicentrarchus labrax*) by microarray expression profiling [J]. BMC Genomics, 18 (1): 441.

BOISON S, DING J, LEDER E, et al., 2019. QTLs Associated with Resistance to Cardiomyopathy Syndrome in *Atlantic Salmon* [J]. The Journal of heredity, 110 (6): 727 - 737.

BRAASCH I, GEHRKE A R, SMITH J J, et al., 2016. The spotted gar genome illuminates vertebrate evolution and facilitates human - teleost comparisons [J]. Nat Genet, 48 (4): 427.

BU, R., L. YAN, C. ZHAO, et al., 2018. The acute stresses role of the atypical 2 - cys peroxiredoxin PmPrx5 in black tiger shrimp (*Penaeus monodon*) from biological immunity and environmental toxicity stress [J]. Fish & shellfish immunology (81): 189 - 203.

BU R, WANG P, ZHAO C, et al., 2017. Gene characteristics, immune and stress responses of PmPrx1 in black tiger shrimp (*Penaeus monodon*): Insights from exposure to pathogenic bacteria and toxic environmental stressors [J]. Developmental and comparative immunology (77): 1 - 16.

CAI M, ZOU Y, XIAO S, et al., 2019. Chromosome assembly of *Collichthys lucidus*, a fish of Sciaenidae with a multiple sex chromosome system [J]. Scientific data, 6 (1): 132.

CLEVELAND B M, YAMAGUCHI G, RADLER L M, et al., 2018. Editing the duplicated insulin - like growth factor binding protein - 2b gene in *rainbow trout* (*Oncorhynchus mykiss*) [J]. Sci Rep, 8 (1): 16054.

CORREA K, BANGERA R, FIGUEROA R, et al., 2017. The use of genomic information increases the accuracy of breeding value predictions for sea louse (*Caligus rogercresseyi*) resistance in Atlantic salmon (*Salmo salar*) [J]. Genet Sel Evol, 49 (3): 15 - 17.

CORREA K, LHORENTE J P, LóPEZ M E, et al., 2015. Genome - wide association analysis reveals loci associated with resistance against *Piscirickettsia salmonis* in two Atlantic salmon (*Salmo salar L.*) chromosomes [J]. BMC Genomics (16): 684.

CUI Z K, LIU Y, WANG W W, et al., 2017. Genome editing reveals dmrt1 as an essential male sex - determining gene in Chinese tongue sole (*Cynoglossus semilaevis*) [J]. Scientific Reports, 7 (12): 42213.

CUI K, LI Q, XU D, et al., 2020. Establishment and characterization of two head kidney macrophage cell lines from large yellow croaker (*Larimichthys crocea*) [J]. Developmental and comparative immunology (102): 103477.

CUI Y, 2018. New locus reveals the genetic architecture of sex reversal in the Chinese tongue sole (*Cynoglossus semilaevis*) [J]. Heredity (*Edinb*), 121 (4): 319 - 326.

CUI, Z W, X Y. ZHANG, X J. ZHANG, et al., 2019. Molecular and functional characterization of the indoleamine 2, 3 - dioxygenase in grass carp (*Ctenopharyngodon idella*) [J]. Fish & shellfish immunology (89): 301 - 308.

DEGANI G, HURVITZ A, ELIRAZ Y, et al., 2019. Sex - related gonadal gene expression differences in the Russian sturgeon (*Acipenser gueldenstaedtii*) grown in stable aquaculture conditions [J]. Anim Reprod Sc (200): 75 - 85.

DONG C, JIANG P, ZHANG J, et al., 2019. High-density linkage map and mapping for sex and growth-related traits of largemouth bass (*Micropterus salmoides*) [J]. Frontiers in genetics (10): 960.

DONG Z D, ZHANG N, LIU Y, et al., 2019. Expression analysis and characterization of zglp1 in the Chinese tongue sole (*Cynoglossus semilaevis*) [J]. Gene (683): 72-79.

EGGEST L H, LUNDE H S, NNESETH A R, et al., 2018. Transcriptome-wide mapping of signaling pathways and early immune responses in lumpfish leukocytes upon in vitro bacterial exposure [J]. Scientific Reports, 8 (1): 5261.

FENG X, YU X, FU B, et al., 2018. A high-resolution genetic linkage map and QTL fine mapping for growth-related traits and sex in the Yangtze River common carp (*Cyprinus carpio haematopterus*) [J]. BMC genomics, 19 (1): 230.

FIGUERAS A, ROBLEDO D, CORVELO A, et al., 2016. Whole genome sequencing of turbot (*Scophthalmus maximus*; *Pleuronectiformes*): a fish adapted to demersal life [J]. DNA Research, 23 (3): 181-192.

FRANěK R, MARINOVIĆ Z, LUJIĆ J, et al., 2019. Cryopreservation and transplantation of common carp spermatogonia [J]. PLoS ONE, 14 (4): e0205481.

FRASLIN C N, DECHAMP M.BERNARD, et al., 2018. Quantitative trait loci for resistance to *Flavobacterium psychrophilum* in rainbow trout: effect of the mode of infection and evidence of epistatic interactions [J]. Genetics, selection, evolution: GSE, 50 (1): 60.

FUENTES E N, ZULOAGA R, ALMARZA O, et al., 2017. Upwelling-derived oceanographic conditions impact growth performance and growth-related gene expression in intertidal fish [J]. Comparative Biochemistry&Physiology Part B Biochemistry & Molecular Biology (214): 12-18.

GABIáN M, MORáN P, FERNáNDEZ A I, et al., 2019. Identification of genomic regions regulating sex determination in Atlantic salmon using high density SNP data [J]. BMC Genomics, 20 (1): 764.

GAO Y H, ZHOU Z.GAO, et al., 2019. Establishment and characterization of a fibroblast-like cell line from the muscle of turbot (*Scophthalmus maximus L.*) [J]. Fish physiology and biochemistry, 45 (3): 1129-1139.

GJESSING M C, AAMELFOT M, BATTS W N, et al., 2018. Development and characterization of two cell lines from gills of Atlantic salmon [J]. PloS one, 13 (2): e0191792.

GONG G, DAN C, XIAO S, et al., 2018. Chromosomal-level assembly of yellow catfish genome using third-generation DNA sequencing and Hi-C analysis [J]. GigaScience, 7 (11): 11.

GUAN G, SUN K, ZHANG X, et al., 2017. Developmental tracing of oocyte development in gonadal soma-derived factor deficiency medaka (*Oryzias latipes*) using a transgenic approach [J]. Mechanisms of Development (143): 53-61.

GUO L, XU Y H, ZHANG N, et al., 2019. A high-density genetic linkage map and QTL mapping for sex in black tiger shrimp (*Penaeus monodon*) [J]. Frontiers in Genetics (10): 326.

HAN Z, XIAO S, LI W, et al., 2018. The identification of growth, immune related genes and marker discovery through transcriptome in the yellow drum (*Nibea albiflora*) [J]. Genes & genomics, 40

(4): 881-891.

HATTORI R S, YOSHINAGA T T, KATAYAMA N, et al., 2019. Surrogate production of Salmo salar oocytes and sperm in triploid *Oncorhynchus mykiss* by germ cell transplantation technology [J]. Aquaculture (506): 238-245.

HU Z, AI N, CHEN W, et al., 2019. Loss of Growth Hormone Gene (gh1) in Zebrafish Arrests Folliculogenesis in Females and Delays Spermatogenesis in Males [J]. Endocrinology, 160 (3): 568-586.

HUANG J Q, LI Y J, SHAO C W, et al., 2017. Identification, characterization and functional analysis of regulatory region of nanos gene from half-smooth tongue sole (*Cynoglossus semilaevis*) [J]. Gene (617): 8-16.

HUANG X R, ZHUANG P, FENG G P, et al., 2017. Cryopreservation of Chinese mitten crab, *Eriocheir sinensis H*. Milne Edwards, 1853 (*Decapoda*, *Brachyura*), embryos by vitrification [J]. Crustaceana, 90 (14): 1765-1777.

HUANG X R, ZHUANG P, ZHANG L Z, et al., 2013. Effects of different vitrificant solutions on the embryos of the chinese mitten crab *Eriocheir sinensis* (*Decapoda*, *Brachyura*) [J]. Crustaceana, 86 (1): 1-15.

HUANG X R, ZHUANG P, ZHANG L Z, et al., 2011. Effects of cryoprotectant toxicity on embryos of the Chinese mitten crab, *Eriocheir sinensis* (*Decapoda*, *Brachyura*) [J]. Crustaceana, 84 (3): 281-291.

JIANG D N, YANG H H, LI M H, et al., 2016. gsdf is a downstream gene of dmrt1that functions in the male sex determination pathway of the *Nile tilapia* [J]. Mol Reprod Dev, 83 (6): 497-508.

JIANG, L, LI H, 2017. Single Locus Maintains Large Variation of Sex Reversal in Half-Smooth Tongue Sole (*Cynoglossus semilaevis*) [J]. G3-Genes Genom Genet, 7 (2): 583-589.

JIANG Y, FENG S, XU J, et al., 2016. Comparative transcriptome analysis between aquatic and aerial breathing organs of *Channa argus* to reveal the genetic basis underlying bimodal respiration [J]. Marine Genomics, 29 (12): 89-96.

JIANG Y, FENG S, XU J, et al., 2016. Transcriptome signatures in common carp spleen in response to *Aeromonas hydrophila* infection [J]. Fish & shellfish immunology (57): 41-48.

JIANG Y, FENG S, XU J, et al., 2017. Establishment and characterization of a heart-derived cell line from goldfish (*Carassius auratus*) [J]. Fish physiology and biochemistry, 43 (4): 977-986.

KAWAMURAA W, TANIA R, YAHAGIA H, et al., 2020. Suitability of hybrid mackerel (*Scomber australasicus* × *S. japonicus*) with germ cell-less sterile gonads as a recipient for transplantation of bluefin tuna germ cells [J]. General and Comparative Endocrinology (295): 113525.

KIKUCHI K, IEDA R, FUJIKAWA D, et al., 2019. Sex-determining genes in *Takifugu puffer* fishes [J]. Nippon Suisan Gakkaishi, 85 (2): 187-195.

KJETSÅ M H, ØDEGÅRD J, MEUWISSEN T H E, 2020. Accuracy of genomic prediction of host resistance to salmon lice in Atlantic salmon (*Salmo salar*) using imputed high-density genotypes [J]. Aquaculture (526): 735415.

KONG S, KE Q, CHEN L, et al., 2019. Constructing a high-density genetic linkage map for large yellow croaker (*Larimichthys crocea*) and mapping resistance trait against ciliate parasite *Cryptocaryon irritans* [J]. Marine Biotechnology, 21 (2): 262 - 275.

KUMAR, R., C. RAVI, S. DAS, et al., 2019. Establishment and characterization of a caudal fin - derived cell line, AOF, from the Oscar, *Astronotus ocellatus* [J]. Fish physiology and biochemistry, 45 (1): 123 - 131.

LEE S, KATAYAMA N, YOSHIZAKI G, 2016. Generation of *juvenile rainbow trout* derived from cryopreserved whole ovaries by intraperitoneal transplantation of ovarian germ cells [J]. Biochemical and Biophysical Research Communications, 478 (3): 1478 - 1483.

LEHMANN R, LIGHTFOOT D J, SCHUNTER C, et al., 2019. Finding Nemo's Genes: A chromosome - scale reference assembly of the genome of the orange clownfish *Amphiprion percula* [J]. Molecular ecology resources, 19 (3): 570 - 585.

LI M, HONG N, XU H, et al., 2016. Germline replacement by blastula cell transplantation in the fish medaka [J]. Scientific Reports (6): 1 - 10.

LI M, ZHU F, LI Z, HONG N, HONG Y, 2016. Dazl is a critical player for primordial germ cell formation in medaka [J]. Sci Reports (6): 28317.

LI MING, XU HAO, XIWEN XU, et al., 2020. Isolation of a male - specific molecular marker and development of genetic sex identification technique in spotted knifejaw (*Oplegnathus punctatus*) [J]. Mar Biotech (22): 467 - 474.

LI Z, YANG X, XU P, et al., 2018. Combined QTL and Genome Scan Analyses with the Help of 2b - RAD Identify Growth - Associated Genetic Markers in a New Fast - Growing Carp Strain [J]. Frontiers in Genet (9): 592.

LI B, LI L, WANG W, et al., 2020. Characterization of Free Fatty Acid Receptor 4 and Its Involvement in Nutritional Control and Immune Response in *Pacific Oysters* [J]. ACS omega, 5 (34): 21355 - 21363.

LI, F., P. WANG, C. ZHAO, et al., 2017. Cloning and characterization of PHGPx and its synergistic role with p53 in mediating stress in *Penaeus monodon* [J]. Fish & shellfish immunology (71): 380 - 392.

LI, J., P. JIA, X. CHEN, et al., 2019. Establishment and characterization of a fin tissue cell line derived from silver pomfret, *Pampus argenteus* [J]. Journal of fish diseases, 42 (10): 1391 - 1399.

LIEN S, KOOP B F, SANDVE S R, et al., 2016. The Atlantic salmon genome provides insights into rediploidization [J]. Nature (533): 200 - 205.

LIN A Q, XIAO S J, XU S B, et al., 2017. Identification of a male - specific DNA marker in the large yellow croaker (*Larimichthys crocea*) [J]. Aquaculture (480): 116 - 122.

LIN Q, FAN SH, ZHANG YH, et al., 2016. The seahorse genome and the evolution of its specialized morphology [J]. Nature (540): 395 - 399.

LIN Q, MEI J, LI Z, et al., 2017. Distinct and cooperative roles of amh and dmrt1 in self - renewal and differentiation of male germ cells in zebrafish. Geneticsv [J], 207 (3): 1007 - 1022.

LIU H, CHEN C H, GAO Z X, et al., 2017. The draft genome of blunt snout bream (*Megalobrama amblycephala*） reveals the development of intermuscular bone and adaptation to herbivorous diet [J]. GigaScience, 6 (7): 101-110.

LIU H, ZHANG H, PAN X, et al., 2020. A high density genetic map by whole-genome resequencing for QTL fine-mapping and dissecting candidate genes for growth or sex traits in the pearl oyster (*Pinctada fucata martensii*) [J]. Aquaculture (519): 734839.

LIU H Y, FU B D, PANG M X, et al., 2017. A High-Density Genetic Linkage Map and QTL Fine Mapping for Body Weight in Crucian Carp (*Carassius auratus*). Using 2b-RAD Sequencing [J]. G3-Genes Genom Genet, 7 (8): 2473-2487.

LIU H Y, PANG M X, YU X M, et al., 2018. Sex-specific markers developed by next generation sequencing confirmed an XX/XY sex determination system in bighead carp (*Hypophthalmichthys nobilis*) and silver carp (*Hypophthalmichthys molitrix*) [J]. DNA Research, 25 (3): 257-264.

LIU Y, LU S, LIU F, et al., 2018. Genomic selection using BayesCπ and GBLUP for resistance against *Edwardsiella tarda* in Japanese Flounder (*Paralichthys olivaceus*) [J]. Mar Biotechnol (NY) (20): 559-565.

LIU Z, LIU S, YAO J, et al., 2016. The channel catfish genome sequence provides insights into the evolution of scale formation in teleosts [J]. Nat Commun. (7): 11757.

LIU P, WANG L, WONG S M, et al., 2016. Fine mapping QTL for resistance to VNN disease using a high-density linkage map in Asian seabass [J]. Scientific reports, 6 (1): 32122.

LIU P, WANG L, WAN Z Y, et al., 2016. Mapping QTL for Resistance Against Viral Nervous Necrosis Disease in Asian Seabass [J]. Marine biotechnology (New York, N. Y.), 18 (1): 107-116.

LIU X F, WU Y H, WEI S N, et al., 2018. Establishment and characterization of a brain-cell line from kelp grouper *Epinephelus moara* [J]. Journal of fish biology, 92 (2): 298-307.

LIU X F, WU Y H, WEI S N, et al., 2018. Establishment and characterization of a kidney cell line from kelp grouper *Epinephelus moara* [J]. Fish physiology and biochemistry, 44 (1): 87-93.

LU S, LIU Y, YU X, et al., 2020. Prediction of genomic breeding values based on pre-selected SNPs using ssGBLUP, WssGBLUP and BayesB for Edwardsiellosis resistance in Japanese flounder [J]. Genet Selection Evolution, 52 (1): 49.

LU S, ZHU J, DU X, et al., 2020. Genomic selection for resistance to Streptococcus agalactiae in GIFT strain of *Oreochromis niloticus* by GBLUP, wGBLUP, and BayesCπ [J]. Aquaculture (523): 735212.

LU X B, CHEN Y X, CUI Z W, et al., 2018. Characterization of grass carp CD40 and CD154genes and the association between their polymorphisms and resistance to grass carp reovirus [J]. Fish & shellfish immunology, 81: 304-308.

LUKASSEN S, BOSCH E, EKICI A B, et al., 2018. Characterization of germ cell differentiation in the male mouse through single-cell RNA sequencing [J]. Scientific Reports, 8 (1): 6521.

LV M, WANG X, QIU X, et al., 2020. Functional characterization of grass carp (*Ctenopharyngodon idella*) interleukin-2 in head kidney leukocytes [J]. Fish & shellfish immunology (97): 500-508.

LV M, WANG X, QIU X, et al., 2018. Molecular characterization of a cathepsin L1highly expressed in phagocytes of pacific oysterr *Crassostrea gigas* [J]. Developmental and comparative immunology (89): 152 - 162.

MACFARLANE D R, 1986. Devitrification in glass - forming aqueous solutions [J]. Cryobiology (23): 230 - 244.

MENG L, XU W T, ZHU Y, et al., 2018. Molecular characterization and expression analysis of strbp in Chinese tongue sole (*Cynoglossus semilaevis*) [J]. Theriogenology (118): 225 - 232.

MOUSAVI M, TONG C, LIU F, et al., 2016. De novo SNP discovery and genetic linkage mapping in poplar using restriction site associated DNA and whole - genome sequencing technologies [J]. BMC genomics, 17 (1): 656.

NI, S., J. LIU, X. HUANG, et al., 2019. Transducin β - like 1 X - linked receptor 1 (TBLR1) affects RGNNV infection through negative regulation of interferon immune response in orange - spotted grouper, *Epinephelus coioides* [J]. Fish & shellfish immunology, 89 (56): 76 - 82.

NING, J., Y. LIU, F. GAO, et al., 2019. Characterization and functional analysis of a novel gC1qR in the swimming crab *Portunus trituberculatus* [J]. Fish & shellfish immunology, 84 (22): 970 - 978.

OCTAVERA A, YOSHIZAKI G, 2018. Production of donor - derived offspring by allogeneic transplantation of spermatogonia in Chinese rosy bitterling [J]. Biology of Reproduction, 100 (4): 1108 - 1117.

ODEGÅRD J, MOEN T, SANTI N, et al., 2014. Genomic prediction in an admixed population of Atlantic salmon (*Salmo salar*) [J]. Front Genet, 5 (1): 402.

OU M, YANG C, LUO Q, et al., 2017. An NGS - based approach for the identification of sex - specific molecular markers in Snakehead (*Channa argus*) [J]. Oncotarget, 8 (58): 98733 - 98744.

PALAIOKOSTAS C, CARIOU S, BESTIN A, et al., 2018. Genome - wide association and genomic prediction of resistance to viral nervous necrosis in European sea bass (*Dicentrarchus labrax*) using RAD sequencing [J]. Genet Sel Evol, 50 (1): 30.

PALAIOKOSTAS C, FERRARESSO S, FRANCH R, et al., 2016. Genomic prediction of resistance to *Pasteurellosis* in gilthead sea bream (*Sparus aurata*) using 2b - RAD sequencing [J]. G3 - Genes Genom Genet, 6 (11): 3693 - 3700.

PALAIOKOSTAS C, VESELY T, KOCOUR M, et al., 2019. Optimizing genomic prediction of host resistance to koi herpesvirus disease in carp [J]. Front Genet, 10 (2): 543.

PAO H Y, WU C Y, HUANG C H, et al., 2018. Development, characterization and virus susceptibility of a continuous cell line from the caudal fin of marbled eel (*Anguilla marmorata*) [J]. Fish Diseases, 41 (9): 1331 - 1338.

PENG W Z, XU J, ZHANG Y, et al., 2016An ultra - high density linkage map and QTL mapping for sex and growth - related traits of common carp (*Cyprinus carpio*) [J]. Sci Rep - Uk, 6 (12): 26693.

PENG C, XIE D, ZHAO C, et al., 2019. Molecular characterization and functional analysis of Akirin from black tiger shrimp (*Penaeus monodon*) [J]. Fish & shellfish immunology (94): 607 - 616.

PINTO RA, ALMEIDA - SANTOS J, LOURENÇO R, SAÚDE L, 2018. Identification of Dmrt2a downstream genes during zebrafish early development using a timely controlled approach [J]. BMC Dev

Biol, 18 (1): 14.

QIU C, HAN Z, LI W, et al., 2018. A high-density genetic linkage map and QTL mapping for growth and sex of yellow drum (*Nibea albiflora*) [J]. Scientific reports, 8 (1): 1-12.

QU L, WU X, LIU M, et al., 2020. Identification and characterization of germ cell genes vasa and dazl in a protogynous hermaphrodite fish, orange-spotted grouper (*Epinephelus coioides*) [J]. Gene Expr Patterns (35): 119095.

RAKERS S, ONDRUSCH A, GRUENING M, et al., 2018. Monitoring changing cellular characteristics during the development of a fin cell line from *Cyprinus carpio*. Comparative biochemistry and physiology [J]. Part B, Biochemistry & molecular biology (225): 1-12.

ROBLEDO D, MATIKA O, HALILTON A, et al., 2018. Genome-wide association and genomic selection for resistance to amoebic gill disease in Atlantic salmon [J]. G3-Genes Genom Genet, 8 (4): 1195-1203.

RUIZ-PALACIOS M, ESTEBAN M á, CUESTA A, 2020. Establishment of a brain cell line (SaB-1) from gilthead seabream and its application to fish virology [J]. Fish & shellfish immunology (106): 161-166.

SEKI S, KUSANO K, LEE S, ET AL., 2017. Production of the medaka derived from vitrified whole testes by germ cell transplantation [J]. Scientific Reports (7): 43185.

SHAO C, LI C, WANG N, et al., 2018. Chromosome-level genome assembly of the spotted sea bass, *Lateolabrax maculatus* [J]. Giga Science, 7 (11): 114.

SHAO C W, BAO, XIE Y, et al., 2017. The genome and transcriptome of Japanese flounder provide insights into flatfish asymmetry [J]. Nature Genetics, 49 (1): 119-124.

HAO C W, BAO, XIE Y, et al., 2018. Chromosome-level genome assembly of the spotted sea bass, *Lateolabrax maculatus* [J]. GigaScience (11): 1-7.

SHAO C, LI C, WANG N, et al., 2018 Chromosome-level genome assembly of the spotted sea bass, *Lateolabrax maculatus* [J]. GigaScience, 7 (11): 11.

SONG LS, BIAN C, LUO Y J, et al., 2016. Draft genome of the Chinese mitten crab, *Eriocheir sinensis* [J]. GigaScience, 5 (1): 5.

SONG L, LV J, WANG L, et al., 2020. Characterization of a chitinase-1gene (PtCht-1) from a marine crab *Portunus trituberculatus* and its response to immune stress [J]. Gene (741): 144523.

SONI P, PRADHAN P.K, SWAMINATHAN T R, et al., 2018. Development, characterization and application of a new epithelial cell line from caudal fin of *Pangasianodon hypophthalmus* (*Sauvage* 1878) [J]. Acta tropica (182): 215-222.

STéVANT I, NEF S, 2018. Single cell transcriptome sequencing: A new approach for the study of mammalian sex determination [J]. Molecular and Cellular Endocrinology (468): 11-18.

SUHAILA, KARIM, KHALIL, et al., 2017. Single nucleotide polymorphisms in the growth hormone gene of *Oreochromis niloticus* and their association with growth performance [J]. Aquaculture Research, 48 (12): 5835-5845.

SUN C F, SUN H L, DONG J J, et al., 2019. Correlation analysis of mandarin fish (*Siniperca* chuatsi) growth hormone gene polymorphisms and growth traits [J]. Journal of Genetics, 98 (3): 58.

SUN C, LI J, DONG J, et al., 2020. Chromosome - level genome assembly for the largemouth bass *Micropterus salmoides* provides insights into adaptation to fresh and brackish water [J]. Molecular Ecology Resources, 21 (1): 301 - 315.

SUN C, NIU Y, YE X, et al., 2017. Construction of a high - density linkage map and mapping of sex determination and growth - related loci in the mandarin fish (*Siniperca chuatsi*) [J]. BMC genomics, 18 (1): 446.

SUN S, CAI J, TAO W, WU L, et al., 2018. Comparative transcriptome profiling and characterization of gene expression for ovarian differentiation under RU486 treatment [J]. Gen Comp Endocrinol (261): 166 - 173.

TADMOR - LEVI R, DORON - FAIGENBOIM A, MARCOS - HADAD E, et al., 2019. Different transcriptional response between susceptible and resistant common carp (*Cyprinus carpio*) fish hints on the mechanism of CyHV - 3disease resistance [J]. BMC genomics, 20 (1): 1019.

TSAI H Y, HAMILTON A, TINCH A E, et al., 2016. Genomic prediction of host resistance to sea lice in farmed Atlantic salmon populations [J]. Genet Sel Evol, 48 (1): 47.

TSAI HY, ROBLEDO D, LOWE NR, et al., 2016 Construction and Annotation of a High Density SNP Linkage Map of the Atlantic Salmon (*Salmo salar*) Genome [J]. G3 - Genes Genom Genet, 6 (7): 2173 - 2179.

TSAIRIDOU S, HAMILTON A, ROBLEDO D, et al., 2020. Optimizing low - cost genotyping and imputation strategies for genomic selection in Atlantic salmon [J]. G3 - Genes Genom Genet, 10 (2): 581 - 590.

VALLEJO R L, CHENG H, FRAGOMENI B O, et al., 2019. Genome - wide association analysis and accuracy of genome - enabled breeding value predictions for resistance to infectious hematopoietic necrosis virus in a commercial rainbow trout breeding population [J]. Genet Sel Evol, 51 (2): 47.

VALLEJO R L, LEEDS T D, FRAGOMENI B O, et al., 2016. Evaluation of genome - enabled selection for bacterial cold water disease resistance using progeny performance data in rainbow trout: insights on genotyping methods and genomic prediction models [J]. Front Genet (7): 96.

VALLEJO R L, LEEDS T D, GAO G, et al., 2017. Genomic selection models double the accuracy of predicted breeding values for bacterial cold water disease resistance compared to a traditional pedigree - based model in *rainbow trout* aquaculture [J]. Genet Sel Evol, 49 (1): 17.

VALLEJO R L, SILVA R M O, EVENHUIS J P, et al., 2018. Accurate genomic predictions for BCWD resistance in rainbow trout are achieved using low - density SNP panels: Evidence that long - range LD is a major contributing factor [J]. J Anim Breed Genet (135): 263 - 274.

VIJ S, KUHL H, KUZNETSOVA I S, et al., 2016. Chromosomal - Level Assembly of the Asian Seabass Genome Using Long Sequence Reads and Multi - layered Scaffolding [J]. Plos Genet, 12 (4): e1006500.

VON T K, KATZENBACK B A, KELLENDONK C, et al., 2019. Characterization of the continuous skin fibroblastoid cell line, WE - skin11f, from walleye (*Sander vitreus*) [J]. Journal of fish diseases,

42 (11): 1587 - 1599.

WANG L N, ZHU Y, XU W T, et al., 2017. Molecular characterization of Pod1during sex development in Chinese tongue sole (*Cynoglossus semilaevis*) [J]. Biochemical and biophysical research communications (494): 3 - 4.

WANG L, FAN C X, XU W T, et al., 2017. Characterization and functional analysis of a novel C1q - domain - containing protein in Japanese flounder (*Paralichthys olivaceus*) [J]. Developmental & Comparative Immunology (67): 322 - 332.

WANG L, SHAO C W, XU W T, et al., 2017. Proteome profiling reveals immune responses in Japanese flounder (*Paralichthys olivaceus*) infected with *Edwardsiella tarda* by iTRAQ analysis [J]. Fish and Shellfish Immunology (66): 325 - 333.

WANG L, ZHANG Y Z, XU W T, JIA XD, CHEN SL, 2016. Molecular cloning, structure and expressional profiles of two novel single - exon genes (PoCCR6A and PoCCR6B) in the Japanese flounder (*Paralichthys olivaceus*) [J]. Fish and Shellfish Immunology (52): 179 - 188.

WANG M, LI P, WANG H, et al., 2020. Identification and spatiotemporal expression of gpr161genes in zebrafish [J]. Gene (730): 144303.

WANG S, ZHANG J B, JIAO W Q, et al., 2017. Scallop genome provides insights into evolution of bilaterian karyotype and development [J]. Nat Ecol Evol, 1 (5): 120.

WANG L, CAO Z, LIU Y, et al., 2020. Establishment and characterization of a new cell line from the muscle of humpback grouper (*Cromileptes altivelis*) [J]. Fish physiology and biochemistry, 46 (6): 1897 - 1907.

WANG S, LI H, WENG S, et al., 2020. White Spot Syndrome Virus Establishes a Novel IE1/JNK/c - Jun Positive Feedback Loop to *Drive Replication* [J]. Science, 23 (1): 100752.

WANG X, GUO Y, WEN C, et al., 2019. Molecular characterization of grass carp interleukin - 6 receptor and the agonistic activity of its soluble form in head kidney leucocytes [J]. Fish & shellfish immunology (86): 1072 - 1080.

WANG Y, WANG Q, ZENG W, et al., 2018. Establishment and characterization of a cell line from tilapia brain for detection of tilapia lake virus [J]. Journal of Fish Diseases, 41 (12): 1803 - 1809.

WANG Y, XUE T, WANG Q, et al., 2020. Virus susceptibility of a new cell line derived from the fin of black carp *Mylopharyngodon piceus* [J]. Journal of fish biology, 96 (2): 418 - 426.

WARGELIUS A, 2019. Application of genome editing in aquatic farm animals: *Atlantic salmon* [J]. Transgenic Research, 28 (2): 101 - 105.

WEBSTER K A, SCHACH U, ORDAZ A, et al., 2017. Dmrt1 is necessary for male sexual development in *zebrafish* [J]. Developmental Biology, 422 (1): 33 - 46.

WEI J, X ZHANG, ZANG S, et al., 2017. Expression and functional characterization of TRIF in orange - spotted grouper (*Epinephelus coioides*) [J]. Fish & shellfish immunology, 71 (2): 295 - 304.

WEI H, LV, X H, et al., 2016. QTL variations for growth - related traits in eight distinct families of common carp (*Cyprinus carpio*) [J]. Bmc Genetics, 17 (1): 65 - 65.

XIAO Y, XIAO Z, MA D, et al., 2019. Genome sequence of the barred knifejaw *Oplegnathus fasciatus*

(*Temminck & Schlegel*, 1844): The first chromosome - level draft genome in the family Oplegnathidae [J]. GigaScience, 8 (3): giz013.

XIE D, WANG S, ZHAO C, et al., 2019. Molecular characterization and functional analysis of peroxiredoxin3 cDNA from black tiger shrimp (*Penaeus monodon*) [J]. Aquaculture Research, 50 (7): 1862 - 1875.

XU X W, SHAO C W, XU H, et al., 2020. Draft genomes of female and male turbot (*Scophthalmus maximus*) [J]. Scientific Data, 7 (1): 90.

XU D, YOSHINO T, KONISHI J, et al., 2019. Germ cell - less hybrid fish: ideal recipient for spermatogonial transplantation for the rapid production of donor - derived sperm [J]. Biology of Reproduction, 101 (2): 492 - 500.

XU G C, XU T J, ZHU R, et al., 2019. LR _ Gapcloser: a tiling path - based gap closer that uses long reads to complete genome assembly [J]. GigaScience, 8 (1): 1.

XU J, BIAN C, CHEN K, et al., 2017. Draft genome of the Northern snakehead, *Channa argus* [J]. GigaScience, 6 (4): 1 - 5.

XU J, LI J T, JIANG Y, et al., 2017. Genomic Basis of Adaptive Evolution: The Survival of Amur Ide (*Leuciscus waleckii*) in an Extremely Alkaline Environment [J]. Molecular biology and evolution, 34 (1): 145 - 159.

XU P, XU J, LIU G J, et al., 2019. The allotetraploid origin and asymmetrical genome evolution of the common carp *Cyprinus carpio* [J]. Nat Commun, 10 (1): 1 - 11.

XU W T, LI H L, Zhang N, et al., 2016. Expression analysis and characterization of an autosome - localized tesk1gene in half - smooth tongue sole (*Cynoglossus semilaevis*) [J]. Gene, 582 (2): 161 - 167.

XU W, LI H L, DONG Z D, et al., 2016. Ubiquitin ligase gene neurl3 plays a role in spermatogenesis of half - smooth tongue sole (*Cynoglossus semilaevis*) by regulating testis protein ubiquitination [J]. Gene, 592 (1): 215 - 220.

XUE L Z, GUO X F, ZHOU Y L, et al., 2020. Screening and characterization of sex - specific markers by 2b - RAD sequencing in zig - zag eel (*Mastacembelus armatus*) with implication of XY sex determination system [J]. Aquaculture, 528 (2): 735550.

XUE T, WANG. Z, PAN Q H, et al., 2018. Establishment of a cell line from the kidney of black carp and its susceptibility to spring viremia of carp virus [J]. Journal of Fish Diseases, 41 (2): 365 - 374.

YANG JX, CHEN XL, BAI J, et al., 2016: The Sinocyclocheilus cavefish genome provides insights into cave adaptation [J]. Bmc Biol, 14 (1): 1.

YANG X, LIU H, MA Z, et al., 2019. Chromosome - level genome assembly of *Triplophysa tibetana*, a fish adapted to the harsh high - altitude environment of the *Tibetan Plateau* [J]. Molecular ecology resources, 19 (4): 1027 - 1036.

YE H, LI C J, YUE H M, et al., 2017. Establishment of intraperitoneal germ cell transplantation for critically endangered Chinese sturgeon *Acipenser sinensis* [J]. Theriogenology, 94 (1): 37 - 47.

YE H, TAKEUCHI Y, WU M B, et al., 2020. Assessment of Yangtze sturgeon as recipient for the production of American paddlefish gametes through spermatogonia transplantation [J]. Theriogenology (158): 168 - 179.

YOSHIDA G M, CARVALHEIRO R, RODRíGUEZ F H, et al., 2019. Single - step genomic evaluation improves accuracy of breeding value predictions for resistance to infectious pancreatic necrosis virus in rainbow trout [J]. Genomics (111): 127 - 132.

YOSHIZAKI G, TAKASHIBA K, SHIMAMORI S, et al., 2016. Production of germ cell - deficient salmonids by dead end gene knockdown, and their use as recipients for germ cell transplantation [J]. Molecular Reproduction and Development, 83 (4): 298 - 311.

YU L, XU D, YE H, et al., 2018. Gonadal Transcriptome Analysis of Pacific Abalone Haliotis discus discus: Identification of Genes Involved in Germ Cell Development [J]. Mar Biotechnol (NY), 20 (4): 467 - 480.

YU Q, PENG C, YE Z, et al., 2020. An estradiol - 17β/miRNA - 26a/cyp19a1a regulatory feedback loop in the protogynous hermaphroditic fish, *Epinephelus coioides* [J]. Molecular and Cellular Endocrinology, 504 (15): 110689.

ZHAI Y H, ZHOU L, WANG Y, et al., 2014. Proliferation and resistance difference of a liver - parasitized myxosporean in two different gynogenetic clones of gibel carp [J]. Parasitol Res, 113 (1): 1331 - 1341.

ZHANG S, ZHANG X, CHEN X, et al., 2019. Construction of a High - Density Linkage Map and QTL Fine Mapping for Growth - and Sex - Related Traits in Channel Catfish (*Ictalurus punctatus*) [J]. Frontiers in Genetics, 10 (1): 123 - 129.

ZHANG X J, SUN L N, YUAN J B, et al., 2017. The sea cucumber genome provides insights into morphological evolution and visceral regeneration [J]. Plos Biol, 15 (10): e2003790.

ZHANG Y, LIU Z, LI H, 2020. Genomic prediction of columnaris disease resistance in catfish [J]. Mar Biotechnol (NY), 22 (1): 145 - 151.

ZHANG, H., J. HOU, H. LIU, et al., 2019. Adaptive evolution of low salinity tolerance and hypoosmotic regulation in a euryhaline teleost, *Takifugu obscurus* [J]. Energy & Ecology (167): 90.

ZHAN P, LIU Y, WANG M, et al., 2018. Chinese mitten crab (*Eriocheir sinensis*) iron - sulphur cluster assembly protein 2 (EsIscA2) is differentially regulated after immune and oxidative stress challenges [J]. Developmental and comparative immunology (84): 343 - 352.

ZHANG X, J. LU, C. MU, et al., 2018. Molecular cloning of a C - type lectin from *Portunus trituberculatus*, which might be involved in the innate immune response [J]. Fish & shellfish immunology (76): 216 - 223.

ZHANG X, LIU Z, LI C, et al., 2019. Grouper TRADD Mediates Innate Antiviral Immune Responses and Apoptosis Induced by Singapore Grouper Iridovirus (SGIV) Infection [J]. Frontiers in cellular and infection microbiology (9): 329.

ZHAO C, FU M, QIU L, 2016. Molecular cloning and functional characterization of cyclin E and CDK2 from *Penaeus monodon* [J]. Genet Mol Res, 15 (3): 15038716.

ZHAO C, WANG P, QIU L, 2018. RNA - Seq - based transcriptome analysis of reproduction - and growth - related genes in *Lateolabrax japonicus* ovaries at four different ages [J]. Mol Biol Rep, 45 (6): 2213 - 2225.

ZHAO J, BAI H, KE Q, et al., 2020. Genomic selection for parasitic ciliate *cryptocaryon irritans* resistance in large yellow croaker [J]. Aquaculture (531): 735786.

ZHOU Q, CHEN Y, LU S, et al., 2020. Development of a 50K SNP array for Japanese flounder and its application in genomic selection for disease resistance [J]. Engineering, 7 (3): 406 - 411.

ZHOU Q, GAO H, ZHANG Y, et al., 2019. A chromosome - level genome assembly of the giant grouper (*Epinephelus lanceolatus*) provides insights into its innate immunity and rapid growth [J]. Molecular ecology resources, 19 (5): 1322 - 1332.

ZHOU Q, GUO X Y, HUANG Y, et al., 2020. De novo sequencing and chromosomal - scale genome assembly of leopard coral grouper, *Plectropomus leopardus* [J]. Mol Ecol Res, 20 (5): 1043 - 1413.

ZHOU Q, SU Z C, LI Y Z, et al., 2019. Genome - wide association mapping and gene expression analyses reveal genetic mechanisms of disease resistance variations in *Cynoglossus semilaevis* [J]. Frontiers in Genetics (10): 1 - 12.

ZHOU Q, HAO B, GAO C Y, et al., 2019. A chromosome - level genome assembly of the giant grouper, *Epinephelus lanceolatus* provides insights into its innate immunity and fast growth [J]. Molecular Ecol Res, 19 (5): 1322 - 1332.

ZHOU Y L, WU J J, WANG Z W, et al., 2019. Identification of sex - specific markers and heterogametic XX/XY sex determination system by 2b - RAD sequencing in redtail catfish (*Mystus wyckioides*) [J]. Aquaculture Research (50): 2251 - 2266.

ZHU B H, SONG Y N, XUE W, et al., 2016. PEP _ scaffolder: using (homologous) proteins to scaffold genomes [J]. Bioinformatics, 32 (20): 3193 - 3195.

ZHU B H, XIAO J, XUE W, et al., 2018. PRNA _ scaffolder: a fast and accurate genome scaffolder using paired - end RNA - sequencing reads [J]. BMC genomics, 19 (1): 175.

ZHU Y, CUI Z K, YANG Y M, et al., 2019. Expression analysis and characterization of dmrt2 in Chinese tongue sole (*Cynoglossus semilaevis*) [J]. Theriogenology (138): 1 - 8.

ZHU Y, XU W T, WANG S Y, et al., 2019. Cloning, tissue distribution and methylation analyses of Lhx9 in Chinese tongue sole (*Cynoglossus semilaevis*) [J]. Gene (691): 176 - 184.

水产遗传育种领域研究进展

一、前　　言

“国以农为本，农以种为先”。种业位于农业产业链的最前端，是国家战略性、基础性产业，也是决定现代农业发展的核心要素。水产养殖作为农业的重要组成部分，其健康持续发展离不开优良品种的支撑。培育高产、优质、抗逆的优良品种已成为我国水产科学研究领域重点方向之一。我国对世界养殖水产品总产量贡献了2/3的产量，这一傲人成绩的取得，很大程度上得益于我国对水产遗传育种领域研究及水产种业建设的高度重视。截至2020年，通过全国水产原种和良种审定委员会审（认）定的水产新品种已达229个，其中2016—2020年，农业农村部发布公告的新品种有61个。“十三五”期间，我国水产养殖遗传改良率超过53%，为我国水产养殖业的可持续发展提供了强有力的保障。

虽然我国水产种业发展迅速，但仍处于起步阶段，相对于种植业和畜牧业而言，品种改良率和良种覆盖率均存在较大差距，归结原因，既有良种产业化体系不健全的问题，也有品种本身优质性状不够突出或不够全面的问题。特别是以遗传育种中心结合良种性状测试基地为主体的育种体系和以企业为主体的商业化保种与推广体系尚不成熟，与挪威、美国等先进国家相比，水产良种培育、扩繁和产业化应用水平仍有较大差距。“十四五”及今后一段时期，必须进一步强化现代水产种业体系建设，加强水产种质资源保护与利用，夯实水产种业基础性地位、加强共性技术研究，创新水产育种技术，充分发挥水产种业创新平台、遗传育种中心以及新品种生产性能测试中心等科技创新主体作用，培育或扶植水产专业化大型种质公司，构建“种-育-繁-推”一体化的水产种业创新体系，培育出具有优良性状的新品种，提高良种的生产性能和良种覆盖率，争取在水产养殖新品种培育和种质资源开发利用方面取得重大突破。

二、国内研究进展

“十三五”期间，全国水产原、良种生产体系逐步完善，现代水产种业体系初步建成，为我国水产养殖业的稳定可持续发展奠定了坚实基础。

（一）水产生物育种基础性工作

“十三五”期间，我国在水产种质收集、保存、鉴定评价以及重要遗传资源挖掘等生物育种基础性工作方面，开展了系列工作并取得了积极进展。尤其是随着生物技术的快速发展，许多重要水产养殖对象的基因组学相关基础研究取得了重要突破，包括鱼、虾、蟹、贝、藻等在内多种育种对象的遗传性状得以深度解析和挖掘，为以生长、品质、抗病、抗逆等重要经济性状为目标的各类育种计划的实施，奠定了重要基础。

1. 系统开展了全国范围的水产种质资源收集、整理、整合和共享工作

水产种质资源是水产养殖产业赖以持续发展的引领要素，也是维护国家生态安全、进行相关科学研究的重要物质基础。在国家水产种质资源共享服务平台等项目的支持下，中国水产科学研究院联合国内35家水产科研院所、大学、水产原良种场以及龙头企业，获批建设了国家淡水水产种质资源库和国家海洋水产种质资源库，开展了全国范围的水产种质资源收集、整理、整合与共享工作，以活体资源、标本资源、精子及胚胎资源、基因资源和细胞资源等主要形式对水产种质资源进行保存，截至2019年底，共计保存活体资源1 127种、标本1 742种、DNA资源870种，资源整合的数量和质量逐年提高。整合种类已基本涵盖国内所有水产经济种类，在国际上遥遥领先。2020年，总投资1.6亿元的国内首个国家级海洋渔业生物种质资源库项目竣工，将创建海洋渔业生物资源保护与可持续开发利用技术研发平台。

2. 广泛开展了水产种质资源经济性状的遗传解析工作

水产种质精准鉴定评价是水产种质资源高效开发与利用的前提。“十三五”期间，针对实物资源和基因资源，开展了大量的水产种质资源遗传分析与评价，对生殖、性别、生长、抗病、耐寒、耐低氧等性状进行了较广泛的研究，获得了一批可用于水产动物种质鉴定的分子标记和功能基因，利用这些标记筛选了一批具有特异性状、优良性状和较高遗传多样性的种质资源，构建了核心种质群体，为相应物种的品种改良提供丰富的育种材料，为水产生物育种打下了良好的工作基础。

3. 基因组组装和解析为水产生物分子育种注入新的动力

生物的基因组包括物种的所有遗传信息，基因组测序对于解码生命、了解生命起源、认识疾病产生的机制以及物种演化规律等具有重要的意义。2016—2020年，NCBI的Genome数据库共上传了339种水产动物基因组组装数据，其中硬骨鱼类252种、甲壳类36种、软体动物42种、棘皮动物9种，这些基因组组装解析的完成为物种进化、生态适应机制、功能基因解析、基因组选择育种等提供了重要基础数据。在国内，大黄鱼、褐牙鲆、直立海马、半滑舌鳎、沟鲶、中国花鲈、鞍带石斑鱼、刀鲚、绿鳍马面鲀、小体鲟、瓦氏雅罗鱼、金龙鱼、魁蚶、扇贝、海参、裙带菜、坛紫菜（Cao et al.，2020；Wang et al.，2020）等多种重要水产经济生物的全基因组被解析，为生长发育和饲料高效利用、生殖和性别控制、抗病和抗逆等重要经济性状相关基因或分子模块的发掘以及遗传改良提供重要支撑，也将有力推动水产生物的分子选育进程。

（二）育种技术创新

“十三五”以来，分子生物学与传统育种相结合的选育方法蓬勃发展，选择育种、杂交育种、雌核生殖、性控育种、多倍体育种、生殖细胞移植和借腹怀胎、全基因组选择育种、分子模块设计育种、转基因和基因编辑等一系列育种技术，已纷纷建立并应用于水产遗传育种实践（桂建芳 等，2018；Zhou Gui，2017；Zhou Gui，2018）。选择育种是水产动物育种工作中最基本的手段，目前主要采用群体选育、家系选育与分子生物学技术相结合的选育方法以及基于BLUP（Best Linear Unbiased Prediction）遗传评估的多性状选育技术。此外，细胞工程育种、性别控制育种等在细胞和染色体水平上进行遗传操作的育种技术也已广泛应用在水产动物育种过程中，推动了全雌或全雄等单性苗种的制备与大规模生产。分子模块育种方面，通过全基因组关联分析、转录组分析以及在模式动物中功能验证等，鉴定了一批候选分子模块。

1. 多性状复合育种技术广泛应用

黄海水产研究所孔杰团队基于BLUP遗传评估技术建立的“水产动物多性状复合育种技术”，已在中国对虾、凡纳滨对虾和鲤等多个水产养殖种类推广应用，选育出4个新品种，促进我国选择育种技术进入世界先进国家行列（全国水产技术推广总站，2017；2018）。淡水渔业研究中心董在杰团队应用家系选育和数量遗传学BLUP分析为核心技术、PIT（Passive Integrated Transponder）个体标记和分子转录组测序等为配套技术，开展鲤鱼生长和成活率的两性状选育，经过5代选育，获得生长速度平均提高22.87%、成活率平均提高6.48%的鲤新品种“福瑞鲤2号”（Dong，2016；董在杰 等，2018）。黑龙江水产研究所王炳谦团队收集并保存了国内外虹鳟、金鳟和褐鳟的优良种质，采用多性状随机回归BLUP育种技术，完成了国内首个虹鳟新品种——“水科虹鳟1号”的良种选育工作；在该新种质基础上构建了具有自主知识产权的虹鳟全雌二倍体和全雌三倍体制种技术体系，取得了全雌率、倍化率、制种损失率均达国际领先水平的效果，实现了虹鳟全雌三倍体国产化、规模化生产，打破了欧美国家的技术壁垒。

2. 全基因组选择育种技术成效显著

中国海洋大学包振民院士团队采用家系选育结合个体选择技术，开展BLUP和全基因组育种值评估，以生长速度为选育指标，经连续6代选育成“蓬莱红2号”栉孔扇贝新品种。其在培育过程中，首次采用了全基因组选择育种技术，自主研发了针对非模式生物的高通量低成本基因组标记技术和针对全基因组遗传效应评估的算法模型。这一育种技术不仅在国内水生生物育种领域处于领先地位，在国际上也处于该学科领域的前沿，从而推动我国水产动物全基因组选择育种步入国际前列（刘永新 等，2018）。中国科学院水生生物研究所桂建芳院士团队利用银鲫独特的异精雌核生殖，辅以授精后的冷休克处理，以生长优势和隆背性状为选育指标，用兴国红鲤精子刺激进行10代雌核生殖扩群，同时基于基因组 reads 测序深度比较策略鉴定了渗入到候选高产鲫的团头鲂分子模块，利用这些分子模块筛选繁育亲本，培育出了新品种异育银鲫"中科5号"（桂建芳 等，2018）。

3. 分子辅助育种技术进一步应用

中国水产科学研究院黄海水产研究所陈松林团队创建了海水鱼类抗病性状的全基因组选择技术，应用该技术培育出牙鲆抗迟缓爱德华氏菌病新品种"鲆优2号"。中国水产科学研究院黑龙江水产研究所石连玉团队在抗病镜鲤选育中，采取了群体选育、家系选育和分子辅助育种相结合的方法，通过性状相关分子标记与亲子鉴定技术有效结合，将分子辅助育种技术有效应用于鲤抗病新品种选育中，培育具有自主知识产权的鲤抗病新品系，突破抗病品种选育难、进展缓慢的难题，提高了科学技术向现实生产力的转变效率（孙佳鑫 等，2019）。中国水产科学研究院黑龙江水产研究所石连玉团队在以改变鱼类肌肉品质特性为目标的鱼类新品种选育中，剔除肌间脂肪较差的个体，确定每代亲本的最优繁育配组方案，富集优良肌肉品质优势基因型，加速选育进程，目前选育的优质鲤，具有肉质优、生长速度快、成活率高的特性，该品种有望成为我国首个以肉质为选育指标的鲤新品种。

4. 分子模块设计育种进一步发展

中国科学院水生生物研究所胡炜团队通过对雄性黄河鲤的全基因组测序、黄河鲤群体的重测序和多个黄河鲤群体的大样本验证，鉴定了首个黄河鲤雄性的 DNA 序列 csMD，可能是潜在的鲤性别决定因子。中国科学院水生生物研究所孙永华团队鉴定了一个调控性腺分化的长链多不饱和脂肪酸延酶 elovl2，其序列变异可以产生100%雄性个体。中国科学院水生生物研究所殷战、解绶启和童金苟团队合作，通过全基因组关联等分析，鉴定了2个分别位于银鲫 cr1 和 crhr2 的优良等位变异，可导致异育银鲫应激反应能力相对下降（桂建芳 等，2018），相关工作提供了一个新颖的育种思路，即通过降低鱼类应激反应的调控能力以培育快速生长、高饲料转化率的养殖鱼类。

（三）新品种培育

"十三五"期间，经全国水产原种和良种审定委员会的审定并由农业农村部发布公告的61个水产新品种，涵盖了鱼、虾、贝、蟹、参、藻等主要养殖种类，包括鱼类 23 个、虾类 10 个、贝类 19 个、蟹类 2 个、刺参 4 个、中华鳖 2 个、海藻类 1 个。其中，47 个新品种是通过选择育种技术（群体选育或家系选育）培育获得的，12 个是采用杂交育种技术培育的，另外的 2 个是通过多倍体育种、雌核发育、性别控制和诱变等技术培育而成。

良种作为农业高质量发展的重要抓手，要在品种选育上取得新突破，培育更多区域性、个性化品种，可以提高我国水产养殖产业的良种覆盖率，从源头增加优质绿色水产品供给，有力促进水产养殖业绿色高质量发展。分析“十三五”期间培育的新品种，发现有以下三个特点：一是选育目标由以前的单一注重生长性状转向注重生殖与性别发育、抗病、资源高效利用、耐低氧、耐高温、耐盐碱以及高品质等高效、优质、多抗目标性状，如异育银鲫“中科 5 号”具有低蛋白的饵料系数和抗病能力较强的优点，大口黑鲈“优鲈 3 号”更侧重易驯化摄食配合饲料，莫荷罗非鱼“广福 1 号”耐盐能力强，团头鲂“浦江 2 号”耐低氧能力强，中国对虾“黄海 4 号”耐高 pH 等；二是在“十二五”之前水产新品种主要是由科研院所和高等院校选育获得，近年来水产企业参与度逐渐提高，企业的参与有利于让成果更快获得转化和推广示范。随着产-学-研合作机制不断完善，整个产业链的创新能力得到显著提升；三是水产遗传育种技术不断发展和创新，科学技术在新品种培育中发挥越来越重要的作用，由传统的选择育种和杂交育种逐渐转向综合选育路线方向，开始采用雌核生殖、性别控制育种、染色体组倍性操控、全基因组选择育种、分子设计及分子模块设计育种和基因组编辑育种等技术，培育高产优质、抗病抗逆、资源高效利用、适于不同养殖模式的水产养殖新品种。

（四）科技成果和奖励

“十三五”期间，我国学者在遗传育种领域所发表的论文涵盖水产遗传育种技术开发、新种质创制、性状解析以及基因组资源挖掘等方面。特别是在基因组资源挖掘方面，相继破译了海马、牙鲆、凡纳滨对虾、栉孔扇贝等的全基因组序列，相关论文发表于《Nature》《Nature Genetics》等国际顶级学术期刊，引领了水产基因组的研究（Lin et al.，2016；Li et al.，2017；Shao et al.，2017；Zhang et al.，2019）。这些重要水生生物全基因组信息及其详细的分子解析，将为水生生物经济性状的遗传解析、品种改良等研究提供重要参考和指导。育种技术研发方面的论文较多，特别是开发了串联标签测序技术、液相芯片等系列高通量、低成本的基因组学新方法和新技术，为水产生物的分子育种学研究提供了关键技术手段。总体来看，在全基因组测序数量、质量和高水平论文发表等方面处于国际领跑地位。

在专利方面，“十三五”期间，共申请/授权了水产遗传育种相关的发明专利 1 331项，其中鱼类 1 035 项、虾蟹类 82 项、贝类 111 项、藻类 39 项、海参等其他物种64项。涵盖了新品种选育、遗传标记以及功能基因等方面，其中有58个涉及育种技术。如黄海水产研究所罗坤等申请的发明专利《一种耐盐碱凡纳滨对虾选育及制种方法》，发明了凡纳滨对虾家系、耐碱遗传参数估计模型建立和碱度耐受和体重的育种值，并根据育种值对家系进行选留和扩繁，有效解决了现有技术中凡纳滨对虾在盐碱水域养殖存在的生长速度慢、抗逆性下降和近交衰退等严重制约产业发展的问题。这些发明专利申请，较好地构建了我国水产遗传育种领域的知识产权保护内容。

在科技奖励方面，“十三五”期间，水产遗传育种领域共获得省部级以上奖励19项（见表1-2）。其中国家科技进步二等奖1项，省部级一等奖6项、二等奖6项、三等奖6项。2018年，中国海洋大学包振民院士团队完成的“扇贝分子育种技术创建与新品种培育”成果获得了国家技术发明二等奖。该成果发明了高通量、低成本全基因组标记分型技术，开发了贝类分子育种技术体系和遗传评估系统，培育出了高产、抗逆扇贝新品种，并进行了产业化推广，推动了我国水产种业的跨越发展。

表1-2 “十三五”期间水产遗传育种领域所获得的省部级以上科技奖励

序号	名称	姓名	单位	年份	等级	奖励名称
1	扇贝分子育种技术创建与新品种培育	包振民，王师，胡晓丽，李恒德，梁峻，王有廷	中国海洋大学，中国水产科学研究院，獐子岛集团股份有限公司，烟台海益苗业有限公司	2018	二等奖	国家技术发明奖
2	草鱼种质资源遗传评价与种质创新关键技术	李家乐，邹曙明，王荣泉，沈玉帮，戴银根，李小勤，李海洋，施顺昌，谢楠，顾树庭，徐晓雁，冯晓宇，刘峰，傅雪军，蒋霞云，吴明林，傅建军，陈杰，张猛，郑国栋	上海海洋大学，苏州市申航生态科技发展股份有限公司，江西省水产技术推广站，安徽省农业科学院水产研究所，上海市水产技术推广站，杭州市农业科学研究院	2018—2019	一等奖	神农中华农业科技奖
3	团头鲂种质资源开发及分子辅助育种技术体系的构建与实践	王卫民，高泽霞，刘红，王焕岭，刘寒，蒋恩明，刘冰南，雷晓中，朱勇夫，罗伟，曾聪，易少奎	华中农业大学，阳新县百容水产良种有限公司，湖北省水产科学研究所	2018—2019	一等奖	神农中华农业科技奖
4	扇贝分子育种技术体系的建立与应用	包振民	中国海洋大学	2017	一等奖	教育部技术发明奖
5	扇贝分子育种技术创建与新品种培育	包振民	中国海洋大学	2017	一等奖	山东省技术发明奖
6	斑节对虾基因资源的挖掘及部分基因功能解析	邱丽华，傅明骏，赵超，周发林，郭志勋，温为庚，杨其彬，焦宗垚，王雨，马振华	中国水产科学研究院南海水产研究所热带水产研究开发中心，中国水产科学研究院南海水产研究所，广东省海洋工程职业技术学校	2016	一等奖	海南省科技进步奖

（续）

序号	名称	姓名	单位	年份	等级	奖励名称
7	多种水产养殖动物联合育种与新品种示范推广	栾生，胡红浪，陈雪峰，陈校辉，王建波，田建中，段翠兰，高强，严靖凯，刘学会	全国水产技术推广总站，中国水产科学研究院黄海水产研究所，浙江省淡水水产研究所，江苏省淡水水产研究所	2016—2018	一等奖	全国农牧渔业丰收奖
8	合浦珠母贝新品种选育与应用	喻达辉，刘宝锁，范嗣刚，黄桂菊，郭奕惠，李炯棠，张博，陈明强，王雨，苏家齐，姜松，李有宁，吴开畅	中国水产科学研究院南海水产研究所，中国水产科学研究院	2016—2017	二等奖	神农中华农业科技奖
9	华贵栉孔扇贝“南澳金贝”的培育技术研究及应用	郑怀平，刘合露，刘文华，陈兴强，王树启，孙泽伟，李远友，李升康，张倩，柯文得	汕头大学，饶平县水产养殖技术推广站，饶平县隆源发水产养殖专业合作社，南澳县水产技术推广站	2017	二等奖	海洋科技奖
10	石斑鱼种质库和杂交育种技术建立及产业化应用	田永胜，马文辉，陈超，李文升，梁友，庞尊方，陈松林，王清滨，李炎璐，李波	中国水产科学研究院黄海水产研究所，莱州明波水产有限公司	2018	二等奖	海洋科技奖
11	卵形鲳鲹种质资源遗传评价与种质创新及养殖关键技术	张殿昌，周永灿，郭华阳，朱克诚，孙云，郭梁，王世锋，刘宝锁，张楠，杨静文	中国水产科学研究院南海水产研究所，海南大学	2019	二等奖	海洋科技奖
12	鲟鳇类产业关键技术创新与应用	刘红英，宫春光，王玉芬，侯吉伦，司飞，王桂兴，殷蕊	河北农业大学，中国水产科学研究院北戴河中心实验站，河北省海洋与水产科学研究院	2019	二等奖	河北省科技进步奖
13	石斑鱼种质库和远缘杂交育种技术创建及产业化应用	田永胜，李波，陈超，陈松林，梁友，庞尊芳，李炎璐，李文升，王娜	中国水产科学研究院黄海水产研究所，莱州明波水产有限公司	2018	二等奖	山东省科技进步奖
14	“爱伦湾”海带良种培育及其全产业链应用	刘涛，李长青，李晓波，张静，卞大鹏，张磊，肖露阳，刘翠，郭文学，金月梅	威海长青海洋科技股份有限公司，中国海洋大学，寻山集团有限公司	2016—2017	三等奖	神农中华农业科技奖
15	河蟹新品种选育与产业化关键技术创建及应用	周刚，周军，徐跑，陈焕根，陆全平，刘肖汉，李旭光，戴飞，邓燕飞，宋长太	江苏省淡水水产研究所，中国水产科学研究院淡水渔业研究中心，江苏省渔业技术推广中心，江苏诺亚方舟农业科技有限公司，苏州市阳澄湖现代农业发展有限公司	2018—2019	三等奖	神农中华农业科技奖
16	新品种吉富罗非鱼“中威1号”育繁推关键技术集成与示范	徐跑，董在杰，强俊，朱文彬，何杰，李红霞，李瑞伟，朱志祥，梁明，梁聪	中国水产科学研究院淡水渔业研究中心，茂名市茂南三高渔业发展有限公司，广东五龙岗水产科技发展有限公司，云南中海渔业有限公司，百洋产业投资集团股份有限公司	2018—2019	三等奖	神农中华农业科技奖

（续）

序号	名称	姓名	单位	年份	等级	奖励名称
17	黄颡鱼种质资源创新与利用	梁宏伟、邹桂伟、呼光富、姬伟、罗相忠、李忠、刘香江、史则超	中国水产科学研究院长江水产研究所、华中农业大学	2018	三等奖	湖北省科技进步奖
18	鲤鱼高抗新品种选育关键技术研究及应用	贾智英、石连玉、李池陶、葛彦龙、胡雪松、姜桂珍、贾钟贺	中国水产科学研究院黑龙江水产研究所	2016	三等奖	黑龙江省科技进步奖
19	淡水鱼新品种规模化繁育与养殖技术集成推广应用	叶香尘，吕业坚，王忠卫，梁宏伟，滕忠作，韦玲静，张盛，李志坚，韦君，陈寿福，梁克，黄维，刘信喜，杨著山，徐战平，黄瑞敢，凌宗富，莫洁琳，黄海胜，吴国超，吕德包，李仁志，李永金，潘锦仙，张振寿	广西壮族自治区水产引育种中心等	2016—2018	三等奖	全国农牧渔业丰收奖

（五）水产种业体系建设

我国政府高度重视水产养殖动物种业的发展。《国家中长期科学和技术发展规划纲要（2006—2020）》明确提出发展畜牧水产育种，提高农产品质量。2016 年农业部组织制定了《现代种业提升工程建设规划（2016—2020 年）》；2017 年科学技术部组织制定了《种业自主创新工程实施方案》；2019 年经国务院同意，农业农村部等 10 部委联合出台了《关于加快推进水产养殖业绿色发展的若干意见》，优质、高效、生态、绿色、创新、规范已成为水产种业发展目标，水产种业进入了提质增效阶段。

1. 水产原良种体系建设日趋成熟

自 1998 年开始，我国启动了水产原良种生产体系建设，经历了 20 多年的发展，目前已建成了由国家遗传育种中心、国家级水产原良种场、各级地方水产原良种场及水产良种繁育基地组成的水产原良种生产体系。“十三五”期间，全国新增 4 家国家级水产遗传育种中心、7 家国家级水产原良种场，水产原良种体系进一步完善。截至目前，我国已有遗传育种中心 28 个、国家级水产原良种场 85 家、省级水产原良种场 820 余家和种苗繁育基地 1.5 万余家，有力地保障了良种的供应。

2. 水产育繁推体系建设快速发展

随着我国不断加大对水产养殖新品种选育与推广应用力度，培育出的新品种大量被列入了国家、地方主导品种名录和重大推广计划，广泛应用于养殖生产，其中鲤、鲫、中国对虾、扇贝、海带等品种已实现更新换代；自主培育的大口黑鲈市场占有率 80%，罗氏沼虾市场占有率 60%，斑点叉尾鮰市场占有率 40%，凡纳滨对虾市场占有率 20%，主要引进种的养殖正逐步摆脱对国外种质资源的依赖。我国水产养殖良种化水平大幅提升，水产养殖遗传改良率显著提升。近五年来，淡水鱼苗产量基本维持在年均 1.30 万亿尾左右，海水鱼苗产量增长较快，呈现逐年加快趋势；蟹类种苗产量相对比较稳定，虾类种苗产量增长较快；贝类、藻类种苗生产增长较快；棘皮类种苗产量呈下降趋势；龟鳖类种苗产量总体呈先降后升趋势，与前几年比，产量有所恢复。

2017 年，在农业部渔业渔政管理局和全国水产技术推广总站的指导下，以中国水产科学研究院黄海水产研究所为技术依托，由广东恒兴饲料实业股份有限公司、广东海大集团有限公司、湛江市对虾饲料有限公司、汇泰投资集团股份有限公司和广东海茂集团 5 家单位联合投资 5 000 万元成立了邦普种业科技有限公司，开展凡纳滨对虾种质资源收集、育种核心群体构建、种虾扩繁等工作，探索新型联合育种平台运营方式，加快凡纳滨对虾种业企业壮大发展。

3. 水产良种相关政策、法规和制度建设不断完善

自 2011 年发布《国务院关于加快推进现代农作物种业发展的意见》（国发〔2011〕8 号）以来，我国已建立了一整套的水产原良种体系建设项目管理制度和产品技术规范，对水产种业的健康发展起到了很好的促进作用。“十三五”期间，农业农村部依据《动物防疫法》《动物检疫管理办法》等法律法规，建立水产苗种产地检疫制度，从苗种流通的关键环节入手，强化产地检疫和执法监督，从源头上严格控制重大疫病传播，是推动水产养殖业绿色高质量发展的重要措施。2017 年，农业部首次批复江苏省启动水产苗种产地检疫试点工作；2018 年，试点范围扩大到江苏、天津、浙江、安徽、山东、广东 6 省份；2019 年，又进一步扩大试点范围，覆盖全国 24 个水产苗种主产省；2020 年，全面推进实施水产苗种产地检疫制度。

（六）存在的主要问题

1. 种质资源收集、整理尚需完善

开展水产遗传育种，提高良种选育的综合水平，必须具有不同优良性状的优异资源。我国是世界最大的渔业生产国，水产种质资源极为丰富，但从总体上看，种质资源收集、保存与评价等工作仍需进一步完善。对于野生种质资源，随着我国社会经济的迅猛发展，对生态环境产生了严重影响，导致水生种质资源遭到破坏，野生种质资源的保护迫在眉睫。对于驯化的引进种，我国部分养殖种如海湾扇贝、虾夷扇贝、凡纳滨对虾、虹鳟和大菱鲆等均属于国外引进种，经过多年的繁育、养殖技术研发，这些种已形成规模化产业，在我国渔业经济中具有重要地位，亦需要进一步加强种质资源的收集与保护。对于进口依赖种，我国部分引进种的原种仍严重依赖进口，引种工作仍需要持续支持，但对引进种的遗传背景缺乏了解，也易导致引进苗种的质量无法保证，因此，对引进种种质资源的收集、保护和整理，同样是一项紧迫的工作。“十三五”期间，尽管我国水产种质资源的收集、保存和整理工作取得了一定的成效，但种质资源评价深度和广度不够深入，主要经济性状相关功能基因的发掘尚未形成规模化，种质资源中蕴藏的丰富遗传变异还未能充分利用，资源优势尚未转化为经济优势，难以满足品种选育对优异新种质和新基因的需求。

2. 育种新技术亟待创新

我国水产育种理论和育种技术体系多数都借鉴国外，虽然部分育种技术处于国际先进水平，但真正由我国研发的原创性技术仍然很少。目前，在育种技术储备与自主创新方面，依然存在育种工程技术创新不足、育种理论与技术体系不完善等问题。近年来，我国水产已培育的新品种选育主要采用选择育种和杂交育种等常规育种方法，尽管取得了一定的育种成效，培育出了一批性状优良的新品种，但这些方法经济耗费大、选择效益低、选育周期长的缺点也同样非常明显。随着现代生物技术的迅速发展，分子育种显然是未来品种选育的发展趋势。“十三五”期间，国家在分子辅助育种和全基因组选择研究上投入了大量的资金支持，从目前对分子育种技术的研究和应用来看，尽管取得了一定的成效，但从整体上看，还未形成一套完善的技术体系，因此，把分子辅助育种和全基因组选择等现代生物技术应用到水产新品种选育实践，还有待于进一步深入和完善相关基础理论和技术应用的研究。此外，基因编辑技术在农作物育种中已取得显著成效，目前这项技术也逐渐应用到水产育种中，基因组编辑和分子设计育种等育种新技术亟待进一步深入探讨。

3. 选育品种对产业发展的贡献度不足

近年来，我国培育出一批性状优良的新品种，但仍不能满足产业发展需求。目前，水产良种对我国水产业增长的贡献率还处于较低的水平，平均仅为30%～40%，同水产养殖业发达国家相比，我国水产良种增产贡献度还具有较大提升空间。我国选育品种对产业发展的贡献度不足问题主要体现在：第一，选育品种的普适性较差，已选品种都是在特定养殖条件、环境下培育而成，造成良种选育与扩繁、示范养殖与推广脱节。第二，品种改良性状相对单一，兼顾生产、高成活率、抗逆、抗病、品质、高饲料转化率等多个性状的突破性新品种数量较少，严重影响了水产良种覆盖率和贡献率。第三，我国良种创制主要由高等院校和科研院所主导、企业参与合作完成，育种主导单位普遍重视良种培育，而忽视配套繁育方法和养殖方法的研究，导致部分良种的规模化繁育技术、养殖技术和模式不够完善，良种优势不能得到充分发挥，造成水产新品种的推广应用缓慢，良种生产集约化程度不高。

三、国际研究进展

“十三五”期间，国外水产遗传育种主要聚焦生长、抗病（耐受性、抗病毒、抗细菌和抗寄生虫等）、肉质（鱼片产量、脂肪含量、脂肪组成和鲜肉色泽等）等目标性状，主要的选育方法仍是基于群体和家系的选择育种。随着高通量测序技术和分子生物信息学的迅猛发展，水产生物分子育种逐步发展起来，在重要经济性状的遗传基础解析方面日益显示出巨大的潜力。近年来，国外先后完成了斑点叉尾鮰（Liu et al.，2016）、大菱鲆（Antonio Figueras et al.，2016）、尼罗罗非鱼（Conte et al.，2017）、大西洋鲑（Christensen et al.，2018a）和大鳞大麻哈鱼（Christensen et al.，2018b）等的基因组测序和高质量组装，为分子育种提供了良好的参考基因组。

在鱼类遗传育种方面，主要利用分子生物学技术对重要经济性状进行遗传基础解析研究，结合数量遗传学技术进行遗传育种值评估，并开展选育工作。在大马哈鱼中，挪威将生长性状作为选育目标，通过家系选育每世代间获得了大约15%的遗传进展（Gjedrem & Rye，2016）。智利以收获重作为银大麻哈鱼选育目标，经过8代选育后发现，收获重和胴体质量中新鲜肉色的遗传力分别为0.22～0.41和0.04～0.08，收获重和肉色的遗传和表型的相关性随着选育世代的增加而呈增加趋势，收获重平均每代增加0.29千克，肉色增加0.04个单位，在选育生长性状的同时，提高了肉质的肉色性状（Dufflocq et al.，2017）。与此同时，*radseq*和基因分型技术也已经在大马哈鱼中用于QTL图谱、连锁图谱、GWAS分析和SNP芯片开发等方面（Robledo et al.，2017）。在大菱鲆中，德国和马绍尔群岛基于分子关联随机回归模型，共同开展了大菱鲆生产性能的遗传分析（Kristina Schlicht et al.，2018），分析了大菱鲆生长性状的遗传参数变化规律，以及大菱鲆生长和胴体性状遗传参数，大菱鲆的体重（h^2=0.19）、鱼片产量（h^2=0.15）和屠宰率（h^2=0.17）都是其较大潜力的目标育种性状（Kristina Schlicht et al.，2019）。西班牙和阿根廷联合开展了生长相关QTL标记在大菱鲆不同家系中的验证研究，开发了一种经济有效的选择性基因分型方法（Sciara et al.，2018）。西班牙和英国利用系谱和基因组信息开展了大菱鲆抗盾纤毛虫和耐盾纤毛虫的遗传变异研究，与基于系谱的育种值相比准确性提高了12%，首次揭示了大菱鲆抗盾纤毛虫和耐盾纤毛虫的遗传基础（Saura et al.，2019）。在大西洋鲑中，挪威对大西洋鲑肉质相关性状的遗传力及其与肌肉脂肪酸的相关性进行分析，证实通过选育可以提高n-3LC-PUFA的水平（Horn et al.，2018），进而比较系谱、SNP芯片标记和特异性等位基因表达对大西洋鲑的omega-3脂肪酸EPA和DHA的育种值估计发现，SNP芯片能很好地估计DHA育种值，而系谱对于估计EPA效果较最好（Horn et al.，2020）。研究发现，ssa03和ssa07两个QTL区域与鲑强抗胰腺炎（Pancreas disease，PD）具有显著的相关性，能够解释遗传变异的约60%（Hillestad et al.，2020）。基因组预测方法相比较与传统的基于系谱的最佳无偏先行预测（PBLUP）更加准确，用基因组选择估测的育种值比单独用系谱信息也更为准确（Robledo et al.，2018）。智利利用GWAS分析得出大西洋鲑抗鱼虱寄生虫的遗传力为0.12，并发现21号染色体上的胶原蛋白α1内含子区域的1个SNP位点与抗性密切相关（Correa et al.，2017）。在虹鳟中，智利和巴西利用与体重的GWAS关联分析，成功鉴定出来多个与体重密切相关的基因组区域和候选基因（Neto et al.，2019）。智利和美国对虹鳟抗传染性胰脏坏死病毒（IPNv）、鲑立克次体败血症（SRS）和鱼虱（Caligus）的遗传力进行了评估，其遗传力分别为0.39、0.44和0.09（Lhorente et al.，2019）。

在虾类遗传育种方面，1984年，美国农业部启动了美国海洋虾养殖计划（USMSFP），1989年第一个商业化的凡纳滨对虾育种计划付诸实施。经过30年的选育，凡纳滨对虾育种进展较好。美国农业部（USDA）和夏威夷海洋研究所（OI）开展了以生长性能和抗桃拉病毒（TSV）的选择育种，以抗TSV 70%的权重和生长30%的权重进行综合选择，经过一代选育后成活率提高18.4%，生长速度增加了21.2%（Argue，2002）。美国高健康水产公司对凡纳滨对虾抗TSV的目标性状进行选育，每代成活率提高了15%，经过连续4代选择后，存活率高达92%，对照组只有31%（Wyban et al.，1992）。哥伦比亚经过2代抗桃拉病毒的选育，对虾的存活率提高了20%，并与挪威合作开展了凡纳滨对虾家系选育，以提高生长率和存活率（Gitterle et al.，2005），生长速度的遗传力在0.17～0.24，成活率为0.04～0.10。委内瑞拉对凡纳滨对虾大规模选育11代后，平均成活率提高了17%，生长率提高了0.21 g/w（Donato et al.，2005）。墨西哥凡纳滨对虾核心育种群体始于1998年，以收获体重和存活率为育种目标，其在选择指数中的比重为5∶1，连续选择多代，收获体重的遗传增益为18.4%（2003—2010），存活率的遗传增益为1.56%（2003—2010）。越南育种学家评估了凡纳滨对虾白斑综合征病毒抗性的早期遗传力，并观察到了遗传力下降的趋势，体重与WSSV抗性之间的遗传相关为负（Trang et al.，2019）。哥伦比亚学者通过基因组预测方法，利用基因组选择方法筛选出高、低基因组育种值后代，平均存活率分别为51%和25%（Lillehammer et al.，2020）。组学研究加速了对虾育种的进程，挪威与印度联合使用Illumina RNA-seq对印度东海岸四个斑节对虾群体进行转录组测序，鉴定出473 620个SNP，研发出包含6 000个SNP的Illumina iSelect基因分型阵列（Baranski et al.，2014），鉴别出了与感染白斑综合征病毒后死亡时间相关的连锁群与9个QTL位点（Robinson et al.，2014）。澳大利亚基于RAD-Seq建立了可用于斑节对虾常规育种的基因分型检测方法（Guppy，2020）。国际上对青虾开展研究的国家主要为伊朗，另外还有泰国，伊拉克、白俄罗斯。在伊朗，科研人员主要从青虾种群分布动态（Tizkar et al.，2020）、繁殖生物学（Abbas et al.，2018）、食性（Lavajoo et al.，2018；Mirzajani et al.，2020）、饲料（Ettefaghdoost et al.，

2017）、质量安全（重金属）（Tavabe et al.，2019）、食品加工及营养分析（Lavajoo et al.，2018；Zareghashti et al.，2019）等方面开展研究。泰国重点研究了缅甸曼德勒地区明岩镇水 Soon Lun 水库的青虾种群结构和生长特征的研究（Aye et al.，2020），在育种方面尚未开展较为系统的工作。

四、国内外科技水平对比分析

我国水产育种科技历经几十年的发展，具备了从基础研究、应用研究到成果推广等创新与应用能力，总体研发水平与国际先进国家差距逐渐缩小，一些领域已经处于领跑地位。但必须看到，我国水产养殖良种化仍然不足，与美国斑点叉尾鮰、凡纳滨对虾以及挪威的大西洋鲑产业比较差距还非常大，53%的水产养殖遗传改良率仍有较大提升空间，现代水产种业发展对水产新品种的需求仍非常迫切。与水产育种发达国家相比，现阶段我国水产新品种研发和推广应用方面面临一系列挑战。主要表现在：一是我国水产良种科技原始创新能力显著提高，在基因资源发掘、种质创制等方面已经处于国际前列，但在技术创新和产权专利方面与发达国家尚存在差距，有育种利用价值和自主知识产权的新基因少，突破性新品种缺乏。二是我国水产种业企业众多，为种业科技创新提供了基础条件，但只有极少数的种业企业具有商业化育种能力，绝大多数企业尚没有健全的研发体系。三是我国水产良种科技创新体制基本形成，种质资源、基因发掘、育种技术、品种选育、良种繁育与产业化推广已形成有机联系，但良种科技研发与商业化种业发展机制尚未健全，难以满足现代种业发展的需求。因此，迫切需要创新发展模式，进一步整合资源，形成科研分工合理、产学研紧密结合、运行高效的良种科技创新机制。

五、“十四五”展望与建议

“十四五”期间，我国水产遗传育种学科急需在以下三个方面开展科技创新研究。

（一）持续加强种质资源的保护和创新工作

我国拥有丰富的水生生物资源，水产种质资源开发潜力巨大。但我国水产种业发展面临种质资源遗传多样性下降等严峻问题，亟须加强水产种质资源的收集、保护、鉴定和发掘等工作，鼓励引进国际优势种质资源，对重要的水产养殖种类以及有经济价值和养殖开发潜力的水产生物，开展基因组、转录组、蛋白组、表观组、代谢组、表型组等数据库构建工作，建立信息资源完备的种质资源库，全面掌握不同水产生物遗传结构特征，实现水产种质资源发掘的规模化和精准化。依托国家海洋渔业生物资源库，建立从活体、配子、胚胎到基因的种质资源保存和维护技术，并研发配套的工程设施装备，包括配子、干细胞和胚胎保存库与技术，以及“借腹生子”技术、细胞核移植技术等前沿技术。

（二）突破遗传育种基础理论和育种核心关键技术

随着一批水生生物基因组测序与功能基因序列的测定、重要生产性状的分子标记开发、细胞遗传技术的突破，水产生物育种研究由传统杂交、选择选育技术向细胞工程育种和分子育种等精准育种方向发展。在基础研究方面，将从个体、组织器官、细胞、分子等层面，系统深入地理解和认识水产生物生长、发育、生殖、免疫和生理代谢的遗传基础和调控机制，为种质改良提供坚实的理论依据。在水产育种前沿技术方面，重点突破育性可控杂交育种技术、高通量性状测定技术和多性状复合育种技术、全基因组选择育种、基因编辑技术、分子设计育种技术、性控与倍性育种技术、生物信息与数据库技术、智能化育种系统等。得益于组学技术的飞速发展，全基因组选择技术将会在水产生物育种中广泛应用。随着基因编辑等遗传操作手段的日臻成熟，开展基于基因编辑和组学信息的分子设计育种，同时与细胞工程育种技术、杂交育种技术等相结合，将是未来水产育种技术发展的主要方向。

（三）创新商业化水产种业体系

我国水产生物种业起步较晚，规模小，整体自主创新能力不足，以企业为主体的商业化育种体系尚未形成，国际竞争能力不强。我国水产种业要想在国际竞争中占有一席之地，就必须走规模化、产业化的发展道路。培育中国的水产生物种业企业，打造以核心企业为主导的种业体系，建立市场化种业运作模式，推动产学研、育繁推、科工贸一体化的体制与机制势在必行。育种目标必须要以市场为导向，加强水产新品种的培育力度，注重土著品种和外来品种的引进与开发，重点开发适于我国新形势下水产养殖的新品种，培育出适于绿色养殖、降低能耗、抗逆、优质、速生等新品种。为开展商业化育种，需要重点突破高健康优质亲本规模化扩繁所需最优化制种、循环水养殖、微生态调控、营养调控等关键技术，建立低风险、稳定、可控的工程化与商业化育种技术体系；开展种业智能化设施装备建设，大幅提高苗种繁育条件精确控制水平，为种业企业的标准化育种提供技术支撑。

综上所述，水产遗传育种领域将以建设水产种业强国为目标，围绕种质创新和现代种业提升的重大需求，以支撑服务水产养殖业绿色发展为主线，聚焦种质资源保护、品种选育、品种测试和良种繁育这种业体系四大环节，研发与集成种业关键技术，培育出产业急需的突破性新品种，解决“种源”卡脖子问题，力争在原创基础理论、重要基因挖掘、重要育种技术和优质亲本规模化扩繁技术等战略性领域取得重大突破，全面构筑我国主要水产养殖生物自主育种创新体系，推动和引导我国主要水产养殖种类加速向优质化、专用化、高效化发展，实现水产种业自主创新。

（孟宪红　孔杰　张殿昌　马凌波　董在杰　朱华平　侯吉伦　傅洪拓
马爱军　梁宏伟　叶乃好　栾生　贾智英　执笔）

致谢：本报告撰写过程中，得到中国水产科学研究院水产遗传育种学科委员邹桂伟、石连玉、王炳谦、以及全国水产技术推广总站等的大力支持，他们为报告撰写提供了相关资料，并进行了相关文字修改，在此一并感谢！

参 考 文 献

陈松林，邵长伟，徐鹏，2016. 水产生物技术发展战略研究［J］. 中国工程科学，18（3）：49-56.

董在杰，朱文彬，傅建军，等，2018. 2018 水产新品种推广指南［M］. 北京：中国农业出版社：22-34.

桂建芳，包振民，张晓娟，2016. 水产遗传育种与水产种业发展战略研究［J］. 中国工程科学，18（4）：8-14.

刘永新，李梦龙，方辉，等，2018. 我国水产种业的发展现状与展望［J］. 水产学杂志，31（5）：50-56.

全国水产技术推广总站，2018. 2017 水产新品种推广指南［M］. 北京：中国农业出版社：18.

全国水产技术推广总站，2019. 2018 水产新品种推广指南［M］. 北京：中国农业出版社：28.

孙佳鑫，石连玉，贾智英，2019. 鲤疱疹病毒（CyHV-3）及抗病选育研究现状与进展［J］. 水产学杂志，32（6）：69-74.

ABBAS N，RASHEEDA A，AHMED E，et al.，2019. Study of anti-lipidemic effect of lemongrass（*Cymbopogon citratus*）aqueous roots and flower extracts on albino mice［J］. International Journal of Pharmaceutical Sciences and Research，10（6）：2785-2789.

ANTONIO F，DIEGO R，ANDRE C，et al.，2016. Whole genome sequencing of turbot（*Scophthalmus maximus*；Pleuronectiformes）：a fish adapted to demersal life［J］. DNA research，23（3）：181-192.

ARGUE B J，ARCE S M，LOTZ J M，et al.，2002. Selective breeding of Pacific white shrimp（*Litopenaeus vannamei*）for growth and resistance to Taura Syndrome Virus［J］. Aquaculture（204）：447-460.

AYE S S，2020. Population structure and growth characteristics of oriental river prawn，*Macrobrachium nipponense* in Soon Lun Reservoir，Mandalay Region，Myanmar［J］. IOP Conference Series：Earth and Environmental ence（416）：012012.

CAO M，XU K，YU X，et al.，2020. A chromosome-level genome assembly of *Pyropia haitanensis*（Bangiales，Rhodophyta）［J］. Mol Ecol Resour，20（1）：216-227.

CHRISTENSEN K A，RONDEAU E B，MINKLEY D R，et al.，2018a. The Arctic charr（*Salvelinus alpinus*）genome and transcriptome assembly［J］. PloS one（13）：e0204076.

CHRISTENSEN K A，DIONNE S，et al.，2018b. Chinook salmon（*Oncorhynchus tshawytscha*） genome and transcriptome [J]. PloS one (13): 44-48.

CORREA K, LHORENTE J P, BASSINI L, et al., 2017. Genome wide association study for resistance to Caligus rogercresseyi in Atlantic salmon (*Salmo salar* L.) using a 50K SNP genotyping array [J]. Aquaculture (472): 61-65.

DONATO M, MANRIQUE R, RAMIREZ R, et al., 2005. Mass selection and inbreeding effects on a cultivated strain of Penaeus (*Litopenaeus*) *vannamei* in Venezuela [J]. Aquaculture (247): 159-167.

DONG Z, 2016. Development of an improved common carp strain and its dissemination in China. In: Miao, W. and Lal, K. K. (Ed.) Sustainable intensification of aquaculture in the Asia - Pacific region. Documentation of successful practices [J]. FAO (23): 18-27.

DUFFLOCQ P, LHORENTE J, BANGERA R, et al., 2016. Correlated response of flesh color to selection for harvest weight in coho salmon (*Oncorhynchus kisutch*) [J]. Aquaculture (472): 38-43.

ETTEFAGHDOOST M, NOVEIRIAN H, FALAHATKAR B, 2018. Growth performance, feed efficiency and whole - body chemical composition of the oriental river prawn, *Macrobrachium nipponense*, fed different dietary protein to lipid ratio [J]. Iranian Journal of Fisheries Sciences, 17 (3): 585-602.

GITTERLE T, SALTE R, GJERDE B, et al., 2005. Genetic (co) variation in resistance to White Spot Syndrome Virus (WSSV) and harvest weight in Penaeus (*Litopenaeus vannamei*) [J]. Aquaculture, 246 (1-4): 139-149.

GJEDREM T, RYE M, 2018. Selection response in fish and shellfish: a review [J]. Reviews in Aquaculture (10): 1-12.

GUPPY J L, JONES D B, KJELDSEN S R, et al., 2020. Development and validation of a RAD - Seq target - capture based genotyping assay for routine application in advanced black tiger shrimp (*Penaeus monodon*) breeding programs [J]. BMC genomics (21): 1-16.

HéCTOR C - J, R C - M G, ALEJANDRA C - Z, et al., 2015. Genetic improvement of Pacific white shrimp [*Penaeus* (*Litopenaeus*) *vannamei*]: perspectives for genomic selection [J]. Frontiers in genetics (6): 93.

HILLESTAD B, MAKVANDI - NEJAD S, KRASNOV A, et al., 2020. Identification of genetic loci associated with higher resistance to pancreas disease (PD) in Atlantic salmon (*Salmo salar* L.) [J]. BMC genomics (21): 388.

HORN S, RUYTER B, MEUWISSEN T, et al., 2018. Genetic effects of fatty acid composition in muscle of Atlantic salmon [J]. Genetics Selection Evolution, 50 (1): 23.

HORN S S, MEUWISSEN T H E, MOGHADAM H, et al., 2020. Accuracy of selection for omega - 3 fatty acid content in Atlantic salmon fillets [J]. Aquaculture (519): 734767.

KAMRAN E, REZAEI A, TAVABE M, et al., 2019. Effects of chronic lead and cadmium exposure on the oriental river prawn (*Macrobrachium nipponense*) in laboratory conditions [J]. Comparative Biochemistry & Physiology Toxicology & Pharmacology (221): 21-28.

KRISTINA S, NINA K, VINCENT L, et al., 2018. Genetic analysis of production traits in turbot (*Scophthalmus maximus*) using random regression models based on molecular relatedness [J]. Journal of Animal Breeding and Genetics, 135: 275 - 285.

KRISTINA S, NINA K, VINCENT L, et al., 2019. Estimation of genetic parameters for growth and carcass traits in turbot (*Scophthalmus maximus*) [J]. Archives Animal Breeding, 62 (1): 265 - 273.

LAVAJOO F, BIUKI N A, KHANIPOUR A, et al., 2018. Natural Diet of Macrobrachium nipponense Shrimp from Three Habitats in the Anzali Wetland, Iran [J]. Caspian Journal of Environmental Sciences, 17 (2): 101 - 111.

LHORENTE J P, ARANEDA M E, NEIRA R, et al., 2019. Advances in genetic improvement for salmon and trout aquaculture: The Chilean situation and prospects [J]. Reviews in Aquaculture (11): 340 - 353.

LI Y, SUN X, HU X, et al., 2017. Scallop genome reveals molecular adaptations to semi - sessile life and neurotoxins [J]. Nature Communications (8): 1721.

LILLEHAMMER M, BANGERA R, SALAZAR M, et al., 2020. Genomic selection for white spot syndrome virus resistance in white leg shrimp boosts survival under an experimental challenge test [J]. Scientific reports, 10: 1 - 13.

LIN Q, FAN S, ZHANG Y, et al., 2016. The seahorse genome and the evolution of its specialized morphology [J]. Nature, 540: 395 - 399.

LIU Z, LIU S, YAO J, et al., 2016. The channel catfish genome sequence provides insights into the evolution of scale formation in teleosts [J]. Nature communications, 7: 11757.

MATTHEW A C, JONE G W, LIN B K, et al., 2017. A high quality assembly of the Nile Tilapia (*Oreochromis niloticus*) genome reveals the structure of two sex determination regions [J]. BMC genomics, 18: 341.

MATTHEW B, GOPALAPILLAY G, ARCE R N, et al., 2014. The development of a high density linkage map for black tiger shrimp (*Penaeus monodon*) based on cSNPs [J]. PloS one, 9: e85413.

REIS NETO R V, YOSHIDA G M, LHORENTE J P, et al., 2018. Genome - wide association analysis for body weight identifies candidate genes related to development and metabolism in rainbow trout (*Oncorhynchus mykiss*) [J]. Molecular Genetics and Genomics, 294: 563 - 571.

ROBINSON N A, GOPIKRISHNA G, BARANSKI M, et al., 2014. QTL for white spot syndrome virus resistance and the sex - determining locus in the Indian black tiger shrimp (*Penaeus monodon*) [J]. BMC genomics, 15: 1 - 21.

ROBLEDO D, PALAIOKOSTAS C, BARGELLONI L, et al., 2018. Applications of genotyping by sequencing in aquaculture breeding and genetics [J]. Reviews in Aquaculture, 10: 670 - 682.

SAURA M, CARABAO M J, FERNáNDEZ A, et al., 2019. Disentangling genetic variation for resistance and endurance to *scuticociliatosis* in turbot using pedigree and genomic information [J]. Frontiers in Genetics, 10 (5): 539.

SCIARA A A, RODRíGUEZ - RAMILO S, Hermida M, et al., 2018. Validation of growth - related quantitative trait loci markers in turbot (*Scophthalmus maximus*) families as a step toward marker assisted selection [J]. Aquaculture, 495: 602 - 610.

SHAO C, BAO B, XIE Z, et al., 2017. The genome and transcriptome of Japanese flounder provide insights into flatfish asymmetry [J]. Nature genetics, 49 (1): 119-124.

TIZKAR B, SEIDAVI A, PONCE-PALAFOX J T, 2020. Study of some morphometric, meristic characters and length-weight relationship in wild and domestic populations the eastern river prawn, *Macrobrachium nipponense* (Crustacea: Decapoda: Palaemonidae), in Iranian Basin of the Caspian Sea [J]. Iranian Journal of Fisheries Sciences, 19: 2173-2184.

TRANG T T, HUNG N H, NINH N H, et al., 2019. Genetic Variation in Disease Resistance Against White Spot Syndrome Virus (WSSV) in *Liptopenaeus vannamei* [J]. Frontiers in genetics, 10: 264.

WANG D, YU X, XU K, et al., 2020. Pyropia yezoensis genome reveals diverse mechanisms of carbon acquisition in the intertidal environment [J]. Nat Commun, 11 (1): 1-11.

WYBAN J A, WYBAN J S, SWINGLE J N, et al., 1993. Pruder Specific pathogen free *Penaeus vannamei* [J]. World Aquaculture, 24: 39-45.

ZAREH-GASHTI G, ETEMADIAN Y, KHANIPOUR A, et al., 2018. The Quality Changes of Frozen and Dried Tiny Shrimp (*Macrobrachium nipponense*) Meat during Six Months Storage [J]. Journal of Nutrition and Health Sciences, 5: 1-6.

ZHANG X, YUAN J, SUN Y, et al., 2019. Penaeid shrimp genome provides insights into benthic adaptation and frequent molting [J]. Nat Commun, 10: 356.

ZHOU L, GUI J-F, 2017. Natural and artificial polyploids in aquaculture [J]. Aquaculture and Fisheries, 2: 103-111.

ZHOU L, GUI J-F, 2018. Applications of Genetic Breeding Biotechnologies in Chinese Aquaculture: Success Stories and Modern Trends [M], Oxford: John Wiley & Sons: 465-496.

水产病害防治领域研究进展

一、前　　言

近年来，随着我国水产养殖业的快速发展，危害渔业生产的病害频发，每年导致经济损失约450亿元。水产养殖投入品滥用造成的水产品质量和渔业生态安全事件时有发生，引起社会广泛关注，成为制约产业可持续和稳定发展的重要瓶颈。

"十三五"期间，我国在水生动物流行病学与病原学、疾病诊断与预警、免疫机理与免疫预防、水产药理学与病害防控等方面都取得了一定进步。建立了抗菌生物絮团、水产养殖系统有害微生物定量化控制技术等一批核心技术，尝试开展了草鱼出血病区域化免疫防控、无规定动物疫病苗种场建设和生物安保体系建设等新举措，探索进行了"虾-鱼混养""参-虾混养""贝-藻间养""稻渔综合种养"等生态防病模式，为水产养殖健康、稳定发展提供了重要的技术支撑。

二、国内研究进展

（一）水生生物疾病与病原学研究

1. 鱼类疾病与病原学

病毒性疾病方面，首次证实半滑舌鳎是赤点石斑鱼神经坏死病毒（RGNNV）的敏感宿主（栗子丹 等，2016）。解析了传染性脾肾坏死病毒（ISKNV）伪基底膜的组成和形成机制（Yan et al.，2016），制备出了相对保护率达73.3%的ISKNV疫苗。初步摸清传染性造血组织坏死症病毒（IHNV）与传染性胰脏坏死病毒（IPNV）共感染的互作模式（Xu et al.，2019a；Xu et al.，2021）。建立了IHNV分子流行病学数据库（Xu et al.，2019a），证实我国IHNV分离株与日本JN基因亚型具有最近的亲缘关系，但是已进化为独立的基因亚型（被命名为JC）。2017年5月，在我国海南省发现了罗湖病毒（TiLV）感染（雷燕 等，2017），并对TiLV在吉富尼罗罗非鱼体内和敏感细胞E-11中的感染特性开展了研究（李嘉波，2019）。

细菌性疾病方面，首次报道了鳗弧菌感染养殖河鲀，导致一周内45%河鲀死亡的案例（Sun et al.，2018），发现鳗弧菌也可以引起短蛸发病死亡（王金龙 等，2020）。首次从发病的美洲黑石斑鱼中分离到了迟缓爱德华氏菌。2019年国内报道了美人鱼发光杆菌美人鱼亚种感染养殖许氏平鲉引起大规模死亡的案例（Zhang et al.，2019）。近年来，维氏气单胞菌和嗜水气单胞菌引起淡水鱼类细菌性败血症（MAS）逐渐增多，危害草鱼（高彩霞 等，2018）、鲫（乔毅 等，2018）、团头鲂（Zhan et al.，2019）等主要淡水养殖鱼类。2017 年，我国养殖罗非鱼出现舒伯特气单胞菌引起内脏类结节病的报道（Liu et al.，2018）。无乳链球菌是罗非鱼的主要病原之一，研究发现广东省罗非鱼无乳链球菌有 10 种毒力基因型（Sun et al.，2016）。海豚链球菌感染西伯利亚鲟的死亡率可高于 40%（Deng et al.，2017）。国内嗜冷黄杆菌分离株有 5 个基因型和 3 种血清型，基因型和血清型与宿主及地理分布呈相关性（柴静茹 等，2020）。鲁氏耶尔森菌和杀鲑气单胞菌的混合感染可导致鲑鳟鱼的肠炎、红嘴和疖疮等症状（Cao et al.，2019；张枭 等，2018）。

寄生虫疾病方面，刺激隐核虫感染造成卵形鲳鲹、石斑鱼、黄斑蓝子鱼、大黄鱼、河鲀等多种鱼类大规模死亡（韦明利 等，2020；Ni et al.，2017；Jiang et al.，2017）。2018 年 4 月至 2019 年 6 月，在江苏溧阳、江阴、大丰、洪泽 4 个地区的鲫鱼苗种塘和成鱼塘采集的底栖寡毛类水蚯蚓主要是苏氏尾鳃蚓（*Branchiura sowerbyi Beddard*，1892）。采集的约 3 000 条苏氏尾鳃蚓中共发现了 10 种放射孢子虫，隶属于 6 个集合类群：三突放射孢子虫（*Triactinomyxon*）2 种、橘瓣放射孢子虫（*Aurantiactinomyxon*）2 种、新型放射孢子虫（*Neoactinomyxum*）2 种、雷氏放射孢子虫（*raabeia*）1 种、匈牙利放射孢子虫（*Hungactinomyxon*）1 种和棘放射孢子虫（*Echinactinomyxon*）2 种（高志鹏 等，2021）。

2. 虾类疾病与病原学

病毒性疾病方面，白斑综合征病毒（WSSV）在中国部分地区存在不同程度的变异（刘晓娉 等，2019），中国对虾对 WSSV 的耐受能力要强于日本对虾，而饵料的差异可能是导致这两种虾类对 WSSV 耐受力不同的重要因素（盖春蕾 等，2016）。传染性皮下及造血组织坏死病毒（IHHNV）主要感染来源于外胚层和中胚层的组织，IHHNV 感染与对虾生长缓慢、个体大小差异相关（王博雅 等，2017），IHHNV 载量指数与对虾生长速率呈负相关（刘宝彬 等，2017）。对虾偷死野田村病毒（CMNV）在我国沿海 10 余个省份的主要对虾养殖地区广泛流行，其感染导致虾类甲壳变软，空肠空胃，发病累积死亡率可达 80%（Zhang et al.，2017）；CMNV 表现出流行范围广、宿主种类多和流行率高等特点，它的持续流行使我国对虾养殖业遭受了严重经济损失（Zhang et al.，2017）。国际病毒分类委员会根据我国学者的研究结果，将虾类中鉴定到的虹彩病毒命名为十足目虹彩病毒 1（Decapod iridescent virus 1，DIV1），包含 SHIV 20141215 和 CQIV CN01 两个原始分离株，将该病毒所在的新病毒属命名为十足目虹彩病毒属（Decapodiridovirus）；凡纳滨对虾、罗氏沼虾、克氏原螯虾、日本沼虾和脊尾白虾是 DIV1 的易感宿主（Qiu et al.，2019a）。

细菌性疾病方面，通过人工感染实验和病原鉴定，发现携带可编码毒力蛋白 PirA 和 PirB 的 pVA1 型质粒的坎贝氏弧菌和欧文氏弧菌可导致对虾急性肝胰腺坏死病（AHPND）（Dong et al.，2017）。进一步通过接合转移实验证明，pVA1 型质粒可从致 AHPND 副溶血弧菌水平转移到坎贝氏弧菌中，获得 pVA1 型质粒的坎贝氏弧菌也可导致凡纳滨对虾患 AHPND（Dong et al.，2019）。

寄生虫疾病方面，当虾肝肠胞虫（EHP）载量达到 10^3copies SSU rDNA/ng HpDNA（Hp 表示虾肝胰腺组织）时代表了较高的风险水平，超过该水平 EHP 载量与对虾的生长速度表现出一定的负相关性（刘珍 等，2016）；同样大小个体的 EHP 阳性群体的平均体重比阴性群体平均体重低 30%，EHP 阳性群体的体长和体重的变异系数（CV）要显著大于阴性群体（刘雅梅 等，2017）。

3. 贝类疾病与病原学

病毒性疾病方面，经流行病学调查和病原鉴定，确定引起我国北方魁蚶成贝大规模死亡的病原是牡蛎疱疹病毒 1 的一个新变异株，将其命名为牡蛎疱疹病毒魁蚶株（OsHV-1-SB）（Bai et al.，2016）。经回溯性研究，确定 1999 年起我国南方发生的鲍低温病毒病病原，与中国台湾地区和澳大利亚发生的鲍病毒性神经炎（AVG）为同一种病毒，即鲍疱疹病毒（HaHV-1）（Bai et al.，2019；Wei et al.，2018）。受该疾病影响，我国杂色鲍养殖产业几近灭绝，被皱纹盘鲍养殖业所取代。相近研究表明，皱纹盘鲍对 HaHV-1 不敏感，通过对 HaHV-1 大陆株与中国台湾地区和澳大利亚变异株的系统发育关系、流行病学及其组织亲嗜性等致病特征研究，推测 HaHV-1 于 1999 年起源于中国福建地区，2002 年传播到中国台湾地区，2005 年由中国台湾传播至澳大利亚（Bai et al.，2019；Bai et al.，2020）。

寄生虫疾病方面，系统研究了我国沿海的贝类寄生才女虫分布现状，发现了 10 多种才女虫种类，其中的陵水才女虫新种（*Polydora lingshuiensis*）和短触手才女虫（*P. brevipalpa*）两种才女虫，能严重影响贝类的生长和发育，甚至导致死亡（Ye et al.，2019a，b）。调查了我国沿海贝类寄生派琴虫的分布状况，除发现以往报道的奥尔森派琴虫（*Perkinsus olseni*）和北海派琴虫（*Perkinsus beihaiensis*）外，还检测出切萨皮克派琴虫（*P. chesapeaki*）感染，这 3 种派琴虫在我国的南海、黄渤海、东海均有分布，且感染率偏高。派琴虫是高致病、高致死率的病原，曾在世界各大海区造成过大规模死亡，虽然近年来死亡报道较少，但从研究现状来看，我国沿海已经有入侵的新派琴虫种类，且分布广、感染率高，对贝类健康养殖存在巨大的潜在威胁（Ye et al.，2019b）。

4. 藻类病害与病原学

在条斑紫菜病害调查中发现，患病紫菜有卵菌或真菌寄生，叶片出现红色圆点，造成减产 30%～50%，部分地区达 60%以上，该病暂命名为赤腐病，引起该病的病原为紫菜腐霉（李淑芬 等，2016）、链格孢菌（Mo et al.，2016）和 *Pythium chondricola*（Qiu *et al.*，2019b）。拟油壶菌的感染，也可导致条斑紫菜叶片边白、韧性降低，易从网帘脱落，造成20%～30%的损失（杨慧超，2019）。条斑紫菜绿斑病的主要症状为病烂的紫菜上有明显绿斑，显微镜下紫菜细胞萎缩变形，呈放射状排列，病原被鉴定为 *Pseudoalteromonas marina*（李杰 等，2019）。2019 年，山东省日照沿海周边养殖的条斑紫菜发生黄斑病，贝壳上的丝状体出现大小不一的黄色斑点；随着感染加重，丝状体逐步加深至黄褐色，最终出现丝状体溃烂、死亡。该病原鉴定为浅黄假单胞菌（*Pseudomonas luteola*），其致病力强，传播速度快，对紫菜苗种培育危害严重（尚晓金 等，2021）。

长茎葡萄蕨藻是近年来开展养殖的新宠。黑褐病导致藻体发软发黏，呈黑褐色，藻体顶端出现溃烂。电镜观察发现藻体表面聚集大量细菌，引发细胞破裂、死亡，组织大面积溃烂。经鉴定该病原为溶藻弧菌（*Vibrio alginolyticus*）（张艳楠 等，2020）。同时，发现溶藻弧菌也是养殖掌状海带（*Laminaria digitata*）“绿烂病”的致病源（尚晓金，2020）。掌状海带是于 2014 年由法国引入山东省进行栽培，在海区出现的症状是藻体由棕褐色变浅褐色，甚至呈现黄白色，导致叶片腐烂面积逐步扩大。

5. 参类疾病与病原学

肠炎病，俗称“滑肠病”，是刺参（*Apostichopus japonicus*）育苗早期、保苗期、养成期较常见的疾病，以室内工厂化、浅海网箱保苗期发病较为严重，5—9 月为发病高峰期。该病在北方沿海辽宁、河北、山东、江苏等地区均有发生，若未能及时采取有效的防控措施，刺参生长缓慢，累计死亡率可达 30%～50%。流行病学与病原学研究发现，该病主要致病源为哈维氏弧菌，细菌侵染肠道导致组织糜烂、吸收营养的功能降低（逄慧娟 等，2017）。

2019 年 10 月，辽宁省大连市、山东东营 2 家养殖场池塘刺参出现大量化皮死亡，在刺参体表、水及底泥中均发现一种营自由生活的涡虫类物。形态学观察结果显示，该涡虫体长 0.96～3.26 毫米，体宽 0.49～1.93 毫米，外观黄色或黄褐，头部钝圆具一对暗红棒状眼点，具有两条并列的尾垂；其表皮下分布密集虫黄藻（ooxanthella），体表周身纤毛，雌雄同体，具有两个生殖孔位于口后。根据形态学特征及 18S rDNA 分子鉴定，将该生物确认为澳洲异尾涡虫（*Heterochaerus australis*）（孔森 等，2020）。

（二）疾病诊断与流行病学研究

1. 建立了实验室条件下的诊断检测方法

建立了 ISKNV（Lin et al.，2017）、鲤春病毒血症病毒（SVCV）（Lin et al.，

2017）、IHNV（Jia et al.，2017）、鲑甲病毒（SAV）（Shi et al.，2017）、CMNV（Li et al.，2018）、贝类诺如病毒（Jiang et al.，2018）、DIV1（Qiu et al.，2020）、海水养殖副溶血弧菌（Cao et al.，2019）、EHP（Liu et al.，2018）、IHHNV（Chen et al.，2018）、WSSV（Tong et al.，2019）、中华绒螯蟹微孢子虫（Ding et al.，2016）等病毒的实时荧光定量PCR及PCR的病原检测技术。在免疫学检测方法上，完善了相应的酶联免疫吸附试验（ELISA）、单克隆抗体的制备等免疫学快速检测技术，检测的抗原种类主要是病毒和细菌，广泛应用于水生动物病毒检测与鉴定中，包括神经坏死病毒（Zhou et al.，2017）、草鱼呼肠孤病毒（Zeng et al.，2017）、锦鲤疱疹病毒（Li et al.，2017a）、鲤疱疹病毒Ⅱ型（Kong et al.，2017）、白斑综合征病毒（Sheng et al.，2018）、弧菌（Liu et al.，2016）等。

2. 研发了病原快速检测技术

适合在现场对水产动物病原微生物检测的技术也得到了快速发展，如重组酶聚合酶扩增技术（RPA）、交叉引物恒温扩增技术（CPA）、环介导等温扩增技术（LAMP）等。主要建立了草鱼呼肠孤病毒（GCRV）Ⅲ型和鲤疱疹病毒Ⅱ型的重组酶聚合酶扩增技术（RPA），使用便携式ESE-Quant Tube扫描仪短时间内进行检测诊断（Wang et al.，2020；Wang et al.，2018）；建立了对虾急性肝胰腺坏死病坎氏弧菌（Liu et al.，2017）和虾肝肠胞虫（Zhou et al.，2019）的RPA检测技术；结合核酸试纸条技术，建立了快速可视化检测ISKNV的交叉引物等温扩增检测方法（ISKNV-CPA）（Liu et al.，2018），不依赖昂贵的仪器设备与专业技术人员，可应用于该病毒的现场快速检测；建立了一种由微流控芯片和便携式操作系统组成的集成微流控环介导的等温扩增（LAMP）平台，用于锦鲤疱疹病毒（KHV）（Chen et al.，2018）和中华绒螯蟹呼肠孤病毒（Ma et al.，2016）的检测应用。建立了一种同时检测嗜水气单胞菌、无乳链球菌、肺炎克雷伯菌、塔氏爱德华氏菌和翼状大肠杆菌的多重聚合酶链反应（mPCR）方法，可快速、准确地识别出感染水生动物的五种最常见细菌（Gao et al.，2017）。利用重复序列PCR技术（ERIC-PCR），针对18种重要的海水病原菌株的不同细菌基因组条带序列设计了菌株特异性PCR引物，使用基于ERIC-PCR指纹图谱的扩增技术对海水养殖极为重要的细菌进行特异性检测（Xu et al.，2017）。

3. 开展了系统的流行病学调查

“十三五”期间，全国水产技术推广总站组织各省份开展了我国水生动物疫情监测工作，针对我国水产养殖数十种重要病害开展系统性的流行病学调查，分析疾病流行规律、病原微生物的基因序列类型，并将相关信息上传国家水生动物疫情监测系统，编撰出版《中国水生动物卫生状况报告》和《我国水生动物重要疫病状况分析》。开展了水产养殖病害测报工作，编发《水产养殖动植物病情月报》，发布水产养殖病害预测预报信息，为我国水产养殖病害的联防联控提供支持。

中国水产科学研究院所属研究所也开展了广泛的流行病学调查研究，主要关注的水产病害种类包括鲤春病毒血症、锦鲤疱疹病毒、鲫造血器官坏死病、草鱼出血病、传染性造血器官坏死病、白斑综合征、传染性皮下及造血组织坏死病、虾肠肝包虫病、虾虹彩病毒病、牡蛎疱疹病毒病、贝类派琴虫病等。

（三）宿主抗感染免疫防御研究

1. 鱼类先天性免疫机制研究取得系列进展

主要开展了鱼类模式识别受体、免疫相关信号通路、免疫效应细胞及效应分子等研究，都取得了显著进展。目前，在鱼类中报道了 5 种模式识别受体，包括 Toll 样受体（TLR）、NOD 样受体（NLR）、RIG 样受体（RLR）、C 型凝集素受体（CLR）、清道夫受体（SR）。鉴定的鱼类 TLR 受体主要包括鲤的 27 种（Li et al.，2017a），花斑裸鲤的 18 种（Qi et al.，2017），花鲈的 16 种（Fan et al.，2019），团头鲂的 14 种（Lai et al.，2017），黄颡鱼的 5 种（Qin et al.，2018），鲟的 5 种（Qi et al.，2018），银鲫的 2 种（Fan et al.，2018），银鲳的 2 种（Gao et al.，2018），斜带石斑鱼的 2 种（Bai et al.，2017），草鱼、大菱鲆（Li et al.，2017b）、鮸鱼（Wang et al.，2016）的各一种。在鱼类 NOD 样受体（NLR）信号通路研究方面，鉴定和分析了部分鱼类的 NLR，深入探究了在宿主—病原体相互作用和炎症反应中的作用，主要包括草鱼 NOD（Xu et al.，2020），鲤 NLRC（Li et al.，2018a），大菱鲆 NLRC3（Hou et al.，2017），鮸鱼 NOD1（Bi et al.，2017），团头鲂 NLRC3 - like（Zhou et al.，2017），尼罗罗非鱼 NOD1、NOD2 和 NLRC3（Gao et al.，2018a），鳜 NOD1、NOD2（Gu et al.，2018），斑马鱼 NOD2（Zou et al.，2016）。在鱼类 RIG 样受体信号通路研究方面，发现斜带石斑鱼、青鱼、斑马鱼的 LGP2 广泛参与抗病毒的免疫反应（Yu et al.，2016）；鉴定鮸鱼 microRNA - 145、microRNA - 210（Sun et al.，2018）、斑马鱼 FGFR3（Liu et al.，2019）、青鱼 MDA5（Liu et al.，2017）参与调控 RLR 信号通路，参与病毒防御反应。在鱼类先天性免疫的效应分子研究方面，鉴定和分析了多种效应因子的免疫功能，主要包括乌鳢 TNF - α 和 IL - 1β（Cui et al.，2020），鲟Ⅰ型和Ⅱ型干扰素（Xu et al.，2019），斜带石斑鱼两种 γ 干扰素（Peng et al.，2018），牙鲆的双特异性蛋白磷酸酶基因（1，2，5）（Li et al.，2017b），军曹鱼的 IL - 6、IL - 10、IL - 11、IFN - γ（Tran et al.，2019），而且也鉴定鮸鱼 miRNA - 203 是一种重要的先天性免疫抑制分子（Xu et al.，2018）。

2. 水生动物病毒调控宿主细胞自噬及代谢研究取得进展

发现乌鳢水泡病毒（SHVV）（Yao et al.，2016）、ISKNV（Chen et al.，2017）、IHNV（Zhao et al.，2017）感染可诱导宿主细胞自噬，反过来自噬亦可调控这些病毒的增殖。解析了鳜弹状病毒（SCRV）（Fu et al.，2020）、对虾白斑综合征病毒

（He et al.，2017）调控细胞自噬的信号通路。发现 ISKNV（Fu et al.，2017）、SHVV（Sun et al.，2016）复制依赖于谷氨酰胺，通过谷氨酰胺酵解代谢回补三羧酸循环中间代谢物促进病毒的增殖，而 SCRV 主要利用谷氨酰胺还原性代谢途径生成脂肪酸促进病毒增殖（郭茜茜 等，2019）。证实 ISKNV 感染诱导宿主细胞有氧糖酵解增强（即 Warburg 效应）（Fu et al.，2019），揭示了基于宿主葡萄糖代谢调控的 ISKNV 致病新机制（Guo et al.，2019），为 ISKNV 防控提供新的靶点，可为通过细胞代谢调控高效生产疫苗提供原创性成果。

3. 建立了多种鱼类抗感染的动物实验模型

建立了鲕鱼诺卡氏菌感染斑马鱼模型，推动了诺卡氏菌病致病机理的研究和疫苗的研制（夏立群 等，2016 年）。以稀有鮈鲫为动物模型，探索 Cr^{6+} 积累和消除的动态规律，揭示其解毒和抗氧化的机理，发现 GST 和 MT 蛋白可能参与了 Cr^{6+} 的解毒作用；以稀有鮈鲫为动物模型，研究了整合素 β1（Integrin β1 subunit，ITGB 1b）对 GCRV 的感染作用，为 GCRV 的防治提供了新的研究手段（Chen et al.，2018）；将草鱼呼肠孤病毒（GCRV）通过腹腔注射的方式感染稀有鮈鲫，并采用 qRT－PCR 方法进行验证，探索发病机制（Lin et al.，2017）。以异育银鲫为动物模型，研究白藜芦醇对嗜水气单胞菌的毒力抑制作用，结果显示其可用于水产细菌病的防控（谭宏亮 等，2019）。依据临床症状和组织病理变化的系统评价结果，成功构建虹鳟肠炎红嘴病病理模型，为进一步探讨鲁氏耶尔森菌侵染虹鳟的致病机制奠定了基础（张枭 等，2018）。

（四）水产药物应用与新渔药创制

1. 水产动物的药代动力学研究

国内水产动物药动学研究主要集中在鲫、黄颡鱼、鲈、对虾、克氏原螯虾、梭子蟹等重要养殖品种，涉及的药物有恩诺沙星、恶喹酸等抗菌药和盐酸氯苯胍、吡喹酮等杀虫药。研究表明，证实将 30 毫克/千克恶喹酸以药饵给药，可以有效地防治弧菌引起的对虾细菌性疾病（王元 等，2016）。磺胺甲恶唑（SMZ)-甲氧苄啶（TMP）比例为 1∶1 时，更有助于控制梭子蟹细菌性疾病（Fu et al.，2016）。在有病原菌感染的情况下，恩诺沙星吸收减慢，消除速率降低（赵风 等，2017；范晶晶，2017）。对凡纳滨对虾连续 6 次给药土霉素药饵，不同组织中土霉素的清除慢于单次给药，土霉素的 AUCss、Ctrough 和 Cav 值为肝胰腺＞血淋巴＞肌肉，说明多剂量药饵给药后肝胰腺在药物代谢和清除中起着重要作用（Ma et al.，2019）。通过测定心输出量和器官重量等生理参数，建立了草鱼口服多西环素的生理药代动力学（PBPK）模型，获得了多西环素在肝脏、肾脏、肌肉＋皮肤和鳃等组织中的动力学特征，预测了草鱼口服多西环素后药物残留量和停药时间（Xu et al.，2020）。大蒜素两种主要成份二烯丙基二硫醚（DADS）和二烯丙基三硫醚（DATS）在鲤鲫体内吸收较完全，分布广泛，且DADS较DATS吸收快消除慢（潘浩 等，2016）。

2. 水产细菌耐药研究

从我国沿海的10个省份的海产品中分离到100余株副溶血弧菌，对链霉素、氨苄西林、庆大霉素和红霉素等抗生素均具有较高的耐药率；对环丙沙星、氟苯尼考、多西环素的耐药率都较低；对头孢噻肟、头孢吡肟、美罗培南和氯霉素等较敏感。60.5%的副溶血弧菌呈多重耐药性，其中最主要的耐药谱型是氨苄西林-庆大霉素-红霉素-链霉素（Zhao et al.，2018）。此外，水产养殖源副溶血性弧菌的耐药率呈现逐年持续增加的趋势。以氟苯尼考为例，2015年不同地区分离的194株弧菌对氟苯尼考耐药率为7.7%；而2016年从江苏、上海、福建和海南不同地区分离的90株弧菌对氟苯尼考耐药率为25.6%，上海地区耐药率高达29.2%，呈现逐年上升的趋势（Zhao et al.，2018）。研究发现，经体外人工诱导成功获得了对氟苯尼考和氧氟沙星耐药的哈维氏弧菌，以及对氧氟沙星耐药的美人鱼弧菌，证明体外经过抗生素的持续性作用，细菌可以被诱导产生耐药性或耐药性增强。该结果预示着水产养殖动物长期口服药物可带来耐药的可能性（闫倩倩，2019）。从上海、浙江、江苏、福建、海南5个省份分离鉴定得到114株海水养殖源副溶血弧菌的耐药基因，发现95.9%的氨苄西林耐药菌株含有blaCARB－17基因；91.1%和83.3%的链霉素耐药菌株分别含有strA和strB基因，并且76.7%的链霉素耐药菌株共同含有strA和strB基因（Zhao et al.，2018）。对山东省6个刺参苗种场10月龄幼参肠道内容物中10种抗生素的耐药菌及耐药基因分布特征研究表明：在耐药菌数量方面，对萘啶酸、多粘菌素耐药的细菌数量最高，其次是对四环素、乙酰甲喹的耐药菌。在属水平上，可培养的抗生素耐药菌集中在芽孢杆菌属（*Bacillus*）、弧菌属（*Vibrio*）、嗜冷杆菌属（*Psychrobacter*）和希瓦拉氏菌属（*Shewanella*）；各类耐药基因的丰度分布情况为：喹诺酮类＞四环素类＞氯霉素类＞磺胺类＞氨基糖苷类（闫倩倩，2019）。体外诱导嗜水气单胞菌耐药菌株中tet E基因可能是介导气单胞菌分离株对四环素类药物耐药的优势基因（崔佳佳 等，2016a）。嗜水气单胞菌对氟喹诺酮类耐药存在靶基因位点突变及主动外排作用等多种耐药机制（崔佳佳 等，2016b）。

3. 水产中草药的研制

五倍子、地榆、射干、鹿衔草、红花、大黄、黄连、姜厚朴对黄颡鱼源维氏气单胞菌有较好的抑菌效果（龙继兵 等，2016）。血根碱、白屈菜红碱、厚朴酚、和厚朴酚和大黄酸等6种中药单体对3株罗非鱼致病性无乳链球菌抑菌效果较好（丁浩，2018）。荧光假单胞菌（*Pseudamonas fluoroscens*）对乌梅和大黄高度敏感（高晓华 等，2016）。地榆、诃子、黄连和乌梅4味单方中草药对凡纳滨对虾AHPND主要致病菌的综合抑菌效果最好（姜燕 等，2016）。饲料中添加诃子、白芍、甘草复方中草药，能有效治疗斜带石斑鱼溶藻弧菌。黄连、黄芩、连翘、丁香、秦皮对鲟鱼源海豚链球菌具有较好的防治效果。饲料中黄芪多糖和当归多糖添加量1%时，可有效抑制维氏菌诱导的鲫血细胞凋亡（任胜杰，2017）。

表没食子儿茶素没食子酸酯（EGCG）能显著提高青蟹对WSSV的抗性（Wang et al.，2018）。栀子花对克氏原螯虾WSSV复制的抑制率最高，能提高WSSV感染螯虾的存活率（Huang et al.，2019a）。厚朴酚、和厚朴酚对草鱼呼肠孤病毒具有较强的抗病毒免疫应答作用（Chen et al.，2017）。番石榴叶水提取物对自然或人工感染下呼肠孤病毒（MCRV）的增殖都具有一定的抑制作用（彭军辉，2018）。两种香豆素衍生物对鲤鱼上皮瘤细胞（EPC）表现出较强的抗SVCV活性（Liu et al.，2017）。一种新型咪唑香豆素衍生物显示出较强的抗SVCV活性，并提高斑马鱼的存活率（Shen et al.，2018）。一种新型咪唑牛蒡苷元衍生物，可显著降低IHNV在EPC细胞中诱导的细胞病变效应和病毒滴度（Hu et al.，2019a）。牛蒡苷元-咪唑杂化衍生物15具有8个碳长的连接体，可抑制IHNV诱导的细胞凋亡和细胞形态损伤，并影响其早期复制（Hu et al.，2019b）。

在抗寄生虫中草药方面，盾叶山药主要活性成分——江蓠苷显示出抗指环虫最高的协同率（71.4%），显著提高了金鱼指环虫的驱虫效果。投喂添加青蒿的饲料，能显著抗多子小瓜虫（*Ichthyophthirius multifiliis*）感染（Wu et al.，2017）。生姜提取物10-姜辣醇对草鱼抗多子小瓜虫感染具有保护作用（Fu et al.，2019）。重楼对金鱼小林三代虫驱虫效果最好，且重楼甲醇提取物最为有效，其中主要成分薯蓣皂苷对三代虫感染的抑制作用最强（Wu et al.，2017）。

由黄芪、党参、大黄等12种中草药组成的复方中草药能很好地提高石斑鱼的免疫力，有效降低石斑鱼的饵料系数（徐安乐 等，2018）。饲料中添加甘草、板蓝根、黄芪多糖构成的复方中草药制剂可以显著提高克氏原螯虾的生长性能和免疫功能（孟愔，2019）。姜黄素对建鲤肝组织有保护作用，能有效改善肝细胞DNA的损伤程度，调节其抗氧化能力及相关细胞因子的分泌；香菇多糖对离体培养鲤鱼免疫细胞有明显活性作用，对鲤鱼非特异性免疫和特异性免疫具有促进作用；姜黄素、甘草次酸和香菇多糖联合用药后，对建鲤肝损伤具有协同放大的保护作用（曹丽萍，2018）。

4. 其他（包括微生态制剂）

目前，用于水产养殖的微生物制剂主要有芽孢杆菌、光合细菌和乳酸菌等，近年来也出现了解磷菌、溶藻菌、硝化菌等水产养殖专用功能菌剂（Hu et al.，2010；2019；Xu et al.，2019；胡晓娟 等，2019）。

芽孢杆菌和糖蜜联合使用有助于增加微生物群落的多样性，有效抑制病原菌增殖；饲料中添加蜡样芽孢杆菌可提高彭泽鲫的抗氧化能力，抑制炎症反应，改善肠道屏障功能，促进生长，改善肠道健康（Yang et al.，2020）。光合细菌菌剂与沼泽红假单胞菌的比较研究表明，光合细菌菌剂对水质因子的降解效果优于沼泽红假单胞菌（信艳杰 等，2019）。解磷菌具有将难溶性磷转化为可利用磷的功能。在养殖池塘中使用解磷菌，可分解利用沉积在池底的难溶性磷，提高水体活性磷含量，促进水体浮游微藻的生长，减少磷肥的使用量（胡晓娟 等，2018）。

蓝藻溶藻菌 CZBC1 对绿色颤藻、铜绿微囊藻等有害蓝藻均有很好的溶藻效果，且具有良好的溶藻专一性（Hu et al.，2019），应用于对虾养殖池塘，可有效抑制水体绿色颤藻等有害蓝藻的生长，从而为波吉卵囊藻（绿藻）占据生态优势提供有利空间，为养殖对虾提供良好的水生态环境（Hu et al.，2019）。甲藻溶藻菌 A3 具有溶藻选择性，对锥状斯氏藻具有显著的溶藻作用，而对蛋白核小球藻、四尾栅藻、条纹小环藻 3 种藻无溶藻作用或溶藻作用相对较弱（郗建云 等，2016）。而甲藻溶藻菌 JZBC1 的不同类型发酵产物对锥状斯氏藻、海洋原甲藻和楯形多甲藻三种甲藻均有良好的抑制效果（Hu et al.，2020）。

5. 疫苗

疫苗佐剂是提高疫苗免疫保护效率的重要途径，研究发现，蜂胶佐剂和弗氏佐剂可以提高杀鲑气单胞菌（*Aeromonas salmonicida*）灭活疫苗对虹鳟（*Oncorhynchus mykiss*）的免疫保护效果（刘帅 等，2016）；鞭毛蛋白可增强灭活疫苗的免疫保护作用，具有作为鱼类疫苗佐剂的潜力（Liu et al.，2017）；Montanide™ ISA 763 A VG 作为佐剂可以增强免疫应答，提升大菱鲆哈维氏弧菌灭活疫苗免疫保护效果（Xu et al.，2019）；发现 Marcol 52 是一种耐受性良好的大菱鲆油佐剂（Li et al.，2020）。在亚单位疫苗方面，鉴定出鳗弧菌 VAA、GroEL、OmpU 和 SPK 4 种抗原蛋白（Xing et al.，2017）；制备了 KHV 的 DNA 疫苗（Liu et al.，2020）。多联疫苗的研究也有一定进展，杀鱼爱德华氏菌和鳗弧菌减毒活疫苗联合免疫具有免疫协同效果（鲍鹏程，2019）。开发了石斑鱼和卵形鲳鲹的哈维氏弧菌、溶藻弧菌病二联灭活疫苗（巩华 等，2020），研发了许氏平鲉美人鱼发光杆菌美人鱼亚种和鳗弧菌二联疫苗（孙心如，2020），制备了大黄鱼杀香鱼假单胞菌减毒活疫苗（张恒泽 等，2020）、草鱼 GCRV 基因Ⅱ型灭活疫苗（Zeng et al.，2016）。

我国水产疫苗的产业化发展也取得诸多成果。2016 年，大菱鲆迟钝爱德华氏菌减毒活疫苗（EIB AV1 株）获得生产批文，这是我国第一个海水鱼疫苗生产批文，也是世界上第一个商品化的迟钝爱德华氏菌弱毒活疫苗。同年，牙鲆抗溶藻弧菌、副溶血弧菌和迟缓爱德华氏菌独特型抗体疫苗也获得生产批文。2019 年，大菱鲆鳗弧菌基因工程活疫苗和鳜传染性脾肾坏死病毒（ISKNV）灭活疫苗先后获得国家一类新兽药证书。另外，罗非鱼链球菌灭活疫苗、石斑鱼哈维氏弧菌灭活疫苗、草鱼嗜水气单胞菌败血症、铜绿假单胞菌赤皮病二联蜂胶灭活疫苗、大菱鲆鳗弧菌病灭活疫苗（EIBVA1 株）和大菱鲆鳗弧菌病灭活疫苗（VAM003 株）获得临床试验批件，进入临床试验阶段。此外，IHN 核酸疫苗完成了转基因安全评价的中间试验研究。

三、国际研究进展

（一）水生动物疾病与病原学研究

1. 鱼类疾病与病原学

病毒性疾病方面，在阿尔及利亚海岸的野生石斑鱼和澳大利亚金目鲈中发现了神经坏死病毒病，病原为 RGNNV（Boukedjouta et al.，2020）。绿腹丽鱼幼鱼（30 dph）在感染 RGNNV 后 14 天内没有发生死亡，表明绿腹丽鱼幼鱼对 RGNNV 感染具有一定的抵抗力（Marappan et al.，2019）。在马来西亚和东南亚的珍珠龙胆石斑鱼鱼苗中，首次发现了神经坏死病毒杂交株（RGNNV/SJNNV）的感染（Ariff et al.，2019）。在意大利的海水鱼类育苗场中，多次暴发由杂交病毒 RGNNV/SJNNV 引起的病毒性神经坏死病，导致金头鲷和欧鲈鱼苗大量死亡。这两种鱼还可被 NNV 持续感染，作为无症状的病毒携带者，成为敏感鱼类的病毒源（Volpe et al.，2020）。

经分子生物学序列数据确认，在 1986 年的观赏鱼中检测到大菱鲆红体病虹彩病毒（TRBIV）代表了肿大细胞病毒属的指示病例（Go et al.，2016）。系统发育分析显示，SACIV 和 SGIV 组成了 TRBIV 的一个新分支（TRBIV 分支 2）。SACIV 和 SGIV 序列的测定首次提供了完整的 TRBIV 分支 2 的基因组序列，并将 TRBIV 的流行地域和宿主扩大到北美交易的淡水观赏鱼（Koda et al.，2018）。从全球各地、多种观赏鱼中检测到了肿大细胞虹彩病毒的感染，主要病毒种类是 ISKNV（De et al.，2018）。在印度尼西亚淡水养殖的丝足鲈病鱼体内发现了一种虹彩病毒，命名为丝足鲈虹彩病毒（GGIV），经鉴定该病毒属于虹彩病毒科肿大细胞病毒属 ISKNV 基因型（Sukenda et al.，2020），建立了使用丝足鲈脾细胞原代培养物扩增 GGIV 的方法（Gardenia et al.，2020）。在印度西海岸开放式河口网箱中养殖的金目鲈（*Lates calcarifer*）首次发现了真鲷虹彩病毒病的暴发（Girisha et al.，2020）。

对波兰和德国多地及多个时间的鰕虎鱼进行 KHV 检测，结证实鰕虎鱼也可携带 KHV。KHV 感染锦鲤后的鳃组织损伤主要形式为水肿、增生和坏死，建立了对锦鲤疱疹病毒进行快速分型的方法，了解 KHV 在体外变异进程（Yanuhar et al.，2020）。

细菌性疾病方面，首次从泰国淡水内陆养殖的尖吻鲈中分离出海豚链球菌，并鉴定了该菌对泰国淡水鲈鱼的致病性和尼罗罗非鱼的潜在毒力，结果显示分离的海豚链球菌可造成淡水养殖鲈鱼的死亡率超过 60%，并可通过水平传播感染尼罗罗非鱼（Piamsomboon et al.，2020）。海豚链球菌是泰国北部养殖罗非鱼感染的主要病原菌，在高密度饲养条件下，更容易感染（Niu et al.，2020）。首次报道美国加利福尼亚州养殖的美洲白鲟感染海豚链球菌，患病鱼发现脑或脊髓病变，但是罕见的引起了美洲白鲟肌肉病变（Pierezan et al.，2020）。

发现鳗弧菌的第二套染色体与其致病性密切相关，高致病性菌株的第二套染色体具有特异性，与中低毒力菌株和无毒株差异较大（Castillo et al.，2017），其中具有铁螯合系统编码基因的 pJM-1 质粒与鳗弧菌 O1 血清型菌株的毒力密切相关（Akter et al.，2020）。噬菌体的侵染可以引起鳗弧菌的毒力下降和生物膜形成等表型的变化（Castillo et al.，2019）。

迟缓爱德华氏菌可以感染鳗鱼和尖吻鲈引发疾病（Bujan et al.，2017），对韩国的日本鳗鱼养殖业造成了重大损失（Jun et al.，2020）。研究发现，爱德华氏菌 *eha* 基因对致病性菌株 ET13 的溶血活性、生物膜形成、黏附和致病性有影响，并且在表达毒力因子方面起着至关重要的作用（Hassan et al.，2020）。

从运输压力胁迫后表现出疾病的尼罗河罗非鱼中，分离到简氏气单胞菌和维氏气单胞菌（Dong et al.，2017）。从感染金鱼中分离到维氏和温和两种生物型的维氏气单胞菌，鱼体攻毒表明，温和生物型的毒力比维氏生物型的更强（Shameena et al.，2020）。同时携带 *aer*、*act* 或 *hly* 的毒力基因型 $act^{+}aer^{+}hly^{-}ast^{-}$ 或 $act^{-}aer^{+}hly^{+}ast^{-}$ 的嗜水气单胞菌菌株对尼罗罗非鱼的致病力要高于无毒力基因的或者 1 个毒力基因的，其致病力与含有毒力基因的数量有关（El-Bahar et al.，2019）。

舒伯特气单胞菌主要感染的水产品种类是贻贝、虹鳟和大菱鲆等。研究表明，气单胞菌属细菌的分化大约出现在 250 万年前，舒伯特气单胞菌与嗜水气单胞菌、维氏气单胞菌以及简达气单胞菌（*Aeromonas jandaei*）等细菌属于不同的进化分支（Sanglas et al.，2017），舒伯特气单胞菌外膜蛋白与细菌的毒力密切相关，是革兰阴性菌的重要黏附因子和保护性抗原（Nguyen et al.，2018）。

寄生虫病方面，基因序列分析表明，刺激隐核虫可能由多个亚种和/或同系种组成（Hong et al.，2017）。另有研究发现，刺激隐核虫幼虫主要在夜间脱苗，且对尿素具有较强的趋化性（Skilton et al.，2020）。海水循环水养殖系统（RAS）的上流式厌氧污泥床反应器（UASB）中不会产生具感染力的刺激隐核虫幼虫，但是包囊在反应器条件下可以存活，如果它们随着水流释放出来，很有可能在 RAS 的有氧部位完成孵化（Standing et al.，2017）。

2. 虾类疾病与病原学

病毒性疾病方面，2019 年首次发现 WSSV 感染美食奥蝼蛄虾，并建立了基于焦磷酸测序技术的养殖水生动物 WSSV 检测方法（Tong et al.，2019）。因日本沼虾感染 WSSV 后具有较强的抵抗力，可以把日本沼虾可以作为研究抗 WSSV 的模型（Zhao et al.，2017）。好的养殖环境也有利于抗 WSSV 感染。高溶氧有利于池塘异养细菌繁殖，在预防对虾感染 WSSV 有重要作用（Zhang et al.，2016），沉积物的理化性质也能影响 WSSV 的生存力和传染性（Kumar et al.，2020）。

在墨西哥尤卡坦海岸的虾群中持续存在 IHHNV 感染，并可能对当地渔业造成不利影响。因为一旦在自然水域和宿主中存在，这类病原体几乎不可能根除。病毒与凡纳滨对虾的细胞膜上受体的竞争性结合，WSSV 对 IHHNV 的抑制作用强于 IHHNV 对 WSSV 的抑制作用（Yan et al.，2016）。

CMNV 具有高流行率和广泛分布的特征，在全球主要对虾养殖国家传播流行的风险较高（Yong et al.，2017；Kibenge et al.，2019）。调查发现，采集自泰国、越南、墨西哥和厄瓜多尔等地的发病对虾组织中均存在 CMNV 感染，其中 2014 年从泰国随机选取的 200 个发病池塘中 CMNV 的阳性检出率高达 43%，2016 年泰国南部 4 个省份发病养殖对虾样品中 CMNV 检出率仍高达 37.7%（Pooljun et al.，2016）。2017—2018 年从印度、马来西亚和古巴等国发病虾池患病对虾中检出了 CMNV 的存在，来自墨西哥和哥斯达黎的发病对虾样品中同样存在 CMNV 感染；流行病学调查发现，CMNV 在马来西亚和印尼的当地海水养殖凡纳滨对虾、石斑鱼和金目鲈中普遍流行，与文莱和突尼斯等国家的合作者研究发现当地虾类与鱼类养殖场中也存在 CMNV 流行（Kibenge et al.，2019）。

淋巴器官是 DIV1 感染凡纳滨对虾的一个重要器官，可以作为病理诊断的依据（Sanguanrut et al.，2020）。在印度洋采集的 26 尾野生斑节对虾样品中，检测到其中 5 尾为 DIV1 阳性，研究认为病原不太可能是由中国传播而来（Srisala et al.，2020）。

细菌性疾病方面，发现携带可编码毒力蛋白 *PirA* 和 *PirB* 的 pVA1 型质粒的普纳弧菌可导致对虾 AHPND（Restrepo et al.，2018），副溶血弧菌的自然转化是介导 pVA1 型质粒水平转移的重要机制（Carrillo - Méndez et al.，2019）。LvHSP70 重组蛋白是一种分子伴侣，参与虾的先天性和适应性免疫，可提高对虾抗 AHPND 的能力（Junprung et al.，2019）。胆汁酸能够刺激 PirAB 毒素的释放，病原弧菌的毒力与虾胃中胆汁酸水平成正相关，提示胆汁酸在 AHPND 致病菌致病性方面起到了重要作用（Kumar et al.，2020）。

寄生虫病方面，EHP 虫体微小，组织病理学显微观察不容易分辨，目前对 EHP 的检测多依赖于分子生物学方法，已报道的方法包括原位杂交、PCR、LAMP 和 RT - PCR（Jaroenlak et al.，2016）等。目前，针对 EHP 国内外尚没有有效药物的报道。

3. 贝类疾病与病原学

病毒性疾病方面，牡蛎疱疹病毒（OsHV - 1）是近年来贝类养殖产业的最重要的威胁，其分布范围广、易感宿主多，成为贝类学科领域广泛关注的问题。OsHV - 1 的流行病学调查、影响病害发生的关键环境因子、防控措施研究成为近年来国外 OsHV -1 病害研究主要方向（Sarah et al.，2018）。相关研究结果表明，抗病品系选育和改善养殖措施综合防控手段的联合应用，才能有效减轻牡蛎疱疹病毒对贝类养殖业的危害。

澳大利亚是中国大陆和中国台湾地区之外，唯一发生 HaHV-1 病害的国家。感染实验结果表明，来自澳大利亚不同地区的 HaHV-1 变异株能感染多种澳大利亚常见鲍鱼种类，如黑唇鲍（*Haliotis rubra*）、绿唇鲍（*Haliotis laevigata*）及其杂交种和棕唇鲍（*Haliotis conicopora*）等。但新西兰黑金鲍（*Haliotis iris*）对 HaHV-1 不易感。而当地开展多年的流行病学调查结果显示，在易感种群大量存在的情况下，澳大利亚自 2011 年以来尚未发现 HaHV-1 感染案例（NACA，QAAD），引起这一现象的原因尚不清楚。

4. 藻类病害与病原学

根据紫菜腐霉与 *Pythium chondricola* 的 *cox*1 和 *cox*2 基因序列差异，将这两种腐霉鉴定为不同种，但这一分类存在较大争议（Lee et al.，2017）。紫菜腐霉可以侵染新西兰 *Pyropia plicata* 和菲律宾野生紫菜（*Pyropia plicata*）（Dumilag et al.，2019）。该病原不仅能感染紫菜，还能感染多种陆生农作物，推测紫菜腐霉可能来源于陆生植物或土壤，随地表径流进入海洋系统（Klochkova et al.，2017）。通过构建表达序列标记（EST）数据库，发现紫菜腐霉与典型植物致病性腐霉种类似，均缺少 PxLR 效应子家族，说明紫菜腐霉可能起源于陆生腐霉（Badis et al.，2020）。

通过分子进化分析，将侵染紫菜的拟油壶菌分为 *bostrychiae* 系（*O. bostrychiae*，*O. heterosiphoniae*）、*pyropiae* 系（*O. pyropiae*）和 *porphyrae* 系（*O. porphyrae* *O. porphyrae* var. *korenae*，*Olpidiopsis* sp.）（Badis et al.，2020）。拟油壶菌虽然有较广的宿主，但其寄生具有偏好性，更倾向于原宿主。*O. heterosiphoniae* 偶尔感染紫菜叶状体（特别是雨雪天海水盐度降低后），与 *Heterosiphonia pulchra* 相比更易侵染原宿主 *H. japonica*（Klochkova et al.，2017）。*O. pyropiae*（Klochkova et al.，2016）和 *O. porphyrae* var. *Korenae*（Kwak et al.，2017）只感染原宿主条斑紫菜叶状体。拟油壶菌也能侵染淡水硅藻和海水硅藻（Buaya et al.，2019）。

（二）疾病诊断与流行病学研究

国外水产疾病诊断与流行病学研究集中在利用现代分子生物学技术建立病原的诊断检测方法，开发水产动物病原快速、灵敏检测方法和产品方面。目前已基本建立了各种常见水产疾病病原的 PCR、多重 PCR、荧光定量 PCR 检测方法。建立的病原微生物 PCR（RT-PCR）检查方法主要包括罗非鱼罗湖病毒巢式 RT-PCR、锦鲤疱疹病毒、鲤浮肿病毒、鲤春病血症病毒、对虾副溶血弧菌、虾黄头病毒、对虾阿米巴寄生虫（Tsofack et al.，2017；Shimahara et al.，2016；Jee et al.，2019）。已报道的荧光定量 PCR 检测方法主要包括海水虹鳟鱼的杀鲑气单胞菌、石斑鱼神经坏死病毒、虾肠肝胞虫和桃拉综合征病毒、虾肠肝胞虫和副溶血弧菌、对虾野田村偷死病病毒、虾黄头病毒、传染性肌肉坏死病毒（IMNV）、鳞屑病病毒（SDDV）、贝类诺如病毒、日本养珠蚝病病毒（Kokkattunivarthil et al.，2018；Su et al.，2017；Bartkova et al.，2017；Toubanaki et al.，2017；Tang et al.，2017；Tomomasa et al.，2019；Chettupon et al.，2016）。建立了多重 PCR 检测方法，可以同时检测两种以上病原微生物，检测的细菌病原种类主要包括海水鱼溶藻弧菌、鳗弧菌、副溶血弧菌、哈维氏弧菌等数十种弧菌、塔氏爱德华氏菌、耶尔森氏菌等（Devadas et al.，2019；Kim et al.，2019）。此外，也建立了杆状病毒（CcBV）的多重 PCR 检测方法（Benigna et al.，2018）。

基于环介导等温扩增（LAMP）、重组酶聚合酶扩增技术（RPA）的水产病原快速检测技术呈现爆发性发展的势头，已成为国际上普遍采用的水产动物病害的诊断方法。如，研发了一种重组酶聚合酶扩增技术（RPA），能够检测鲤浮肿病毒和锦鲤疱疹病毒（Prescott et al.，2016）；针对对虾的急性肝胰腺坏死病病原副溶血弧菌的 RPA 和牡蛎疱疹病毒的 RPA 检测也得到了较好地开发（Zeng et al.，2017）；研发了虾肠肝胞虫实时荧光定量环介导等温扩增技术，能够对虾肠肝胞虫进行定量分析（Karthikeyan et al.，2017）；建立了贝类诺如病毒的 RT－LAMP 检测方法，比传统的实时荧光定量方法灵敏度高（Su et al.，2017）。

研发了一种基于纳米颗粒的切向流试纸条，可以用于神经坏死病毒颗粒的可视化检测（Toubanaki et al.，2020）。基于抗 RGNNV 的单克隆抗体，建立了一种切向流免疫层析试纸条法，现场检测 RGNNV 的灵敏度为 $10^{5.05}$ $TCID_{50}/100\ \mu L$（Shyam et al.，2020）。建立了肽核酸探针的实时荧光定量 PCR 检测新型肿大细胞虹彩病毒的检测方法，可以在一次 PCR 反应中分辨出肿大细胞虹彩病毒的各个基因型（Lee et al.，2020）。建立了一种基于 SYBR Green，可以灵敏地、特异地检测金目鲈脱鳞病毒（SDDV）（Sriisan et al.，2020）的 qPCR 方法。在鱼类寄生虫检测领域，利用原核表达系统成功表达了刺激隐核虫的 5 个重组蛋白，将其作为抗原建立了刺激隐核虫 ELISA 诊断方法（Lokanathan，et al.，2016）；建立了刺激隐核虫的 TaqMan 实时定量 PCR 检测方法，并使用该方法调查了刺激隐核虫在日本野见湾的流行情况（Imajoh et al.，2016）。针对鱼类新发罗湖病毒，先后建立了其 RT－PCR、巢式 RT－PCR、实时荧光定量 PCR、原位杂交等检测方法（Tsofack et al.，2017）。开发了 CMNV 的一种荧光定量 PCR 检测方法，该方法灵敏度较高，最低可检测 1 拷贝的标准质粒模板，该方法与 TSV、YHV、IMNV 无交叉反应（Pooljun et al.，2016）。

（三）宿主抗感染免疫防御研究

国外对鱼类先天性免疫的研究相对于国内较少，主要研究内容同样集中在模式识别受体、信号通路及免疫效应分子等方面。在 TLR 信号通路研究中，克隆鉴定了鲤

TLR1、TLR2，卡特拉鲃 TLR2、TLR4，裂腹鱼 TLR3，露斯塔野鲮 TLR4，巴丁鱼 TLR5，太平洋红鲷 TLR5M，黄尾鱼 TLR21，尖吻鲈 TLR22，衰白鲑的 14 种 TLRs，较为系统地研究了这些受体的生物信息学特征、病原刺激后的表达特征，在信号转导及免疫防御中的基础功能（Fink et al.，2016；Basu et al.，2016；Paria et al.，2018）。另外，也鉴定了一些 TLR 信号通路中的信号转导及调控分子，如虹鳟 TRAF6、TAK1、IRAK3 和 ST2（Rebl et al.，2019）。在 NOD 样受体信号通路中，克隆鉴定了卡特拉鲃 NOD1、NOD2，虹鳟 NLRC3、NLRC5 和 NLRX1，牙鲆 NOD 样受体 5，尖吻鲈 NLRC3，大西洋鲑 NLRC5（Álvarez et al.，2017；Pontigo et al.，2016）。在 RIG 样受体信号通路研究方面，鉴定了斑马鱼 MDA5、Drp-1（Krishnan et al.，2018），尖吻鲈 RIG-1、MDA5、MAVS、LGP2（Mohanty et al.，2020），主要研究了这些受体在防御病毒感染过程中的作用机制，发现 A20（tnfaip3）是 RIG-I 介导的 IFN 诱导的负调控因子（Mérour et al.，2019）。

在效应分子研究方面，克隆鉴定了牙鲆 IL-12，许氏平鲉 IL-1β and IL-8，高体鰤 IL-12，条石鲷信号转导激活子 3（STAT3），牙鲆Ⅱ型干扰素受体 1 和 2，青鳉Ⅰ型 IFN 和 TNF-α，金头鲷的干扰素刺激基因 ISG15；斑马鱼 ISG 基因，军曹鱼 TNF-α and IL-8 等，研究了这些效应分子的免疫防御功能（Zahradník et al.，2018；Matsumoto et al.，2019；Álvarez-Torres et al.，2018）。另外，发现红鳍东方鲀的重组 IFN-γ，IFN-γrel，IL-4/13A and IL-4/13B 起到免疫增强子的作用（Biswas et al.，2016）。

（四）水产药物应用与新渔药创制

1. 水产药物及药效学

近 5 年来，国外水产动物药物学研究内容较为广泛，涉及环境因素对药物代谢的影响、药动学/药效学联合作用、杀虫药和镇静药药动学、抗菌药联合作用等，禁用药物的标记物研究和药物新制剂研发也受到关注。

温度、盐度和剂量对药代动力学（PK）存在一定的影响。温度对某些 PK 参数有深远的影响，因此给药方案应考虑水温因素（Rairat et al.，2019）。尼罗罗非鱼高剂量用药时应特别谨慎，尤其高水温时可能需要更高的剂量，在低剂量时可能出现非线性 PK，从而导致药物毒性和组织残留的风险更高（Rairat et al.，2020）。盐度越高，氟苯尼考在鱼体中的消除越快；尼罗罗非鱼养殖过程中，氟苯尼考使用剂量也随水体盐度发生变化，在盐度 15 左右时的使用量比在淡水中需要高出近 50%（Rairat et al.，2020）。

阿莫西林（AMX）被用于治疗杂交红罗非鱼中的链球菌感染，AMX 在短时间内从食用肌肉组织中消除，意味着其食品安全危害性较低；但仍需进一步研究其合适的治疗剂量。芬苯达唑（fenbendazole，FBZ）和甲苯达唑（mebendazole，MBZ）以 20 毫克/千克剂量药饵给药露斯塔野鲮（Labeo rohita），与 MBZ 相比，FBZ 吸收快速并有效消耗，且能有效清除寄生鱼体的蠕虫（Palanikani et al.，2019）。

More 等（2020）研制了具有良好脑靶向性的姜黄素-姜黄油微乳液，旨在研究功能性成分在脑靶向制剂中的作用，该乳液可提高口服给药后药物在斑马鱼脑组织中的吸收和利用率。甲砜霉素和氟苯尼考联合治疗可有效控制嗜水气单胞菌引起的尼罗罗非鱼死亡，联合治疗使用的抗菌剂总剂量低于单一药物的剂量。在抗菌剂量较小的情况下，经甲砜霉素和氟苯尼考联合处理的存活鱼体内不会残留该病原体。使用高效的抗菌剂组合是减少其在水产养殖中的使用的一个有前途的战略（Assane et al.，2019）。

2. 水产细菌耐药性研究

副溶血性弧菌的耐药谱相当丰富，并且对多种常见抗生素具有耐受性和耐药率呈现持续增加。Carvalho 等（2016）、You 等（2016）以及 Kang 等（2015）分别对巴西蟹、马来西亚水环境以及韩国牡蛎中分离到的副溶血弧菌进行试验，发现从中分离的菌株均对氨苄西林的耐药率较高，对其他抗菌药物也有不同水平的耐药性。水产源副溶血型弧菌对养殖中常使用的氨苄西林、氯霉素、土霉素和环丙沙星高度耐受（Letchumanan et al.，2015）。环境可能是细菌耐药性的重要影响因素之一，养殖场中分离的副溶血弧菌耐药性受养殖地区、养殖品种、养殖模式和养殖环境等因素影响。分析厄瓜多尔对虾及其养殖环境中的副溶血弧菌的耐药性，发现这些菌株对十几种常见的抗生素具有抗性，其中对四环素的耐药率更是超过 50%（Sperling et al.，2015），而印度虾塘及其养殖环境中副溶血弧菌却对四环素完全敏感（Devi et al.，2009）。

3. 中草药

与国内相比，国外中草药在水产病害防治中的研究相对较少。喂食添加番石榴叶提取物的饲料 30 天，可以显著降低因嗜水气单胞菌感染引起的莫桑比克罗非鱼死亡率。喂食添加南瓜（*Cucurbita mixta*）籽粕饲料（4 克/千克和 6 克/千克），也能显著提高莫桑比克罗非鱼感染嗜水气单胞菌的成活率。喂食添加黄芪、当归和山楂复方的饲料（10 克/千克），提高了尼罗罗非鱼的溶菌酶、超氧化物歧化酶、过氧化氢酶和免疫球蛋白的水平；无乳链球菌攻击后，试验组尼罗罗非鱼存活率（70%）显著高于对照组（35%）（Abarike et al.，2019）。

在国外，利用植物精油开展了诸多研究工作。白棘枝（*Lippia alba*）精油具有良好的体外抗单殖吸虫和体内抗原虫作用。白千层（*Melaleuca alternifolia*）、薰衣草（*Lavandula angustifolia*）、薄荷（*Mentha piperita*）精油在体外能抗细鳞鲳感染多子小瓜虫，茶树精油 50 微升/升药浴可以治疗小瓜虫病。鳄嘴花提取物具有抗人疱疹病毒作用，对 CyHV-3 同样具有抗病毒活性（Haetrakul et al.，2018）。

4. 疫苗

杀鲑气单胞菌 Δ*crp* 在虹鳟鱼体内的减毒作用约为 6 倍，对杀鲑气单胞菌野生型具有保护性免疫作用，具有作为弱毒疫苗应用的潜力（Valderrama et al.，2017）。嗜冷黄杆菌的多价灭活浸泡疫苗在虹鳟鱼苗中具有诱导保护性免疫的效果，对虹鳟鱼苗的保护率为 84%，免疫鱼后肠 IgT 表达上升，血清总 IgT 水平升高（Hoare et al.，2017）。丹麦虹鳟鱼接种杀鲑气单胞菌、鳗弧菌和鲁氏耶尔森氏菌三联疫苗对耶尔森氏菌病、腐烂病、弧菌病 3 种相关细菌性疾病均有预防作用，该疫苗可诱导鲑鱼产生针对不同细菌抗原的特异性抗体反应，并调节编码 SAA、C3、IL-1β、IL-6、IL-8、IgD 和 MHCII 基因的表达（Marana et al.，2019）。在韩国分离株中，发现杀鲑气单胞菌的Ⅲ型分泌系统的注射器蛋白（ascV 和 ascC）、转录调节蛋白（exsA）和 A-层蛋白基因存在差异，表明它们在致病性中可能发挥重要作用，根据以上结果研制了一种高毒力杀鲑气单胞菌灭活疫苗，在接种后 8 周和 16 周的相对存活率分别为 81.8%和 82.9%（Jongwon et al.，2020）.

四、国内外科技水平对比分析

近 5 年，国际水产养殖发达国家通过开展大量的水产流行病学调查和深入的病原学研究，建立了许多标准化的诊断技术，并通过第三方提供商业化检测服务，对疾病的流行趋势进行预测，制定科学的防控策略，达到有效预防水产病害的效果。此外，疫苗、免疫增强剂和微生态制剂已成为水产养殖发达国家进行疾病临床防控普遍采用的技术产品。全球允许生产使用的渔用疫苗超过 140 种。渔用疫苗产业化方面，挪威、美国、加拿大、荷兰、日本等国家培育出众多从事渔用疫苗开发的跨国公司。其中，挪威的大西洋鲑养殖产业是渔用疫苗成功应用的典范，有 17 种疫苗实现了商业化应用，使得抗生素使用量降低了 99%。多联多价、口服、浸泡等新型疫苗已成为国外发达国家渔用疫苗开发的主流。相比而言，我国水产病害防治领域在病原学与流行病学、疾病诊断与预警预报、免疫机理与免疫预防技术、水产药理与防控技术等研究方面都取得了一定的进步，但实用化的技术研究和产品研发依然不足，难以支撑产业发展对病害高效防控的技术需求。纵观我国水产养殖发展历程，在病害研究及防控方面具有以下特点和不足：

（一）水产动物疾病防控基础研究分散，缺乏系统性和实用性成果

我国水产养殖品种繁多，病害种类多达数百种。在各类项目支持下，相关科研单位和院校开展了相关调研工作，已基本掌握水产病害种类、分布、发生规律及其危害。但流行病学调查研究仍缺乏长期性、持续性支持，相关调查研究时空不连贯、

研究不系统，更缺乏对新发疫病的高度关注，无法为水产病害的科学防控提供有力支撑和参考。国际上，多数国家的水产养殖规模不大，病害种类相对较少，故而对重要病害能够开展长期性流行病学研究和动态监测，并逐步形成了生物安保体系。在国外，先进的理念和良好的防控措施使流行性疾病容易得到控制。与之相比，我国亟须在重大疫病长期性监测、预警预报、生物安保体系建设、联防联控等方面进一步加强。

（二）实用化诊断技术产品缺乏，病害检测和监测力度不足

目前，水产动物疾病诊断仍然依赖实验室技术条件，常用的分子生物学检测仪器及试验条件，普遍成本高、耗时长，无法适用于水产养殖现场检测以及多病原或基因分型检测，极大程度上限制了诊断效率。当前国际上分子生物学检测技术特点是检测设备制造精良，配套技术齐备，具有标准化操作规范，利于商业化推广。与之相比，我国亟须把诊断技术走出实验室，提升检测设备的商业化制造水平，尤其是急需研发高通量基因芯片、免疫胶体金快速检测试纸、微流控 PCR、多型病原检测等技术，申报新兽药（诊断制品）证书且进行商业化开发，以满足大规模样本的现场检测、多病原同步检测和基因分型检测等需求。

（三）渔用疫苗和专用药物产业化进程缓慢，严重滞后于水产养殖业的发展形势

与欧美等水产养殖发达国家相比，我国水产疫苗研发起步较晚，目前市场流通的商业化渔用疫苗种类甚少，研发的专用新渔药证书更是寥寥无几。我国已经获得新兽药证书的渔用疫苗仅有草鱼出血病细胞培养灭活疫苗、草鱼出血病活疫苗（GCHV-892 株）、嗜水气单胞菌败血症灭活疫苗、大菱鲆迟钝爱德氏菌减毒活疫苗等 8 种，其中获得生产批文的仅有 5 种。国内疫苗的主要类型是灭活疫苗和减毒活疫苗，类型相对单一；同时缺乏自动化疫苗注射装备。在国外，占据主导地位的虽然也是灭活疫苗和减毒活疫苗，但呈现多联、多价趋势，甚至达到五联或六联；另外，开发了亚单位疫苗、DNA 疫苗等新型制剂。在接种方法上，国外已基本实现自动化注射疫苗，接种速度高效。总体上说，我国渔用疫苗产业化进程缓慢，严重滞后于水产养殖业的发展形势。

（四）缺乏疾病防控技术集成，亟待加强防控措施系统化和标准化

在疾病防控方面，国外建立了生物安保防控技术体系，具有系统化防控的特点。而相比而言，我国的水产养殖防控技术体系尚未健全，防控技术碎片化现象较为普遍，如疫苗应用缺少自动化注射装备；面对新发疫病，却缺少合规化渔药产品；饵料中添加中草药和添加剂，却缺少专用粘合剂和相关辅助设备。长期以来，偏重理论和

技术研究，缺失产品开发；更缺少重大病害的系统化研究和技术集成，实用化的防控规范或标准几乎为空白。

五、"十四五"展望与建议

我国水产养殖涉及的养殖品种多、病害种类多、病原复杂多样、流行面积广、经济损失大，多种重大疾病长期呈现蔓延的态势。水环境的流动性和复杂性导致病原水平传播和交叉污染严重，大大增加了水产动物疾病防控的难度。目前，缺少规范化病原现场快检技术和全国"一张图"监测预警预报，无法实时掌握疾病的发生和流行情况，不能实现有效的联防联控；水产病害防控仍以药物为主，免疫与生态防控手段欠缺，实用化的技术研究和产品研发依然不足，适用性防控技术体系建设尚不健全；病害流行及投入品盲目施用造成的化学类药物残留超标等问题，仍不容忽视。因此，加强病害诊疗能力和防控技术体系建设，实现快速诊断、准确预警、免疫预防和生态防控，遏制病害流行，保障水产品质量安全和有效供给，是新时代水产养殖绿色发展的重大任务。"十四五"期间，水产养殖病害防治领域重点研究方向应集中在以下几个方面：

1. 水产养殖病害精准诊断与预警预报技术

以危害我国海、淡水主要养殖品种的重要疾病和病原为研究对象，研发免疫胶体金/RPA 快速检测试纸、病原核酸检测试剂盒、多病原同步检测免疫芯片，开发便携式基因芯片检测装置，并搭建精准智能化检测分析平台，实现重要病原的现场快速检测、多病原同步检测和基因分型检测，形成具备水产养殖现场应用能力的检测技术产品，并进行规模化生产和示范应用，实现重要病原早期、简便、快速、灵敏、精准的现场检测，为疾病的精准预警预报和有效防控提供技术保障。

通过大数据分析，研究重大疾病发生过程中环境参数、生物因子的变化特征及其与疾病发生的相关性，建立多参数的数学预警模型，形成对重大疾病的有效预警。运用信息化技术，集成水产病害大数据库和疾病数学预警模型，并实现网络化运行，建立基于 GIS 地理信息的全国"一张图"疾病监测预警与信息发布平台，实现对水产病情全覆盖监测、重大病害提前预警、即时发布预报，为我国水产病害联防联控提供支撑和决策依据。

2. 水产养殖病原库集及病原区系特征解析

开展鱼、虾、蟹、贝、参等养殖品种的重要病原及流行病学数据的收集整理，优化建立低温和冻干保藏技术，构建我国水产病害大数据库并充分挖掘利用。解析典型病原的致病力、耐药、血清型/基因型、遗传特性、生理代谢等生物学特征的时空变化，大尺度分析其区系特征，解析重要水产病原流行、变异与分布趋势，为掌握重要疾病的流行规律和精准防控奠定基础。

3. 水生动物药理与药物精准防控技术

针对我国水产养殖主养品种和重要疾病，研究建立基于细胞模型的高通量药物筛选模型和药物的分子靶标，进而筛选高效小分子中药、化药或抗病生物制品；研究建立渔药在养殖动物体内的药效学模型、药代动力学模型以及药效评价模型；根据国家新兽药研发相关法规，开展安全、高效的新诊断制品、新化学药、新中草药、渔用新生物制品（包括疫苗）、微生物新药剂等原料筛选和制剂研发，建立候选药物的 GMP 生产技术工艺和质量标准，通过渔用药物临床试验质量管理规范（GCP）认证，取得渔用新兽药注册证书和生产许可证书，弥补我国在渔用新药物方面的严重短缺现状。遵循国家减抗行动，以开发中草药、疫苗为重点，为水产重要疾病防控提供高效绿色抗病产品。

基于药理学、药代动力学参数，明确给药剂量、方法、疗程和停药期；根据药物特性和疾病病理特征，研发药浴、口服、注射等高效给药技术，减少药残和耐药发生，制定药物的应用技术规范，确保养殖水产品的质量安全。

4. 渔用疫苗创制与疫病区域化控制技术

围绕我国主要海、淡水养殖鱼类的重大病毒性和细菌性疾病，重点开展单价苗、多联苗的应答规律、保护效应及免疫参数研究；研究各类病毒细胞悬浮培养、细菌发酵、抗原浓缩纯化等规模化制备技术；建立细胞种子评价、灭活检验等质量控制技术体系；制订相关制造及检验规程和质量标准，开展中间试制、临床试验、新兽药注册证书申报，推进一批疫苗获得注册许可，加快水产疫苗产业化。同时，开发疫苗自动化注射装备、浸泡免疫透皮剂等高效导入技术，推动疫苗的高效应用，加快疫苗的商业化发展。

5. 水产养殖耐药机理与控制技术

在优化水产养殖病原微生物抗药性检测技术的基础上，以重要疫病致病原为研究对象，研究水产用抗菌药物耐药的产生和诱导因素，阐明微生物抗药性产生机理；查明耐药基因的变迁途径，解析耐药基因表达的调控机制，阐明耐药基因和耐药表型之间关系；建立耐药的有效消除方法。根据微生物抗药性流行趋势，制定不同养殖模式下水产养殖用药对策和规范，为实现我国水产养殖健康、绿色、高质量发展奠定基础。

6. 水产养殖生物安保体系与疫病区域化控制技术

分析增养殖系统内重大疫病病原的引入途径和传播方式，对养殖环境、投入苗种、投入品和生产管理过程进行系统分析和重要病原微生物的筛查，识别养殖系统内重要病原引入、传播、留存途径。对重要病原的引入、传播和留存途径所涉及的各种生物和非生物样品，利用快速检测方法进行病原检测，评估养殖系统内病原传播的风险等级，甄别风险管控的关键控制点。研发增养殖系统中重大疫病病原引入风险切断和留存风险消减技术，对监测中发现的病原引入、传播和留存、迁出风险进行消减、管理和补救等处置操作，形成企业水平的生物安保技术方案。

建立水产养殖疫病区域化控制技术，即在特定的养殖区域内，基于宿主、环境、病原三者关系风险评估，确定疫病发生的风险控制点，采取区域内病原监测、疫苗免疫以及生物屏障、管理屏障、物理屏障等措施，制定特定区域集成技术工艺，形成水产疫病区域化管理规范，构建水产疫病区域化控制技术体系。

7. 水产养殖病害生态综合防控技术

依据各类水生生物的生物学特点、疾病发生与免疫机理，针对不同养殖品种和养殖模式分类施策，因地制宜建立其适应的生态防控、免疫预防或药物防控技术，集成疫苗接种、免疫增强、水环境维护、微生态调控、多品种混养等技术，构建水产养殖生态综合防控技术体系。在实践层面，以生态互利机制为基础，依据物种间能量传递、种间病原隔离原理，开展鱼-虾混养、参-虾混养、贝-藻间养、稻渔综合种养等多品种混养生态模式的病原控制研究，突破水产养殖系统有害菌定量化控制、抗菌生物絮团应用技术等关键技术，优化构建水产病害的生态综合防控新技术，形成“技术＋产品＋工艺”的一体化措施，为有效防控疾病发生和实现水产健康养殖提供有力支撑。

（王印庚　黄志斌　曾令兵　卢彤岩　张庆利　房文红 等　执笔）

致谢：本报告撰写过程中，得到了中国水产科学研究院相关单位史成银、白昌明、王庆、曹煜成、廖梅杰、张正、李杰、邱亮、董宣、谢国驷、陈凯等同仁的大力支持，他们为报告撰写提供了相关资料；中国水产科学研究院学科与平台处对报告进行了修改润色，在此一并感谢！

参　考　文　献

鲍鹏程，2019. 两种海水养殖鱼类减毒活疫苗联合免疫评价及口服疫苗开发［D］. 上海：华东理工大学.

曹丽萍，2018. 建鲤急性肝损伤模型的构建及几种中草药饲料添加剂对肝脏的保护作用［D］. 扬州：扬州大学.

柴静茹，王荻，卢彤岩，等，2020. 嗜冷黄杆菌及细菌性冷水病的研究进展［J］. 大连海洋大学学报，35（5）：755－761.

崔佳佳，王荻，卢彤岩，等，2016a. 嗜水气单胞菌对四环素类药物诱导耐药表型及机理研究［J］. 微生物学报（7）：1149－1158.

崔佳佳，王荻，卢彤岩，等，2016b. 养殖鱼源嗜水气单胞菌对氟喹诺酮类药物的耐药机制［J］. 水产学报（3）：495－502.

丁浩，2018. 罗非鱼无乳链球菌病防治药物的筛选［D］. 上海：上海海洋大学.

范晶晶，2017. 恩诺沙星在鲫鱼体内的药动学及其体外抗菌后效应研究［D］. 上海：上海海洋大学.

盖春蕾，叶海斌，许拉，等，2016. 中国对虾与日本对虾对白斑综合征病毒耐受力的比较［J］. 安徽农业科学，44（13）：171－172.

高彩霞，任燕，王庆，等，2018. 草鱼源致病性维氏气单胞菌的分离鉴定及药物敏感性分析［J］. 安徽农业大学学报，45（3）：409－415.

高志鹏，杨坤，陈凯，等，2021. 几种放射孢子虫的形态特征和分子鉴定［J］. 水生生物学报，45（2）：446－454.

巩华，陈丽玲，赖迎迢，等，2020. 海水鱼哈维氏弧菌、溶藻弧菌病二联灭活疫苗对斜带石斑鱼和卵形鲳鲹的注射、浸泡免疫研究［J］. 广东饲料，29（4）：26－30.

郭茜茜，付小哲，梁红茹，等，2019. 鳜弹状病毒调控谷氨酰胺还原性代谢途径促进自身增殖［J］. 中国水产科学，26（5）：993－1003.

胡晓娟，文国樑，田雅洁，等，2019. 4 种理化因子对菌株 XH1 硝化效果的影响［J］. 微生物学通报，46（6）：1291－1299.

胡晓娟，许云娜，胡百文，等，2018. 解磷菌 PSBHY－3 对池塘底泥的解磷效果［J］. 南方农业学报，49（10）：2096－2102.

姜燕，2016. 凡纳滨对虾急性肝胰腺坏死病防治中草药的筛选［D］. 大连：大连海洋大学.

孔淼，廖梅杰，王印庚，等，2020. 刺参养殖池塘中新敌害生物澳洲异尾涡虫（*Heterochaerus australis*）的鉴定及其危害［J］. 水产学报，44（9）：1－12

雷燕，赵振峰，唐绍林，等，2017. 国内养殖罗非鱼首次检出罗非鱼湖病毒［J］. 海洋与渔业（7）：7－10.

李嘉波，2019. 罗非鱼湖病毒对吉富尼罗罗非鱼和 E－11 细胞的感染［D］. 武汉：华中农业大学.

李杰，牟宗娟，杨慧超，等，2019. 条斑紫菜（*Pyropia yezoensis*）绿斑病病原菌的分离鉴定［J］. 渔业科学进展. 40（4）：140－146.

李淑芬，莫照兰，孔凡娜，等，2016. 一株紫菜腐霉的鉴定及其对条斑紫菜的致病性［J］. 中国海洋大学学报（自然科学版）. 46（7）：27－34.

栗子丹，李晋，史成银，2016. 引起半滑舌鳎（*Cynoglossus semilaevis* Günther）鱼苗大规模死亡的神经坏死病毒病［J］. 渔业科学进展，37（4）：110－115.

刘宝彬，杨冰，吕秀旺，等，2017. 凡纳滨对虾（*Litopenaeus vannamei*）传染性皮下及造血组织坏死病毒（IHHNV）及虾肝肠胞虫（EHP）的荧光定量 PCR 检测［J］. 渔业科学进展，38（2）：158－166.

刘帅，卢彤岩，王荻，等，2016. 杀鲑气单胞菌灭活疫苗对虹鳟免疫相关基因表达的研究［A］. 中国水产学会、四川省水产学会（12）：1.

刘晓娉，孙新颖，刘庆慧，等，2019. 2017 年中国部分地区白斑综合征病毒高变异区的序列分析［J］. 海洋渔业，41（3）：329－337.

刘雅梅，邱亮，程东远，等，2017. 检出虾肝肠胞虫（*Enterocytozoon hepatopenaei*）的凡纳滨对虾（*Litopenaeus vannamei*）群体的体长和体重关系［J］. 渔业科学进展，38（4）：96－103.

刘珍，张庆利，万晓媛，等，2016. 虾肝肠胞虫（*Enterocytozoon hepatopenaei*）实时荧光定量 PCR 检

测方法的建立及对虾样品的检测 [J]. 渔业科学进展，37 (2)：119-126.

龙继兵，周阳阳，张冬星，等，2016. 中草药水提物对黄颡鱼源维氏气单胞菌的体外抑菌活性研究 [J]. 黑龙江畜牧兽医 (19)：190-192+196.

孟愔，2019. 复方中草药对克氏原螯虾生长、免疫功能及肝肠组织的影响 [D]. 武汉：华中农业大学.

潘浩，王荻，卢彤岩，2016. 大蒜素在鲤、鲫血浆中的药物代谢动力学研究 [J]. 淡水渔业 (4)：60-64.

逄慧娟，廖梅杰，李彬，等，2017. 刺参 (*Apostichopus japonicus*) 保苗期"肠炎病"及其治疗方法 [J]. 渔业科学进展，38 (3)：188-197.

彭军辉，2018. 番石榴叶水提取物对拟穴青蟹免疫功能的影响及其抗 MCRV 作用初探 [D]. 上海：上海海洋大学.

乔毅，沈辉，万夕和，等，2018. 异育银鲫源嗜水气单胞菌对磺胺类耐药性分析 [J]. 水产科学，37 (4)：456-463.

尚晓金. 2017. 养殖条斑紫菜 (*Porphyra yezoensis*) 和掌状海带 (*Laminaria digitata*) 细菌性疾病的病原学研究 [D]. 上海：上海海洋大学.

尚晓金，荣小军，王印庚，等，2021. 一株条斑紫菜丝状体黄斑病致病菌病原学研究 [J]. 海洋渔业，43 (2)：1-10.

孙心如，2020. 两种海水养殖鱼类皮肤溃疡症致病菌疫苗的研制及免疫评价 [D]. 大连：大连海洋大学.

谭宏亮，陈凯，习丙文，等，2019. 白藜芦醇抑制嗜水气单胞菌毒力作用研究 [J]. 水生生物学报 (25)：861-868.

王博雅，王力，刘美如，等，2017. 凡纳滨对虾 3 种主要病毒和虾肝肠胞虫在辽宁地区的流行情况分析 [J]. 大连海洋大学学报，32 (2)：150-154.

王金龙，冯艳微，李赞，等，2020. 鳗弧菌和副溶血弧菌对短蛸感染的病理学研究 [J]. 山东大学学报 (理学版)，55 (9)：102-110.

王元，殷桂芳，符贵红，等，2016. 噁喹酸在凡纳滨对虾体内药动学和对弧菌的体外药效学 [J]. 水产学报，40 (3)：512-519.

韦明利，周胜杰，陈旭，等，2020. 北海市铁山港卵形鲳鲹深水网箱小瓜虫暴发简报 [J]. 科学养鱼 (2)：45-46.

郗建云，曹煜成，徐武杰，等，2016. 溶藻细菌 A3 的溶藻特性 [J]. 渔业科学进展，37 (6)：151-159.

夏立群，汪美，赖杰彬，等，2016. 鲫鱼诺卡氏菌感染斑马鱼模型的建立与组织病理学研究 [J]. 热带生物学报，7 (4)：409-416.

信艳杰，胡晓娟，曹煜成，等，2019. 光合细菌菌剂和沼泽红假单胞菌对实验水体氮磷营养盐和微生物群落的影响 [J]. 南方水产科学，15 (1)：31-41.

徐安乐，黎中宝，上官静波，等，2018. 复方中草药对珍珠龙胆石斑鱼生长、非特异性免疫及消化酶活性的影响 [J]. 海洋学报 (12)：49-57.

徐梦雅，杨锐，刘棋琴，等，2020. *Vibrio mediterranei* 117-T6 引发的坛紫菜黄斑病的初步研究 [J]. 水产学报，11 (1)：1-11.

闫倩倩，李彬，廖梅杰，等，2020. 山东主要刺参养殖区幼参肠道抗生素耐药菌及耐药基因分布特征 [J]. 渔业科学进展，41 (4)：134-143.

杨慧超，2019. 条斑紫菜 (*Pyropia yezoensis*) 的病害调查及其绿斑病病原的 PCR 检测方法 [D]. 上海：上海海洋大学.

张恒泽，高丽婷，万里，等，2020. 假单胞菌减毒活疫苗免疫后的大黄鱼脾脏转录组分析 [J]. 基因组学与应用生物学 (39)：123-131.

张枭，王荻，卢彤岩，等，2018. 虹鳟肠炎红嘴病病理模型的构建 [J]. 水产学报 (2)：282-290.

张艳楠，王印庚，刘福利，等，2020. 养殖长茎葡萄蕨藻黑褐病的病原学研究 [J]. 渔业科学进展，41 (1)：135-144.

张枭，王荻，卢彤岩，等，2018. 虹鳟肠炎红嘴病病理模型的构建 [J]. 水产学报，42 (2)：282-290.

赵凤，周洲，李小义，等，2017. 恩诺沙星及代谢物在西伯利亚鲟疾病模型内的药动学及残留消除规律 [J]. 食品工业科技，38 (6)：124-128，136.

ABARIKE E D, JIAN J, TANG J, et al., 2019. Traditional Chinese medicine enhances growth, immune response, and resistance to *Streptococcus agalactiae* in Nile Tilapia [J]. Journal of aquatic animal health (31): 46-55.

ÁLVAREZ C A, RAMíREZ-CEPEDA F, SANTANA P T, et al., 2017. Insights into the diversity of NOD-like receptors: Identification and expression analysis of NLRC3, NLRC5 and NLRX1 in rainbow trout [J]. Molecular Immunology (87): 102-113.

ÁLVAREZ-TORRES D, GóMEZ-ABELLáN V, ARIZCUN M, et al., 2018. Identification of an interferon-stimulated gene, isg15, involved in host immune defense against viral infections in gilthead seabream (*Sparus aurata L.*) [J]. Fish & Shellfish Immunology (73): 220-227.

ARIFF N, ABDULLAH A, AZMAI MNA, et al., 2019. Risk factors associated with viral nervous necrosis in hybrid groupers in Malaysia and the high similarity of its causative agent nervous necrosis virus to reassortant red-spotted grouper nervous necrosis virus/striped jack nervous necrosis virus strains [J]. Veterinary World, 12 (8): 1273-1284.

ASSANE, I. M., GOZI, K. S., VALLADÃO, G. M. R., et al., 2019. Combination of antimicrobials as an approach to reduce their application in aquaculture: emphasis on the use of thiamphenicol/florfenicol against *Aeromonas hydrophila* [J]. Aquaculture (507): 238-245.

BADIS Y, HAN J W, KLOCHKOVA T A, et al., 2020. The gene repertoire of Pythium porphyrae (Oomycota) suggests an adapted plant pathogen tackling red algae [J]. Algae, 35 (2): 133-144.

BAI C M, GAO W H, WANG C M, et al., 2016. Identification and characterization of ostreid herpesvirus 1 associated with massive mortalities of *Scapharca broughtonii* broodstocks in China [J]. Diseases of Aquatic Organisms, 118 (1): 65-75.

BAI C M, LI Y N, CHANG P H, et al., 2020. In situ hybridization revealed wide distribution of *Haliotid herpesvirus* 1 in infected small abalone, *Haliotis diversicolor supertexta* [J]. Journal of Invertebrate Pathology (173): 107356.

BAI C M, LI Y N, CHANG P H, et al., 2019. Susceptibility of two abalone species, *Haliotis diversicolor supertexta* and *Haliotis discus hannai*, to *Haliotid herpesvirus* 1 infection [J]. Journal of Invertebrate Pathology (160): 26-32.

BAI J S, LI Y W, DENG Y, et al., 2017. Molecular identification and expression analysis of TLR5M and TLR5S from orange-spotted grouper (*Epinepheluscoioides*) [J]. Fish & Shellfish Immunology

(63): 97 - 102.

BARTKOVA S, KOKOTOVIC B, SKALL H F, et al., 2017. Detection and quantification of *Aeromonas salmonicida* in fish tissue by real - time PCR [J]. Journal of fish diseases (40): 231 - 242.

BASU M, PAICHHA M, LENKA S S, et al., 2016. Hypoxic stress: impact on the modulation of TLR2, TLR4, NOD1 and NOD2 receptor and their down - stream signalling genes expression in catla (Catla catla) [J]. Molecular Biology Reports (43): 1 - 9.

BENIGNA VE, OLIVIER C, DAAN D, et al., 2018. Development and application of a duplex PCR assay for detection of Crangon crangon bacilliform virus in poulations of European brown shrimp (*Crangon crangon*) [J]. Journal of Invertebrate Pathology (153): 195 - 202.

BI D, GAO Y, CHU Q, et al., 2017. NOD1 is the innate immune receptor for iE - DAP and can activate NF - κB pathway in teleost fish [J]. Developmental and Comparative Immunology (76): 238 - 246.

BISWAS G, NAGAMINE R, HIKIMA J, et al., 2016. Inductive immune responses in the Japanese pufferfish (*Takifugu rubripes*) treated with recombinant IFN - γ, IFN - γrel, IL - 4/13A and IL - 4/13B [J]. International Immunopharmacology (31): 50 - 56.

BOUKEDJOUTA R, PRETTO T, ABBADI M, et al., 2020. Viral encephalopathy and retinopathy is endemic in wild groupers (genus *Epinephelus* spp.) of the Algerian coast [J]. Journal of Fish Disease (43): 801 - 812.

BUAYA A T, PLOCH S, THINES M, 2019. Rediscovery and phylogenetic placement of *Olpidiopsis gillii* (de Wildeman) Friedmann, a holocarpic oomycete parasitoid of freshwater diatoms [J]. Mycoscience (60): 141 - 146.

BUJAN N, MOHAMMED H H, BALBOA S, et al., 2017. Genetic studies to re - affiliate *Edwardsiella tarda* fish isolates to *Edwardsiella piscicida* and *Edwardsiella anguillarum* species [J]. Systematic and Applied Microbiology, 41 (1): 30 - 37.

CAO X, ZHAO LC, ZHANG JF, et al., 2019. Detection of viable but nonculturable *Vibrio parahaemolyticus* in shrimp samples using improved real - time PCR and real - time LAMP methods [J]. Food Control (103): 145 - 152.

CARRILLO M G, ZERMEÑO C L, ANGÉLICA V L, et al., 2019. Natural genetic transformation of *Vibrio parahaemolyticus* via pVA1 plasmid acquisition as a potential mechanism causing AHPND [J]. Diseases of Aquatic Organisms (1): 30 - 34.

CARVALHO MC, JAYME MM, ARENAZIO GS, et al., 2016. Microbiological Quality Assessment by PCR and Its Antibiotic Susceptibility in Mangrove Crabs (*Ucides cordatus*) from Guanabara Bay, Rio de Janeiro, Brazil [J]. Int J Microbiol. (3): 7825031.

CASTILLO D, ALVISE P D, XU R, et al., 2017. Comparative genome analyses of *Vibrio* anguillarum strains reveal a link with pathogenicity traits [J]. Msystems, 2 (1): 55 - 60.

CASTILLO D, RØRBO N, JØRGENSEN J, et al., 2019. Phage defense mechanisms and their genomic and phenotypic implications in the fish pathogen *Vibrio anguillarum* [J]. FEMS Microbiology Ecology, 95 (3): fiz004.

CHAROENWAI O, MEEMETTA W, SONTHI M, et al., 2019. A validated semi - nested PCR for rapid deetction of scal drop disease virus (SDDV) in Asian sea bass (*Lates calcarifer*) [J]. Journal of Virological Methods (268): 37 - 41.

CHEN B K, DONG Z, PANG N Y, et al., 2018. A novel real - time PCR approach for detection of infectious hypodermal and haematopoietic necrosis virus (IHHNV) in the freshwater crayfish *Procambarus clarkii*. [J], Journal of Invertebrate Pathology (157): 100 - 103.

CHEN L, XIAO Z F, QIANG L, et al., 2017. Autophagy promoted infectious kidney and spleen necrosis virus replication and decreased infectious virus yields in CPB cell line [J]. Fish and Shellfish Immunology (60): 25 - 32.

CHETTUPON P J, SATAPORN D, PIYAPONG C, et al., 2016. Development of a TaqMan real - time RT - PCR assay for detection of covert mortality nodavirus (CMNV) in penaeid shrimp [J]. Aquaculture (464): 445 - 450.

CUI Y Y, YE L T, WU L, et al., 2018. Seasonal occurrence of *Perkinsus* spp. and tissue distribution of *P. olseni* in clam (*Soletellina acuta*) from coastal waters of Wuchuan County, southern China [J]. Aquaculture (492): 300 - 305.

CUI Z W, KONG L L, ZHAO F, et al., 2020. Two types of TNF - α and their receptors in snakehead (Channa argus): Functions in antibacterial innate immunity [J]. Fish & Shellfish Immunology (104): 470 - 477.

DENG M L, YU Z H, GENG Y, et al., 2017. Outbreaks of *Streptococcosis* associated with *Streptococcus iniae* in Siberian sturgeon (*Acipenser baerii*) in China [J]. Aquaculture Research (187): 58 - 67.

DEVADAS S, BHASSU S, SOO TCC, et al., 2019. A new 5 - plex PCR detection method for acute hepatopancreatic necrosis disease (AHPND) - causing *Vibrio parahaemolyticus* strains [J]. Aquaculture (503): 373 - 380.

DEVI R, SURENDRAN PK, CHAKRABORTY K., 2019. Antibiotic resistance and plasmid profiling of *Vibrio parahaemolyticus* isolated from shrimp farms along the southwest coast of India [J]. World J Microbiol Biotechnol (25): 2005 - 2012.

DING Z F, CHEN J Q, LIN J, et al., 2016. Development of In situ hybridization and real - time PCR assays for the detection of *Hepatospora eriocheir*, a microsporidian pathogen in the Chinese mitten crab *Eriocheir sinensis* [J]. Journal of Fish Diseases (234): 34 - 54.

DONG H T, SIRIROOB S, MEEMETTA W, et al., 2017. Emergence of tilapia lake virus in Thailand and an alternative semi, nested RT, PCR for detection [J]. Aquaculture (476): 111 - 118.

DONG X, SONG J, CHEN J, et al., 2019. Conjugative transfer of the pVA1 - type plasmid carrying the *pirAB*^{vp} genes results in the formation of new AHPND - causing Vibrio [J]. Frontiers in Cellular and Infection Microbiology (56): 195 - 201.

DONG X, WANG H, XIE G, et al., 2017. An isolate of *Vibrio campbellii* carrying the *pir*^{VP} gene causes acute hepatopancreatic necrosis disease [J]. Emerging Microbes & Infections, 6 (1): 234 - 240.

DUMILAG R V., 2019. Detection of *Pythium porphyrae* infecting Philippine *Pyropia acanthophora* based on morphology and nuclear rRNA internal transcribed spacer sequences [J]. Journal of General

Plant Pathology, 85 (1): 72 - 78.

EL - BAHAR H M, ALI N G, ABOYADAK I M, et al., 2019. Virulence genes contributing to *Aeromonas hydrophila* pathogenicity in *Oreochromis niloticus* [J]. International Microbiology, 22 (4): 479 - 490.

FAN H, WANG L, WEN H, et al., 2017. Genome - wide identification and characterization of toll - like receptor genes in spotted sea bass (*Lateolabrax maculatus*) and their involvement in the host immune response to *Vibrio harveyi* infection [J]. Fish & Shellfish Immunology (92): 782 - 791.

FAN Y, ZHOU Y, ZENG L, et al., 2018. Identification, structural characterization, and expression analysis of toll - like receptors 2 and 3 from gibel carp (*Carassius auratus gibelio*) [J]. Fish & Shellfish Immunology (72): 629 - 638.

FINK I R, PIETRETTI D, VOOGDT C G P, et al., 2016. Molecular and functional characterization of Toll - like receptor (Tlr) 1 and Tlr2 in common carp (*Cyprinus carpio*) [J]. Fish & Shellfish Immunology (56): 70 - 83.

FU G, PENG J, WANG Y, et al., 2016. Pharmacokinetics and pharmacodynamics of sulfamethoxazole and trimethoprim in swimming crabs (*Portunus trituberculatus*) and *in vitro* antibacterial activity against *Vibrio*: PK/PD of SMZ - TMP in crabs and antibacterial activity against *Vibrio* [J]. Environmental Toxicology and Pharmacology (46): 45 - 54.

FU X Z, LIN Q, LIU L H, et al., 2016. Display of ISKNV orf086 protein on the surface of *Aeromonas hydrophila* and its immunogenicity in Chinese perch (*Siniperca chuatsi*) [J]. Fish & Shellfish Immunology (56): 286 - 293.

FU X Z, MING Y, LI C, et al., 2020. Siniperca chuatsi rhabdovirus (SCRV) induces autophagy via PI3K/AktmTOR pathway in CPB cells [J]. Fish and Shellfish Immunology, 102 (20): 381 - 388.

FU X Z, GUO X X, WU S W, et al., 2019. Non - Targeted UHPLC - Q - TOF/MS - Based Metabolomics Reveals a Metabolic Shift from Glucose to Glutamine in CPB Cells during ISKNV Infection Cycle [J]. Metabolites (9): 174.

GAO W H, AI K T, LUO K, et al., 2017. Establishment of a Multiplex PCR Assay to Detect Five Major Freshwater Bacteria [J]. Israeli Journal of Aquaculture - bamidgen (1939): 1 - 9.

GAO F Y, PANG J C, LU M X, et al., 2018. Molecular characterization, expression and functional analysis of NOD1, NOD2 and NLRC3 in Nile tilapia (*Oreochromis niloticus*) [J]. Fish & Shellfish Immunology (73): 207 - 219.

GARDENIA L, SUKENDA S, ZAIRIN M, et al., 2020. Development of primary cell culture from spleen of giant gourami *Osphronemus goramy* for propagation of giant gourami iridovirus (GGIV) [J]. Journal of Fish Diseases, 43 (8): 829 - 838.

GIRISHA S K, PUNEETH T G, NITHIN M S, et al., 2020. Red sea bream iridovirus disease (RSIVD) outbreak in Asian seabass (*Lates calcarifer*) cultured in open estuarine cages along the west coast of India: First report [J]. Aquaculture (520): 734 - 752.

GO J, WALTZEK T B, SUBRAMANIAM K, et al., 2016. Detection of infectious spleen and kidney necrosis virus (ISKNV) and turbot reddish body iridovirus (TRBIV) from archival ornamental fish samples [J]. Disease of Aquatic Organisms, 122 (2): 105 - 123.

GUO X X, SHI W W, NING Q L, et al., 2019. Accelerated metabolite levels of aerobic glycolysis and the pentose phosphate pathway are required for efficient replication of infectious spleen and kidney necrosis virus in Chinese perch brain cells [J]. Biomolecules (9): 440.

HAETRAKUL T, DUNBAR S G, CHANSUE N, 2018. Antiviral activities of *Clinacanthus nutans* (Burm. F.) Lindau extract against cyprinid herpesvirus 3 in koi (*Cyprinus carpio* koi)[J]. Fish Disease (41): 581 - 587.

HASSAN H A, DING X Y, ZHANG X J, et al., 2020. Fish borne *Edwardsiella tarda eha* involved in the bacterial biofilm formation, hemolytic activity, adhesion capability and pathogenicity. [J]. Archives of microbiology, 202 (4): 234 - 245.

HOARE R, NGO T P H, BARTIE K L, et al., 2017. Efficacy of a polyvalent immersion vaccine against *Flavobacterium psychrophilum* and evaluation of immune response to vaccination in rainbow trout fry (*Onchorynchus mykiss* L.) [J]. Veterinary Research (43): 43 - 46.

HONG S C, PATRICIA T, EMILY J F, et al., 2017. High genetic diversities between isolates of the fish parasite *Cryptocaryon irritans* (Ciliophora) suggest multiple cryptic species [J]. Molecular Phylogenetics and Evolution (23): 47 - 52.

HOU Z, YE Z, ZHANG D, et al., 2017. Characterization and expression profiling of NOD - like receptor C3 (NLRC3) in mucosal tissues of turbot (*Scophthalmus maximus* L.) following bacterial challenge [J]. Fish & Shellfish Immunology (66): 231 - 239.

HU X J, WEN G L, XU W J, et al., 2019. Effects of the algicidal bacterium CZBC1 on microalgal and bacterial communities in shrimp culture [J]. Aquaculture Environment Interactions (11): 279 - 290.

HU Y, CHEN W C, SHEN Y F, et al., 2019. Synthesis and antiviral activity of a new arctigenin derivative against IHNV in vitro and in vivo [J]. Fish & Shellfish Immunol (92): 736 - 745.

HU Y, LIU L, LI B Y, et al., 2019. Synthesis of arctigenin derivatives against infectious hematopoietic necrosis virus [J]. Eur. J. Med. Chem. (163): 183 - 194.

HUANG A, TAN X, QU S, et al., 2019. Evaluation on the antiviral activity of genipin against white spot syndrome virus in crayfish [J]. Fish & Shellfish Immunology (93): 380 - 386.

IMAJOH M, MORIMITU K, SUKEDA M, et al., 2016. TaqMan real - time PCR detection and phylogenetic analysis of *Cryptocaryon irritans* in Nomi Bay, Kochi, Japan [J]. Fish Pathology, 51 (3): 103 - 111.

JAROENLAK P, SANGUANRUT P, WILLIAMS B A, et al., 2016. A nested PCR assay to avoid false positive detection of the microsporidian *Enterocytozoon hepatopenaei* (EHP) in environmental samples in shrimp farms [J]. PLoS ONE (11): 121 - 127.

JEE E H., 2019. Detection of the amoebic parasite (order Dactylopodida) in cultured Pacific white shrimp (*Litopenaeus vannamei*) [J]. Aquaculture (507): 246 - 250.

JIA P, PURCELL M K, PAN G, et al., 2017. Analytical validation of a reverse transcriptase droplet digital PCR (RT - ddPCR) for quantitative detection of infectious hematopoietic necrosis virus [J]. Journal of Virological methods (245): 73 - 80.

JIANG B, WANG J, LUO H L, et al., 2017. L – amino acid oxidase expression profile and biochemical responses of rabbitfish (*Siganus oramin*) after exposure to a high dose of *Cryptocaryon irritans* [J]. Fish & Shellfish Immunology (69): 85 – 89.

JIANG T, HAN C, SéAMUS F, et al., 2018. Norovirus contamination in retail oysters from Beijing and Qingdao, China [J]. Food Control (86): 415 – 419.

JONGWON L, SUHEE H., 2020. Characterization of *Aeromonas salmonicida* and *A. sobria* isolated from cultured salmonid fish in Korea and development of a vaccine against furunculosis [J]. Journal of Fish Diseases, 24: 609 – 620.

JUN J W, KANG J W, GIRI S S, et al., 2020. Immunostimulation by starch hydrogel – based oral vaccine using formalin – killed cells against edwardsiellosis in Japanese eel, *Anguilla japonica* [J]. Vaccine, 238 (22): 134 – 140.

JUNPRUNG W, SUPUNGUL P, et al., 2019. *Litopenaeus vannamei* heat shock protein 70 (LvHSP70) enhances resistance to a strain of *Vibrio parahaemolyticus*, which can cause acute hepatopancreatic necrosis disease (AHPND), by activating shrimp immunity [J]. Developmental & Comparative Immunology (90): 138 – 146.

KANG CH, SHIN Y, KIM W, et al., 2016. Prevalence and antimicrobial susceptibility of *Vibrio parahaemolyticus* isolated from oysters in Korea [J]. Environ Sci Pollut Res Int., 23 (1): 918 – 26.

KARTHIKEYAN K, SHARMA A, MEKATAB T et al., 2017. Rapid and sensitive real – time loop meditated isothermal amplification for the detection of *Enterocytozoon hepatopenaei* of shrimp [J]. Aquaculture (481): 119 – 123.

KIBENGE F S., 2019. Emerging viruses in aquaculture [J]. Curr Opin Virol. (34): 97 – 103.

KIM K I, WON K M, LEE E S, et al., 2019. Detection of *Vibrio* and ten *Vibrio* species in cage – cultured fish by multiplex polymerase chain reaction using house – keeping genes [J]. Aquaculture (506): 417 – 423.

KLOCHKOVA T A, JUNG S, KIM G H., 2017. Host range and salinity tolerance of *Pythium porphyrae* may indicate its terrestrial origin [J]. Journal of Applied Phycology. 29 (1): 371 – 379.

KODA S A, SUBRAMANIAM K, FRANCIS – FLOYD R, et al., 2018. Phylogenomic characterization of two novel members of the genus *Megalocytivirus* from archived ornamental fish samples [J]. Disease of Aquatic Organisms, 130 (1): 11 – 24.

KOKKATTUNIVARTHIL S, KRISHNAN R, KEZHEDATH J, et al., 2018. New set of PCR primers for SYBR green – based qPCR deetction of IMNV in India [J]. Aquaculture (495): 726 – 730.

KONG S Y, JIANG Y S, WANG Q, et al., 2017. Detection methods of Cyprinid herpesvirus 2 infection in silver crucian carp (*Carassius auratus gibelio*) via a pORF72monoclonal antibody [J]. Journal of Fish Diseases (12): 1791 – 1798.

KRISHNAN R, JEENA K, PRASAD K P., 2018. Preliminary investigations on the role of Drp – 1dependent mitochondrial fission in attenuating RLR downstream signaling during nervous necrosis virus infection [J]. Fish & Shellfish Immunology (80): 618 – 623.

KUMAR R, T H NG, et al., 2020. Bile acid and bile acid transporters are involved in the pathogenesis of acute hepatopancreatic necrosis disease in white shrimp *Litopenaeus vannamei* [J]. Cell Microbiol., 22 (1): e13127.

KWAK M S, KLOCHKOVA T A, JEONG S, et al., 2017. *Olpidiopsis porphyrae* var. *koreanae*, an endemic endoparasite infecting cultivated *Pyropia yezoensis* in Korea [J]. Journal of Applied Phycology, 29 (4): 2003 - 2012.

LAI R F, JAKOVLIĆ I, LIU H, et al., 2017. Molecular characterization and immunological response analysis of toll - like receptors from the blunt snout bream (*Megalobrama amblycephala*) [J]. Developmental and Comparative Immunology (67): 471 - 475.

LEE E S, CHO M, MIN E Y, et al., 2020. Novel peptide nucleic acid - based real - time PCR assay for detection and genotyping of Megalocytivirus [J]. Aquaculture (518): 734818.

LEE S J, JEE B Y, SON M, et al., 2017. Infection and *cox2* sequence of *Pythium chondricola* (Oomycetes) causing red rot disease in *Pyropia yezoensis* (Rhodophyta) in Korea [J]. Algae, 32 (2): 155 - 160.

LETCHUMANAN V, PUSPARAJAH P, TAN L T, et al., 2015. Occurrence and Antibiotic Resistance of *Vibrio parahaemolyticus* from Shellfish in Selangor, Malaysia [J]. Front Microbiol. (6): 1417.

LI J, PANG S, SHAN T, et al., 2020. Changes of microbial community structures associated with seedlings of *Saccharina japonica* at early stage of outbreak of green rotten disease [J]. Journal of Applied Phycology, 5 (10): 1 - 5.

LI X P, WAN X Y, XU T T, et al., 2018. Development and validation of a TaqMan RT - qPCR for the detection of convert mortality nodavirus (CMNV) [J]. J Virol Methods. 262: 65 - 71.

LI Y Y, ZHENG S C, WANG Q, et al., 2017. Detection of koi herpesvirus (KHV) using a monoclonal antibody against *Cyprinus carpio* IgM [J]. Archives of Virology (162): 2381 - 2385.

LI S, WANG G, LIU D. et al., 2017. Cloning and expression analysis of a Toll - like receptor 21 (TLR21) gene from turbot, *Scophthalmus maximus* [J]. Developmental and Comparative Immunology (73): 163 - 168.

LI T, SHAN S, WANG L, et al., 2018. Identification of a fish - specific NOD - like receptor subfamily C (NLRC) gene from common carp (*Cyprinus carpio* L.): Characterization, ontogeny and expression analysis in response to immune stimulation [J]. Fish & Shellfish Immunology, 82: 371 - 377.

LIN Q, FU X Z, LIU L H, et al., 2017. Application and development of a TaqMan real - time PCR for detecting infectious spleen and kidney necrosis virus in *Siniperca chuatsi* [J]. Microbial Pathogenesis (107): 98 - 105.

LIU C, CHANG O Q, ZHANG D F, et al., 2018. *Aeromonas schubertii* as a cause of multi - organ necrosis in internal organs of Nile tilapia, *Oreochromis niloticus* [J]. J Fish Dis, 41 (10): 1529 - 1538.

LIU L Y, JIANG L Z, YU Y X, et al., 2017. Rapid diagnosis of *Vibrio owensii* responsible for shrimo acute hepatopancreatic necrosis disease with isothermal recombinase polymerase amplification assay [J]. Molecular and Cellular Probes (33): 4 - 7.

LIU Q, ZHI Y, HE Y, et al., 2020. Changes in phycospheric and environmental microbes associated with an outbreak of yellow spot disease on *Pyropia yezoensis* [J]. Aquaculture (529): 735651.

LIU W Z, ZHOU Y, FAN Y D, et al., 2018. Development of cross-priming amplification coupled with vertical flow visualization for rapid detection of infectious spleen and kidney necrosis virus (ISKNV) in mandarin fish, *Siniperca chuatsi* [J]. Journal of Virological Methods (253): 38-42.

LIU X F, GUAN Y Y, CHENG S L, et al., 2016. Development of a highly sensitive lateral immunochromatographic assay for rapid detection of *Vibrio parahaemolyticus* [J]. Journal of Virological Methods (131): 78-84.

LIU J, LI J, XIAO J, et al., 2017. The antiviral signaling mediated by black carp MDA5 is positively regulated by LGP2 [J]. Fish & Shellfish Immunology (66): 360-371.

LIU S B, LU L F, LU X B. et al., 2019. Zebrafish FGFR3 is a negative regulator of RLR pathway to decrease IFN expression [J]. Fish & shellfish immunology (92): 224-229.

LOKANATHAN Y, MOHD A A, KUA B C, et al., 2016. *Cryptocaryon irritans* recombinant proteins as potential antigens for sero-surveillance of cryptocaryonosis [J]. Journal of Fish Diseases, 39 (9): 1069-1083.

LUCCA M S R, CARDOSO P H M, CARVALHO B S, et al., 2018. Molecular detection and phylogenetic analysis of megalocytivirus in Brazilian ornamental fish [J]. Archives of Virology (163): 2225-2231.

LUO F, LING F, GENG T, et al., 2016. Systematic screening identifies synergistic combinations of traditional Chinese medicines and ingredients against *Dactylogyrus* infections using a goldfish model [J]. Aquaculture (459): 198-202.

MA R R, WANG Y, ZOU X, et al., 2019. Pharmacokinetics of oxytetracycline in Pacific white shrimp, *Penaeus vannamei*, after oral administration of a single-dose and multiple-doses [J]. Aquaculture (512): 734348.

MA Y, DAI T, SERWADDA A, et al., 2016. Detecting a novel Eriocheir sinensis reovirus by reverse transcription loop-mediated isothermal amplification assay [J]. Letters in Applied Microbiology (63): 363-368.

MARANA M H, SEPúLVEDA D, CHEN D, et al., 2019. A pentavalent vaccine for rainbow trout in Danish aquaculture [J]. Fish Shellfish Immunology (65): 344-351.

MéROUR E, JAMI R., LAMOUREUX A. et al., 2019. A20 (tnfaip3) is a negative feedback regulator of RIG-I-Mediated IFN induction in teleost [J]. Fish & Shellfish Immunology (84): 857-864.

MO Z Q, LI Y W, WANG H Q, et al., 2016. Comparative transcriptional profile of the fish parasite *Cryptocaryon irritans* [J]. Parasites & Vectors (9): 630.

MOHANTY A, SADANGI S, PAICHHA M. et al., 2020. Molecular characterization and expressional quantification of lgp2, a modulatory co-receptor of RLR-signalling pathway in the Indian major carp *Labeo rohita* following pathogenic challenges and PAMP stimulations [J]. J Fish Biol (96): 1399-1410.

MORE S K, PAWAR A P., 2020. Preparation, optimization and preliminary pharmacokinetic study of curcumin encapsulated turmeric oil microemulsion in zebra fish [J]. European Journal of Pharmaceutical Sciences (155): 105539.

NGUYEN H T, NGUYEN T, CHEN Y C, et al., 2018. Enhanced immune responses and effectiveness of refined outer membrane protein vaccines against *Vibrio harveyi* in orange - spotted grouper (*Epinephelus coioides*) [J]. J Fish Disease, 41 (9): 1349 - 1358

NI L Y, ZHOU L, WANG H Q, et al., 2017. Identification and expression analysis of three XCR1 - like receptors from *Epinephelus coioides* after *Cryptocaryon irritans* infection [J]. Fish & Shellfish Immunology (67): 95 - 102.

NIU G, KHATTIYA R, ZHANG T, et al., 2020. Phenotypic and genotypic characterization of *Streptococcus* spp. isolated from tilapia (*Oreochromis spp.*) cultured in river - based cage and earthen ponds in Northern Thailand. [J]. Journal of Fish Diseases, 43 (3) 215 - 218.

PARIA A, MAKESH M, CHAUDHARI A, et al., 2018. Toll - like receptor (TLR) 22, a non - mammalian TLR in Asian seabass, *Lates calcarifer*: Characterisation, ontogeny and inductive expression upon exposure with bacteria and ligands [J]. Developmental and Comparative Immunology (81): 180 - 186.

PENG W, SUN Y, LI G F, et al., 2018. Two Distinct Interferon - γ in the Orange - Spotted Grouper (*Epinephelus coioides*): Molecular Cloning, Functional Characterization, and Regulation in Toll - Like Receptor Pathway by Induction of miR - 146a [J]. Frontiers in Endocrinology (9): 41.

PIAMSOMBOON P, THANASAKSIRI K, MURAKAMI A, et al., 2020. Streptococcosis in freshwater farmed seabass Lates calcarifer and its virulence in Nile tilapia *Oreochromis niloticus* [J]. Aquaculture (523): 735189.

PIEREZAN F, SHAHIN K, HECKMAN T I, et al., 2020. Outbreaks of severe myositis in cultured white sturgeon (*Acipenser transmontanus* L.) associated with *Streptococcus iniae*. [J]. Journal of Fish Diseases, 43 (4): 124 - 131.

PONTIGO J P, AGÜERO M J, SÁNCHEZ P, et al., 2016. Identification and expressional analysis of NLRC5 inflammasome gene in smolting Atlantic salmon (*Salmo salar*) [J]. Fish & Shellfish Immunology (58): 259 - 265.

POOLJUN C, DIREKBUSARAKOM S, CHOTIPUNTU P, et al., 2016. Development of a TaqMan real - time RT - PCR assay for detection of covertmortality nodavirus (CMNV) in penaeid shrimp [J]. Aquaculture (464): 445 - 450.

PRESCOTT M A, REED A N, JIN L, et al., 2016. Rapid Detection of Cyprinid Herpesvirus 3 in Latently Infected Koi by Recombinase Polymerase Amplification. [J]. Journal of Aquatic Animal Health, 28 (3): 25 - 36.

QI D, XIA M Z, CHAO Y, et al., 2017. Identification, molecular evolution of toll - like receptors in a Tibetan schizothoracine fish (*Gymnocypris eckloni*) and their expression profiles in response to acute hypoxia. [J]. Fish & shellfish immunology (68): 135 - 146.

QIU L, CHEN X, GUO X M, et al., 2020. A TaqMan probe based real - time PCR for the detection of Decapod iridescent virus 1 [J]. J Invertebr Pathol. (173): 107367.

QIU L, CHEN X, ZHAO R H, et al., 2019. Description of a natural infection with Decapod iridescent virus 1 in farmed giant freshwater prawn, *Macrobrachium rosenbergii* [J]. Viruses, 11 (4): 354.

QIU L, MAO Y, TANG L, et al., 2019. Characterization of *Pythium chondricola* associated with red rot disease of *Pyropia yezoensis* (Ueda) (Bangiales, Rhodophyta) from Lianyungang, China [J]. Journal of Oceanology and Limnology, 37 (3): 1102 - 1112.

RAIRAT T, HSIEH C Y, THONGPIAM W, et al., 2019. Temperature - dependent pharmacokinetics of florfenicol in Nile tilapia (*Oreochromis niloticus*) following single oral and intravenous administration [J]. Aquaculture (503): 483 - 488.

RESTREPO L, BAYOT B, ARCINIEGAS S, et al., 2018. Pir^{VP} genes causing AHPND identified in a new *Vibrio* species (*Vibrio punensis*) within the commensal *Orientalis* clade [J]. Scientific Reports, 8 (1): 13080.

SANGLAS A, ALBARRAL V, FARFAN M, et al., 2017. Evolutionary Roots and Diversification of the Genus *Aeromonas* [J]. Frontiers in Microbiology, 8 (44): 127.

SARAH C. U, JOHN P, EMILY O, et al., 2018. Analysis of farm management strategies following herpesvirus (OsHV - 1) disease outbreaks in Pacific oysters in Tasmania, Australia [J]. Aquaculture (495): 179 - 186.

SHAMEENA S S, KUMAR K, KUMAR S, et al., 2020. Virulence characteristics of *Aeromonas veronii* biovars isolated from infected freshwater goldfish (*Carassius auratus*) [J]. Aquaculture (518): 734819.

SHEN YF, LIU L, FENG C Z, et al., 2018. Synthesis and antiviral activity of a new coumarin derivative against spring viraemia of carp virus [J]. Fish Shellfish Immunol. (81): 57 - 66.

SHI W, SONG AC, GAO S, et al., 2017. Rapid and sensitive detection of salmonid alphavirus using TaqMan real - time PCR [J]. Molecular and Cellular Probes (34): 13 - 20.

SHENG X Z, TANG Q, ZHANG L, et al., 2018. Development and application of a rapid semiquantitative immunochromatographic test strip to detect white spot syndrome virus [J]. Aquaculture (495): 23 - 34.

SHIMAHARA Y, KURITA J, NISHIOKA T, et al., 2016. Development of an improved RT - PCR for specific detection of spring viraemia of carp virus. [J]. Journal of Fish Diseases, 39 (3): 123 - 140.

SHYAM KU, JEONG HN, OH MJ, et al., 2020. Development of a lateral flow immuno - chromatic strip assay for the detection of nervous necrosis virus (NNV, RGNNV genotype) [J]. Aquaculture (520): 734944.

SKILTON D C, SAUNDERS R J, HUTSON K S., 2020. Parasite attractants: Identifying trap baits for parasite management in aquaculture [J]. Aquaculture (516): 734557.

SPERLING L, ALTER T, HUEHN S., 2015. Prevalence and Antimicrobial Resistance of Vibrio spp. in Retail and Farm Shrimps in Ecuador [J]. J Food Prot., 78 (11): 2089 - 92.

SRIISAN S, BOONCHIRD C, THITAMADEE S, et al., 2020. A sensitive and specific SYBR Green - based qPCR assay for detecting scale drop disease virus (SDDV) in Asian sea bass [J]. Diseases of Aquatic Organisms (65): 131 - 137.

SU B J, DONG J S, HYEJIN O, et al., 2017. Development of one - step reverse transcription loop - mediated isothermal amplification for norovirus detection in oysters [J]. Food Control (73): 1002 - 1009.

SUKENDA S, GARDENIA L, ZAIRIN M, et al., 2018. Identification of giant gourami iridovirus

(GGIV)：a new infectious spleen and kidney necrosis virus (ISKNV) from natural outbreak in cultured *Osphronemus goramy* [J]. Aquaculture International (28)：1069 - 1082.

SUN J, FANG W, KE B. et al., 2016. Inapparent *Streptococcus agalactiae* infection in adult/commercial tilapia [J]. Scientific Reports (6)：26319.

SUN LINDAN, YI LIZHU, ZHANG CHI, et al., 2016. Glutamine is required for snakehead fish vesiculovirus propagation via replenishing the tricarboxylic acid cycle. [J]. The Journal of General Virology, 97 (11)：111 - 120.

TANG KFJ, ARANGUREN LF, PIAMSOMBOOM P, et al., 2017. Detection of the microsporidian *Enterocytozoom hepatopenaei* (EHP) and Taura syndrome virus in *Penaeus vannamei* cultured in Venezuela [J]. Aquaculture (480)：17 - 21.

TOMOMASA M, TOMOKAZUT, CHIHAYA N, et al., 2019. Spatiotemporal dynamics of *Spirochaeta*, the putative etiologic agent of Akoya oyster disease in pearl oysters, as determined by quantitative PCR [J]. Aquaculture (513)：734433.

TONG GX, YIN WL, WU XQ, et al., 2019. Establishment of pyrosequencing technology to detect White Spot Syndrome Virus (WSSV) in cultured aquatic animals [J]. Journal of Virological Methods. (273)：113683.

TOUBANAKI DK, KARAGOUNI E., 2017. Genotype - specific real - time PCR combined with high - resolution melting analysis for rapid identification of red - spotted grouper nervous necrosis virus [J]. Archives of Virology (162)：2315 - 2328.

TOUBANAKI DK, MARGARONI M, PRAPAS A, et al., 2020. Development of a nanoparticle - based lateral flow strip biosensor for visual detection of whole nervous necrosis virus particles [J]. Scientific Reports (10)：6529.

TSOFACK J E K, ZAMOSTIANO R, WATTED S, et al., 2017. Detection of tilapia lake virus in clinical samples by culturing and nested reverse transcription PCR [J]. J Clin Microbiol, 55 (3)：759 - 767.

VALDERRAMA K, SARAVIA M, SANTANDER J., 2017. Phenotype of *Aeromonas salmonicida* sp. *salmonicida* cyclic adenosine 3′, 5′ - monophosphate receptor protein (Crp) mutants and its virulence in rainbow trout (*Oncorhynchus mykiss*) [J]. Journal of Fish Diseases (40)：28 - 38.

VOLPE E, GUSTINELLI A, CAFFARA M, et al., 2020. Viral nervous necrosis outbreaks caused by the RGNNV/SJNNV reassortant betanodavirus in gilthead sea bream (*Sparus aurata*) and European sea bass (*Dicentrarchus labrax*) [J]. Aquaculture (523)：735155.

WANG H, CHEN Y Q, RU G M, et al., 2018. EGCG：Potential application as a protective agent against grass carp reovirus in aquaculture [J]. Journal of Fish Diseases, 41 (8)：111 - 123.

WEI Y, HUANG H Y, YAO T, et al., 2018. Detection of viruses in abalone tissue using metagenomics technology [J]. Aquaculture Research, 49 (8)：2704 - 2713.

WU Z B, LING F, SONG C G, et al., 2017. Effects of oral administration of whole plants of *Artemisia annua* on *Ichthyophthirius multifiliis* and *Aeromonas hydrophila* after parasitism by *I. multifiliis* [J]. Parasitology Research, 116 (1)：111 - 123.

XING J, XU H, WANG Y, et al., 2019. Identification of immunogenic proteins and evaluation of four recombinant proteins as potential vaccine antigens from *Vibrio anguillarum* in flounder (*Paralichthys olivaceus*) [J]. Vaccine, 35 (24): 111 - 130.

XU L M, ZHAO J Z, LIU M, et al., 2021. Infectious hematopoietic necrosis virus enhanced infectious pancreatic necrosis virus multiplication during co - infection in Chinook salmon embryo cell lines [J]. Aquaculture (531): 735898.

Xu L M, Zhao J Z, Ren G M, et al., 2019. Co - infection of infectious hematopoietic necrosis virus (IHNV) and infectious pancreatic necrosis virus (IPNV) caused high mortality in farmed rainbow trout (*Oncorhynchus mykiss*) in China [J]. Aquaculture (512): 734286.

XU W, JIAO C, BAO P, et al., 2019. Efficacy of Montanide™ ISA 763A VG as aquatic adjuvant administrated with an inactivated *Vibrio harveyi* vaccine in turbot (*Scophthalmus maximus* L.) [J]. Fish Shellfish Immunology, 84: 56 - 61.

XU X D, LIU K F, WANG S F, et al., 2017. Identification of pathogenicity, investigation of virulent gene distribution and development of a virulent strain - specific detection PCR method for *Vibrio harveyi* isolated from Hainan Province and Guangdong Province, China [J]. Aquaculture (468): 226 - 234.

XU T J, CHU Q, CUI J X, et al., 2018. The inducible microRNA - 203 in fish represses the inflammatory responses to Gram - negative bacteria by targeting IL - 1 receptor - associated kinase 4 [J]. Journal of Biological Chemistry, 293 (4): 125 - 130.

XU T B, LIAO Z W, SU J G., 2020. Pattern recognition receptors in grass carp *Ctenopharyngodon idella*: II. Organization and expression analysis of NOD - like receptors. [J]. Developmental and Comparative Immunology (110): 25 - 30.

YAN M T, HE J H, ZHU W B., 2016. A microRNA from infectious spleen and kidney necrosis virus modulates expression of the virus - mock basement membrane component VP08R [J]. Virology (492): 32 - 37.

YANG H C, YAN Y W, LI J, et al., 2020. Development of a PCR method for detection of *Pseudoalteromonas marina* associated with green spot disease in *Pyropia yezoensis*. [J] Journal of Oceanology and Limnology, 38 (1): 168 - 176.

YAO W, NAN C, ABEER M.H, et al., 2016. Autophagy induced by snakehead fish vesiculovirus inhibited its replication in SSN - 1 cell line [J]. Fish & Shellfish Immunology (55): 415 -422.

YE L T, WU L, WANG J Y, et al., 2019. First report of black - heart disease in Kumamoto oyster *Crassostrea sikamea* spat caused by *Polydora lingshuiensis* in China. [J]. Diseases of Aquatic Organisms, 133 (3): 231 - 234.

YE L T, YAO T, WU L, et al., 2019. Morphological and molecular diagnoses of *Polydora brevipalpa* Zachs, 1933 (Annelida: Spionidae) from the shellfish along the coast of China [J]. Journal of Oceanology and Limnology, 37 (2): 121 - 125.

YEONHWA J, NATALIA A, JOLANTA K, et al., 2017. Detection of koi herpesvirus (KHV) and carp oedema virus (CEV) in invasive round goby, *Neogobius melanostomus* Pallas, 1814, from Poland and Germany [J]. Journal of Veterinary Research, 64 (2): 15 - 24.

YOU K G, BONG C W, LEE C W, 2016. Antibiotic resistance and plasmid profiling of Vibrio spp. in tropical waters of Peninsular Malaysia [J]. Environ Monit Assess, 188 (3): 171.

ZENG W W, YAO W, WANG Y Y, et al., 2017. Molecular detection of genotype II grass carp reovirus based on nucleic acid sequence - based amplification combined with enzyme - linked immunosorbent assay (NASBA - ELISA) [J]. Journal of Virological Methods (243): 121 - 124.

ZHAN F B, JAKOVLIĆ I, WANG W M., 2019. Identification, characterization and expression in response to *Aeromonas hydrophila* challenge of five interferon regulatory factors in *Megalobrama amblycephala* [J]. Fish & Shellfish Immunology (86): 204 - 212.

ZHANG Q, XU T, WAN X, et al., 2017. Prevalence and distribution of covert mortality nodavirus (CMNV) in cultured crustacean [J]. Virus Research (233): 113 - 119.

ZHAO C, FU H, SUN S, et al., 2017. Experimental inoculation of oriental river prawn Macrobrachium *nipponense* with white spot syndrome virus (WSSV) [J]. Diseases of Aquatic Organisms, 126 (2): 125 - 134.

ZHAO J Z, XU L M, LIU M, et al., 2017. Autophagy induced by infectious hematopoietic necrosis virus inhibits intracellular viral replication and extracellular viral yields in epithelioma *papulosum cyprini* cell line [J]. Developmental and Comparative Immunology (77): 121 - 128.

ZHAO S, MA L C, WANG Y, et al., 2018. Antimicrobial resistance and pulsed - field gel electrophoresis typing of *Vibrio parahaemolyticus* isolated from shrimp mariculture environment along the east coast of China. Marine Pollutin Bulletin (136): 164 - 170.

ZHOU L, LI P, NI S, et al., 2017. Rapid and sensitive detection of redspotted grouper nervous necrosis virus (RGNNV) infection by aptamer - coat protein - aptamer sandwich enzyme - linked apta - sorbent assay (ELASA) [J]. Journal of Fish Diseases, 40 (12): 115 - 126.

ZHOU S H, WANG M Q, LIU M, et al., 2020. Rapid detection of *Enterocytozoon hepatopenaei* in shrimp through an isothermal recombinase polymerase amplification assay [J]. Aquaculture (521): 212 - 215.

ZHOU F J, ZHAN Q F, ZHU J D, et al., 2017. A NLRC3 - like gene from blunt snout bream (*Megalobrama amblycephala*): Molecular characterization, expression and association with resistance to *Aeromonas hydrophila* infection [J]. Fish and Shellfish Immunology (63): 38 - 45.

ZOU P F, CHANG M X, LI Y, et al., 2016. NOD2 in zebrafish functions in antibacterial and also antiviral responses via NF - κB, and also MDA5, RIG - I and MAVS [J]. Fish and Shellfish Immunology (55): 458 - 461.

水产养殖技术领域研究进展

一、前　言

“十三五”期间，我国水产养殖业取得了显著成绩。2020 年全国水产品总产量为 6 549.02 万吨，水产养殖总产量 5 224.20 万吨，占水产品总产量的 79.77%，较 2015 年上升了 6.07 个百分点；渔业产值达到 13 517.24 亿元，其中水产养殖产值 10 223.35 亿元，占渔业产值的 75.63%，较 2015 年上升了 2.59 个百分点。2020 年全国渔民人均年收入 21 837.16 元，较 2015 年全国渔民人均年收入增加了 6 242.33 元，增幅达 40%。水产养殖业为保障优质蛋白供给、降低天然水域水生生物资源利用强度、促进渔业产业兴旺和渔民生活富裕做出了突出贡献。

我国水产养殖业“十三五”期间，在种业芯片战略上取得了突出成绩，进一步完善了我国特色水产品种标准化繁育技术体系，突破了凡纳滨对虾种苗等“卡脖子”技术，研发出具有自主知识产权的育苗设施及方法，坚持了草鱼、鲢等的长期选育工作，突破了哲罗鱼、大鳞巴、海蜇等特色品种的苗种规模化繁育技术瓶颈，为促进我国水产动物集约化健康养殖提供了种业支撑；形成了我国独具特色的高效、节能、节水的绿色养殖模式，在传统养殖模式基础上进一步完善淡水池塘生态工程养殖、稻渔综合种养、陆基工厂化循环水养殖、深水抗风浪网箱养殖等新型养殖模式，健康养殖示范场面积不断增加，示范效果良好，为我国水产养殖生产方式转型升级奠定了基础；形成了最具规模的水产饲料工业发展模式，进一步建立了我国主要水产养殖动物的营养参数公共平台和标准化技术，为我国水产饲料工业的规模化发展奠定了基础。综上，水产养殖科技的进步在推进我国水产养殖业绿色高质量发展方面发挥了极其重要的支撑和引领作用。

二、国内研究现状

（一）主要研究进展

“十三五”是我国水产养殖产业转方式、调结构的重要时期，我国水产养殖产业发展水平在此期间有显著提高，主要体现在三方面：一是水产养殖集约化程度不断提高。已形成良种定向培养、苗种设施化繁育、饲料工业化生产、产品加工与运销为一体的产业群。二是生态养殖模式不断优化。环境友好养殖方式逐步推进，生态优先的减排养殖模式已逐渐形成。三是养殖区域布局更为合理，全国范围的养殖区、限养区和禁养区划分完成；盐碱水域、稻田、工业化养殖和离岸养殖新空间拓展发展。我国渔业经济保持了平稳健康发展，保障水产品供给，改善养殖环境，提高产品质量，增加渔民收入。在关键技术突破上主要体现在以下三个方面。

1. 苗种繁育

（1）养殖新品种产业化开发明显提升

“十三五”期间，共有61个新品种通过全国水产原种和良种审定委员会审（认）定，有力推动了我国水产养殖产量的持续增加。尤其是在现代农业产业技术体系的支持下，大宗淡水鱼、特色淡水鱼、海水鱼、虾蟹、贝类和藻类等取得了一批具有良好发展前景的新品种。

创建了特色养殖新品种人工繁育技术，如黄条鰤、三文鱼、金枪鱼、黑鳕、绿鳍马面鲀、石斑鱼、黄姑鱼、小黄鱼、脊尾白虾、远海梭子蟹、象拔蚌、管角螺、硬壳蛤、三倍体牡蛎、海水珍珠贝、金乌贼、曼氏无针乌贼、虎斑乌贼、真蛸、长蛸、短蛸、红海蜇、白海参、红毛菜、海萝藻、单环刺螠等，为海水养殖增加了新的活力。亚东鲑、法罗鱼、圆口铜鱼、乌苏里拟鲿等特色淡水鱼规模繁育技术上获得突破，年生产苗种规模达到5万尾以上，稳定了供给生产和增殖放流。

在珍稀鱼类繁育方面也取得了阶段性成果，秦巴多鳞白甲鱼/马口鱼规模化繁育持术获得突破，催产率、受精率及孵化率均达80%以上。齐口裂腹鱼、西藏濒危鱼类尖裸鲤、黑斑原鱼鮡苗种培育技术上获得突破，成功培养出2龄苗种，为这几种鱼类的资源保持提供了技术保障。濒于灭绝的圆斑星鲽突破了规模化人工繁育技术，开展了人工增殖放流修复资源工作，建立了工厂化人工养殖技术体系，建设了2个省级原良种场保障种质保存，解除了鱼种灭绝危机。

（2）养殖品种规模化繁育技术获得突破

在海水鱼类规模化繁育方面，我国开展繁育研究的海水鱼类有40余种，基本都做到了全人工繁育，甚至开展以修复自然资源为目的人工增殖放流。鱼类苗种规模化繁育以鲈鱼、大黄鱼、石斑鱼、鲆鲽鱼4类为主，年产规模均达亿尾量级；卵形鲳鲹苗种规模化繁育技术进步显著，苗种繁育规模迅速扩大至数亿尾。甲壳类有4个品种对虾开展规模化繁育，总苗量达1万亿尾以上，但是凡纳滨对虾一家独大，其苗量占虾类总苗量的70%以上；蟹类仍是以三疣梭子蟹和锯缘青蟹规模化繁育为主，二者育苗规模相当，海水蟹类育苗规模呈下降趋势。贝类总育苗量高达兆（亿）粒数量级，以牡蛎、蛤和扇贝苗种为主，其产量占总产量的77.1%，鲍鱼的育苗量有80亿粒左右。藻类以海带和紫菜两个品种育苗为主，海带的早秋苗、秋苗、夏苗和冬苗均形成规模，山东、福建、辽宁3省为育苗大省，年总产量达500亿株；紫菜育苗数量总体趋于稳定，育苗规模维持在10亿株以上。海参、海蜇、海胆等特种海珍品均开展了规模化苗种培育，海蜇苗种培育规模维持在数亿只，海参苗量规模达500亿头以上，海参苗种规模和产值最大，影响最广。

新开发的养殖品种绿鳍马面鲀、云纹石斑鱼、脊尾白虾、远海梭子蟹、硬壳蛤、三倍体牡蛎、真蛸、单环刺螠等有望规模化养殖，形成新的经济增长点，除了三倍体牡蛎和真蛸的规模育苗技术有待突破，其他品种的苗种培育技术均已突破。其中绿鳍马面鲀突破全人工生殖调控、规模化繁育，实现了山东和福建南北两地海域苗种生产，逐渐满足南北网箱接力、陆海接力和近远海接力养殖生产的苗种需求，助推马面鲀成为全国消费的“面包鱼”。人工培育了以黄姑鱼“金鳞1号”、凡纳滨对虾“广泰1号”、三疣梭子蟹“黄选2号”、长牡蛎“海大2号”、扇贝“青农金贝”、绿盘鲍、刺参“参优1号”为代表的28个新品种，实现了规模化繁育和应用推广，为种质产业升级做出了贡献。

在特色鱼繁育方面，实现了大口黑鲈的春季、夏季、秋季多季节规模化繁育，苗种生产公司化运作，培育的工厂化标苗（7～8厘米）成活率达到30%～50%，满足了全国不同生态区域的养殖户的苗种需求。探明了灰海马亲鱼的繁殖动态规律，查清了提高亲鱼繁殖力的饵料需求，建立了亲鱼投喂、筛选、复壮、复产技术和高效繁殖技术体系；建立了幼苗质量快速鉴别技术、幼鱼开口饵料强化技术和幼鱼各阶段投喂技术体系，实现了海马规模化繁养的应用和推广。

在珍稀保护品种繁育方面，实现了哲罗鲑全人工繁殖，建立东北、西北、西南地区的苗种繁育网络，哲罗鲑成为我国首个土著鱼类养殖品种。实现了大鳞鲃全人工繁殖、大鳞巴苗种春季、夏季多次繁育，满足了全国不同生态区域的养殖户苗种需求。

2. 养殖模式

（1）海水养殖模式

池塘养殖、滩涂养殖、浅海养殖、陆基工厂化等是海水养殖主要的养殖模式。“十三五”期间，在绿色发展理念的引领下，进一步创新并优化了兼具循环性、集成性、高效性、可持续性的浅海、池塘、工厂化等多种形式的海水高效养殖模式，拓展了离岸养殖和深远海养殖并实现了产业化应用和推广。

浅海生态养殖模式的生产效率显著提升。在基础理论研究方面，研发并应用了多套具有自主知识产权的室内、原位实验装置及系统，进一步完善了养殖生物生理生态学研究的方法论，将养殖生态系统生源要素关键生物地球化学过程的研究层面由个体水平提升到了群落、生态系统水平，建立了基于生态系统动力学模型的海水养殖容量动态评估方法，推进了养殖容量评估技术由“静态”向“动态”的跨越。此外，对“生态养殖”绿色属性和科学内涵的解析和诠释更加全面和深入，多营养层次综合养殖模式所提供的生态服务价值远高于单一养殖，食物供给功能和气候调节功能的服务价值比分别为 1.38～6.61：1 和 1.65～2.80：1；明确了浅海多营养层次综合养殖系统构建过程中的种类选择、空间布局、匹配模式、营养转化效率四大核心要素的原则和标准，深入推进以多营养层次综合养殖为代表的生态养殖模式的应用推广。进一步优化并创新了浅海筏式标准化生态养殖模式，综合效益提高了 30%以上。建立和完善了基于"政产学研用"合作平台的生态养殖模式产业化实现路径和机制，有效实现了浅海生态养殖模式在全国多个沿海省份的应用推广。

池塘生态养殖模式与技术创新发展。在系统解析海水池塘养殖生态系统物质循环和能量流动特征基础上，基于养殖生物的生态学特征和池塘养殖容量合理搭配不同营养级物种，创建了"虾-蟹-贝-鱼""虾-蟹-贝""虾-蜇-贝""虾-贝-耐盐植物""鱼-贝""参-贝"等多种海水池塘多营养层次综合养殖模式，不但显著提高了养殖生物的成活率、节省饲料成本、缩短养殖周期，而且还维持了池塘养殖生态系统的生物多样性，实现了养殖水体的原位净化和达标排放，经济、社会和生态效益显著。典型的"虾-蟹-贝-鱼"多营养层次综合养殖模式实现亩*产虾 100 千克、蟹 60～80 千克、贝 300～500 千克和鱼 10 千克，亩产值 1.5 万～1.8 万元。此外，应用现代工程技术对传统的海水养殖池塘进行改造，研发了工程化循环水养殖、陆基推水式集装箱养殖、陆基级联式综合养殖等新模式。在池塘生态养殖配套关键技术方面不断深入，建立了基于菌藻平衡关系的水质调控技术、养殖生物免疫增强技术以及养殖尾水生态化处理技术，尾水中氮磷含量降低 50%以上；研发了养殖、高温期海参环境生态调控和池底降温技术，显著提高了海参夏季成活率；相关技术成果在山东、江苏、浙江、河北、辽宁、天津、广东等实现了产业化推广应用。

海水工厂化循环水养殖逐步实现产业化。一是探明了工厂化循环水养殖环境调控的基本原理。建立了海水生物滤器硝化反应动力学模型，探明了其环境精准调控机制，明确了氨氮、溶解氧、养殖密度等关键因子与鱼类生长的关系，揭示了循环水养殖环境优化的调控原理，构建了基于物质平衡原理的碳、氮、磷收支模型，阐明了海水循环水养殖系统中重要营养元素的收支机制。二是突破工厂化水处理技术与工程装备，摆脱了对国外的依赖。攻克固液分离、杀菌消毒、高效增氧、重金属去除等水处理技术与设备，研制出自动控制微滤机、全自动彗星式纤维滤料过滤器、中大型蛋白质分离器、中频臭氧发生器、多点在线自动水质监测系统等水处理装备，实现了我国循环水水处理关键工程装备的国产化。三是构建了工厂化循环水高效养殖技术体系。采用自主研发设施设备，构建的节能环保型循环水养殖系统具有造价低、运行能耗低、运行平稳等显著特点，水质指标符合渔业水质标准；养殖鱼类单产 40 千克/米^3，养殖成活率 96%；研发出鱼类循环水养殖专用饲料，制定了精准饲喂策略，集成创

---

* 亩为非法定计量单位，1 亩=1/15 公顷——编者注。

新了鱼类循环水健康养殖技术体系。四是实现海水鱼循环水养殖产业化。构建了低成本、低能耗、高效率的节能环保型循环水养殖系统，实现循环水养殖系统从初步构建、高效生产到节能环保的更新换代。2018 年全国开展循环水养殖的企业有 160 余家，建设面积 200 万米^2。

海水网箱养殖模式转型升级成效显著。针对我国近海传统网箱养殖产业规模大、设施简陋、网箱布设过密及养殖对环境影响日趋加剧等突出问题，研发出可替代近海传统木质渔排的绿色环保新型网箱，实现了生态环保和绿色发展。同时，不断优化提升深水抗风浪网箱结构与锚泊敷设方式，创制钢制平台式外海养殖网箱，熟化卵形鲳鲹、大黄鱼、许氏平鲉等海水鱼类深水网箱养殖技术与模式，开发了黄条鰤、高体鰤、斑石鲷、绿鳍马面鲀等深水网箱养殖新资源，形成的“深水抗风浪网箱养殖技术”入选农业农村部 2019 年农业主推技术。近海传统网箱养殖的升级改造和深水抗风浪网箱养殖技术的推广应用，使我国近海传统网箱养殖面积得到有效压减和控制，而离岸深水网箱养殖规模大幅增加。“十三五”期间，我国近海普通网箱养殖规模由 2016 年的 5 466 万米^2 下降到 2019 年的 2 293 万米^2 以下，减少了 58%，深水网箱的养殖规模则由 2016 年的 1 068 万米^3 增加到 2019 年的 1 936 万米^3，增长 81.3%，海水网箱养殖产业转型升级与绿色发展成效显著。

深远海养殖技术研发与模式构建加速推进。近年来，随着海洋强国、生态文明建设和蓝色粮仓等国家战略的提出，海水养殖向更深、更远水域发展，成为政产学研各界的广泛共识。国内先后自主研发了黄海冷水团全潜式渔场“深蓝 1 号”、桁架式智能渔场“德海 1 号”、坐底式智能网箱“长鲸一号”、自翻转式网箱“振渔 1 号”、半潜式波浪能网箱“澎湖号”、全潜式智能网箱“嵊海 1 号”、桩基式大型围栏“蓝钻 1 号”、综合体平台“耕海 1 号”等新型深远海大型化养殖设施，设计完成全球首艘 10 万吨级大型养殖工船“国信 1 号”，并开工建造，建成了 3 000 吨级养殖工船“中试船”并成功完成了大黄鱼中试养殖试验。开展了三文鱼、黄条鰤、大黄鱼、黄鳍金枪鱼、军曹鱼、许氏平鲉等名优海水鱼类的深远海养殖技术研究，构建了陆海接力养殖模式与技术工艺及大型围栏生态混养模式。中试养殖的斑石鲷、黄条鰤、大黄鱼、卵形鲳鲹等获得成功，养殖效益提升 20%以上。到 2020 年底，我国投入试用与使用的各类大型化智能网箱规模达到 30 余万米^3，桩基式大型围栏养殖发展到了 132 万米^3。“十三五”期间，我国深远海大型化设施养殖取得了实质性进展和突破。

（2）淡水养殖模式

新一代稻渔综合种养模式迅猛发展。截至 2019 年，我国稻渔综合种养产业规模稳步提高，养殖面积接近 3 500 万亩，产量突破 290 万吨；探索形成了稻虾、稻鱼、稻蟹、稻鳅、稻鳖等一批区域特色明显、综合效益显著的主导种养模式。宁夏回族自治区将稻渔种养与自然资源、农耕文化、渔文化和科普教育相结合，打造了 10 多个

“稻渔空间”田园综合体，给游客带来“塞上江南、鱼米之乡”体验，还带动了周边农民就业增收。与同等条件下水稻单作对比，单位面积化肥、农药施用量平均减少30%；亩均效益约3 000元，较水稻单作提高2 500元左右。建立健全了哈尼梯“田稻-鲤”综合种养及冬闲田连作生态养殖增效技术，改变了千百年来山区丘陵稻田只种单季稻、效益低下的耕作模式，实现了哈尼梯田等文化遗产的保护。浙江大学揭示了物种间的正相互作用及资源的互补利用是稻鱼共生系统可持续的重要生态学机制，认为稻田养鱼从“放水养鱼”到“放鱼养水”，这种农作制度构建了一个生态、安全的生物环境，使得稻鱼相得益彰，互促共生。湖南大学对稻田养鱼生态服务价值进行了系统评估，提出了稻田养鱼生态系统服务驱动力响应模型，构建了包含四个方面二个层级的21个评价指标的稻田养鱼系统生态服务价值评估体系，发现稻田养鱼每公顷生态服务价值（ES）达到255 529元（约1.7万元/亩），比单种水稻的ES提升了37.9%这一特征，为生态系统资产化管理、生态补偿、生态服务有偿使用等政策执行提供了有力支撑。

池塘生态养殖技术体系不断提升。池塘生态化综合利用技术是通过扩大不同生物之间共生互利作用的时间、空间和对象范围，以增加对水、土、光、热以及饵料、肥料的利用程度，从而达到降低成本、增大产量的目的。采用的主要方法是在保持生态平衡的条件下，利用多营养级立体养殖模式，将原本在水体内的养殖扩大到包含水体、水表及其周边陆地的区域，以达到提高经济效益的目的。建立了池塘的种草投螺的河蟹生态养殖技术。创立了河蟹“863”生态养殖，通过不同水草的交叉栽种与养护，实施菌藻的定向调控，创新了河蟹池塘养殖原位修复技术；同时，建立了标准化的生态养殖操作规程，实现了亩放800只扣蟹、收获600只成蟹，亩效益3万元。建立了池塘多品种立体混养技术。针对高密度混养池塘中养殖生物相互影响大、生态效率低、生产操作不便等问题，按照80∶20的池塘养殖技术构建了一种分隔式养殖功能池塘，在15%～30%养殖区放养白鲢、花鲢、鲫等滤杂食性鱼种，在70%～85%养殖区放养草鱼或团头鲂等草食性鱼种，两个区域的放养密度按照池塘全部水体计算。运行时，仅在草食性鱼类养殖区按计划投喂，利用系统设备运行形成的水流等，将草食性鱼类产生的粪便残饵等集中并输入到滤食性鱼类养殖区，为滤杂食性鱼类提供饵料，既保障了草食性鱼类养殖区的水质，又满足滤杂食性鱼类饵料需要。建立了“异育银鲫-长丰鲢-松浦镜鲤”分隔式高效混养模式，可以将不同鱼类的立体混养按生态位分隔开来，既达到混养效果又有利于不同鱼类生长，提高生态效益和养殖效益，同时也有利于集中管理。此外，还有“河蟹-青虾-沙塘鳢”混养、“黄鳝—泥鳅”混养等技术模式。为了研究新的池塘养殖模式，减少养殖尾水对水域环境的污染，在提升生物絮团技术的基础上，通过调节水体的C/N来控制生物絮团的形成，重点聚焦于池塘微生物群落结构的变化。池塘菌藻相平衡的生态构建技术应用也引起了越来越多学者的关注。

水产养殖生态工程的支撑作用越来越大。“十三五”期间，围绕池塘养殖水质恶化、尾水污染、品质下降等关键生态环境问题开展了系统研究，突破了复合生物基、混合增氧、缓释碳源、底质磷释放等水质原位调控技术；创新了复合生态塘、生态沟渠、模块化人工湿地、“三池二坝一湿地”等池塘养殖尾水生态治理技术及设施系统；研发了混合增氧机、移动臭氧机，集中投喂系统等新型高效装备；创建了“池塘循环水、池塘多级复合、池塘综合种养、池塘综合开发、池塘节水减排、池塘湿地渔业、池塘以渔治碱”等适合不同地区的生态工程养殖模式，初步实现了池塘水质的高效调控和尾水治理，在全国池塘养殖主产区实现了大面积应用，池塘换水率从300%以上下降到60%以内，养殖区鱼病大幅降低，综合增效20%以上。在此基础上，出版了《池塘养殖生态工程》等著作，制订了《淡水池塘清洁生产技术规范 SC/T 6102》《多功能涌浪机》《基于C/N平衡的池塘水质调控技术》等多项标准规程，满足了全国池塘养殖绿色发展需要，催生和保障了脆肉鲩、黄浦江大闸蟹、黄河谷大鲤鱼等一大批优质水产品的大规模生产，逐步形成了具有中国特色的池塘养殖生态工程理论技术体系。

新型池塘设施装备化养殖掀起新浪潮。近年来，池塘工程化循环水养殖模式（又称“跑道鱼”养殖模式）在各地掀起养殖模式变革的新浪潮，截至2018年底，已在全国10多个省份建成流水养殖槽2 000多条，覆盖池塘近4万亩，主要分布在江苏（1 140条）、浙江（734条）、重庆（306条）、安徽（246条）。开展新型池塘“跑道”模式下不同养殖品种的摄食特征研究，探索残饵和粪便的沉淀分布规律和收集效率，确定适宜的配合饲料类型和投饵设备，集成污物生态化处理和循环利用技术。对“跑道”建造类型、放养品种、放养规格、放养密度、放养方式等进行对比与跟踪试验，择优确定养殖水域“跑道”类型和养殖品种之间的最适匹配关系，充分发挥“跑道”梯级养殖的优势。开展池塘“跑道”外围配套水体中水生动植物种养种类、种养面积比例的试验示范，对“跑道”和池塘水体开展定期监测，确定生态净化效果。但是，该模式在系统优化、吸污效率、净化生态养水区综合利用等方面仍有待进一步提升。

尾水净化模式的池塘循环水养殖全面应用。研发了淡水鱼池塘三级净化循环水养殖模式：外源水进入养殖池前要经过一级、二级和三级净化池，最后，养殖池的水也可进入净化池实现循环利用。针对陆基推水集装箱式水产养殖模式，采用微滤机将大颗粒残饵和粪便过滤出去，然后将过滤后的水排入第一个池塘进行沉淀，沉淀后的上层水流入第二个池塘进行生态化处理，处理后的上层水流入第三个池塘进行增氧和进一步净化，最后将经过增氧、过滤和臭氧或紫外线杀菌后的水重新抽入箱体内进行养殖，池塘内不再投放渔药、饲料等，利用池塘中的微生物、藻类、植物、滤食鱼类贝类等净化水质，从而实现生态循环水养殖。相关技术在草鱼、罗非鱼、团头鲂集约化养殖中取得良好成效。在此基础上，提出了“三池两坝一湿地”模式，即“沉淀池+

2 条过滤坝＋曝气池＋生态池＋湿地生态沟”的水处理技术路线，让处理后的尾水重新用于池塘养殖。同时，也衍生出了回型池“种青养鱼”模式、鱼-藕互惠种养复合系统、生物浮床水质净化技术等。但是，尾水治理长效运营机制有待进一步完善，亟须建立督查“常态化”、管理“网格化”、监管“智慧化”的现代化管理系统。

工厂化养殖及温室鱼菜共生养殖模式稳步发展。工厂化养殖以工业化理念为指导、以低碳养殖（低能耗、低排污、低污染）为方向，着力提升渔业生产标准化、绿色化、产业化、组织化和可持续发展水平，走出一条产出高效、产品安全、资源节约、环境友好的中国特色渔业现代化发展道路。目前，淡水工厂化养殖比较成功的是美洲鲥、龙纹斑等品种的养殖，但总体而言，国内的工厂化循环水养殖技术还不成熟，只有少数企业能够正常运行工厂化循环水养殖车间。除了技术上要求更加完善和成熟外，适合于中国国情的工厂化养殖品种的筛选更为关键。鱼菜共生模式的优点在于养护成本低，其种养技术主要体现在对蔬菜和鱼类品种的选择方面。正在逐步探索“水产＋水培蔬菜（瓜果）＋土培蔬菜（瓜果）”的实用型循环模式。

新兴城郊都市型休闲渔业模式方兴未艾。以养殖生产为主的传统渔业，开始向“生态、生活、生产”功能为一体的都市型现代渔业转变。利用各地的山水优势，建设旅游度假型休闲渔业；利用城镇中的零散水域，大力发展观赏、休闲垂钓等生态娱乐型休闲渔业；结合绿色健康养殖，建设渔家乐、水上娱乐等综合服务型休闲渔业。西安打造了“休闲渔业 50∶30∶20”优化模式。上海在发展都市休闲渔业时，以“鱼文化”为依托，突出休闲渔业产品的主题，提供从基础旅游产品（观光垂钓式）到提高旅游产品（表演式）、发展旅游产品（参与式）的都市旅游产品系列。

（3）盐碱水养殖模式

重点开展了水生动物的耐盐碱机理研究，以盐碱土著鱼类青海湖裸鲤为研究对象，初步发现了青海湖裸鲤应对排氨压力的调节机制，即在高碱环境下裸鲤通过重建氨分压梯度排泄氨氮，同时增加尿素排泄来进行氮废物排泄。开发出滩头雅罗鱼、梭鲈、拟赤梢鱼盐碱水等新养殖种，突破了全人工繁殖、苗种孵化、养殖方式、饵料营养、鱼病防治等关键技术，确定了这些鱼类适宜养殖水体的盐碱范围。还通过人工选育获得了 3 个耐盐碱新品系，近交选育获得了突变种黄色大鳞鲃新品系，杂交育种获得了生长快的雅龙鱼（达里湖雅罗鱼×黑龙江雅罗鱼）和龙研鲫（红鲫×达里湖鲫）杂交种，这些工作为盐碱水域渔业生产提供了重要的种质资源。

针对北方内陆碳酸盐型盐碱水域，构建了一套洗盐降碱循环水渔农异位生态种养技术。采用生态工程学方法对盐碱地及盐碱池塘进行工程改造，收集浸泡和冲洗盐碱地的高盐碱水体进行耐盐鱼类养殖，利用生物絮团水质调控技术，不断消耗并降低水体碱度，养殖过程中循环利用改良后的低碱度、富营养水体进一步淋洗和灌溉高盐碱土壤，在增加土壤肥力的同时有效降低土壤碱度，使不能耕种或耕种效果较差的盐碱土地逐渐得以开发利用。创新了盐碱池塘标准化养殖、“挖塘降盐”渔农综合利用等6种集成模式，在宁夏、甘肃、河北和江苏示范应用。在国际上首先实现了耐盐碱鱼类大鳞鲃的全人工繁殖和养殖产业化，在20多个省份自治区养殖应用。

（4）大水面生态渔业

2018年9月，习近平总书记在考察查干湖时提出“保护生态和发展生态旅游相得益彰，这条路要扎实走下去”的重要论述，充分肯定了大水面生态渔业的重要性。为促进我国大水面渔业健康可持续发展，农业农村部渔业局于2019年成立了“推进大水面生态渔业发展领导小组”，组织开展了政策研究、科技创新、标准模式、示范推广等研究，开展了全国大水面基本情况调查。中国水产科学研究院牵头组建了“大水面生态渔业产业科技创新联盟”，相关研究机构开展了系列大水面生态渔业工作，制定了“大水面生态渔业容量标准”。2020年1月，农业农村部联合生态环境部、林草局发布关于《推进大水面生态渔业发展的指导意见》，为我国大水面生态渔业发展奠定了基础。其间，编著了《渔业水域生态保护与修复科技创新战略》等指导性文件，重点阐述了渔业水域生态修复的战略、不同渔业水域的生态修复策略、典型水域的渔业模式和措施，为我国大水面生态渔业发展提供了重要的政策与理论指导依据。

3. 营养与饲料

进一步完善了草鱼、鲫、罗非鱼、团头鲂、鲤、青鱼、大口黑鲈、中华绒螯蟹、大黄鱼、尖吻鲈、花鲈、大菱鲆、牙鲆、舌鳎、对虾、罗氏沼虾等水产养殖动物不同生长阶段的营养需求参数及常规主要饲料原料的利用率数据库，建立了适宜的投喂技术体系，搭建了我国主要水产养殖动物的营养参数公共平台，为饲料企业的配方设计提供了科学依据。

（1）精准营养需求与代谢方面

获得了草鱼、鲤、罗非鱼、鲫、团头鲂、大黄鱼、石斑鱼、凡纳滨对虾、中华绒螯蟹等养殖品种不同生长阶段对蛋白质、脂肪、碳水化合物、蛋白能量比、维生素和微量元素的营养需求参数，评价了不同营养素对养殖对象的营养代谢和生理健康的影响；确定了一批淡水鱼和海水鱼的蛋氨酸、赖氨酸、精氨酸、色氨酸、苯丙氨酸、亮氨酸和异亮氨酸的需求量；拓展了氨基酸生理功能的研究，如氨基酸能通过TOR信号通路调控机体蛋白、糖及脂肪代谢；饲料蛋氨酸、精氨酸、苏氨酸、色氨酸、亮氨酸、组氨酸等必需氨基酸及其类似物可通过Nrf2与AMPK-NO等信号通路调控水产养殖动物机体的抗氧化、抗应激、免疫及其抗病能力；研究了非必需氨基酸，如谷氨酸、苯丙氨酸和脯氨酸等具有调控水产养殖动物采食量、营养物质利用、肠道物理屏障等功能。

（2）精准饲喂方面

构建了草鱼、鲤、罗非鱼、鲫、团头鲂、大黄鱼、石斑鱼、凡纳滨对虾、中华绒螯蟹等代表种不同生长阶段对鱼粉、豆粕、棉粕、菜粕、玉米蛋白粉、肉骨粉、次粉、木薯粉等20余种原料生物利用率的数据库；探索了蛋氨酸、赖氨酸等限制性氨基酸的平衡，有效降低了团头鲂、建鲤、凡纳滨对虾等的鱼粉使用量或饲料蛋白水平。同时，新型蛋白原（鱼肉水解蛋白、比目鱼皮粉以及螺旋藻粉等）、复合蛋白原（植物复合蛋白以及动物复合蛋白）以及新的技术手段（酶解技术以及发酵技术）等亦在不断地开发以满足水产养殖业的发展，为配制水产养殖动物不同生长阶段的饲料原料选择提供了科学指导。根据罗非鱼、鲫、团头鲂等养殖对象的生长阶段、生理状态以及环境等因素的变化，结合养殖规划，构建了精准投喂技术，开发了相应的投喂装备，大幅提高了饲料利用效率，降低了氮磷排放，助力水产绿色养殖。

（3）品质调控方面

研究表明，蚕豆可诱导草鱼肌肉活性氧升高，影响肌肉胶原蛋白转换并导致肌原纤维蛋白破裂，导致肌肉脆化，改善食用适口性。日粮硒、锌等微量元素或矿物质可改善团头鲂、草鱼等鱼类的肌肉组成及肉品质量；研究了人工配合饲料替代冰鲜鱼对中华绒螯蟹肌肉、性腺和肝胰腺的鲜味强度、呈味物质以及挥发性风味物质等品质的影响。此外，低氧和脂肪水平也会影响机体多不饱和脂肪酸含量等，从而影响肌肉品质。在风味调控方面，饲料中不同的脂肪源影响肌肉脂肪酸组成，从而氧化降解成不同组分和含量的挥发性气味物质，进而产生不同的风味，如亚麻籽油和豆油替代鱼油对赤点石斑鱼、大黄鱼、圆斑星鲽和罗氏沼虾等养殖品种肌肉品质有显著影响。

（4）亲体营养方面

确定了半滑舌鳎亲鱼维生素A、维生素E、维生素C及牛磺酸的需求量，揭示了长链不饱和脂肪酸对半滑舌鳎亲鱼性腺中性类固醇激素合成及合成过程中关键蛋白基因表达的调控作用；确定了主要的蛋白源和脂肪源对半滑舌鳎亲鱼繁殖性能的影响效果，探索了提高亲鱼繁殖性能及受精率的营养策略，创建了性腺发育不同阶段和不同性别半滑舌鳎亲鱼中性类固醇激素分泌的精准调控技术，促进性激素分泌，提高了繁育性能，为半滑舌鳎种业及养殖业健康发展提供技术支撑。

（二）重要成果和突破

1. 草鱼健康养殖营养与绿色养殖技术创新与应用

瞄准我国草鱼养殖中存在发病率高、肉质下降和环境压力较大的产业难点问题，系统揭示了35种营养物质增强草鱼健康和改善鱼肉品质的作用及分子机制，研究确定了35种营养物质营养需要量参数和关键饲料技术，研制了一系列水产专用饲料产品。结合草鱼养殖过程中水体池塘水质调控技术、产品深加工技术及养殖全程可追溯技术，构建了草鱼健康养殖营养与绿色养殖技术，在全国主产区大面积推广应用。

2. 虾蟹多营养层次绿色养殖关键技术与示范

针对现有养殖模式生态系统结构简单、物质循环利用效率低和抗逆养殖品种缺乏等问题，以中国对虾、凡纳滨对虾、脊尾白虾、日本囊对虾和三疣梭子蟹等我国主养虾蟹类为研究对象，系统解析了虾蟹养殖生态系统特征，阐明了主要营养物质高效利用途径与效率；揭示了虾蟹生态适应机理，培育出耐氨氮胁迫能力强的我国第一个水产抗逆新品种——中国对“虾黄海 3 号”；创建了虾蟹池塘多营养层次生态健康养殖和对虾工厂化养殖等绿色生态养殖模式，示范推广池塘养殖面积 30 余万亩，工厂化养殖面积 30 余万米^2。

3. 淡水池塘环境生态工程调控与尾水减排关键技术及应用

针对水产养殖生态环境面临的环保压力问题，为解决经济效应和环境治理之间的平衡，原创了一套包括池塘水环境调控设施创制技术、水产养殖尾水生物减排技术、生态工程优化工艺技术为一体的技术体系，建立了促进池塘生物相生态演替尾水处理系统理念，解决了养殖三大污染物“卡脖子”的技术瓶颈，创新提出池塘尾水模块化人工湿地减排、高效增氧式推水设施减排、全系统智能化减排 3 种绿色养殖模式，创制了 25 个脱氮除磷高效微生态制剂产品，提供了整套经济可行的池塘尾水达标排放工艺方法。

4. 海蜇轮放轮捕高效养殖技术

围绕海蜇优质苗种培育和高效养殖技术进行了优化研究，取得了多项创新成果：研发了螅状体开口饵料，解决了投喂浮浪幼虫导致附着密度过大的问题，培育出个体大、体格健壮的螅状体；建立了提高水体深度、连续充气、常流水的室内苗种培育方法，突破了室内无法培育大规格苗种（伞径>2.5 厘米）的技术难题；建立了室外大规格苗种高效培育方法；揭示了放苗数量与维护生物饵料群落平衡的内在联系，建立了分批放苗、分批回捕技术；探明了海蜇养殖后期生长缓慢的原因，研制了人工配合饲料，建立了养殖前期注重生物饵料培育与养殖后期加强配合饲料投喂相结合的养殖方法。技术成果实现了海蜇池塘养殖成活率由 17%左右提高到 31%以上，养殖亩产量由 260 千克左右提高到 420 千克以上。成果已推广到山东、辽宁、天津、福建等沿海省份，推广面积 5 万亩。

5. 哲罗鱼全人工繁殖和养殖技术体系构建

首次将我国黑龙江流域的凶猛肉食性哲罗鱼在池塘中驯养成活，解决了驯养野生哲罗鱼成为人工养殖种的关键技术问题；成功地进行了哲罗鱼的药物催产，突破了人工繁殖的技术瓶颈，国际上首次实现哲罗鱼的全人工繁殖；开发出哲罗鱼开口饲料，使凶猛肉食性的哲罗鱼幼鱼摄食人工饲料；制定哲罗鱼人工繁殖、苗种培育、成鱼养殖技术一体化的规模化养殖技术体系，在全国 20 个省份实现了产业化应用；查清了黑龙江流域哲罗鱼的遗传背景，建立了采用分子标记进行资源增殖放流效果评估技术，为濒危物种哲罗鱼的资源修复提供了种质和技术保障。

6. 浅海多营养层次综合养殖模式的创建与应用

针对浅海养殖面临的超容量养殖、养殖方式粗放和生产效率低下等问题，以“绿色发展”新理念为引领，构建了浅海多营养层次综合养殖理论体系，阐明了养殖生态系统中个体-群落-生态系统水平物质循环和能量流动规律；研发并应用了养殖容量动态评估和养殖系统健康评价技术，创建了浅海多营养层次综合养殖技术；开发了“贝-藻-参”“鱼-贝-藻”等浅海筏式、底播多种形式的多营养层次综合养殖模式，并在山东、河北、浙江等多地实现了产业化应用和推广，为保障浅海养殖业的绿色高质量发展提供了重要的技术支撑，引领了我国乃至世界海水养殖业的发展方向。相关技术推广面积 11 万公顷。

7. 淡水珍珠蚌遗传育种和紫黑珍珠培育取得重要阶段性成果

紫黑翼蚌原产于北美洲，为大型淡水贝类，珍珠层为紫黑色、厚实、光泽佳，是培育高值紫黑珍珠的优良品种。在国内没有特定寄主鱼的重大技术瓶颈制约下，基于自主创建的新型钩介幼虫体外培养技术，先后突破了幼蚌驯养、亲本培育、人工繁殖、稚蚌早期培育等一系列关键技术，突破了我国紫黑翼蚌苗种繁育关键技术。首次成功建立无核紫黑珍珠、大规格紫黑有核珍珠养殖培育关键技术，为我国紫黑珍珠养殖产业化发展提供了强有力的技术支撑。

三、国际研究进展

水产养殖产量的增长改善了人类营养、促进了就业、提升了区域经济增长。然而，水产养殖业的迅速发展引起了国际社会对其生态可持续性的关注。关键问题包括将对生态至关重要的淡水和沿海生态系统转变为农场，海洋生态系统的污染和富营养化，寄生虫和病原体的传播加剧，水产饲料对稀缺的鱼粉和鱼油过度利用以及非本地物种引进等。

（一）国外养殖技术发展现状及趋势

1. 多营养层次综合养殖

国际上对多营养层次综合养殖模式的研究重点主要聚焦于生态容量评估、生态转换效率、养殖周期匹配等，并基于生态系统动力学模型揭示多营养层次综合养殖模式中不同类型生物功能群间的互利关系及资源环境效应。近几年开始尝试将多营养层次综合养殖模式由小规模试验向产业化应用推进，研究关注点也逐渐聚焦到产业化进程中面临的智能化管理等关键核心问题。

加拿大、挪威等国家利用滤食性贝类、大型藻类等低营养层次生物功能群作为工具种，减轻大西洋鲑养殖的负面环境效应良好成效。南非、澳大利亚的鲍陆基循环水养殖系统中，引入石莼吸收鲍养殖过程排泄的氨氮，降低养殖对环境的负面效应，同时石莼又可作为鲍的饵料，系统高效、稳定运行，实现了养殖与环境的双赢。

2. 陆基工厂化循环水养殖

国外发达国家的循环水养殖模式已从鱼类推广到虾、贝、软体动物等养殖品种，采用封闭循环水技术开展苗种培育的企业也日益增多，如法国 France Turbot SAS、荷兰 Seafarm BV 和挪威 AquaGen 等，并朝着专业化、大型化发展，形成了集养殖装备制造、系统设施集成和产业化应用于一体的完整产业链。近年来，物联网和智能管理技术在循环水养殖过程中得到充分体现，建立了以养殖对象为主体的经营管理数学模型和专家决策系统，初步实现了精准养殖和智能管控。例如，通过模糊控制、神经网络、深度学习等技术对养殖水质进行精准预测和智能调控；利用计算机视觉、声呐、传感器等技术，实现养殖生产的远程饲料投喂和分池作业的精准管控。

美国在罗非鱼等温水性鱼和鲑鳟类冷水性鱼的工厂化循环水养殖技术处于较高水平。日本每年工厂化养殖虾蟹贝类和各种鱼类等水产品在 20 万吨以上，其注重技术系统建设和科学管理，具有操作简单、成本不高、综合效益好等特点。在丹麦，超过 10%的鲑鱼养殖企业正逐步采用循环水养殖来替代传统的流水养鱼模式，极大地减少了养殖过程中的水资源浪费，并且减少了病害的发生，降低了养殖成本。

3. 稻渔综合种养

近年来，联合国粮食及农业组织不断推动稻渔综合种养技术创新，当前世界上有超过 1.6 亿公顷的稻田，稻渔生态种养不仅生产优质蛋白质，还能提高稻田的适应能力以便更好地应对气候变化带来的影响，解决一些地区人口的营养不良问题，同时促进农民增收致富、提升食品安全。韩国、缅甸、柬埔寨等主要聚焦于稻渔综合种养的社会效益，技术模式大多学习借鉴中国模式、中国方案。

4. 盐碱水养殖

国外对盐碱水养殖开发利用仍处于小规模生产及生产试验阶段，没有形成真正意义上的盐碱水养殖产业。美国、以色列等国主要利用工程技术在盐碱地建池进行水产养殖，如以色列在内盖夫沙漠地带建池开展淡水鱼、虾类养殖。澳大利亚、印度等国针对地下盐碱水 K^+ 偏低的特征建立了增加 KCl 等水质改良措施。印度 Punjab 州利用盐碱水开展养殖，淡水鲤鱼养殖规模从 2014 年 1 公顷增加至 2018 年 30 公顷，凡纳滨对虾养殖规模在 2018 年达到了 92 公顷，每公顷产量在 8～10 吨（4 个月养殖周期）。

5. 大水面养殖

受经济、环境以及社会发展水平的影响，世界各国对湖泊水库等开放水域渔业生态研究的关注有一定差异。美国、欧洲、日本等发达国家湖泊水库的渔业形式主要是游钓等休闲渔业，因此更注重湖泊水库水域生态环境健康与保护，在湖库土著鱼类增殖与养护、渔业资源评估与管理政策等方面研究较多。北美研究者建立的利用诱饵光样技术（baited photoquadrats）监测劳伦斯大湖浅水区底栖鱼类群落方法，大大提高了监测工作效率。加拿大纽芬兰岛在研究哈里河大西洋鲑捕获量和释放量变化关系基础上，出台了适当控制垂钓量的新规定，既满足了寻求挑战及注重收获的垂钓者，也是对哈里河大西洋鲑渔业资源的一种保护措施。韩国则建立了休闲渔业对国家经济影响的置信区间，引导国家的政治决策。非洲及少量发达国家也开展小规模的水库湖泊网箱养殖，其技术进展与国内并无明显差异。

在适用于大水面渔业的产业应用技术方面，挪威、丹麦等国在深海网箱设备与养殖自动控制方面的进展值得关注。深水网箱朝大型和超大型化方向发展同时，更注重环境保护与食品安全。2017 年，挪威 Ecomerden 开发了一种生态网箱（Ecocage），通过辅助动力系统增加网箱内外水交换，优化网箱内水流态，降低养殖鱼类应激及寄生虫感染率，大西洋鲑存活率从 81%提高到 98%。挪威学者还提出新型自动投饲模型等技术，延长饲料在网箱内停留时间，以提高饵料利用率。西班牙学者研制了一种新型浊度智能传感器，更适于养殖水体水质监测。

（二）国外配合饲料开发与发展趋势

国外水产养殖发达国家目前更多关注从基础到应用的系统研究，饲料产业的目标是高效、环保、节粮、安全、优质。美国重视采用先进技术推广自动化加工系统，饲料质量很好，80%以上是膨化饲料，饲料系数达到 1.0～1.3。日本渔用配合饲料目前开发聚焦海水鱼类仔、稚鱼精准营养和开口饲料，聚焦真鲷、鲆鲽类和鰤鱼的必需氨基酸、脂肪酸等，尤其是 DHA、EPA 等在仔、稚鱼的需求方面开展了商业化研发和规模化生产。欧洲聚焦鲑鳟鱼研究，成为国际上一个重要的水产动物营养研究与水产饲料生产中心。虽然美国、日本和欧洲是水产动物营养研究与水产饲料商业化生产最早的国家和地区，但是，他们不是水产养殖的主产区，它们的水产饲料总量并不大。饲料因素除了一般的营养成分对养殖产品的食用品质影响外，现在摆在科学家面前的一个新问题是用其他蛋白源和脂肪源取代日益短缺的鱼粉鱼油后对水产养殖产品的风味、营养价值的影响。西方发达国家更加关注养殖产品的安全，建立了从鱼卵孵化到餐桌的生产全程可追溯系统。把好原料质量关，从饲料安全角度来保证养殖产品的安全已经是人们的共识。

四、国内外科技水平对比分析

（一）对比分析

整体来说，我国水产养殖处于世界先进水平，尤其是在养殖模式与技术、营养与饲料科技和工程达到国际先进水平，而在苗种培育工程技术和陆基与离岸养殖方面与国际先进水平差距较大。世界水产养殖发达国家，如美国、挪威、英国、日本和澳大利亚等，由于养殖种类相对稳定，对产品质量、食用安全和环境安全要求更高，促使相关研究更加系统和深入，而我国目前的水产养殖特点决定了研发点多面广、应急性研究多，尽管现代农业产业技术体系的持续资助稳住了一批研究队伍，但是系统深入的研究仍然不够。我国在池塘养殖技术、产量和效益方面具有一定的优势，目前全球的水产品增长主要来自水产养殖，其中最主要的贡献来自中国，尤其是池塘养殖。

1. 水产养殖技术

发达国家水产养殖普遍实现集约化、工业化。大宗淡水鱼类及虾蟹鳖、鲑鳟等主要淡水品种在世界各地都有养殖，并形成了不同特色的养殖方式。如挪威大西洋鲑建立了严格的养殖防疫体系，开发了适用于幼苗到成体不同阶段的疫苗与免疫增强剂，大幅提高了养殖成活率，减少了药物使用量；建立了一系列法规和健康管理办法，如控制养殖规模，建立疫病防疫体系等；大西洋鲑养殖业发展迅速，产量已经占到挪威养殖产量80%以上；日本鲤养殖采取流水和工厂化等方式，产量已占其淡水鱼产量的40%以上；美国建立了斑点叉尾鮰BMP养殖规范，养殖产量约占其淡水产量的65%；美国、南美洲和亚洲是凡纳滨对虾的主要养殖区，池塘养殖是主要方式。

与国外养殖相比，我国传统水产养殖的历史长、养殖种类多、养殖方式多样、养殖技术复杂，但健康养殖研究起步较晚。“十三五”期间，健康绿色养殖的理念已被广大生产者和研究人员接受，并开展了一系列的相关研究，整体上看，我国集约化养殖技术研究一直集中在淡水池塘，大宗淡水鱼和特色品种池塘养殖亩产可以吨计；大水面退出投饵型养殖，而海水抗风浪网箱的集约化养殖仍处起步阶段。

2. 水产养殖容量

养殖生物生理生态学是养殖容量评估的重要基础，国际上对养殖生物生理生态学的研究主要偏重个体水平，研究技术和方法较为先进，对养殖生物生理生态过程的研究较为精细，但涉及的种类较少，且从群落水平、生态系统水平等尺度的研究较为欠缺。我国的养殖规模巨大，养殖种类繁多，不同类型养殖种类的生理生态过程千差万别，虽然开展的相关研究较多，但研究方法各异，研究工作“碎片化”，研究结果之间的可比性较差。“十三五”期间，生态文明建设促进了养殖容量研究，我国的科研人员通过研发一系列具有自主知识产权的实验装置和系统，从个体-群落-生态系统水平系统阐明了规模化养殖生态系统中的物质循环和能量流动规律，为深入认识养殖生物对生源要素关键生物地球化学过程的影响机理提供了可靠的硬件保障和数据支撑。

3. 多营养层次综合养殖模式

多营养层次综合养殖模式在国际上已广泛开展，但欧美等国家多侧重于实验室模拟研究不同类型生物功能群的互利机制，养殖实践仅仅局限于小规模的试养阶段，距离产业化有较大差距。“十三五”期间，我国的科研人员优化并创新了基于养殖容量评估的多营养层次综合养殖模式并成功实现产业化应用和推广，系统评价了综合养殖模式的资源环境效应及产品品质，并将多营养层次综合养殖模式成功实现产业化的经验输出到“一带一路”沿线国家，为世界海水养殖业的可持续发展贡献了“中国智慧”，引领了我国乃至世界浅海养殖的发展方向。

4. 循环水养殖技术

与国外相比，我国循环水养殖技术在智能化、系统稳定性等方面存在明显差距，养殖品种基本集中在鱼类养殖，大规格鱼类苗种、对虾、海参等工厂化循环水养殖技术研究尚处在起步探索阶段。在循环水养殖专利申请方面，美国、加拿大、欧盟等占了大部分，而我国国际专利较少。国外专利主要集中在循环水新品种及高密度精准养殖、水质调控、智能化控制技术等方面，我国专利主要集中在调温增氧、水质净化、杀菌消毒以及鱼类养殖系统集成优化等方面。

（二）存在主要问题

我国水产养殖依赖的主要生产要素是江河湖海的水资源以及农业生产的饲料原料和海洋资源的鱼粉，随着国家对耕地保护、城市化加速、工业化的推进、滨海工业发展、滨海旅游业兴起等，水产养殖面积正在逐步变小，土地（水域）资源短缺的困境在加大。随着2018年底全国范围的养殖水域滩涂规划工作的完成，占我国水产养殖产量约四分之一的水库养殖、湖泊养殖、河沟养殖等，也会因为政策、水源保护和环境治理等原因逐步退出。水产养殖主要依赖资源发展模式难以维系，相应的技术需要在资源保护与环境友好的层面来解决问题。

1. 现有科技亟须从健康养殖生态构建解决水产质量安全的问题

由于健康养殖生态系统技术的缺位，长期依赖药物或水产动保产品治疗水产动物疾病的手段仍然是目前的主要措施，不合理和不规范用药又导致养殖产品药物残留，影响到水产品的质量安全消费和出口贸易，反过来又制约了养殖业的持续发展。亟须通过发展健康养殖技术，替代和解决不合理、不规范用药导致的养殖产品药物残留，适应国家提出“无抗”养殖要求，促使从源头开展集约化条件下的生态养殖，满足社会对水产品质量的要求。

2. 现有科技亟须从环境层面突破水环境调控和尾水治理的难题

水产养殖基地基本处于江河湖海等水域周边，这些资源逐渐成为社会共享资源，尤其是淡水资源在我国北方的缺乏以及在南方的质量型短缺，为养殖排放提出了前所未有的新要求。水产养殖残饵、消毒药品、排泄物等造成的养殖自身污染问题在一些地区也比较严重，特别是残饵产生的氮、磷等营养元素可导致养殖水域富营养化，对养殖业健康发展带来负面影响。水产养殖可用水越来越少，养殖与工业和生活用水的冲突日益加重，养殖缺水的局面会逐渐加重。尽管我国近年来发展了池塘水质改良技术、养殖用水前处理技术、养殖废水处理技术等，但是水体处理技术仍然没有取得突破，尚未从根本上解决我国大规模水产养殖环境难题。

3. 现有科技亟须从饲料资源层面缓解养殖成本增加的压力

饲料是水产养殖的主要成本，原料国际性短缺造成饲料成本逐年升高，成为影响水产养殖可持续发展的主要因素，尤其是近期的贸易摩擦将对饲料原料的供给和价格造成较大影响；劳动力、水电、药品、养殖机械与设备成本也有不同程度增加。水产养殖总体上处于高成本运行状态。养殖成本的提高和销售价格的稳定已经成为水产养殖业发展的突出矛盾，现有的科技水平亟须针对过去以进口大豆为重要原料的配方技术体系和养殖技术问题寻找解决这一矛盾的有效方案。

五、"十四五"展望与建议

根据《国家中长期科学和技术发展规划纲要》和《关于加快推进水产养殖业绿色发展的若干意见》以及新时期建设现代渔业的需要，加强水产养殖技术学科建设势在必行。"十四五"期间，水产养殖学科仍需以环保、安全、节能、减排和健康生产为宗旨，以提高物质与能量转化效率为目标，通过开展养殖生境生态要素影响机制、养殖生物胁迫响应机制、生源要素对养殖生物品质调控机制等研究，深入认识生态系统结构与功能特征，攻克制约水产养殖可持续发展的关键科学问题；突破一批新养殖资源的开发利用关键技术，推广人工培育新品种，提高养殖业良种覆盖率；开展主导养殖品种高效健康养殖新模式研究，主推工程化池塘生态养殖、多营养层次综合养殖、工厂化循环水养殖、深远海网箱养殖等模式，开发盐碱水域适养易养新模式和稻田综合种养生态模式，进一步拓展水产养殖新空间；提高水产养殖标准化、专业化配套程度，形成水产养殖可持续发展的技术体系；研发一批轻简化、机械化、智能化的水产养殖装备；加强养殖产业链条各环节分工、协作等社会化配套体系建设，促进水产养殖业向集约化、信息化和智能化方向发展，实现我国水产养殖业的结构调整和转型升级。

（一）筑牢水产养殖生态学的理论基础

针对典型养殖生态系统结构、功能、过程与格局等生态机制，以提高物质与能量转化效率为目的，重点开展养殖生境生态要素影响机制研究；针对大宗养殖品种及特色种类等重要养殖品种，开展养殖生物胁迫响应生理机制研究；从营养、风味、口感等形成机理及品质的营养学调控等方面入手，开展生源要素对养殖生物品质调控机制研究；研究典型养殖系统中生源要素的时空变化规律、养殖生物生理活动对生源要素循环的驱动作用，开展生态系统水平的水产养殖基础研究。

（二）研发环保渔用饲料技术

开发环境友好型高效配合饲料，提高饲料利用率和配合饲料普及率，减少氮磷排放，尤其是低磷饲料的研究是“十四五”的重点。合理调整渔业养殖布局结构，提高海水养殖品种配合饲料使用率，鼓励发展全程投喂配合饲料的海水鱼类养殖，保护资源和降低养殖水体污染，减少冰鲜饵料的使用；减少淡水养殖名优品种配合饲料中鱼粉使用量，主要品种全部使用配合饲料；研究水产动物体色、风味物质形成的机制和控制机制；研究营养素对养殖动物体色、品质和风味的影响，开发有效改善水产动物品质的添加剂；研究饲料中有害物质检测及其理化、生物综合去除技术，以及饲料中有害物质的代谢、残留机理及其控制技术。建立养殖品种品质营养调控技术，提高养殖产品品质；建立新型日粮技术体系，优化主要养殖品种饲料加工工艺。

（三）提升绿色水产养殖技术水平

按照发展绿色现代高效渔业、生态渔业、循环渔业的思路，深入推进产业结构调整，着力构建现代渔业养殖体系，解决我国水域生态系统结构、功能、过程与格局等生态机制研究缺乏，水域环境调控技术水平低，养殖系统投入品与水产养殖矛盾突出，产品质量安全保障能力弱等技术问题。大力发展生态健康的水产养殖业，坚持以生态健康养殖为主攻方向，巩固提高池塘标准化养殖水平；加强大水面生态渔业模式构建与关键共性技术研发，构建大水面综合生产管理技术体系。以环保、安全和健康为宗旨，以提高物质与能量转化效率为目标，通过共作生态系统经济类群结构与生态位优化、水质环境动态监控及信息数据库构建、共作生态系统水质管理和底质改良技术等研究，建立基于生物、物理、化学安全条件、生态系统结构优化、高效益的综合调控技术体系，加强产业体系各环节分工、协作等社会化配套体系建设，并进行技术集成示范。

（四）提高水产养殖工业化水平

重点开展池塘养殖生产的机械化设备，包括新型养殖设备、机械化作业设备的研制，解决养殖鱼类起捕、分级及疫苗注射的机械化，建立移动式养殖生产作业平台。加强浅海、滩涂养殖采收、清洗、分级、加工全产业链成套机械化装备研发，重点提高牡蛎、扇贝、蛤、海带、龙须菜、紫菜等主要养殖品种的机械化作业程度，构建筏式养殖全程机械化生产模式。开展海水网箱重要养殖品种的健康养殖技术和养殖容量研究，建立适合海区资源环境特点的规模化养殖及养殖环境微生物修复技术，初步探明典型海湾的养殖容量。研制出在安全性、自动化等方面达到较高水准的高性能的深水网箱养殖设施，引导普通网箱升级改造，建立海上高效集约式设施养殖技术体系。根据“节水、节能、减排、可控”的现代工程化养殖发展要求，重点开发资源节约型设施养殖模式及其产业工程设施技术、精准养殖关键技术装备、水体调控与减排技术、水产品质量安全检控与溯源技术装备等，结合数字化管理系统构建，创建精准化养殖生产模式。

（五）进一步拓展水产养殖新空间

围绕盐碱水质的多样性，研究利用物理阻断、化学改良、生物降解、工程处理等技术手段，降低盐碱水质制约因子对养殖生物的影响，形成高碱型、滨海型、内陆型和滩地型盐碱水质改良调控技术。研究低洼盐碱地挖池抬田开发工程模式、最佳开发利用模式和塘田系统的多功能利用技术、池塘养鱼高产高效组装配套技术和鱼病防治技术；研究适合盐碱水域水质特点的耐低氧、高密度集约式养殖品种的引进、移植选育及养殖技术；研究节水养殖方式、池塘水体放置网箱养鱼及有关技术、不同水型养鱼池的水质调控技术；研究不同水型盐碱地的生物特性、浮游生物变化规律及天然饵料的可持续利用技术，加快绿洲渔业进程，扩大绿洲渔业规模。

围绕深远海海域资源可持续利用，构建深远海养殖平台。依托养殖工船或大型浮式养殖平台等核心装备，并配套深海网箱设施、捕捞渔船、物流补给船和陆基保障设施，构建集工业化绿色养殖、渔获物运载与物资补给、水产品海上加工与物流、基地化保障、数字化管理于一体的现代渔业综合生产系统，创造良好的养殖生境，全面构建符合“安全、高效、生态”要求的集约化、规模化海上养殖生产模式。

（戈贤平 谢骏 刘兴国 蒋增杰 执笔）

致谢：本报告撰写过程中，得到中国水产科学研究院水产养殖学科委员陈四清、杨德国、尹家胜、徐钢春、来琦芳、刘波和水产养殖学科秘书梁化亮，以及中国农业大学李道亮教授、四川农业大学周小秋教授等的大力支持，他们为报告撰写提供了相关资料，并进行了相关文字修改，在此一并感谢！

参 考 文 献

蔡春有，2014. 我国南方海水鱼类苗种产业现状与升级 [J]. Fisheries Advance Magazine (2): 81-84.

程辉辉，谢从新，李大鹏，等，2016. 种青养鱼模式下的草鱼肌肉营养成分和品质特性 [J]. 水产学报，40 (7): 1050-1059.

董武子，王涛，马力，等，2016. 秦巴山区多鳞白甲鱼人工繁殖试验［J］. 畜牧兽医杂志：35（03）：27－30.

谷孝鸿，毛志刚，丁慧萍，等，2018. 湖泊渔业研究：进展与展望［J］. 湖泊科学：30（1）：1－14.

顾兆俊，刘兴国，田昌凤，等，2016. 异育银鲫—长丰鲢—松浦镜鲤分隔式高效混养模式［J］. 科学养鱼（11）：83－84.

侯伟，孙韶华，古滨河，等，2019. 浮游动物稳定碳、氮同位素特征及其在水生态系统研究中的应用［J］. 应用生态学报，30（6）：1807－1814.

胡雪松，徐承旭，2019. 法罗鱼人工繁殖获得成功［J］. 水产科技情报，46（4）：236－237.

黄雪笛，孟涵，金也舟，等，2020. 从鲥鱼洄游路径的分析探讨美洲鲥养殖的温度管理［J］. 河北渔业（3）：42－49.

简生龙，关弘弢，李柯懋，等，2019. 青海黄河龙羊峡—积石峡段水库鲑鳟鱼网箱养殖容量估算［J］. 河北渔业（6）：22－27.

李钒，2017. 挪威：能防海虱的“生态网箱”横空出世［J］. 海洋与渔业·水产前沿（12）：79.

李晋南，王常安，王连生，等，2019. 低磷饲料添加谷氨酸对松浦镜鲤幼鱼肠道消化酶活性及肠道形态的影响［J］. 广东海洋大学学报，39（4）：20－26.

李经奇，李学山，姬仁磊，等，2018. 亚麻籽油和豆油替代鱼油对大黄鱼肝脏和肌肉脂肪酸组成及Δ6Fad基因表达的影响［J］. 水生生物学报，42（2）：232－239.

李鹏飞，余庆，覃仙玲，等，2018. 广西北部湾海水养殖业现状与病害防控技术体系研究展望［J］. 广西科学，25（1）：15－25.

李文蕾，李淑翠，李达，等，2018. 我国海水网箱养殖业的现状与前景分析［J］. 科技资讯（12）：237－239.

李英，2018. 水库生态渔业养殖浅谈［J］. 农家参谋（14）：133.

练青平，张任驰，宓国强，等，2017. 马口鱼规模化人工繁殖技术的初步研究［J］. 浙江海洋大学学报：自然科学版，36（5）：409－413.

刘岩，吴忠鑫，杨长平，等，2019. 基于Ecopath模型的珠江口6种增殖放流种类生态容纳量估算［J］. 南方水产科学：15（4）：11－22.

刘永新，方辉，来琦芳，等，2016. 我国盐碱水渔业现状与发展对策［J］. 中国工程科学，18（3）：74－78.

陆洋，郁二蒙，谢骏，等，2020. 添加芽孢杆菌对池塘中理化因子和细菌群落结构的影响分析［J］. 水产学报，44（1）：130－141.

马雪健，刘大海，胡国斌，等，2016. 多营养层次综合养殖模式的发展及其管理应用研究［J］. 海洋开发与管理，33（4）：74－78.

马志洲，欧小华，2018. 广东省海水养殖现状与持续发展［J］. 海洋与渔业（7）：90－93.

聂志娟，李非凡，赵文武，等，2020. 哈尼梯田稻鲤共作模式下的微生物群落结构［J］. 水产学报（44）：470－480.

欧明烛，马菁华，杨朔，等，2020. 鱼菜共生的关键技术及发展前景［J］. 绿色科技（1）：183－184.

全国水产技术推广总站，2020. 中国稻渔综合种养产业发展报告（2019）［J］. 中国水产（1）：16－22.

石婧，2015. 配合饲料和野杂鱼育肥对中华绒螯蟹风味品质的影响［D］. 上海：上海海洋大学.

宋红桥，管崇武，2018. 鱼菜共生综合生产系统的研究进展［J］. 安徽农学通报，24（20）：63－65.

孙定，董兴国，景红军，等，2019. 西安新型都市渔业发展思路探讨［J］. 安徽农学通报，25（13）：101－103.

孙琳琳，宋协法，李甍，等，2019. 外加植物碳源对人工湿地处理海水循环水养殖尾水脱氮性能的影响［J］. 环境工程学报，13（6）：128－136.

孙志禹，朱挺兵，杨德国，等，2020. 圆口铜鱼人工驯养繁育进展与展望［J］. 淡水渔业，50（1）：107－112.

王际英，李宝山，2017. 中国海水鱼养殖模式的现状及其产业经济分析［J］. 中国海洋经济，2（4）：3－12.

王继隆，刘伟，鲁万桥，等，2019. 黑龙江中游乌苏里白鲑资源现状评估［J］. 生态学杂志，38（6）：1824－1829.

王磊，胡玉洁，李学军，等，2019. 陆基推水集装箱式水产养殖模式适养种类初探［J］. 中国水产（11）：64－66.

王朋，徐钢春，聂志娟，等，2020. 大口黑鲈池塘工程化循环水养殖系统中溶解氧浓度变动规律及浮游动植物的响应特征［J］. 江苏农业科学，48（2）：177－183.

王瑞，米玮洁，李睿，等，2018. 基于 Ecopath 模型的南湾水库生态系统结构与功能定量分析［J］. 三峡生态环境监测，3（4）：37－46.

王晓峰，2019. 浅谈滆湖渔业资源与生态环境的养护［J］. 水产养殖：（8）：36－38.

王裕玉，徐钢春，聂志娟，等，2019. 水产动物饲料中动物蛋白源替代鱼粉研究进展［J］. 江苏农业科学，47（16）：24－29.

温海深，张美昭，李吉方，等，2016. 我国花鲈养殖产业现状与种子工程研究进展［J］. 渔业信息与战略，31（2）：105－111.

夏佳佳，原居林，2019. 湖州市现代渔业绿色发展的思考［J］. 中国渔业经济，37（5）：82－86.

徐昊，梁化亮，戈贤平，等，2020. 团头鲂必需氨基酸营养研究进展［J］. 动物营养学报，32（11）：1－12.

严银龙，张之文，施永海，等，2020. 美洲鲥室内人工育苗技术初探［J］. 水产科技情报：47（3）：121－125.

杨丽专，刘付永忠，李勇，等，2017. 罗非鱼受控式高效循环水集装箱养殖技术［J］. 海洋与渔业（6）：60.

姚雪琳，2018. 水库大水面绿色生态养殖技术的应用研究［J］. 水产研究（13）：93－94.

衣晓飞，来琦芳，史建全，等，2017. 高碱环境下青海湖裸鲤氮废物排泄及相关基因的表达规律［J］. 中国水产科学，24（4）：681－689.

于秀娟，徐乐俊，吴反修，等，2020. 中国渔业统计年鉴［M］. 北京：中国农业出版社：16.

郁蔚文，周寅，王健，2017. 养殖池塘大型智能投饲系统的工艺设计［J］. 水产科技情报（1）：25－28.

袁晓初，赵文武，高宏泉，等，2016. 中国渔业统计年鉴［M］. 北京：中国农业出版社：22.

袁宇翔，2018. 基于 C、N 稳定同位素技术的兴凯湖食物网结构研究［D］. 北京：中国科学院大学（中国科学院东北地理与农业生态研究所）.

张建明，姜华，田甜，等，2019. 齐口裂腹鱼苗种培育及其苗种生长特性分析［J］. 南方农业学报：50

（9）：2102 - 2110.

张振东，肖友红，范玉华，等，2019. 池塘工程化循环水养殖模式发展现状简析［J］. 中国水产（5）：34 - 36.

赵道全，李先明，谢国强，等，2019. 乌苏里拟鲿的人工繁殖技术总结［J］. 河南水产（1）：5 - 8.

赵海涛，孙桂清，吴彦，等，2018. 河北省海水工厂化养殖现状及对策分析［J］. 河北渔业（12）：12 - 15.

赵敏，梁萌青，郑珂珂，等，2015. 牛磺酸对半滑舌鳎（*Cynoglossus semilaevis*）亲鱼繁殖性能及仔鱼质量的影响［J］. 渔业科学进展，36（3）：101 - 106.

赵万里，郭越，2016. 大连海水养殖业发展现状及对策建议［J］. 商场现代化（5）：113 - 114.

赵张敏，朱阳，2019. 大型深水网箱真空吸鱼泵设计研究［J］. 水产养殖，40（5）：40 - 42.

LI Q，XU L，XU L，2018. Influence of consecutive integrated rice - crayfish culture on phosphorus fertility of paddy soils［J］. Land Degradation and Development（29）：337 - 348.

LIANG H L，JI K，GE X P，et al.，2018. Effects of dietary arginine on antioxidant status and immunity involved in AMPK - NO signaling pathway in juvenile blunt snout bream［J］. Fish & shellfish immunology（78）：69 - 78.

LIU D，TANG R C，XIE J，et al.，2020. Valuation of ecosystem services of rice - fish coculture systems in Ruyuan County，China［J］. Ecosystem Services（41）：101054.

LV H B，MA Y Y，HU C T，et al.，2020. The individual and combined effects of hypoxia and high - fat diet feeding on nutrient composition and flesh quality in Nile tilapia（*Oreochromis niloticus*）［J］. Food Chemistry（5）：128479.

PARRA L，ROCHER J，ESCRIVá J，et al.，2018. Design and evelopment of low cost smart turbidity sensor for water quality onitoring in fish farms［J］. Aquacultural Engineering（81）：10 - 18.

PENG L C，ZHANG Z S，LAN C Q，et al.，2017. Alleviation of oxygen stress on Neochloris oleoabundans：effects of bicarbonate and pH［J］. Journal of Applied Phycology，29（1）：143 - 152.

PEREIRA L S，DEMéTRIO J A，CUNICO A M，et al.，2019. Cage aquaculture in Neotropical waters promotes attraction and aggregation of fish［J］. Aquaculture Research（6）：1 - 9.

ROBINSON K M，GALAROWICZ T L，O'NEILL P，et al.，2019. Monitoring shallow benthic fish assemblages in the Laurentian Great Lakes using baited photoquadrats：Enhancing traditional fisheries monitoring methods［J］. Journal of Great Lakes Research，45（2）：333 - 339.

SADIQUL A，STRUAN M D，ANDREW C，2016. Investigation into the Potential use of Inland Saline Groundwater for the Production of Live Feeds for Commercial Aquaculture Purposes［J］. Aquaculture & Marine Biology，4（1）：00071.

SEUNG C K，KIM D，2018. Developing confidence intervals for economic impacts：A multi - regional analysis of a recreational fishery in Korea［J］. Marine Policy（94）：20 - 27.

SHASHANK S，IFFAT J，ADITA S，et al.，2017. Inland Saline Aquaculture - A hope for farmers［J］. International Journal of Global Science Research，4（2）：577 - 593.

SKØIEN K R，ALVER M O，ALFREDSEN J A，2018. Modelling and simulation of rotary feed spreaders with application to sea cage aquaculture - A study of common and alternative designs［J］.

Aquacultural Engineering (82): 1 - 11.

VEINOTT G, 2018. Response of anglers to less - restrictive harvest controls in a recreational atlantic salmon fishery north American [J]. Journal of Fisheries Management (38): 210 - 222.

WU Y P, FENG L, JIANG W D, et al., 2015. Influence of dietary zinc on muscle composition, flesh quality and muscle antioxidant status of young grass carp (*Ctenopharyngodon idella* Val.) [J]. Aquaculture Research, 46 (10): 2360 - 2373.

XIE J, HU L L, TANG J J, et al., 2011. Ecological mechanisms underlying the sustainability of the agricultural heritage rice -? sh coculture system [J]. PNAS, 108 (50): 1381 - 1387.

XU H, SUN B, LIAO Z, et al., 2019. Possible involvement of PKC/MAPK pathway in the regulation of GnRH by dietary arachidonic acid in the brain of male tongue sole *Cynoglossussemilaevis* [J]. Aquaculture Research (50): 3528 - 3538.

YI S, 2019. Contingent Valuation of Sustainable Integrated Agriculture - Aquaculture Products: The Case of Rice - Fish Farming Systems in South Korea [J]. AGRONOMY - BASEL, 9 (10): 601.

YU E, FU B, WANG G J, et al., 2020. Proteomic and metabolomic basis for improved textural quality in crisp grass carp (*Ctenopharyngodon idellus* C. et V) fed with a natural dietary pro - oxidant [J]. Food Chemistry (325): 126906.

ZHOU Q L, TSION H M, GE X P, et al., 2017. Growth performance and TOR pathway gene expression of juvenile blunt snout bream, *Megalobrama amblycephala*, fed with diets replacing fish meal with cottonseed meal [J]. Aquaculture Research, 48 (7): 3693 - 3704.

水产品加工与产物资源利用领域研究进展

一、前　　言

水产品加工业是渔业经济不可或缺的一环，在渔业经济中占有重要的战略地位。经过“十三五”期间的快速发展，我国水产品加工产业已形成以鲜冻加工为主体的多样化加工体系和以功能健康食品为核心的多元营养产品供应体系，成为食品行业中发展快、效益高的产业之一，有效带动就业超过500万人。中国已成为全球最大的水产品加工生产基地，海水产品约有2/3进入加工环节，淡水产品约有1/5进入加工环节，2019年用于加工的水产品总量2 649.96万吨，水产加工率到达41%，而“十二五”期末水产品加工率仅约为34%。据国家统计局统计，2019年全国规模以上水产品加工企业1 776家左右（孙志云，2020），完成主营业务收入3 279.6亿元，同比增长3.9%，实现利润总额147.0亿元，同比增长0.33%。同时，中国也是全球最大的水产品出口国（李晨，2021）。据海关统计，2019年我国加工水产品出口量达到462.8万吨（农业农村部渔业渔政管理局，2020）。水产品加工业已成为我国渔业发展“带一连三”的关键环节，在渔业经济中占有重要的战略地位。

“十三五”期间，现代高新技术广泛应用于水产加工业，大大提高了水产品加工业的技术含量和企业技术改造的力度；水产品加工业整体实力明显提高，加工企业规模、水产品加工能力及水产品加工产值等方面都保持着较高速度的增长；研发经费的持续投入以及加工装备的升级改造使得水产品加工的比例和经济效益在逐年提高，产品结构也在不断优化。

二、国内研究进展

“十三五”期间，我国水产精深加工技术领域不断纵深拓展。从传统工艺的升级改造、多组学技术交叉融合研究、高端智能装备研发以及食品绿色加工的理论基础与技术研发等方面研究逐步深入，成功开发了即食海参、鲍鱼罐头、调料扇贝食品等新产品，并实现工业化生产（中国水产，2021；刘永新，2019）。深远海鱼类保真与精深加工关键技术成功实现产业化应用，南极磷虾精深加工技术与产业化取得突破性进展，创造出南极磷虾油、南极磷虾脱壳虾肉等成熟产品（刘永新，2019）。

1. 水产品保鲜技术研究深入推进

水产品保鲜是基于水产品的原料学特性，利用物理、化学、生物等方法对原料进行必要的技术处理，从而保持原有的新鲜程度，水产品保鲜技术一直是热门研究课题（石径，2018）。据统计，2016—2020 年国家自然科学基金共资助水产食品贮藏与保鲜相关项目 47 项，资助金额 2 205 万元，研究内容主要集中在腐败菌对水产品品质影响机制、贮藏过程中水产品品质变化机理及调控、贮藏过程中水产品危害因子的产生与控制、水产品中蛋白质和脂质等营养成分的生物活性及构效关系等。这些项目的资助较大地促进了水产品保鲜领域的基础研究工作，初步探明了部分水产食品贮藏过程中的营养成分、品质变化规律和特征性风味成分（周进，2021），初步明确了氟、甲醛等危害因子的产生以及对其调控的机制等（陆冰怡，2020；方磊，2020）。但是与食品学科其他领域相比，资助项目总体不多，水产食品保鲜领域基础研究工作的深入开展仍是今后一段时期的主题内容。

现代农业产业技术体系特色淡水鱼体系岗位专家李来好研究员及其团队成员在“十三五”期间，开展了基于内源酶的罗非鱼片贮藏品质评价研究，通过体内和体外实验阐明了钙蛋白酶、组织蛋白酶 B 和细胞凋亡酶对罗非鱼肌原纤维蛋白的降解模式，揭示了钙蛋白酶和组织蛋白酶 B 是罗非鱼死后肌原纤维降解的主要蛋白酶。利用获得的理论基础，探究了贮藏条件等外部作用对内源酶活性的影响，发现气调包装结合冰温贮藏对罗非鱼片的保鲜作用主要在于抑制内源性蛋白酶活性和降低反应速率，减轻了蛋白质氧化程度以及抑制了微生物的繁殖。赵良等（2016）研究了高压静电场结合冰温气调保鲜技术对罗非鱼鱼片的保鲜效果，采用罗非鱼片感官评价技术研究贮藏过程指标的变化情况，分析比较 3.8 千伏、1.8 千伏高压静电对罗非鱼肉品质指标的影响，发现 3.8 千伏高压静电场处理可延长肉片的保质期至 30 天。

2. 多组学技术在水产品质变化研究中交叉应用

多组学技术在当前研究生物体的基因、蛋白、代谢产物等差异表达上发挥了重要作用，已成为阐明水产品变化过程调控机制的重要手段（米红波，2020）。赵永强等（2017，2020）采用高通量的蛋白质组学 Label free 定量法鉴定了冰温贮藏过程中罗非鱼片的蛋白质表达谱，研究了罗非鱼贮藏中的品质变化及机理。共鉴定出了 902 种蛋白质，其中 154 种为差异表达蛋白，294 种缺失蛋白；对全部蛋白进行 GO 功能注释和 KEGG 代谢通路分析后发现，生物过程主要为细胞过程，代谢通路主要为 KEGG 通路；差异表达蛋白的主要分子功能是结合以及催化活性功能，缺失的蛋白质主要涉及代谢过程、氧化还原过程、翻译和运输等。相关研究对阐明罗非鱼骨骼肌蛋白质组与鱼肉鲜度和品质的关系做出了贡献，并为鱼肉鲜度变化机制及功能研究提供了新的视角。马聪聪（2020）采用鸟枪蛋白组学对大西洋鲑及其近源掺假物种进行区分，采用同位素标记相对和绝对定量（iTRAQ）技术对冰鲜大西洋鲑和在－18 ℃

条件下储存30天后冻融处理的大西洋鲑进行了区分研究，筛选出20个与大西洋鲑冻融后品质变化相关的差异蛋白，并利用多反应检测模式（MRM）对这些蛋白进行了验证，找到了变化蛋白中包含降解位点的关键肽段，与iTRAQ结果互相印证，为解释冻融处理后大西洋鲑品质变化规律奠定了理论基础。周聃等（2018）以长鳍和黄鳍金枪鱼背部肌肉为试验材料，采用双向电泳凝胶技术将样品鱼肉蛋白分离，筛选出18个能代表两种金枪鱼差异且具有统计学意义的差异蛋白点，其中3个蛋白质点为同源蛋白质；共鉴定出8种能够区分长鳍和黄鳍金枪鱼的差异蛋白，分别为骨骼肌肌球蛋白重链、肌球蛋白重链-1、肌球蛋白重链-2、肌球蛋白轻链-2、14-3-3γ蛋白、β-肌动蛋白、胆盐激活脂肪酶1和肌生成抑制素蛋白，为金枪鱼品种鉴定及加工利用奠定了基础。

3. 深远海鱼类精深加工技术快速发展

“十三五”期间，中国水产科学研究院渔业机械仪器研究所牵头开展了“金枪鱼船上保鲜与陆基对接综合利用技术研究”，研究了金枪鱼体定位切割分级技术、新型保鲜技术等，研发了船上加工关键设备并集成初加工生产线，减少了加工废弃物的排放并最大化加工出成率，解决了金枪鱼捕捞后的保鲜加工问题，开发了适合在船上进行水产品加工的技术，使船上加工产品可以直接在市场流通，同时研发了陆上二次加工水产品及其废弃物利用的综合开发技术，提高了海洋渔获的生产效率和规模。

国家重点研发计划“远洋极地渔获物中潜在危害因子的识别与控制技术”，以典型渔获物金枪鱼为研究对象，利用色谱技术、酶解技术等分析典型危害物的形态组成及分布，研究其不同形态的迁移转化规律，确定了组胺的形成为渔获物的质量安全关键控制点（赵庆志，2018）。通过进一步的研究，证明了金枪鱼品质劣变后，组胺无色杆菌等细菌将会产生脱羧酶，使组氨酸脱羧生成组胺，人体内的组胺摄入量达到一定程度，将会引起人体中毒（蓝蔚青，2021）。

此外，国内相关学者还探索了包括新型速冻保鲜、保鲜剂保鲜、海水喷淋保鲜等保鲜方法对金枪鱼品质的影响，研究了金枪鱼冻结与冻藏过程中蛋白质冷冻变性、品质劣变机理以及微生物生长动力学变化；通过计算机模拟可视化解冻的过程，研究了金枪鱼产品解冻机理，并利用计算机模型对解冻过程进行优化；开展了陆基条件下利用加工水产品产生的下脚料制备功能肽、调味基料以及鱼松罐头等休闲风味食品加工关键技术研究等（周雅，2021；田婷婷，2016）。

4. 基于生态冰温活鱼长途运输技术稳步发展

鱼类活体运输产业可以有效解决水产品供给不均衡的问题。2016年，商务部和国家标准化管理委员会共同出台了《关于开展农产品冷链流通标准化示范工作的通知》，助力完善农产品冷链流通标准体系，标志着我国冷链标准化迈入了一个全新的历史阶段。

目前我国鲜活水产品的保活运输方式主要分为增氧保活、麻醉保活和低温保活（李雨晴，2018）。其中，低温保活适用于大多数水产品的保活运输，被认为是一种高运输量、绿色环保的活体冷链物流技术（陈玲，2019），在企业中广泛应用。广东何氏水产公司利用“活鱼低温暂养、纯氧冷链配送”技术，使活鱼远程冷链运输 50 个小时后的存活率可达 99%（罗茵，2020；孔一颖，2017；方新平，2017）。大量研究表明，保活水温降低 10 ℃，多数水产品的耗氧量和氨类物质产量降低 50%。近年来，一种新型生态低温保活技术正在研制中，如范秀萍等（2018）以每小时 1～2 ℃的梯度降温速度降至 15 ℃使珍珠龙胆石斑鱼进入休眠状态，在此温度下无水运输 16 小时后，石斑鱼体内的游离氨基酸、核苷酸和有机酸含量无明显变化，能较好地保持原有的风味。同时，基于生物学层面，结合水产品血液生理生化指标、免疫学指标、肠道酶系指标以及肝脏抗氧化指标的研究，分析水产品在保活过程中的应激反应机制以及应激反应对免疫系统的影响，进而采取有效的安抚方案，也是生态低温保活技术研究的重要内容之一，但由于工艺技术不够完善，该项技术目前仍以实验室研究为主，并未在实际物流运输中得到广泛地应用。

2019 年“蓝色粮仓科技创新”重点专项设立“水产品陆海联动保鲜保活与冷链物流技术”项目，针对水产品保鲜保活与冷链物流的共性关键技术瓶颈，启动了水产品保鲜保活与冷链物流过程中品质变化规律以及监测与评估技术的研究；研发生态冰温和无水保活等远距离高密度流通、流态冰冷和快速冻结保鲜、无氨氟蒸发冷舱贮运等陆海联动保鲜保活及其品质过程控制等关键技术。

5. 水产品初加工技术装备研究多点开花

针对鱼类预处理与初加工依赖人工、处理效率低、产品品质不均等难题，依托国家重点研发计划课题“鱼类清洗去鳞去杂加工关键技术与装备研发”、国家科技支撑课题“水产品加工前原料的质量鉴别和控制技术研究与示范”等项目，开展了鱼体排序定位、鱼活体标识小杂鱼去脏、大黄鱼开片和大宗淡水鱼去头、去鳞等技术及装备研究，形成了基于重力偏转的鱼体排序定位技术、激光定位标识技术、去脏轮旋转去脏技术、弧形切割去头技术、多级滚筒去鳞技术等一批鱼类预处理与初加工技术（张军文，2018），研发了大黄鱼排序定位设备，处理能力大于 500 条/小时，排序准确率大于 90%（张军文，2021）；大菱鲆标识设备，处理能力大于 560 条/小时；淡水鱼去头设备，处理能力达到 1 200 条/小时；多级滚筒去鳞设备，处理能力达到 1 000 千克/小时，去鳞率大于 95%，鱼体损伤小，适合罗非鱼、鲢鳙鱼、大黄鱼等多种大宗鱼类的去鳞（张军文，2021）；小杂鱼去脏设备，可有效去除红娘鱼、竹荚鱼等小杂鱼的内脏，去脏效率比人工提高 20 倍以上；大黄鱼开背与开片设备，处理能力达到 600 条/小时，集成了大黄鱼预处理加工生产线（张军文，2019）。

2020 年由中国水产流通与加工协会牵头，联合国家水产品加工技术研发中心共同编制了《水产品加工业提升工程实施方案》，聚焦水产品加工关键技术装备的配置、改造和提升，进一步促进和提升水产品加工行业的机械化、自动化、智能化水平，加快推动渔业产业转型升级和高质量发展，其后续实施将对全国水产品加工行业发展注入强劲动力。

6. 南极磷虾精深与高值化加工技术研发全面铺开

南极磷虾（*Euphausia Superba*）现有生物资源量约为 3.79 亿吨，每年可捕获量约为 300 万吨，而且不会影响南极生态系统平衡。南极磷虾富含优质蛋白质（约占干重的 80%）和磷脂等营养物质，具有营养价值高、功效独特的特点，已成为一种战略性海洋生物资源（李芹，2021）。

“十三五”期间，国内主要研究了南极磷虾蛋白、脂质、虾青素等重要组分的精深与高值化加工，磷虾油、虾粉和冻虾等产品的检测方法与质量标准，氟、砷有害因子减除技术，以及船载和陆基加工技术与装备的研发（方磊，2020；杨晓丹，2018；刘淑晗，2020）。研发了南极磷虾蛋白的磷酸化、酶解等功能特性改善技术，以及免疫调节肽、降血压肽、抗氧化肽、铁结合肽等和饲料添加剂等功能性蛋白衍生产品（黄俊伟，2018；彭元怀，2019；郭帆，2018；黄俊伟，2017；朱兰兰，2020），相关研究成果为南极磷虾蛋白的深度利用提供了基础信息。

在南极磷虾质量安全检测与控制技术方面，建立了基于 HPLC - ICP - MS 联用技术的南极磷虾油中砷形态及含量分析方法（王松，2016；张学超，2018），可实现 AsB、DMA、MMA、As（Ⅲ）和 As（Ⅴ）等 5 种砷形态化合物的快速分离与定量，明确了砷形态在加工过程中分布规律及体内代谢特征（邱阿敏，2019；邱阿敏，2018；刘小芳，2019），建立了低砷高品质磷虾油制备工艺并实现产业化，解决了南极磷虾油保健产品上市瓶颈问题（邱阿敏，2019）。建立了南极磷虾虾青素含量液相色谱测定方法，构建了虾青素酯的 LC - HRMS 分析方法，实现了 30 多种虾青素单酯和双酯的鉴定并构建了虾青素酯的定性数据库（刘志东，2021），开发了虾青素微胶囊等相关产品。分析了冷冻南极磷虾菌群变化规律，确定了影响南极磷虾品质的关键微生物种群（江艳华，2016）。制定了《南极磷虾冷冻操作技术规范》，确立了南极磷虾冻结、冻藏、解冻等关键环节的技术参数，形成了较为完整的南极磷虾冷链工艺，为南极磷虾资源的品质保持与高效利用提供了重要依据。

在南极磷虾产品开发及产业化方面，自主创制了高品质南极磷虾油与低分子量蛋白肽生产工艺，并与企业深入合作，完成了技术转化，形成了以高品质南极磷虾油和小分子蛋白肽为代表的系列产品并上市销售，创造了良好的经济效益（赵鑫鹏，2016；陈京美，2017；唐一新，2018；刘小芳，2020；孙如男，2020；Yu Y，2020；Sun R，2021），研究制订了南极磷虾粉、冷冻南极磷虾等产品的质量标准和产品标准（马田田，2019；马田田，2020；欧阳杰，2019）。

在南极磷虾船载加工技术与装备方面，开展了脱壳虾肉加工技术与装备研究、虾糜加工技术与装备研究、虾粉加工技术与关键装备研究，相关技术及设备已经安装在国内第一艘专业南极磷虾捕捞加工船"深蓝"号上，并完成了安装调试，处理能力达到 1 000 千克/小时，脱壳虾肉平均得率 20%，虾壳残留率≤10%，得到的虾仁产品外形完整，填补了我国在南极磷虾专业化加工装备研制领域的空白。

7. 微生物降解咸鱼中亚硝胺关键技术取得重要进展

针对咸鱼等传统腌干鱼制品加工方式落后、产品质量良莠不均等迫切需要解决的问题开展深入的研究，揭示了咸鱼制品独特风味的形成机理和特征风味成分组成，主要风味物质种类是醛类、醇类和烃类，其特征香气以青草味-脂肪味、鱼腥味为主，其中已醛、1-戊烯-3-醇以及 1-辛烯-3-醇在腌制过程中大量产生的，而壬醛和戊醇的形成与含量主要与干燥时间有关（吴燕燕，2021；陶文斌，2019）。阐明了咸鱼制品中亚硝酸盐和亚硝基化合物的形成过程和变化规律，发现腌制时间、温度、盐度以及腌制方法、食盐种类等对咸鱼中亚硝酸盐和 N-二甲基亚硝胺（NDMA）、N-亚硝基二乙胺（NDEA）等亚硝胺类物质的含量均有明显的影响（吴燕燕，2016）。在此基础上，首次从咸鱼制品中分离到具有降解亚硝酸盐的三株乳酸菌，其对咸鱼制品中亚硝酸盐的降解率达 66.5%。发明了一种微生物混合快速发酵加工腌干鱼类制品的新技术，该项发明技术不仅能有效缩短鱼类腌制加工时间，提升咸鱼等腌干鱼类制品特有的风味和色泽，而且能有效地控制产品在加工过程不产生亚硝基化合物，大大地提高了产品的质量安全性（吴燕燕，2016）。

8. 水产品生物加工关键技术与海洋生物资源利用取得显著进展

中国海洋大学聚焦于海洋水产品加工专用生物催化剂的创制及其在水产资源高值化开发利用中的应用研究，取得重要进展：挖掘了 10 多种海洋水产加工专用酶，酶编码基因 100 多条，通过酶的结构解析、理性设计、定向进化进行酶的理性与半理性设计改造，结合酶的表面展示表达与高通量筛选技术，显著提高了水产品加工专用酶的催化稳定性与催化活性。研发了海洋水产蛋白的纯种可控发酵与定向酶解加工技术，解决传统加工方式加工周期长、质量不可控、产品附加值偏低等问题，实现了海洋水产蛋白的高值化综合利用。

"十三五"期间，国内学者还完成了海洋脂肪酶的晶体结构解析，阐明了脂肪酶的催化功能和催化结构域，建立了脂肪酶固定化工艺技术，固定化酶活回收率达到 60%以上，进行了发酵放大试验和应用示范（冉凡娇，2016；孙国龙，2017；盛军，2018）。筛选获得了海洋低温碱性蛋白酶亲和配基，建立了高效仿生亲和分离技术，纯化纯度达到了 90%以上，完成了海洋生物蛋白酶在天然橡胶加工领域中的应用，可降低氮含量 65%以上，有效控制了橡胶的生热温度，提高了橡胶制品的使用寿命（李尚勇，2016；李尚勇，2017）。完成了海洋环糊精葡萄糖基转移酶的中试及发酵制备工艺，开展了其在淀粉生物转化制备环糊精及维生素C生物转化制备化妆品原料AA-2G的初步应用评价（陈晓彤，2017；郝建华，2017；李晓涵，2020）。完成了海洋酯酶、壳寡糖酶、褐藻胶裂解酶、蔗糖异构酶等多种酶的应用基础研究工作，开发了相关的酶制剂产品，实现了海洋生物酶在饲料业、海藻及甲壳质加工、油脂加工等行业的应用评价及产业化推广，提高了我国生物酶催化技术的创新能力（孙晶晶，2018；张鹏，2018；李尚勇，2019）。

9. 海藻多糖绿色综合利用关键技术取得积极进展

建立了海藻多糖的绿色综合利用关键技术，揭示了海藻多糖降解酶选择性催化机制与热稳定性机制，建立多酶协同级联降解催化体系，突破了化学降解产物聚合度不均一且污染环境的难题，实现了高纯度海洋琼胶寡糖及单糖的定向生物转化制备，其中3,6-内醚-L-半乳糖、琼九糖、琼十一糖、琼十三糖等4个制品填补了国内外同类制品的空白（毛相朝，2019）。

以坛紫菜为原料，采用超声波辅助热水法提多糖、木瓜蛋白酶脱蛋白、透析脱色，测定了多糖的基本理化性质和结构表征。研究表明，坛紫菜粗多糖产率为27.59%，多糖纯度为73.44%（杨少玲，2019；杨贤庆，2020；裴若楠，2019；陈胜军，2020）。采用酶解、离心、透析和冷冻干燥技术，制得紫菜蛋白肽粗提液，再经酸性蛋白酶水解并优化工艺条件制备活性肽（王小慧，2019）。对紫菜酶解液分离到的4种多糖中活性最强的组分，进行超高压液相色谱-高分辨质谱联用分析鉴定，确定该肽的氨基酸序列为Asp-Lys-Ser-Thr，发现其具有显著抗氧化活性，对DPPH自由基清除能力最强（于娇 等，2019）。

三、国际研究进展

1. 智能化加工制造正在塑造未来格局

近年来，国际食品加工业呈现如下特点：以食品组学、大数据为基础的定制化、智能化加工制造正在塑造未来格局，以智能化中央厨房工厂为代表的新产业模式正在深刻改变发展链条，以全程智能绿色冷链为支撑的生鲜食品物流正在重构产后减损增效体系，以绿色和智能化为特征的食品先进制造技术装备将加快食品产业跨越升级速度，以自动化机械为基础的食品制造信息物理系统将极大提升食品加工效率。如3D打印技术为食品形状、质地、成分以及最终的口味提供了无限可能（Ghazal，A. F.，et al.，2021），AQS（创新食品加工系统）可高效精准对肉品进行分级，并能够自我学习和进化（王强，2021；杨耿涵，2021）。

部分发达国家和地区已经广泛应用移动互联网、物联网、二维码、无线射频识别（radio frequency identification，RFID）等现代信息技术，实现对水产品加工过程和流通销售各环节的信息感知与追溯（Emond et al.，2009；Gopi，et al.，2019；Alfian et al.，2017）。在加工过程中，利用远红外技术、图像识别技术、视频监控系统、RFID等技术，对不同对象（加工车间、环境、加工品）等进行实时感知，获取环境参数、生物参数、加工装备参数等（Taheri-Garavand et al.，2019；Shi et al.，2018）；在流通追溯方面，欧盟《食品基本法》的颁布，提出实施水产品追溯标签制，即在水产品的外包装上注明该产品的经销商、进口商、出口商、包装商、生产商以及准确的养殖地和生产加工厂，以便在发生质量安全问题时，可以按照流通过程从销售商一直追溯到产地的各个环节。加拿大物流企业Thomson Group通过强制供电器、自动控温与记录、卫星监控等智能系统，可以实现对3种不同温度要求水产品的同时运输（Thomson Group官网）。荷兰通过冷链物流供应链管理系统，优化供应链流程，减少中间环节，实现水产品物流增值，还借助先进的拍卖系统、订货系统和电子交换式信息系统等实现电子化水产品物流配送（Stellingwerf et al.，2021）。

2. 水产功能食品与生物制品开发蓬勃发展

以美国国立卫生研究院（NIH）、日本海洋科学技术中心、MedChemExpress公司等为代表的科研机构和大型医药公司，非常重视海洋天然产物的开发利用，每年投入研发经费达数亿美元。目前，世界范围内已发现的海洋天然产物化合物超3万个，主要发达国家均建有相应的资源库，保藏具有重要应用价值的产物资源。

水产蛋白源明胶具有良好的安全性、延展性、成膜特性和可降解性，因此被广泛应用于可食性保鲜膜的研发；同时，由于明胶具有良好的生物相容性和生物可降解性、在体内降解后不产生其他副产物，也被广泛应用于药物递送系统、组织工程和伤口敷料开发（王珊珊，2020；Wu et al.，2015；Sun et al.，2018）。Gomes等（2017）以冷水鱼明胶、聚己内酯和壳聚糖为基料，通过静电纺丝制备皮肤组织工程支架。Manikandan等（2018）使用酚酸类化合物对鱼鳞明胶进行改性，然后添加酪氨酸酶催化制备水凝胶，新研制的水凝胶能够显著加快犬类伤口愈合，还可降低炎症反应从而避免伤口过度瘙痒。Enrione等（2017）以大西洋鲑鱼皮明胶为基料，制备明胶/壳聚糖/琼脂糖复合敷料，该敷料具有良好的生物相容性，能够有效促进兔子伤口处肉芽组织的增生、成熟和上皮化，加快肉芽组织转变为结缔组织、形成正常皮肤。

活性肽分子质量远小于蛋白质，被人体摄入后易于消化吸收，因此被认为是参与人体各种机体功能的有效生物活性物质。每年发现的水产多肽类化合物在天然活性物质中占有很大比例，是活性物质研究与应用开发的重要组成部分。目前报道的活性肽生理功能，主要包括通过金属元素螯合能力、抗龋齿等作用，调节胃肠系统功能；通过抑菌、免疫及细胞调节等作用，增强机体免疫系统功能；通过钙结合作用，调节机体肌肉与骨骼系统功能；通过抗高血压、抗氧化、降胆固醇、降血脂等作用，调节心血管系统功能。已被广泛研究并应用的海洋功能肽包括抗菌肽、抗肿瘤肽、降压肽、抗氧化肽、心血管活性肽、免疫调节肽、抗冻肽、提高骨密度肽等（Gao，R.，et al.，2021）。

3. 加工装备升级改造提升产业核心竞争力

欧美国家的鱼类加工装备具有生产线集成度高、人工环节少、自动化水平高的特点，装备性能、材质、外观、加工精度、耐用性等都处于国际领先水平。如德国研制的鲑鱼、鲷鱼等鱼片加工生产线在加工过程创新性引入光电测量系统，结合计算机控制和鱼体导向装置，可以实现鲑鱼清洗、去头、切腹、去脏、开片、整理和称量包装等工序全自动生产，整个生产线通过控制系统集中控制，只需要少数几个工人配合即可完成生产（Baader 官网，2017）。冰岛鱼类加工装备企业研发的水力喷射鱼片切割机，以高压水为切割刀，可实现鱼片的快速切割，同时采用 X 射线对鱼片中的鱼刺进行快速检测。瑞典开发的中上层鱼类加工生产线可实现自动化去磷、切头去尾、剖腹、去脏、去鳍等（Arenco 官网，2017）；拉脱维亚研发的小型鱼类去头去内脏生产线同时批量进行加工，鲐鱼加工能力达每分钟 600～800 条；丹麦研制的去内脏机配有取鱼子机，能将鱼子连带胞衣完整地从鱼肚内取出，并通过机械视觉设备对去完内脏的鱼产品进行检测，减少了人工检测成本。

在亚洲地区，日本、韩国的海洋食品加工装备水平较高，日本在鱼糜加工设备、大型鱼类切割设备、船载鱼类加工装备等方面处于世界领先水平，在生产线集成方面经验丰富，如鱼类前加工处理生产线，鱼糜及制品加工生产线，远洋捕捞加工船的集成设计等；韩国企业研发了适用于鲑鳟、狭鳕等鱼类的鱼鳞去除和清洗一体机，研制的鱼类自动去骨切片机可进行半解冻的产品去骨切片作业，与人工作业相比，可节省 10 倍以上时间。

总体来说，国外的加工装备，针对性强，性能稳定，自动化程度高，但也存在原料适应性差、装备成本高昂，加工得率较低等不足（欧阳杰，2017）。

4. 南极磷虾船载加工领域国际研究不断深入

挪威是目前磷虾开发利用最成功的国家，配置了专业化精深加工成套装备，完全实现了工业化自动流水线作业生产加工方式，现有 3 艘捕捞加工船在南极海域从事南极磷虾资源开发，其中新型磷虾捕捞加工船日处理能力达到 700 多吨，竞争优势明显。挪威的虾粉产量占全球总产量的一半以上，虾粉加工过程中蒸煮采用效率更高的刮板式加热器和蒸汽直喷的方式加热，使物料快速加热，减少热敏性成分的分解流失，有效提高了最终产品中虾青素、脂质、蛋白质的含量。挪威实现了过程自动化控制，通过数百个传感器对整条生产线的所有设备和关键点进行实时监测与分析，并结合工艺的要求对整条生产线及时进行相应的调整和控制，提高了产品率、降低了活性成分的损失（Aker BioMarine 官网）。

围绕着南极磷虾的开发应用，国际上研究了南极磷虾蛋白与藻酸钠、纤维素和壳聚糖等复合改善产物的功能与结构特性，分析了磷虾蛋白的凝胶性和流变学特性，开展了磷虾肽（降血压肽，钙结合肽，磷酸化肽等）的制备与生物活性评价；比较了丁烷超临界萃取和传统方法提取南极磷虾油得率和品质的影响；探究了磷虾磷脂在动物体内的消化及吸附机制、品质评价与控制技术及磷虾蛋白乳浊液的稳定性机制等（Lin Li，2020；Yuliu Wang，2020；Jingxing Song，2020）。此外，还开展了南极磷虾饲料或添加剂改善三倍体虹鳟鱼、克氏原螯虾的生长特性、肌肉品质和非特异性免疫等研究（YutingWei，2019；Renjiao Gao，2020）。

5. 国外冷链物流保鲜的技术

目前，美国、加拿大、德国以及日本等发达国家业已形成了生产、加工、贮存、运输、销售等一整套完备的食品冷链物流体系，有些国家的冷链物流流通率高达95%（魏然，2020；闫艳飞，2019）。发达国家冷链物流设施设备先进，大多采用多式联运，冷库、冷藏车、冷藏集装箱、终端零售店采用了先进的温控技术；冷链物流数据信息平台功能强大，对冷链操作、产地预冷、冷链运输、仓储保存等各个环节设置监测；冷链物流标准化体系完善，政策规范统一、监管有力；冷链物流覆盖面广，从产品的生产、采购到运输、包装，均由冷链物流全程覆盖。

美国在20世纪60年代就已普及冷链技术，低温食品的销售量和人均占有量均遥遥领先于世界各国，冷冻食品的年产量达2 000万吨，品种3 000种，人均年占有量60千克以上。美冷（Ameri－cold Realty Trust）是全球第一大冷链企业，在全球冷链市场占有大约22%的份额，温控仓储与制冷系统均为世界顶级水平。运输车辆均安装着车辆跟踪系统与信息可追溯系统，实现整个流程任一环节物流信息的可追溯（美冷官网，https：//www.americold.com/what－we－do/technology/）。美国政府在冷链标准体系建设与市场准入制度方面不断进行完善，推动冷链物流在安全严格的制度保障下持续发展。

日本将分散的农产品集中于中心批发市场再进行统一供应，有效弥补了农户分布分散的先天缺陷，在冷链物流方面配备着可分等级控制的温控设备、世界领先的自动化立体化仓库以及具有位置跟踪和温度实时监测功能的运输车辆等冷链设施设备，高标准的冷链物流体系为日本生鲜产品的运输提供了可靠保障，每年大量优质海鲜从日本出口销售到全球众多国家（喜崇彬，2020）。

四、国内外科技水平对比分析

“十三五”期间，我国水产品加工技术的研发主要专注于对传统加工技术的优化升级，使我国脱离“粗放型”加工状态，在水产品保鲜技术、加工工艺、品质控制、活性物质提取、废弃物综合利用方面都取得了长足的进步，助推了产业的发展。例如，在传统冷冻保鲜技术基础上，创新应用气调包装冷冻、冰温贮藏、浸渍式快速冻结、超低温冷冻技术等新技术的应用促进了生产力及产品品质的提升；双螺旋快速冷冻设备能够在较小的地面空间内高效冻结大量产品，冻结量可达 500～6 000 千克/小时，取代了平板速冻机，成为了加工厂的高端配置，在水产品加工厂中已广泛使用。与此同时，水产品加工业发达国家更加注重将高新技术与水产品加工传统技术深度融合，提升研究水平的深度，例如与机器学习技术、深度学习技术、多元分析技术、多组学技术结合，分析研究水产品品质的变化规律等。相比而言，国际上的研究更加深入，而国内研究在广度与深度上存在明显差距，与其他学科的交叉融合不多，在加工装备水平、冷链物流技术、海洋生物资源开发利用等领域还存在明显的差距。

1. 水产品加工装备研发水平的差异

与水产加工装备发达国家相比，我国水产品加工企业的自动化程度不高，仍以劳动密集型为主，目前多数企业 80％的前处理步骤仍全部由人力完成，使用的水产品加工设备，约有 50％仍停留在 20 世纪 80 年代的水平，仅有 10％能达到世界先进水平。发达国家在积极使用机械代替人工的基础上，更加注重机械生产的效率、节能等问题，研发更为连续的、自动化的成套生产设备。

受饮食习惯的影响，欧美国家喜欢食用无刺的水产品，加工装备主要侧重于中大型鱼类的初加工、贝类加工、活性物质提取等，如鱼片、鱼糜制品、贝类、头足类和水产保健品等；而国内饮食习惯具有多元化和多样性的特点，加工对象鱼虾贝藻等全覆盖，装备种类需求复杂多样。国外发达国家非常重视精深加工装备的发展，注重产品附加值的提升，精深加工装备具有较高的水平；而国内应用的水产品加工装备以前处理和初加工装备居多，精深加工装备水平比较落后，如活性物质提取、鱼油精炼、自动称量包装等大型生产线，除部分单机已国产化外，核心装备还依赖进口。国外专业化捕捞加工船上配备的加工装备，针对性强，自动化程度高，生产线集成度高，可以同时实现机械化初加工、冷冻包装及品质控制（贾敬敦，2020）；国内水产品加工装备以单机设备为主，成套设备研发、工艺创新与集成能力与国外还存在较大差距，尤其是远洋捕捞船载加工装备集成能力还相对落后。国产装备在加工效率、精度、连续性、稳定性、自动化程度等方面还存在较大差距，材质、外观、耐用性等也还有待提高。

2. 冷链物流技术与发达国家的差距

目前，我国的水产品冷链物流逐步形成了依托公路、铁路、航空、水运等交通网络和各类运输工具（冷藏汽车、冷藏集装箱），以生产性、分配性水产冷库为主，加工基地船、渔业作业船为辅的冷藏链。据调查，2016 年我国冷链物流需求总量达到 12 500 万吨，冷链物流总额 3.4 万亿元，冷链物流业总收入 2 250 亿元；相比 2015 年，2016 年全国冷库新增 460 万吨，总量达到 4 200 万吨（折合 10 500 万米^3）。我国冷链市场需求逐年扩大，冷链运输市场呈现快速发展变化的局面，多种冷链运输方式间竞争加大，逐步摆脱以往以公路冷链运输为绝对主力的固有格局。尤其是近年来电子商务的飞速发展，我国在低温包装、冷链仓储、冷链运输以及相关政策制定等方面均实现了较大进步与突破，顺丰、京东等电商企业加入冷链物流行业，但仍未出现一个可以覆盖全国冷链市场并走向国际的巨头企业。

与国外相比，我国冷链物流发展的差距在于：冷链物流基础设施规模小，地区分布不均衡。我国冷藏车占货运汽车的比例约为 0.3%，发达国家如美国这一比例约为 1%，德国为 2%～3%，差距明显。当前我国冷链物流较发达地区主要集中在东部沿海城市、西南地区以及华中地区，其他地区分布极少，地区分布不均衡。冷链物流技术落后，信息化水平低。目前我国的冷链运输车辆以及包装方式都存在一定“断链”风险，冷链信息网络平台仍处于建设阶段。冷链物流企业规模普遍偏低，缺乏具有市场掌控力的龙头企业。我国的冷链物流企业特点为数量多、规模小以及区域分布不平衡，难以形成规模效应（魏然，2020）。

3. 海洋生物资源开发利用产业化能力的差距

在海洋生物酶的研究与开发方面，我国也取得了一些重要进展，但与发达国家相比，还存在很大差距。美国、日本、欧盟等发达国家借助于其科学技术领先的地位，推动了一些集成性的科学计划和项目，不断强化基础和应用技术开发，积极推动科技成果的产业化，抢占战略制高点，企图垄断知识产权和国际市场。国外一些大型酶制剂企业，比如诺维信、杰能科、杜邦等借助于其多年来在酶制剂行业的雄厚基础积累，较快地实现了资源挖掘、功能改造、产业化应用开发等全链条发展。而我国在海洋生物酶研究仍集中在前期的资源挖掘、功能改造方面，在后期的产业化应用开发方面比较薄弱，亟待加强；主要的研究力量集中在部分高校和科研院所，覆盖领域有限，多学科交叉融合程度不够，技术创新的主体企业参与力度低，缺乏统筹规划与协调。

五、“十四五”展望与建议

“十四五”期间，水产品加工与产物利用学科需要突破的关键技术包括水产食品组分相互作用与品质调控、食品柔性智能绿色低碳制造、细胞培养食品、新型酶制剂开发与应用、生鲜食品贮藏保鲜与新型包装、智能化绿色冷链物流、食品质量安全主动防控、食品智能化、装备数字化设计与制造和产业大数据分析与利用技术等。

1. 大宗水产品智能化加工装备研发与生产线构建

加强智能环境传感器技术研发与应用，实现水产品加工厂、船载加工区等环境参数变化的实时感知与调控，确保水产品加工环境处于最适宜状态；利用红外线技术、图像识别技术等，实现对加工对象及其体型特征、温度等参数进行感知，为水产品智能前处理和加工机械装备研制提供基础；通过在冷链物流过程中增加自动温控装置、互联网和物联网技术，实现水产品加工物流环节的低温条件感知与保障。开发建设水产品原料特征信息大数据平台，实现对智能水产品加工业基础数据信息的汇集与整合，对机械化加工前处理等辅助设备进行熟化升级研究，向研制高性能专业装备和构建大宗鱼类连续式、机械化预处理与初加工生产线进发；开展水产品加工过程关键控制点筛选分析，确定加工关键点、环境、过程等信息数据，建立关键数字信息数据库，集成智能控制系统，对生产线的设备实时监控与数据采集，快速、及时地调整控制关键参数，实现加工过程优化及智能控制，提高我国水产加工业自动化、智能化加工技术装备水平，推动我国水产品加工业高质量发展。

2. 大宗水产品绿色加工与高质化利用体系构建

研究水产生物活性物质的定向筛选、分离纯化、分子修饰与改造、稳定化以及复配技术，研制以大宗水产品为原料的精准化营养食品与个性化制造产品，满足现代消费者需求；深入解析水产品不同于一般食品的物质基础、品质内涵及其形成、保持机制，研究大宗水产品营养组成与健康功效分析评价，构建水产品品质评定与质量控制技术体系，研发海珍品加工过程品质控制与稳定化技术；研究水产原料质量安全信息提取、鉴伪鉴真技术；研究水产品原料绿色保鲜、生态保活贮运技术；探究虾酱、鱼露、咸干鱼、虾米等传统水产食品风味品质形成机制，优化传统水产食品生产工艺；推广低铝海蜇、高品质干海参、南极磷虾粉、南极磷虾油等产品的绿色加工技术，研究具有高附加值的新型海洋保健食品及新型水产品方便食品（冷冻调理、即食、半干）绿色加工技术并示范推广；研究水产品加工副产物综合利用与节能减排技术，研发基于膜工程技术的生产废水中有效物质的回收利用工艺；构建海藻全资源利用生产模式，向医药保健、农业肥料等领域进行拓展；创制水产绿色食品技术标准体系并进行宣传推广。

3. 远洋船载加工关键装备技术研究与系统集成

加强海洋捕捞渔获物的源头保鲜和海上加工装备研发，开发适合船上应用的保鲜冻结设备、冷杀菌减菌与冰温保鲜集成的保鲜装备；研发船用鱼体切割装备及船上鱼、虾粉加工装备等，提高船上保鲜与加工机械化水平，从源头上保障原料新鲜度，提升海洋渔获物的利用价值。

4. 水产品保鲜与冷链物流技术装备研发

加强渔获物在低温环境下品质变化特点研究，形成相关的模块化环境调控工艺；构建集速冻、冷藏等功能于一体的渔获物速冻保鲜信息化模块，建立保鲜、加工与物流过程品质变化预警模型，形成组合、移动式的海陆联动可追溯冷链物流调控系统，建立海陆联运的精准化保鲜、加工与物流生产规范。

5. 南极磷虾附加值的深度挖掘和技术创新

以虾粉、冻虾、虾油、蛋白等现有产品为研究对象，深度挖掘南极磷虾重要产品、重要组分（磷脂及虾青素等）的功能特性，明确特征性物质，突破目前南极磷虾产业存在的附加值低、品质不稳定、产业推广难度大等技术瓶颈。研究南极磷虾体内的酶、虾青素、不饱和脂肪酸等热敏性物质在蒸煮、干燥等热加工过程中的变化规律，分析热敏性物质变化与品质之间的关联性，掌握热加工前后热敏性物质的流向路径及性状、结构变化特征，初步探明酶灭活、虾青素降解、不饱和脂肪酸氧化等机理，解决南极磷虾热加工过程中热敏性成分损失大，造成产品品质劣变的问题。解析南极磷虾重要产品、重要组分加工贮运过程的品质变化规律，建立产品信息数据库；阐明南极磷虾重要产品、特征组分的品质形成机制，创新、优化、集成加工工艺，建立绿色加工技术，开发高附加值、宽应用领域的产品，为南极磷虾行业的转型升级提供重要科学依据和技术支持。

6. 传统发酵食品工艺挖掘和技术创新

加强传统水产发酵食品挥发性风味成分和滋味的演变规律研究，明确鱼露、虾酱、咸鱼、鱼糜等不同类型传统发酵食品的特征性风味物质；解析水产食品发酵过程中微生物群落结构的变化规律，明确不同发酵阶段优势微生物菌群，建立微生物功能基因数据库；构建微生物-基因-代谢产物网络调控模型，阐明传统水产发酵食品风味和品质形成机制，筛选具有增香、增鲜、增效、增质等性能的关键微生物；优化阶段控温、菌群协调、菌酶耦合的发酵工艺，建立绿色可控发酵技术，开发具有高品质的新型低盐水产发酵食品，为传统水产发酵食品行业的转型升级提供重要科学依据和技术支持。

7. 水产品加工储运过程中危害物质防控技术构建

研发水产品加工储运过程中危害物的非定向精准识别检测方法，替代传统的定向检测，提高检测精准度及效率；基于典型化学危害物的产生和变化规律，建立高效削减控制技术；结合危害因子的生物消化吸收及细胞危害作用，建立更加准确快速的食品风险评估技术，实现储运微环境高精度调控以及品质实时可视化指示等技术突破。

研发生物抑菌剂、非热杀灭共性关键技术，解决生食水产品不宜通过热处理杀灭微生物的关键技术问题，建立较为完善的生物性危害防控技术体系，并进行产业化示范。研究诺如病毒在贝类体内不同组织中的分布差异及外界环境因素对诺如病毒富集的影响，解析影响诺如病毒特异结合受体表达的因素及其关键调控基因。研究不同生物净化条件、吸附剂、超高压处理等非热处理工艺净化控制诺如病毒的方法。

8. 特殊环境产物资源的发现与利用

围绕陆源微生物资源创新性研究乏力，新基因、新材料和新功能源头缺失现状，开展极地、深海等特殊环境微生物资源的收集、保藏、筛选、评价及利用。研究新型海洋生物酶的高通量筛选，海洋微生物酶及活性蛋白的结构功能；蛋白质工程改造；酶及活性蛋白的表达、纯化及后提取分离技术；行业应用过程中相应的配伍技术和制剂技术；产物资源在日化、食品和水产品等领域的开发应用技术。

（岑剑伟　许玉艳　李来好　执笔）

致谢：本报告撰写过程中，得到中国水产科学研究院水产品加工与产物资源利用学科委员沈建、刘志东、郝建华等的大力支持，提供了相关资料/进行了相关文字修改，在此一并感谢！

参考文献

陈畅，宋容容，熊隆明，等，2020. 重庆市淡水产品加工现状与发展思路［J］. 中国水产（2）：52－55.

陈京美，刘小芳，冷凯良，等，2017. 不同解冻方式对南极磷虾脂质品质的影响研究［J］. 食品工业科技（2）：146－151.

陈玲，郑华，李航宇，等，2019. 充氧包装方式对鳜 CO_2 麻醉和运输存活的研究［J］. 食品工业 40（2）：173－176.

陈选，陈旭，韩金志，等，2021. 海洋鱼源抗菌肽的研究进展及其在食品安全中的应用前景［J］. 食品科学（6）：1－13.

晨哨集团，2018. 冷链整合良机：全球4500亿美元国内集中度超低，好标的都在这［EB/OL］. http：//www.sohu.com/a/245442347_618572，2018－08－06.

谌志新，王志勇，欧阳杰，2019. 我国南极磷虾捕捞与加工装备科技发展研究［J］. 中国工程科学，21（6）：48－52.

范秀萍，2019. 珍珠龙胆石斑鱼低温休眠无水保活的胁迫响应与机制研究［D］. 湛江：广东海洋大学.

范秀萍，秦小明，章超桦，等，2018. 温度对有水保活石斑鱼代谢与鱼肉品质的影响［J］. 农业工程学报，34（14）：241－248.

方磊，王雨辰，张海欣，等，2020. 南极磷虾肽的脱氟工艺和体外抗氧化作用［J］. 食品工业，41（11）：119－123.

方新平，2017. 淡水活鱼现代生产流通的信息服务模式研究［D］. 北京：中国农业大学.

郭帆，汪之和，施文正，等，2018. 南极磷虾不同部位氟形态及其分布特征［J］. 食品科学，39（8）：237－242.

韩昕苑，樊震宇，从娇娇，等，2021. 冷冻水产品冷链流通过程中品质变化及调控技术研究进展［J］. 食品科学（10）：1－13.

郝淑贤，李来好，杨贤庆，等，2017. 一氧化碳发色罗非鱼片急性毒性与遗传毒性研究［J］. 食品工业科技，38（20）：303－306.

黄俊伟，2017. 南极磷虾自溶特性及其酶解液脱氟工艺研究［D］. 广州：华南理工大学.
黄俊伟，崔春，郑雪君，等，2018. 南极磷虾酶解液脱氟工艺研究［J］. 中国调味品，43（1）：1－8.
贾敬敦，朱蓓薇，张辉，等，2020. 现代海洋食品产业科技创新战略研究［M］. 北京：科学出版社.
江艳华，姚琳，李风铃，等，2016. 基于高通量测序的冷冻南极磷虾中细菌菌群结构分析［J］. 食品安全质量检测学报，7（7）：2840－2845.
孔一颖，罗茵，2017. 佛山何氏：低温冷链配送活鱼“南鱼北运”量增成本减［J］. 海洋与渔业（7）：40－41.
李晨，许美佳，张国亮，2021. 基于复杂网络的水产品贸易格局特征演变研究［J］. 中国石油大学学报：社会科学版，37（1）：53－60.
李芹，刘欢，2021. 南极磷虾中氟含量迁移影响因素研究进展［J］. 中国渔业质量与标准，11（1）：55－60.
李雨晴，伍莉，2018. 活鱼运输方法及原理初探（上）［J］. 科学养鱼（9）：80－82.
刘淑晗，2020. 南极磷虾中砷形态分析及其安全性评价［D］. 上海：上海海洋大学.
刘小芳，邱阿敏，唐一新，等，2019. 基于 HPLC－AFS 技术研究南极磷虾油对大鼠脏器中砷形态分布的影响［J］. 食品工业科技（10）：302－307.
刘小芳，颜征，冷凯良，等，2020. 南极磷虾多肽的组成及其抗氧化与 ACE 抑制活性［J］. 食品研究与开发，41（23）：7－13.
刘永新，王书，方辉，2019. 科技引领发展：我国渔业翻天覆地的变化［J］. 中国农村科技（9）：28－31.
刘雨之，2020. 国外冷链物流理论和对策研究［J］. 物流科技，43（6）：144－146.
刘志东，马德蓉，陈雪忠，等，2021. 南极磷虾虾青素研究进展［J/OL］. 大连海洋大学学报：1－11［2021－04－11］. https：//doi. org/10. 16535/j. cnki. dlhyxb. 2020－300.
陆冰怡，刘宝林，刘志东，等，2020. 采用多元统计分析方法构建南极磷虾粉品质评价体系［J］. 农业工程学报，36（23）：301－308.
罗茵，2020. 何氏水产成目前武汉盒马鳜鲈唯一供应商日供武汉鲜活鱼约 2 万斤［J］. 海洋与渔业（2）：38－39.
马聪聪，2020. 基于蛋白组学的三文鱼物种鉴别及新鲜度变化机理研究［D］. 石家庄：河北科技大学.
马田田，欧阳杰，沈建，等，2020. 南极磷虾粉制备过程中蒸煮条件的优化［J］. 食品工业科技，41（11）：158－162.
马田田，欧阳杰，谈佳玉，等，2019. 破碎方式对南极磷虾干燥特性和虾粉品质影响［J］. 食品工业科技，（10）：37－42.
米红波，姜琦，陈敬鑫，等，2020. 组学技术在水产动物对胁迫响应研究中的应用［A］. // 中国食品科学技术学会. 中国食品科学技术学会第十七届年会摘要集［C］. 北京：中国食品科学技术学会.
欧阳杰，马田田，沈建，2019. 南极磷虾虾粉加工干燥技术与设备应用分析［J］. 安徽农业科学，（16）：216－219，282.
欧阳杰，沈建，郑晓伟，等，2017. 水产品加工装备研究应用现状与发展趋势［J］. 渔业现代化，44（5）：73－78.
彭元怀，2019. 南极磷虾壳氟赋存形态及其释放游离氟机制的研究［D］. 湛江：广东海洋大学.
邱阿敏，刘小芳，唐一新，等，2019. 南极磷虾油中砷甜菜碱在大鼠体内的代谢［J］. 渔业科学进展，（1）：127－132.

邱阿敏，刘小芳，张学超，等，2018. 南极磷虾油及砷甜菜碱大鼠喂养试验安全性观察［J］. 青岛大学学报（医学版），54（1）：70－73.

冉凡娇，孙谧，包静，等，2016. Bohai sea－9145 重组脂肪酶基因工程菌的发酵表达条件优化．食品工业科技，37（16）：178－183.

石径，2018. 中华管鞭虾冻藏过程中品质变化规律及机理研究［D］. 北京：中国农业大学．

孙国龙，马子宾，郝建华，等，2017. 树脂固定化海洋脂肪酶 ADM47601 的研究［J］. 海洋科学，41（4）：57－64.

孙如男，冷凯良，高华，等，2020. 南极磷虾金属螯合肽蛋白基料的酶解制备工艺优化［J］. 食品科技，45（7）：159－165.

唐晓宁，吕应年，吴斌华，等，2021. 海洋来源多肽生物活性及提纯方法研究进展［J］. 中国海洋药物，40（1）：49－58.

唐一新，陈京美，冷凯良，等，2018. 南极磷虾冻藏过程中脂质品质的变化［J］. 食品科技（6）：149－153.

陶文斌，吴燕燕，李春生，等，2019. 响应面法优化腌制大黄鱼的低钠复合咸味剂配方［J］. 食品工业科技，40（19）：136－144.

田婷婷，2016. 三文鱼鱼骨和梭子蟹休闲食品的研制［D］. 厦门：集美大学．

王珊珊，刘楠，孙永，等，2020. 水产蛋白源明胶的研究进展［J］. 食品研究与开发，41（10）：207－213.

王松，Ke L.I.，崔鹤，等，2016. 南极磷虾油中总砷含量及砷形态分析［J］. 分析化学，44（5）：767－772.

魏然，陈晓宇，2020. 典型发达国家冷链物流发展现状与经验借鉴［J］. 物流技术，39（7）：1－4＋16.

吴燕燕，钱茜茜，陈玉峰，等．咸鱼中生物胺降解菌的筛选与降解特性研究［J］. 食品工业科技，2016，37（18）：173－179.

吴燕燕，钱茜茜，李来好，等，2016. 3 种添加物对咸鱼加工贮藏过程中生物胺的抑制效果［J］. 食品科学，37（18）：190－196.

吴燕燕，陶文斌，郝志明，等，2019. 含盐量对腌制大黄鱼鱼肉品质的影响［J］. 食品与发酵工业，45（21）：102－109.

吴燕燕，陶文斌，李来好，等，2019. 宁德地区养殖大黄鱼形态组织结构与品质特性［J］. 水产学报，43（6）：1472－1482.

吴燕燕，陶文斌，赵娜，等，2021. 两种低钠咸味剂腌制大黄鱼片的贮藏品质比较．食品工业科技．［EB/OL］.［2021－04－11］. https：//doi. org/10. 13386/j. issn1002－0306. 2020090134.

喜崇彬，2020. 日本冷链物流发展及对中国的启示—访北京物资学院物流学院院长姜旭［J］. 物流技术与应用，25（2）：40－43.

闫艳飞，李晓东，2019. 农产品冷链物流国内外研究综述［J］. 电子商务（11）：6－7.

闫艳飞，李晓东，2019. 农产品冷链物流国内外研究综述［J］. 电子商务（11）：6－7.

杨耿涵，黄明远，徐幸莲，2021. 食品 3D 打印技术及其在肉类加工中应用的研究进展．食品科学［J/OL］.［2021－04－21］. http：//kns. cnki. net/kcms/detail/11. 2206. TS. 20201228. 1629. 036. html.

杨晓丹，张静茹，李燕，2018. 改性竹炭对南极磷虾酶解液的除氟效果［J］. 食品与生物技术学报，37（7）：707－713.

叶剑，徐仰丽，吴士专，等，2018. 冷链流通过程中水产品低温保鲜技术研究进展［J］. 食品安全质量检测学报，9（8）：1769－1775.

于秀娟，徐乐俊，吴反修，等，2020. 2020 中国渔业统计年鉴［M］. 北京：中国农业出版社，2020：172.

岳冬冬，方辉，樊伟，李来好，等，2019. 中国智能渔业发展现状与技术需求探析［J］. 渔业信息与战略，34（2）：79－88.

张军文，陈庆余，欧阳杰，等，2018. 中国淡水鱼前处理加工技术研究进展［J］. 安徽农业科学，46（21）：25－28＋41.

张军文，陈庆余，沈建，等，2019. 开背大黄鱼去脏用鱼体仿形料槽设计研究［J］. 中国农机化学报，40（7）：63－67.

张军文，郑晓伟，2021. 基于三维激光扫描仪的罗非鱼去鳞效果检测方法研究［J］. 科学养鱼（3）：75－76.

张军文，郑晓伟，陈庆余，2021. 鱼体除鳞技术与除鳞装备研究综述［J］. 安徽农学通报，27（1）：130－131.

张学超，刘小芳，邱阿敏，等，2018. 南极磷虾及其制品中总砷含量的分析方法研究［J］. 渔业科学进展（6）：1－6.

赵良，岑剑伟，李来好，等，2016. 高压静电场结合冰温气调保鲜技术对罗非鱼鱼片品质的影响［J］. 南方水产科学，12（3）：91－97.

赵前，周进，刘俊荣，等，2021. 水产品鲜活品质评价体系研究进展［J］. 大连海洋大学学报（6）1－14.

赵庆志，邓建朝，杨贤庆，等，2018. 不同贮藏温度下鲐鱼生物胺变化的研究［J］. 食品工业科技，39（4）：260－267＋279.

赵鑫鹏，王松，郝鹏飞，等，2016. 响应面法优化南极磷虾源磷脂的人参皂苷磷脂复合物制备工艺［J］. 中国海洋药物，35（2）：72－80.

中国水产，2021. “十三五”科技创新发挥引领作用助力渔业绿色高质量发展［J］. 中国水产（2）：10－18.

周聃，冯俊丽，过雯婷，等，2018. 两种大洋性金枪鱼背部肌肉的差异蛋白组学分析［J］. 中国食品学报，18（7）：278－285.

周海霞，2016. 国外农产品冷链物流一体化经验及借鉴［J］. 世界农业（5）：18－22.

周雅，胡晓，李来好，杨贤庆，等，2021. 蓝圆鲹黄嘌呤氧化酶抑制肽的制备及其活性分析［J/OL］. 食品与发酵工业：1－12［2021－04－21］. https：//doi. org/10. 13995/j. cnki. 11－1802/ts. 026193.

朱兰兰，侯钟令，崔亚菲，等，2020. 应用 BP 神经网络优化南极磷虾酶解工艺［J］. 食品与发酵工业，46（21）：121－126.

朱乾峰，2018. 珍珠龙胆石斑鱼低温保活运输技术研究［D］. 湛江：广东海洋大学.

AFGAB C，MIN Z，BB E，et al.，2021. Investigation on spontaneous 4D changes in color and flavor of healthy 3D printed food materials over time in response to external or internal pH stimulus［J］. Food Research International（142）：110215.

ALFIAN G，RHEE J，AHN H，et al.，2017. Integration of RFID，wireless sensor networks，and data mining in an e－pedigree food traceability system［J］. Journal of Food Engineering，212：65－75.

AMADOR C，EMOND J P，NUNES M，2009. Application of RFID technologies in the temperature mapping of the pineapple supply chain［J］. Sensing and Instrumentation for Food Quality and Safety，3（1）：26－33.

AMIN，TAHERI－GARAVAND，SOODABEH，et al.，2019. Meat quality evaluation based on computer vision technique：A review［J］. Meat Science，156：183－195.

CHEN X T，HUANG L P，SUN J J，et al.，2017. Production and Characterization of A New α - Cyclodextrin Glycosyltransferase from A Marine Strain of Bacillus sp. Y112 [J]. Journal of Biobased Materials and Bioenergy，11：236 - 241.

ENRIONE J，PINO - LAGOS K，PEPCZYNSKA M，et al.，2017. A novel biomaterial based on salmon - gelatin and its in - vivo evaluation as sterile wound - dressing [J]. Materials Letters，212：159 - 164.

GAO R，CHEN L，ZHANG W，et al.，2020. Effect of dietary Antarctic krill Euphausia superba on the growth performance and nonspecific immunity of red swamp crayfish Procambarus clarkia [J]. Fish & Shellfish Immunology (96)：122 - 125.

GAO，R，YU，Q，SHEN Y，et al.，2021. Production，bioactive properties，and potential applications of fish protein hydrolysates：Developments and challenges [J]. Trends in Food Science & Technology (110)：687 - 699.

GOMES S，RODRIGUES G，MARTINS G，et al.，2017. Evaluation of nanofibrous scaffolds obtained from blends of chitosan，gelatin and polycaprolactone for skin tissue engineering [J]. International Journal of Biological Macromolecules (102)：1174

HAO J H，HUANG L P，CHEN X T，et al.，2017. Identification，cloning and expression analysis of an alpha - CGTase produced by stain Y112 [J]. Protein Expression and Purification (140)：8.

KG A，DMAB C，JSA B，et al.，2019. Determining the provenance and authenticity of seafood：A review of current methodologies [J]. Trends in Food Science & Technology (91)：294 - 304.

LI L，WANG C C，JIANG S，et al.，2020. The absorption kinetics of Antarctic krill oil phospholipid liposome inblood and the digestive tract of healthy mice by single gavage [J]. Food Science and Human Wellness，9 (1)：88 - 94.

LI S，WANG L，XU X，et al.，2017. Structure - Based Design and Synthesis of a New Phenylboronic - Modified Affinity Medium for Metalloprotease Purification [J]. Marine Drugs，15 (1)：5.

LI S，WANG L，YANG J，et al.，2016. Affinity purification of metalloprotease from marine bacterium using immobilized metal affinity chromatography [J]. Journal of Separation Science，39 (11)：2050 - 2056.

LI S Y，WANG Z P，WANG L N，et al.，2019. Combined enzymatic hydrolysis and selective fermentation for green production of alginate oligosaccharides from Laminaria japonica [J]. Bioresource Technology (281)：84 - 89.

LI X H，SUN J J，WANG W，et al.，2020. Site - saturation mutagenesis of proline 176 in Cyclodextrin Glucosyltransferase from Bacillus sp. Y112 effects product specificity and enzymatic properties [J]. Process Biochemistry，94：180.

MANIKANDAN A，THIRUPATHI K R S，THIRUSELVI T，et al.，2018. Engineered protein hydrogel for open wound management in Canines [J]. Wound Medicine，S2213909517300617 -

SHENG J，JI X F，ZHENG Y，et al.，2018. Expression，purification，crystallization and diffraction analysis of a selenomethionyl lipase Lip8 from Yarrowia lipolytica [J]. Preparative Biochemistry and Biotechnology，48 (3)：213.

SHI C，QIAN J，SHUAI H，et al.，2018. Developing a machine vision system for simultaneous prediction of freshness indicators based on tilapia (Oreochromis niloticus) pupil and gill color during storage at 4℃ [J]. Food Chemistry (243): 134 - 140.

SONG J X, GUO J, ZHANG S, et al., 2018. Properties of cellulose/Antarctic krill protein composite fibers prepared in different coagulation baths [J]. International Journal of Biological Macromolecules (114): 334 - 340.

STELLINGWERF E M, GROENEVELDA L H C, LAPORTE G, et al., 2021. The quality - driven vehicle routing problem: Model and application to a case of cooperative logistics [J]. International Journal of Production Economics (231): 107849.

SUN J, WEI W, YAO C, et al., 2018. Overexpression and characterization of a novel cold - adapted and salt - tolerant GH1 β - glucosidase from the marine bacterium Alteromonas sp. L82 [J]. Journal of Microbiology, 56 (9): 656 - 664.

SUN L, LI B, DI Y, et al., 2018. Effects of cross - linking on mechanical, biological properties and biodegradation behavior of Nile tilapia skin collagen sponge as a biomedical material [J]. Journal of the Mechanical Behavior of Biomedical Materials, 80: 51.

SUN R, LIU X, YU Y, et al., 2021. Preparation process optimization, structural characterization and in vitro digestion stability analysis of Antarctic krill (Euphausia superba) peptides - zinc chelate [J]. Food Chemistry (340): 128056.

WANG Y L, LIU Y Z, MA L, et al., 2020. The oxidation mechanism of phospholipids in Antarctic krill oil promoted by metal ions [J]. Food Chemistry, 333: 127448.

WEI Y T, CHEN H, MING X J, et al., 2019. Effects of dietary Antarctic krill Euphausia superba meal on growth performance and muscle quality of triploid rainbow trout Oncorhynchus mykiss farmed in sea water [J]. Aquaculture (509): 72 - 84.

WU J, HUI L, GE S, et al., 2015. The preparation, characterization, antimicrobial stability and in vitro release evaluation of fish gelatin films incorporated with cinnamon essential oil nanoliposomes [J]. Food Hydrocolloids (43): 427.

YU Y, LIU X, MIAO J, et al., 2020. Chitin from Antarctic krill shell: Eco - preparation, detection, and characterization [J]. International Journal of Biological Macromolecules (164): 4125 - 4137.

ZHANG P, WANG Z P, SHENG J, et al., 2018. High and efficient isomaltulose production using an engineered Yarrowia lipolytica strain [J]. Bioresource Technology (265): 577.

ZHAO Y Q, YANG S L, YANG X Q, et al., 2020. Effects of ozonated water treatment on physico - chemical, microbiological and sensory characteristics changes of nile tilapia (Oreochromis niloticus) fillets during storage in ice [J]. Ozone Science and Engineering, 42 (5): 108 - 119.

ZHAO Y Q, YANG X Q, LI L H, et al., 2017. Chemical, microbiological, color and textural changes in Nile tilapia (Oreochromis niloticus) fillets sterilized by ozonated water pretreatment during frozen storage [J]. Journal of Food Processing and Preservation (41): e12746.

水产品质量安全领域研究进展

一、前　　言

“民以食为天，食以安为先”，食品安全问题是关系国计民生的重大问题。习总书记针对加强食品安全做出了“四个最严”的一系列重要指示精神。李克强总理多次强调，要健全从“农田到餐桌”全过程监管制度，建立食品安全现代化治理体系，全面提升食品全链条质量安全保障水平，以更加扎实有力措施确保人民群众“舌尖上的安全”。党的十九大报告明确提出实施食品安全战略，让人民吃得放心。这是党中央着眼国家全局，对食品安全工作做出的重大部署，是决胜全面建成小康社会、全面建设社会主义现代化国家的重大任务。

多年来，我国水产品总产量和出口量稳居世界首位，但由于水产品质量安全问题导致的公众消费安全事件和国际贸易纠纷屡有发生，国家对水产品质量安全监管和风险评估预警能力提升的需求日显突出。“十三五”期间，水产品质量安全学科在检测技术、风险评估、控制技术及标准化等方面进一步发展。本章总结了“十三五”以来我国水产品质量安全领域的研究进展，比较国内外本领域的差异，追踪科技前沿和最新动态，分析发展趋势，归纳主要热点难点问题，明确今后发展重点和任务，以期推动我国水产品质量与安全领域科技创新能力的整体提升。

二、国内研究进展

“十三五”期间是我国渔业发展过程中非常重要的一个阶段，我国的水产品质量与安全保障技术有了显著的提高和改善，在检测技术、评估技术、追溯技术、危害形成机理研究及防控技术等方面取得了丰富的研究成果。

1. 水产品检测体系日益满足产业监管需求

以产业需求为导向，系统搭建了包括高效前处理技术、现场快速检测技术、高通量精准检测技术、非定向筛查技术等的水产品质量安全检测技术体系，能力范围覆盖我国水产品常见的食源性微生物、麻醉剂、农兽药、生物毒素、持久性有机污染物、有害重金属的检测等，同时在贝类毒素、诺如病毒等关键危害物标准物质研制方面也取得了新进展，并构建了以现代组学为核心的技术体系。技术指标满足我国产业监管需求及产品进出口要求，部分高灵敏检测技术通过了国际方法比对。开发并建立了数十项国家、行业和团体方法标准，为我国水产品质量安全监管、科学研究及潜在危害物风险识别等产业关键问题解决提供了扎实的技术基础。

（1）样品前处理技术方面。“十三五”期间，不仅继续引进消化吸收国外先进的前处理技术，还开展了原创性的技术与方法研究。构建了离子液体萃取、改进QuEChERS净化等新型前处理技术，提高了前处理提取和净化效率（刘书贵 等，2016；刘永涛 等，2019）；建立了病毒蛋白酶K-PEG6000、免疫磁珠吸附等多种高效富集技术，回收率比传统方法提高30%～40%（郭萍 等，2019）；建立了改进SPE前处理方式检测污染物，提高了分离通量（Gao，2019；高磊，2017）；开发了MIL-101（Cr）新型材料吸附磺胺类抗生素（Huang，2018）；研制了活塞式QuEChERS净化柱，并提出了一种全自动震荡提取净化装置（Xie et al.，2019；Li et al.，2019；李晋成 等，2020），可以实现高通量自动化QuEChERS前处理。

（2）污染物现场速测技术方面。“十三五”期间，发展了原创性快速检测技术，并进行了样机的研制。构建了能够满足养殖水体中多氯联苯污染物（PCB77）快速检测要求的高灵敏度、高选择性、低检测限、可靠便携的核酸适配体生物传感器（梁山 等，2019）；研制了基于核酸适配体的孔雀石绿快速检测芯片（吴立冬 等，2020）；搭建了非水相酶基生物传感器，实现了脂溶性双酚A低噪声、高灵敏度检测，为多脂鱼类中脂溶性农药、兽药检测提供了重要借鉴（吴立冬 等，2019；徐志远 等，2020）；研究建立了磷酸酶抑制法及生物免疫传感器快速检测贝类毒素技术，最低检出限可达到1微克/千克（陈佳琦，2019）；基于微流控技术与分光光度法，研制了一套用于水产品中甲醛、双氧水和SO_2快速检测的微流控芯片系统，可在5分钟内实现准确检测（周新丽 等，2019）。

（3）高通量检测技术方面。建立了微生物、农药、兽药、生物毒素、有机污染物、有害重金属元素及水产品营养品质等1 000多种相关指标的高通量精测检测技术，部分实现标准化或被国家相关部委指定为产业管控监控指定方法（Feng et al.，2017；徐春娟 等，2018；杨丹丹 等，2019；Wu et al.，2014；陈锦豪 等，2019）。

（4）非定向筛查技术方面。建立了基于组学的非定向筛查技术并形成相关谱库，可实现1 500余种危害物的非定向筛查及盲查，为水产品中潜在风险物质的识别提供了技术支持（江艳华 等，2016）。建立了高效液相色谱-四极杆/静电场轨道阱高分辨质谱对水产品中污染物的非定向快速筛查与测定的方法，利用Trace Finder软件对水产样品中未知污染物的精确质量数、同位素丰度比、二级碎片离子进行数据库检索匹配实现快速筛查（郭思言 等，2019）。

（5）特定养殖模式引入专属性危害物检测新方法方面。针对稻渔综合种养模式，开发了一系列水产品中有机氟类、有机磷类、烟碱类、三嗪类农药残留的确证性检测方法，完善了稻渔水产品检测方法技术体系（甘金华 等，2016；吕磊 等，2016；吕磊，2019；杨秋红 等，2018；彭婕 等，2019），为稻渔水产品质量安全管控提供了技术支撑。完成了东北稻蟹中18种微量元素含量测定，实现了微量元素的快速检测；对水体和底泥中有机氯等农药提出了新型检测方法（覃东立，2017；覃东立，2018）。

2. 水产品质量安全风险评估取得新进展

围绕投入品、药物、生物毒素、有机污染物及重金属等影响水产品质量安全的关键危害物，开展了覆盖产地、市场环节等全链条的风险评估研究工作。针对近年来关注的主要品种和危害因子，重点开展了大菱鲆、鳜鱼、乌鳢中孔雀石绿和硝基呋喃残留风险调研、评估和代谢规律研究，结合2016—2020年的风险监测数据，首次明确了孔雀石绿和硝基呋喃的来源问题。首次开展了渔用麻醉剂使用安全性风险评估，提出了渔用丁香酚的临时管控建议。对8个省108个点位的稻渔互作模式的379个水、泥、水产样品进行评估，提出稻渔互作模式下水产品安全性监管建议。系统开展了化学类和微生物类非药品风险评估工作，重点评估了二甲戊灵、红霉素和替米考星在水产品中的代谢机制和膳食风险，并提出了相应监管建议。

（1）*在养殖过程评估方面*。对2013—2017年期间例行检测的鳜鱼样品和乌鳢样品进行了“两药”来源的解析。根据孔雀石绿和无色孔雀石绿的检出情况，明确了鳜鱼和乌鳢中孔雀石绿残留来源均主要为非流通环节。

（2）*在收贮运环节评估方面*。对渔用麻醉剂的使用风险进行了评估，以44.5毫克/千克作为鱼肉中丁香酚的最高残留量（Concentration，C）。中国居民营养与慢性病状况报告显示鱼虾类的日摄入量为23.7克/天，中国居民膳食指南（2016）推荐每周吃鱼280～525克，平均每天40～75克。以每天75克作为鱼类的膳食消费量，中国居民通过消费活鱼每日摄入丁香酚的估计量为0.056毫克/千克，可作为水产品中丁香酚的MRLs。根据2015年农业部公告第2308号《食品中农药最大残留限量制定指南》MRLs有关规定，提出了MRLs推荐值为0.06毫克/千克（方晓磊 等，2017）。

（3）*在稻渔互作模式下的水产品质量安全评估方面*。对8个省108个点位的稻渔互作模式的379个水、泥、水产样品进行评估，结果显示，稻田水产品中农药和重金属的残留量均在安全范围内，DDT的安全指数为0.004 5，六六六的安全指数为0.010 7，Cr的安全指数为0.033 5，Cd的安全指数为0.079 5，AS的安全指数为0.040 7，Hg的安全指数为0.002 9，而其他污染物的安全指数均在0.000 1以下。从上述数据分析来看，稻渔水产品食用风险较低（覃东立 等，2019）。

（4）*在投入品评估方面*。聚焦水产养殖环节12大类“非药品”，通过实地调研、测试分析和综合研判，提出了水产养殖“非药品”的主要隐患。一是化学物理类“非药品”中存在隐形药品甚至违禁添加情况。二是部分“非药品”药品添加浓度高，常见的隐形添加成分主要为红霉素、替米考星和二甲戊灵。三是微生物类“非药品”质量问题多，主要体现为杂菌率超标，主要功能微生物菌数不足和菌种雷同。

3. 水产品危害因子防控能力不断提升

基于危害物风险的传播路径，建立了水产品中食源性致病菌风险控制、贝类毒素风险预警及有机污染物的风险识别技术。微生物方面，主要是建立了基于噬菌体及生物活性物质的安全、高效的致病菌控制技术；贝类毒素方面，建立了基于固相吸附毒素跟踪技术（solid phase adsorption toxin tracking，SPATT）的贝类、水体、有毒藻及有毒孢囊“四位一体”毒素预警技术；有机污染物方面，创新建立了稳定/特异的协同生物标志物（MFO/MDA/VTG/CYP17/DNA 加合物）技术。相关技术已在我国重点养殖区或重点品种上进行了示范应用，显著提升了相关危害物风险的主动防范能力。

（1）*食源性致病菌的风险控制技术*。筛选了食源性致病菌裂解性噬菌体，同时结合其他天然生物活性材料，制备复合型生物抑菌剂，制备建立基于噬菌体及生物活性物质的安全、高效的致病菌控制技术。筛选了虾夷扇贝特定腐败菌，建立腐败预测模型；制备基于天然生物活性材料的抑菌剂，构建安全的生物防腐保鲜技术（夏京津，2019）。

（2）*贝类毒素监控预警技术*。建立了基于 SPATT 的贝类、水体、有毒藻及有毒孢囊“四位一体”毒素预警技术，并在大连獐子岛、青岛灵山湾及连云港海州湾进行了三个月至一年的现场示范，结合贻贝作为生物指示物，在优化水体中生物毒素 SPE 吸附技术的基础上，显著提升了贝类毒素预警的准确性、实效性和经济性（张亚亚等，2020；Li et al.，2017）。

（3）*有机污染物监控预警技术*。创新构建了水产品中有机污染物的生物标志物预警技术，以全氟烷基物质为研究对象，建立了水生生物中稳定/特异的协同生物标志物（MFO/MDA/VTG/CYP17/DNA 加合物），为近海持久性有机污染物（POPs）的快速早期预警提供支撑，加强了水产品中 POPs 风险的早期防控和预警（周殿芳等，2016）。

4. 水产品质量安全形成过程研究持续深入

夯实水产品质量安全形成过程研究基础，解析食源性病毒特异性富集与致病菌耐药机理；探明贝类毒素形成机理及生物响应机制；揭示持久性有机污染物对贝类系统造成的损伤。从元素形态分析角度，揭示了镉在扇贝不同组织中以不同的形态存在，发现了扇贝各组织亚细胞组分中镉的分布规律。开展水产品中渔用麻醉剂的摸底排查工作。

（1）*食源性病毒方面*。首次提出通过诺如病毒受体合成关键因子探究特异性富集分子机理的思路并付诸实施，揭示贝类 FUT2 基因表达规律与贝类 A 型 HBGAs 的含量变化规律、病毒的污染规律存在趋势相关性，在分子水平上揭示了牡蛎特异性季节性富集 NoV 的机理，为水产品质量安全形成过程研究提供了新思路（姚琳 等，2016）。

（2）食源性致病菌方面。以副溶血性弧菌为切入点，分析水产品中副溶血性弧菌的耐药状况、耐药基因分布情况、耐药性产生及传播机制，并创新构建了水产品中噬菌体复配抑菌技术，可有效对水生环境和水产品中副溶血弧菌的风险进行防控，并为后续研究和风险预警打下了基础（李欢 等，2018）。

（3）贝类毒素方面。研究石房蛤毒素、氮杂螺环酸毒素、大田软海绵酸及记忆缺失性贝毒的代谢轮廓、代谢产物及生物调控路径，发现了 4 种贝类毒素风险形成的特性路径及生物响应机制，并初步评价了贝类毒素在重点贝类中的终端风险，为贝类毒素限量标准的制订、修订及国际技术壁垒应对打下了良好基础（李兆新 等，2016；吴海燕 等，2017；邴晓菲 等，2017）。

（4）POPs 方面。系统研究了 PFOA 对贝类等水生生物的生殖毒性、内分泌毒性以及免疫毒性，发现 PFOA 具有较强雌激素效应，可诱导内分泌紊乱，引起生殖细胞和血淋巴细胞畸形、性腺关键调控基因及免疫相关因子表达异常、细胞功能紊乱等，揭示了 PFOA 对贝类多系统造成了不可逆损伤，在多个水平上对生物信号的传递造成了干扰（国佼 等，2017）。

（5）有害金属元素方面。开展扇贝对高镉浓度环境的适应机理研究，得到了栉孔扇贝鳃组织和消化腺组织的转录组信息，为解释扇贝高富集和高耐受镉的机制提供了重要科学依据（张辉 等，2017）。同时，从基因调控的角度，阐释了 p38 MAPK 基因表达对克氏原螯虾不同组织中镉积累量的调控作用，初步阐明了克氏原螯虾肝胰腺镉富集的分子机制（水雅惠，2020）。

（6）渔用投入品方面。首次开展了水产品中渔用麻醉剂的摸底排查工作，揭示了收贮运环节渔用麻醉剂的种类及其在水产品中的含量分布特征，阐明了活体水产品中丁香酚麻醉剂的残留消除特征，评估了鱼体中丁香酚麻醉剂残留的质量安全风险，提出了活体水产品收贮运环节丁香酚麻醉剂质量安全防控措施。

5. 水产品营养品质评价研究逐步展开

开展了重点水产品中华绒螯蟹、鲍鱼、海参、鲈鱼、河鲀、坛子菜等营养成分和品质鉴定研究。初步探明了不同产地、生长环节和上市季节重点水产品特异性营养因子类别和含量差异，并开展了不同养殖模式（野生、池塘养殖、规模化养殖）对水产品特异性营养成分形成的影响分析和机理研究。初步建立了克氏原螯虾营养品质分等分级的基本参数，为重点水产品品质分级标准制定奠定了基础。

（1）营养品质评价研究方面。完成了多种水产品特异性营养品质分析评价工作。开展了不同水域、不同养殖方式和上市季节中华绒螯蟹营养品质差异研究（王潇 等，

2019)；研究了野生和养殖黄鳝在咀嚼度、口感上的差异，分析了不同养殖环境对黄鳝营养成分含量的影响；通过对比氨基酸、脂肪酸、风味、气味，提出了不同产地中华绒螯蟹营养品质的差别，同时明确了中华绒螯蟹最佳上市时间和食用时间，并发现了濒死蟹和鲜活蟹在感官和品质上的差异较小（王潇 等，2019）

（2）营养品质分等分级研究方面。为科学评价水产品质量，开展了克氏原螯虾质量安全分等分级标准研究工作，根据克氏原螯虾的生理特点和食用方式，设立体重、体长、头胸甲长、虾球长等分级参数，初步建立了一套分等分级技术方法，为下一步制定重点水产品分等分级行业标准奠定了基础。

6. 水产品质量安全追溯技术与应用再上新台阶

国内在水产品质量安全追溯领域，进行了基于区块链的水产品质量追溯体系的设计探索（苏庆玲 等，2019），设计了水产品质量安全追溯方案架构，阐述了水产品在养殖、加工、流通、消费和监管等环节质量信息全程记录和追溯管理的实现途径（崔舒云 等，2020）。此外，中国水产科学研究院与全国水产技术推广总站共同启动“中央级水产品质量安全监管追溯平台建设和示范”工作，完成了监管追溯平台的顶层设计、中层布局和低层架构，建设了覆盖“中央-省-地市县-企业”各级的监管追溯体系。至此，追溯体系在水产行业的示范应用上升到国家级别，全国范围内的监管和生产单位纳入统一追溯体系成为可能。截至 2019 年底，已建立覆盖“中央-省-地市县-企业”的追溯体系，包括国家级平台 1 个、省级平台 21 个、市县级平台 194 个、追溯企业终端 2 239 个，养殖 IC 卡用户 13 000 余家。该项研究在 2020 年获得了中国水产学会范蠡科学技术奖科技推广一等奖。

三、国际研究进展

在水产品质量安全控制发展对策方面，渔业发达国家一直走在世界前列，在相关质量安全法律标准的制定、监督、检测、科学研究以及风险分析方法等领域均已形成较为完整、成熟的体系。国外水产品质量安全控制研究主要有以下方面。

1. 水产品质量安全检测技术

样品前处理技术方面，目前国际上萃取方法的发展趋势是减少有机溶剂的消耗，采用污染更小的方法实现环保的目的。一个新兴的前处理技术 QuEChERS 被广泛应用，在研究中有很强的影响力，主要用于提取鱼类（Daniele et al.，2016）和双壳类（Gadelha et al.，2019）水产动物基质中的化合物，包括药物、农药和 PFASs 等。针对痕量分析，一种称为 micro QuEChERS 的前处理技术被应用（Florencia et al.，2018）。该方法的小型化是在“绿色”趋势范围内，通过调整试剂量，以使用更小的样品，产生更少的废物。加压液体萃取（PLE）是一种自动过程，由于高压和高温有助于萃取，因此所需溶剂较少，它可以获得比 QuEChERS 更好的回收率（Zhao et al.，2019），但也需要更长的提取时间。

快检技术方面，应用电化学传感器检测水产品的污染物在近几年较为常用，利用新型材料提升传感器的快速检测能力，对水产品中金属离子、病原体、有机物等具有较低的检出限。此外，针对靶向菌建立特异性 qPCR 检测方法，也可作为海产品行业的常规检测手段，相比于普通 PCR 技术，该方法具有一定的高通量性（Dsouza et al.，2019）。重组酶聚合酶扩增（Rase polymerase amplification，RPA）是一种新型的等温基因扩增技术，已被证明是一种简单、快速、特异、灵敏、经济有效的可鉴定多种病原菌的分子检测方法（Geng et al.，2019）。荧光探针 RBNA，具有灵敏度高、选择性好、快速响应和较低的检出限等特点，被应用于海产品中甲醛的快速检测（Jiang et al.，2019）。

高科技质量监测技术和智能化监管体系研究方面，发达国家遵循预防为主原则，主张实行预防措施，致力于将各种高新技术检验检测方法和仪器应用于实践，检测能力和检测灵敏度不断提高。例如，智能化芯片和高速电子器件与检测器的使用使检测周期大大缩短，微电子技术和生物传感器的应用使得检验检测仪器不断向小型化、便携化和快速化方向发展，精确和无损检验检测技术被广泛应用于各种食品的快速检测与鉴定。与此同时，西方发达国家还主张统一监管模式，整合有效资源，将食品安全监督管理职能集中在一个部门，积极推进从“渔场到餐桌”的封闭智能化监管体系建设。

2. 水产品质量安全风险评估技术研究

为了克服毒性评估在海洋鱼类中应用的实践和伦理限制，国际上不断改进风险评估研究方法。通过离体器官测试法，评估了二氧化钛纳米粒子（TiO_2 NPs）的纳米毒性潜能，揭示了二氧化钛纳米粒子对鳃的形态功能影响以及可能的吸收/清除过程，提出一种高通量、可靠、准确和合乎道德的方法，可用于评估海洋鱼类的纳米毒性（Mieiro et al.，2019）。

发达国家针对化合物代谢与残留开展了大量研究工作，制定了多种水产药物的最高残留限量。药物代谢容易受个体差异、种属差异、性别差异、年龄差异、养殖环境差异等因素影响，通过建立药物代谢 PBPK 模型实验代谢残留规律的外推，是国际上一个新的解决方案和技术手段。

3. 水产品危害因子防控与风险管控技术开发

水质连续监测在预警体系中起着重要作用，使用通用生物传感器作为水质评估的辅助工具已成为研究热点。双壳类、原生动物、藻类、鱼类、发光微生物等均可作为指标生物，基于指标生物的生理反应而发出不同的传感信号是生物传感器的工作原理。近年来，微生物燃料电池（MFC）及其衍生技术在国际上得到了越来越多的关注。MFC 毒性传感器的检测原理是，有毒物质的存在抑制有机基质的阳极氧化，导致 MFC 的电压或电流输出下降。与其他通用生物传感器一样，MFC 传感器在提供总体毒性的集体信息方面很有用，这些总体毒性可能是由水样中预期的和未预期的（甚至是未知的）有毒物质引起的。MFC 传感器已经检测了多种物质，包括重金属、表面活性剂、有毒挥发性有机化合物（VOCs）和农药。MFC 传感器还可以监测其他抑制微生物活性、恶化水质的物质或因素，如氨、温度和酸度等（Li et al.，2016）。

发达国家也正在考虑将组学数据纳入水质监测计划，以帮助减轻对水资源和生态系统服务日益增长的威胁。检测了水蚤代谢组学（Jeong et al.，2019），该代谢组学是对活体水蚤的小分子进行分析，并将其作为潜在的水质参数纳入生物预警系统。测定了 24 种代谢物的浓度随水质的变化情况，并比较了不同条件下代谢物丰度的变化。在环境和饥饿条件下，每小时监测代谢变化和调节，显示出对营养变化的快速和敏感的检测。此外，还观察到暴露的污染物引起的代谢组学失调。综合结果发现，这个基于代谢学的框架适用于生物预警系统，并强调了整合生物分子和顶端端点观察，以提高生物监测程序性能的有利优势。

4. 水产品质量安全形成过程的研究

针对水产品风险评估，主要通过对有害重金属、生物毒素、致病性有害微生物、持久性有机污染物等危害因素机理的探究，及危害物质的毒理学、毒代动力学及风险评估共性技术研究，为水产品质量安全监管提供了强大的理论技术支撑。对机理的探究，一般通过暴露模型进行评估。最近，联合毒性评估已经得到初步应用，使用先进的体外和体内生物测定技术，根据新出现的污染物的毒性潜力对其进行优先排序。以化学品邻二甲酸酯（PAEs）为例，此前，各种动物模型，包括小鼠、大型水蚤、斑马鱼、黑头呆鱼已经被用来评估 PAEs 的体内毒性。然而，由于大多数研究集中于 PAEs 的个体效应，很难获得它们的联合毒性潜能。因为斑马鱼具有与人类基因组 70%同源、繁殖力高、生长速度快等显著特点，所以越来越多的研究采用斑马鱼作为体内模型。此外，不动杆菌 sp Tox2 被用作体外模型，提供高通量信息，以评估 PAEs 混合物在淡水环境中的联合毒性潜力。在二氧化硅预测模型中，加速了对化学物质的联合毒性的评估，这些化学物质在环境中以混合物的形式共存。将实验（体内/体外）分析方法与有机硅建模方法相结合，为综合毒理学评估提供了一种整体和最先进的方法（Hamid et al.，2020）。

5. 水产品营养品质评价研究

在水产品营养品质研究方面，近年来国外主要集中于添加不同营养成分饲料对鱼、虾的生长性能、肌肉品质、肠道菌群、免疫反应、抗氧化能力、抗病毒感染等的影响。如添加部分玉米浓缩蛋白、棉籽浓缩蛋白、禽肉粉或全脂蝶粉代替鱼粉、植物油部分替代鱼油等，通过对水产动物食用饲料配方的改善，提高水产品营养品质

（Wang et al.，2020）。国外对不同贮藏过程中水产品营养品质变化进行了研究，进而预测水产品的有效保鲜期，确保食用品质（Yuriy et al.，2016）。通过评估生鱼、熏制、腌制鱼的营养价值，明确不同处理方式对鱼肉营养品质的影响，以在提高水产品感官特性的同时延长其保质期（Kiczorowska et al.，2019）。

国际上针对不同水产品的营养成分进行了研究，包括太平洋水产品、大西洋鲑鱼、地中海海参等，并且对同一地域不同品种水产品的营养组成进行了比较分析（Christina et al.，2018）；开展了对鱼类、贝类主要肌肉蛋白的生化和理化特性的研究分析，促进了水生生物资源的有效利用（Khora，2015）。

6. 水产品质量安全追溯技术的推进

已经开发对于水产食品可追溯系统所需的数据清洗与转化、数据融合与挖掘等大数据处理软件，并广泛应用于实践中。美国已经建立了比较完整的产品召回程序，并将其纳入法规，欧盟也建立了转基因食品跟踪系统；西方渔业发达国家主张充分发挥消费者作用原则和信息公开透明原则，非常重视公众参与的力量建设，在立法和标准修订过程中会采用召开非正式会议的方式鼓励公众积极参与，充分收集并采纳实时有效的社会建议。在具体技术上，采用最新的可追溯性方法，将允许对在线平台或区块链应用程序上的信息进行集成，从而提高可追溯性、透明度和对所有参与者的访问权限。研究者利用“电子档案”无线射频识别技术对产品位置进行追踪，同时无线传感器网络对储运过程中的温度、湿度进行采集，提供实时位置和完整的温度、湿度历史数据；考虑到在实际中可能会发生传感器数据丢失的情况，研究还利用数据挖掘技术，实现丢失数据的再现，该系统在韩国泡菜供应链上进行了测试（Alfian et al.，2017）。

四、国内外科技水平对比分析

我国已基本形成水产品安全科技创新体系。而发达国家在水产品质量安全领域的科技创新体系更加健全，基础性工作更加扎实，全链条覆盖的基础调查数据更加完善，并研发了覆盖全链条的检测方法和仪器，在保障本国水产业良性发展的同时，对中国的水产品质量安全管控体系设立了多重技术壁垒。从研究方法、检测标准、检测监测仪器到追溯软件均主要采购于发达国家，我国全自主知识产权的大国“重器”任务任重而道远。更为关键的是，我国水产品标准体系不完善、水产品安全监管和应急处置技术缺乏、基层执法装备依然落后。因此，我国在研究方面与国外先进水平总体存在着较大的差距，在短时间内还不能满足社会、消费者和国际市场的质量安全要求。随着近年来国家在研发平台建设上的大量投入、研究队伍不断充实和扩大、研究技术人员能力不断提高以及工作范围不断拓展、基础积累不断加大，相关工作处于不断强化、不断拓展的新阶段。

1. 高效精准快速检测分析技术仍未形成体系

高效精准快速检测分析技术是水产品安全问题管控的主要抓手，也是国内外质量安全领域的研究重点。目前，国内外针对重金属、抗生素、持久性有机污染物、内分泌干扰物及致病性微生物等危害因子的检测技术，均主要基于气相色谱质谱联用仪、液相色谱质谱联用仪等大型仪器建立的精准定量方法，然而，精准定量方法过于依赖数百万元以上进口设备，设备运行环境、人员操作水平和维护保养等要求较高；且此类检测技术前处理复杂，实验耗时较长，结果出具时效性差。我国是养殖生产大国，在生产过程中及时发现并控制养殖水产品中存在的安全隐患，可最大限度地保证产品的质量安全，因此，研究构建快速筛查检测技术，研发便携式快速筛查装备，构建原位在线监测技术、精准定量技术及可视化技术体系，才能建立更加高效地监测预警网，为“舌尖上安全”体系提供技术保障。建立高效精准快速检测分析技术体系，既可以有效满足我国水产品质量安全监管的迫切需求，也将是我国在水产品质量安全研究水平领先于国际的重要领域。

2. 风险形成及评估技术研究仍有待深入

欧美国家多年来引领水产品质量安全基础理论研究，尤其是随着新技术的充分运用，在风险形成、评估和追溯技术更是取得了长足进步，主要优势有：一是通过长时间序列、全链条覆盖的基础调查，形成了大数据集群优势。二是构建了更加成熟的全链条风险迁移研究体系，对特征危害物迁移转化规律研究透彻，能够精准识别产业链中风险发生的关键环节，可有效进行全链条风险防控技术的构建。三是利用广泛运用现代组学等新技术手段，建立了纵-横-深相结合的综合评价手段。四是引入区块链等先进理念和模型，构建了引领世界的追溯体系。

我国现有研究与国际发达国家仍有不少的差距：一是基础数据积累片段化问题凸显。研究方法论和基础理论缺失，影响了对学科未来发展趋势的把握。尤其是水产生物生境数据十分匮乏，更重要的是缺乏系统性和规范性，这种现象可能影响对我国水产品质量安全问题的整体认知。二是研究思路的割裂性仍然较为严重。无论是从品种、危害物和区域性来看，仍然不能形成完整的研究链条，对水产中复合污染问题关注不够，且完全忽视了环境中危害物耦合效应，可能影响学科对于未来发展趋势的把握。三是新技术的运用不够。我国目前已开始运用代谢组学技术进行相关研究，但危害物的代谢涉及不多，严重限制了危害物终端风险的准确认知。四是风险评价技术和追溯体系仍然处于模仿阶段。我国近年来虽然针对水产品进行了一定的风险评估和追溯体系研究，但研究方法、技术和模型等仍然与欧美国家差距显著，无法保护水产业绿色、健康发展。更重要的是，抗性基因、微塑料等新形态危害物的关注不多，对于未来国际壁垒的应对能力储备不够。

3. 风险削控技术仍存在诸多尚未解决的难题

水产品质量安全削控技术是指在渔业生产过程中，对水产品中的典型危害物进行脱除、排除、净化、降低的技术处理，从而达到标准限量的要求。这些危害因子来源于环境水域、养殖过程中的投入品、加工过程的反应产物及人为添加的原材料等环节。欧美发达国家对水产品危害因子削减控制技术研究极为重视，研究现状具有如下特点：一是水产养殖环境生物治理技术对水产生物和微生物的生理、生化特性有着深入的了解，从而可以对其生理、生化和遗传方面的性能加以利用，如人工驯化和合成生物学等新技术。二是物理手段处理水产养殖危害因子，主要包括过滤、中和、吸附、沉淀、曝气等处理技术。三是利用臭氧、过氧化氢、二氧化氯、漂白液等化学氧化剂快速削控养殖水体环境中化学耗氧量、氨氮及亚硝酸盐等危害因子。削控技术对经济腾飞的发展中国家意义更加重大。我国在此领域逐渐由跟跑者变成某些技术的领跑者，如利用臭氧与紫外联用技术快速降低海水化学耗氧量，可同时达到水质净化及水体增氧的目标；沸石过滤器等兼具过滤和吸附功能，在悬浮物和重金属等溶解态污染物削减方面发挥了重要作用。但生物修复技术仍采用投菌技术和生物膜技术，处于跟跑的状态。

4. 营养和品质鉴定评价技术仍存在研究空白

水产品作为人类营养物质和功效因子的直接来源，在居民的膳食消费中具有举足轻重的作用。目前世界各国对水产品营养和品质的评价标准有一定的差异。我国目前对水产品营养品质主要是从营养价值、肌肉口感、肉质风味、卫生状况和功效因子五个方面进行评价。其中营养价值指水产品所含的常规营养成分，如蛋白质、氨基酸、脂肪、脂肪酸、维生素和矿物质等。对肌肉口感的研究主要集中在对肌纤维直径、密度、硬度、咀嚼性、回复性和凝聚性等质构特性的研究。对肉质风味的研究主要集中在影响其鲜味和香味的醇、酮、酸、酯及氮、氧、硫等杂环化合物的研究。而对水产品卫生状况的评价，我国已经建立了相对完善的评价及检测体系。对水产品功效因子的评价则因品种而各不相同，如对海参中海参皂苷和酸性粘多糖，对龟鳖中硫酸软骨素等功效因子的研究，尤其是其在提高人体免疫力和抗瘤中的作用已有一定积累。但是，目前对于水产品营养和品质的研究大多集中在对常规营养指标的研究上，对水产品营养和品质的一些关键的功效因子的研究还不够深入和系统，基础研究数据碎片化严重，距建立水产品营养品质科学评价体系的目标还存在一定的差距。

五、“十四五”展望与建议

经过“十二五”“十三五”食品安全相关科技计划的支持，我国水产品质量与安全科技创新体系已基本形成。展望“十四五”，在牢固树立并切实贯彻绿色发展理念的前提下，水产品质量安全学科创新必然是推进渔业供给侧结构性改革、建设现代渔业和健康中国的重要任务。“十四五”期间，要做到坚持预防为主，强化风险监测，完善削控技术，建立营养评级体系，重点围绕水产品质量安全危害因子检测新技术、风险评估和监测预警新手段、质量链追溯新系统、危害因子削减新体系、营养健康新模式的关键科学技术问题开展研究，全面升级水产品质量安全技术。从解决人民群众普遍关心的突出问题入手，遵循“四个最严”要求，建立水产品质量安全现代化治理体系，提高从池塘到餐桌全过程监管能力，提升水产品全链条质量安全保障水平，增强广大人民群众的获得感、幸福感和安全感。力争在水产品质量安全领域培养一批在国内外有重要影响的科学家和研究团队，努力取得国际或国内领先水平的创新性科研成果，为渔业现代化建设、渔业绿色发展和渔业渔政管理提供更加有力的科技支撑。

1. 建立水产品中危害因子智能高效检测体系

开展提升关键检测技术灵敏度的理论技术、建立高通量快速生物监测技术以及新型复合材料对检测技术等研究，解决水产品中镇静剂、抗生素、重金属、挥发性有机物、持久性有机污染物和微生物等安全隐患因子残留检测问题；利用质谱成像的靶向和非靶向分析技术，实现安全隐患因子快速、高通量筛查。基于天然稳定同位素特征峰、特定官能团衍生反应以及质谱源内共性特征离子等非靶向筛查策略，开发高灵敏度检测方法，以实现安全隐患因子痕量检测。利用新型成像手段，构建组织中安全隐患因子可视化毒理分布图，建立可视化监测平台，填补国内空白。重点开发新型磁性复合材料、污染物特异性吸附材料等前处理材料与方法，发展全自动样品前处理技术，缩短前处理流程和时间，搭建自动化前处理设备，逐步减少样品前处理中人为操作的影响，实现机械自动化操作。

2. 深度研究水产品环境危害因子迁移转化规律

针对水产品重点生产区环境及水生生物中生物源性、化学源性、无机源性以及内源性危害因子的种类、水平、区域、季节特征及种属相关性关系不明确的情况，建立重点品种关键安全风险基础因子及指纹谱库；利用多组学技术研究水产品中危害因子形成规律及调控机制，开展生物源性污染物（细菌、病毒）、化学性污染物等水产品危害因子形成规律和调控机制研究；明确过敏原、甲醛等内源性风险的生成路径、代谢途径及调控机制，揭示其生物毒性效应及致毒机制，提出水产品中内源性危害物的标准限量建议值；围绕危害因子，深入挖掘主要危害因子暴露的生物标志物和残留标示物，构建定量风险评估和生理药动学模型，实现在不同温度和不同品种间对危害因子残留的外推，评估危害因子在我国普通人群及高风险人群中的急性和慢性膳食暴露风险，为污染物早期预警提供技术支撑。

3. 建立水产品中特征危害因子智能化削减技术

利用电解水、臭氧、双氧水等高电位清洁水对水产品蛋白质变性与脂质氧化水解的作用，达到非化学药品杀灭微生物的效果；深入研究广谱性噬菌体等生物抑菌材料及规模化制备技术，并评价产品安全性，开发安全高效的非热杀菌保鲜新技术和新材料；探明生物制剂、环境改变等因素对暂养和运输过程中活体水产品，因应激反应产生质量安全危害的作用机理和控制途径；针对加工、贮藏过程中水产品产生的内源性危害因子，包括过敏原、生物胺、亚硝胺、脂肪酸代谢物、羰基终端化合物等，建立危害因子的精准阻断技术；针对水产品异物（骨刺、贝壳、虾蟹壳、寄生虫、砂石、头发等非食品异物），采用图像识别、人工智能、高仿机器人等智能技术进行精准切割。

4. 建立基于水产品区块链的全链条风险防控技术

针对水产品产业链特性，研究养殖、加工、流通、销售等各环节过程和操作内容，确定质量安全可追溯的关键环节、关键控制要素，制定覆盖全过程的水产品质量安全可追溯技术体系；基于区块链的编码、标识以及信息的获取、传输和管理技术，建立以全球统一编码体系为基础的标识系统和信息查询的溯源系统。针对水产品中各种风险隐患，建立各种危害因素风险评估数据库和监测数据分析系统，应用区块链技术、模糊数学、神经网络、时间序列等方法开展水产品质量安全预警方法的研究，研究设计质量安全预警指标体系，建立质量安全预警系统；跟踪国内外标准与技术法规最新进展和发展动态，研究水产品质量标准体系、技术法规的构架等。

5. 多元化技术融合建立水产品品质评价体系

利用高分辨质谱技术进行全谱扫描和筛选，了解水产品营养品质的品种、季节、区域差异性，构建我国水产品关键营养组分数据库及谱库；挖掘与标记水产品中特征性营养成分和特殊功效因子，获知功效因子的组成及结构等物理化学性质；采用分子生物学及转录组学技术，研究重点水产品种真假甄别技术，构建覆盖关键营养组分、具有产地溯源能力的复合指纹识别技术，并建立快速检测评价技术体系以及研发相关产品。研究加工工艺与贮藏过程中关键营养组分变化规律与相互构效关系；构建水产品体外模拟消化、吸收、代谢模型，从细胞和分子水平研究确定功效成分的吸收、分布、存留和代谢规律，探明主要功效成分的生物利用和转化过程；通过体外实验（细胞实验）与体内实验（实验动物）来对功能因子的功效进行验证；构建细胞和动物模型，应用免疫组学、转录组学，蛋白组学等手段，分析功效因子的结构及功效之间的关系，明确功效因子的作用机制。探讨加工工艺与贮藏过程对关键营养组分变化的影响和品质保持机制；系统比较不同水产品基础营养及特征功能组分的含量、占比及功能差异性，基于水产品营养组分的生物利用和功效差异性，建立以品种为主导、以生产区域、养殖模式及消费群体为辅助的水产品分级评价技术，建立评价技术模型并形成技术规范。

（韩刚 吴立冬 刘欢 穆迎春执笔）

致谢：本报告撰写过程中，得到中国水产科学研究院水产品质量与安全学科委员宋怿、翟毓秀、蔡友琼、何力、谭志军、黄珂、覃东立、甘金华、程波、宋金龙以及中国海洋大学林洪教授团队成员等的大力支持，他们为报告撰写提供了相关资料，并进行了相关文字修改，在此一并感谢！

参 考 文 献

陈佳琦，吴海燕，张旭志，等，2019. 一种高灵敏检测贝类中大田软海绵酸的可抛式核算适配体传感器[J]. 分析化学，47（6）：869－875.

陈锦豪，郑锦滨，毛勇，等，2019. 益生菌和复合营养剂对鱼虾混养池塘水质及细菌群落结构的影响[J]. 热带生物学报，10（1）：6－13.

程波，艾晓辉，常志强，等，2017. 水产动物药物代谢残留研究及创新发展方——基于 PBPK 模型的残留预测技术［J]. 中国渔业质量与标准，7（6）：42－47.

崔舒云，程波，于润林，等，（2020 接收待刊）. 区块链技术在水产品质量安全可追溯中的应用设计[J]. 中国渔业质量与标准.

董欣悦，宋超，汪倩，等，2019a. 中华绒螯蟹不同可食部位对重金属镉的富集效应研究［J]. 中国农学通报，35（21）：120－124.

董欣悦，宋超，汪倩，等，2019b. 利用电感耦合等离子体质谱（ICP－MS）测定中华绒螯蟹中重金属镉的残留量［J]. 农学学报，9（1）：40－45.

方晓磊，柯常亮，李刘冬，等，2017. 丁香酚辅助鲜活草鱼处理和运输的剂量研究［J]. 食品工业科技，38（17）：275－318.

郭萍，潘迎捷，喻勇新，2019. 牡蛎诺如病毒多样性研究中病毒富集方法的评估［J]. 生物学杂志，36（3）：104－107.

国佼，郭萌萌，吴海燕，等，2017. 双固相萃取柱净化—超快速液相色谱—串联质谱法同时测定贝类组织中全氟羧酸及其前体物质［J]. 食品科学（20）：255－262.

郭思言，丁涛，殷耀，等，2019. 高效液相色谱—四极杆/静电场轨道阱高分辨质谱对水产品中未知污染物的非定向快速筛查与测定［J]. 色谱，37（1）：15－20.

江艳华，姚琳，李风铃，等，2016. 基于高通量测序的冷冻南极磷虾中细菌菌群结构分析［J]. 食品安全质量检测学报，7（7）：2840－2845.

李兆新，宋才湖，张婷婷，等，2016. 黄海海州湾海域腹泻性贝类毒素特征研究［J]. 中国渔业质量与标准，6（6）：47－52.

李晋成，刘欢，韩刚. 基于磁分离的全自动 QuEChERS 前处理一体机［P]. 北京市：CN111638114A，

2020-09-08.

李晋成，韩刚，刘欢，2020. 推杆式滤过型净化柱［P］. 北京市：CN210448175U.

李晋，2020，全自动震荡提取净化装置［P］. 北京市：CN210205955U.

邴晓菲，吴海燕，王群，等，2017. 麻痹性贝类毒素在栉孔扇贝体内的代谢轮廓［J］. 中国水产科学，24（3）：623-632.

刘书贵，尹怡，李丽春，等，2016. QuEChERS结合HPLC-MS-MS测定鲮体内孔雀石绿及其代谢物残留及消除规律［J］. 中国渔业质量与标准，6（5）：45-51.

刘永涛，韩刚，宋金龙，等，2019. 改良的QuEChERS/UPLC法测定鱼组织中磺胺甲唑、乙酰磺胺甲唑与甲氧苄啶［J］. 分析测试学报，38（8）：973-978.

吕磊，彭婕，何力，等，2016. 气相色谱法和液相色谱：串联质谱法测定水产品中敌敌畏残留量［J］. 分析实验室，35（9）：1074-1077.

吕磊，彭婕，甘金华，等，2019. 分散固相萃取：液质联用法测定稻渔综合种养环境中四种农药残留［J］. 环境化学，38（11）：2443-2448.

高磊，覃东立，吴松，等，2017. 用液相色谱串联质谱法测定渔业水样中6种农药的含量［J］. 水产学杂志，30（4）：44-48.

彭婕，甘金华，居小倩，等，2019. 超高效液相色谱：串联质谱法测定稻田水产品中毒死蜱残留［J］. 色谱，37（7）：729-734.

苏庆玲，朱晓娜，许婷，等，2019. 基于区块链的水产品质量追溯体系的设计［J］. 中国渔业质量与标准，9（4）：5-12.

覃东立，姜海峰，黄晓丽，等，2016. 松花江沉积物汞的新变化：分布、演化与现状及潜在生态风险评估［J］. 环境科学学报，36（6）：1910-1916.

覃东立，高磊，黄晓丽，等，2017. 水体与底泥中有机氯和除草剂农药残留的气相色谱串联质谱同步测定方法［J］. 环境化学，36（11）：2366-2374.

覃东立，黄晓丽，高磊，等，2018. 东北稻渔综合种养模式下中华绒螯蟹农药残留水平及健康风险评价［J］. 南方水产科学，14（6）：89-98.

覃东立，姜海峰，黄晓丽，等，2019. 东北稻蟹中18种微量元素含量及健康风险评价［J］. 农业资源与环境学报，36（2）：245-252.

覃东立，2017b. 东北地区主要涉渔农药及鉴别［M］，哈尔滨：东北林业大学出版社.

田娟娟，韩刚，刘海棠，等，2019. 国内外麻痹性贝类毒素风险预警及管控措施的比对分析［J］. 海洋环境科学，38（3）：464-470.

王潇，韩刚，张小军，等，2019a. 不同水域中华绒螯蟹雄体营养成分及风味成分差异性研究［J］. 大连海洋大学学报，34（5）：688-696.

王潇，马兵，韩刚，等，2019b. 中华绒螯蟹营养成分差异性研究进展［J］. 中国农学通报，35（8）：122-128.

吴海燕，李清云，邴晓菲，等，2017. 氮杂螺环酸毒素在栉孔扇贝体内的代谢规律［J］. 中国水产科学，24（6）：1298-1306.

夏京津，陈建武，宋怿，等，2019. 解淀粉芽孢杆菌HE活性成分鉴定及抗菌特性分析［J］. 南方水产科学，15（3）：41-49.

徐春娟，刘永涛，苏志俊，等，2018. 气相色谱法测定淡水养殖环境中的 4 种拟除虫菊酯类农药残留 [J]. 分析科学学报，34 (3)：332-336.

胥宁，刘永涛，杨秋红，等，2015. 喹烯酮在草鱼体内生理药动模型的建立 [J]. 水生生物学报，39 (3)：517-523.

杨丹丹，韩峰，史永富，等，2019. 高效液相色谱—紫外/荧光测定贝类体内 16 种多环芳烃 [J]. 分析试验室，38 (7)：828-833.

姚琳，江艳华，李风铃，等，2016. 太平洋牡蛎（Crassostrea gigas）类 α-1，2-岩藻糖基转移酶的密码子优化与原核表达 [J]. 渔业科学进展，37 (1)：76-81.

叶洪丽，余玮玥，史永富，等，2019. 东海沿岸省市鱼类水产品中全氟烷基化合物含量调查研究 [J]. 中国渔业质量与标准，9 (4)：13-21.

张辉，翟毓秀，姚琳，等，2017. 比较转录组学揭示镉暴露后扇贝消化腺代谢和免疫通路的相关基因 [J]. 中国海洋湖沼学报 (35)：612.

张亚亚，闫国旺，吴海燕，等，2020. 基于 SPE 与 SPATT 的水体中麻痹性贝类毒素检测方法构建与应用 [J]. 海洋与湖沼，51 (2)：298-306.

赵艳芳，宁劲松，尚德荣，等，2016. 高效液相色谱：电感耦合等离子体质谱法测定海水贝类中无机离子镉 [J]. 分析化学，44 (8)：1277-1280.

郑关超，郭萌萌，赵春霞，等，2015. 环渤海地区养殖水产品中多环芳烃（PAHs）污染残留及健康风险评估 [J]. 中国渔业质量与标准，5 (6)：20-26.

周殿芳，甘金华，吕磊，等，2016. 全氟烷基化合物在长江流域水产品中的分布研究 [J]. 中国渔业质量与标准，6 (2)：57-65.

周新丽，申炳阳，孔兵，等，2019. 用于水产品中甲醛、双氧水和二氧化硫同时快速检测的微流控芯片系统研制 [J]. 食品与发酵工业，45 (4)：187-192.

ALFIAN G，RHEE J，AHN H，et al.，2017. Integration of RFID，wireless sensor networks，and data mining in an e-pedigree food traceability system [J]. Journal of Food Engineering (26)：65-75.

CHRISTINA C，MERCEDES G，HUGO P，et al.，2018. A first glance into the nutritional properties of the sea cucumber Parastichopus regalis from the Mediterranean Sea [J]. Nat Prod Res，32 (1)：116-120.

DANIELE G，FIEU M，JOACHIM S，et al.，2016. Rapid analysis of diclofenac and some of its transformation products in the three-spined stickleback，Gasterosteus aculeatus，by liquid chromatography-tandem mass spectrometry [J]. Analytical & Bioanalytical Chemistry，408 (16)：4435-4444.

DSOUZA C，KUMAR B K，RAI P，et al.，2019. Application of gyrB targeted SYBR green based qPCR assay for the specific and rapid detection of Vibrio vulnificus in seafood. [J]. Journal of Microbiological Methods (166)：230-233.

FENG，HAN，et al.，2017. Detection of Total and Pathogenic Vibrio parahaemolyticus in Shellfish Growing along the South Yellow Sea and the East China Sea [J]. Journal of Food Protection，80 (11)：8.

GAN J H，LV L，WANG Q，et al.，2016. Multi-residue method for the determination of organofluorine pesticides in fish tissue by liquid chromatography triple quadrupole tandem mass spectrometry [J]. Food Chemistry (207)：195-204.

GADELHA J R, ROCHA A C, CAMACHO C, et al., 2019. Persistent and emerging pollutants assessment on aquaculture oysters (Crassostrea gigas) from NW Portuguese coast (Ria De Aveiro) [J]. Science of the Total Environment (666): 731-742.

GENG Y, TAN K, LIU L, et al., 2019. Development and evaluation of a rapid and sensitive RPA assay for specific detection of Vibrio parahaemolyticus in seafood [J]. Bmc Microbiology, 19 (1): 186.

LEI GAO, DONGLI QIN, XIAO LI HUANG, et al., 2019. Determination of pesticides and pharmaceuticals from fish-cultivation water by P-SPE and LC-QTOF-MS [J], Analytical Letters, 52 (6): 983-997.

HAMID N, JUNAID M, MANZOOR R, et al., 2020. Prioritizing Phthalate Esters (PAEs) using experimental in vitro/vivo toxicity assays and computational in silico approaches [J], Journal of Hazardous Materials (56): 112-115.

JEONG T, SIMPSON M J, 2019. Daphnia magna metabolic profiling as a promising water quality parameter for the biological early warning system [J]. Water Research (12): 214-216.

JIANG H, QIN D, MOU Z, et al., 2016. Trace elements in farmed fish (and) from Beijing: implication from feed [J]. Food Additives & Contaminants Part B Survllance, 9 (2): 132-141.

JIANG H, QIN D, CHEN Z, et al., 2016. Heavy Metal Levels in Fish from Heilongjiang River and Potential Health Risk Assessment [J]. Bulletin of Environmental Contamination & Toxicology, 97 (4): 536-542.

JIANG L, HU Q, CHEN T, et al., 2019. Highly sensitive and rapid responsive fluorescence probe for determination of formaldehyde in seafood and in vivo imaging application [J]. Spectrochimica Acta Part A Molecular and Biomolecular Spectroscopy (228): 117789.

KHORA S, 2015. Seafood-Associated Shellfish Allergy: A Comprehensive Review [J]. Immunological Investigations, 45 (6): 504-30.

KICZOROWSKA B, SAMOLIĆSKA W, GRELA ER, et al., 2019. M. Nutrient and Mineral Profile of Chosen Fresh and Smoked Fish [J]. Nutrients, 11 (7): 1148.

LI T, WANG X, ZHOU L, AN J, LI J, LI N, et al., 2016. Bioelectrochemical sensor using livingbiofilm to in situ evaluate flocculant toxicity [J]. ACS Sensors (1): 1374-9.

Li, Feng-Ling, Wu, et al, 2016. Investigation of diarrhetic shellfish toxins in Lingshan Bay, Yellow Sea, China, using solid-phase adsorption toxin tracking (SPATT) [J]. Food Additives & Contaminants Part A Chemistry Analysis Control Exposure & Risk Assessment (20): 115-126.

LI J, H L, C W, et al., 2018. Stable isotope labeling-assisted GC/MS/MS method for determination of methyleugenol in food samples [J]. Journal of the Science of Food & Agriculture, 98 (9): 3485.

MIEIRO CL, MARTINS M, DA SILVA M, et al., 2019. Advances on assessing nanotoxicity in marine fish-the pros and cons of combining an ex vivo approach and histopathological analysis in gills [J], Aquatic Toxicology (217): 211-222.

QIN DL, GAO L, WU SONG, et al., 2019. The Status Assessment and Preliminary Risk Assessment of Total Mercury in Sediments from Middle and Lower Reaches of the Yarlung Zangbo River [J]. Meteorological and Environmental Research, 10 (3): 84-89.

WANG J X, LIANG D Z, YANG Q H, et al., 2020. The effect of partial replacement of fish meal by soy protein concentrate on growth performance, immune responses, gut morphology and intestinal inflammation for juvenile hybrid grouper (Epinephelus fuscoguttatus ♀ × Epinephelus lanceolatus ♂) [J]. Fish and Shellfish Immunology (98): 619-631.

WU H Y, GUO M M, TAN Z J, et al., 2014. Liquid chromatography quadrupole linear ion trap mass spectrometry for multiclass screening and identification of lipophilic marine biotoxins in bivalve mollusks [J]. Journal of Chromatography A (1358): 172-180.

WU H Y, LUAN Q S, GUO M M, et al., 2018. Phycotoxins in scallops (*Patinopecten yessoensis*) in relation to source, composition and temporal variation of phytoplankton and cysts in North Yellow Sea, China [J]. Marine Pollution Bulletin (135): 1198-1204.

WU H Y, YAO J H, GUO M M, et al., 2015. Distribution of Marine Lipophilic Toxins in Shellfish Products Collected from the Chinese Market [J]. Marine Drugs (13): 4281-4295.

WU L, MENG Q, XU Z, et al., 2020. Passivation of black phosphorus as organic-phase enzyme platform for bisphenol A determination [J]. Analytica Chimica Acta (65): 197-203.

WU L, XU Z, MENG Q, et al., 2020. A new aptamer/black phosphorous interdigital electrode for malachite green detection [J]. Analytica Chimica Acta (68): 39-45.

XIAO L H, QI H, LEI G, et al., 2018. Adsorption characteristics of metal-organic framework MIL-101 (Cr) towards sulfamethoxazole and its persulfate oxidation regeneration [J]. Rsc Advances, 8 (49): 27623-27630.

XIE C, LI Q, HAN G, et al., 2019. Stable isotope dilution assay for the accurate determination of tricaine in fish samples by HPLC-MS-MS [J]. Biomedical Chromatography, 33 (5): 216-220.

XU Z, MENG Q, CAO Q, et al., 2020. Selective Sensing of Copper Ions by Mesoporous Porphyrinic Metal-Organic Frameworks Nanoovals [J] Analytical Chemistry (89): 2201-2206.

YURIY K, MARKÉTA O, MICHAL J, et al., 2018. Methodological issues affecting the study of fish parasites. III. Effect of fish preservation method [J]. Diseases of Aquatic Organisms, 127 (3): 12-18.

ZHAO X, CUI T, GUO R, et al., 2019. A clean-up method for determination of multi-classes of persistent organic pollutants in sediment and biota samples with an aliquot sample [J]. Analytica Chimica Acta, 10 (47): 71-72.

渔业装备与工程领域研究进展

一、前　言

我国渔业装备与工程学科领域以提升创新能力、服务支撑国家渔业创新驱动发展战略为目标，以应用研究为基本定位，主要围绕渔业船舶工程、渔业捕捞装备、水产养殖装备与工程、现代渔港工程等研究方向开展创新研究。“十三五”期间，在渔业船舶船型优化与节能技术、深远海养殖工船、南极磷虾捕捞加工船、渔业声学探测技术与仪器、捕捞节能与智能控制装备、工厂化循环水养殖系统与装备、离岸网箱与深远海养殖装备、筏式养殖设施与装备、现代渔港建设工程技术及渔港（锚地）避风减灾技术与安全评价等方面取得了一系列科研进展。

二、国内研究进展

（一）渔业船舶工程

1. 渔业船舶船型优化与节能技术

围绕渔船“安全、经济、节能、环保”的目标要求，中国水产科学研究院渔业机械仪器研究所以渔船主机余热利用节能技术、高海况抗摇摆技术、高温烟气余热利用技术与渔业船舶动力系统高效集成为重点，研发了氨-水吸收式渔船主机余热利用制冷装置，优化了鱼舱冷藏盘管布置方式，利用36米级（SH821Z）标准化渔船，将余热利用技术与动力系统节能技术进行了集成应用，示范标准化渔船9艘。研发了国内首型60米电力推进灯光围网渔船，利用渔船数字化研发平台，采用回归分析方法，首次建立了“远洋标准化渔船船型参数系列”。编制完成《海洋渔船标准船型评价方法》，为我国远洋渔船实现标准化、专业化和现代化升级提供了技术数据支撑。

2. 深远海养殖工船

中国水产科学研究院渔业机械仪器研究所开展了大型养殖工船系统研究，提出了以大型养殖工船为核心平台的“养-捕-加”一体化深远海“深蓝渔业”发展模式。在上海市“大型海上渔业综合服务平台总体技术研究”项目支持下，开展了平台系统功能构建、平台能源管理系统研发与新能源综合利用等研究。开展了大西洋鲑（三文鱼）和黄条鰤为目标品种的大型养殖工船体系技术研究，建立了目标品种全过程舱养工艺和养殖操作规程；对接国际相关公约与目标品种养殖工艺，研究制定大型深远海养殖工船设计总则、规程与技术指南，掌握10万吨级大型养殖工船工业概念与总体系统设计的能力，构建深远海工业化养殖体系技术，建立大西洋鲑和黄条鰤"陆海统筹"工业化高效生产模式。基于相关应用基础和关键技术研究，国内第一条10万吨级大型养殖工船于2020年正式开工建设。

3. 南极磷虾捕捞加工船

中国水产科学研究院渔业机械仪器研究所对标国际先进船型与装备参数，开展了船体水动力学与阻力特性研究，优化了南极磷虾船"船-机-桨-网"系统参数，开展船-机-电协同控制功能耦合研究，集成连续高效捕捞与船载加工系统，优化舱室与甲板布局，开展极地环境下装备材料、船体结构与破舱稳性综合论证，建立了磷虾船适渔性与极地环境适应性设计技术指南，构建了GT10000级南极磷虾捕捞加工船三维模型。

江苏深蓝远洋渔业有限公司引进挪威瓦锡兰船舶设计公司的先进设计理念和数字化研发手段，研发设计并建造了"深蓝"号南极磷虾专业捕捞加工船，该船型长约120米，型宽21.60米，设计吃水7.3米，设计航速15节，可满足ICE-A冰区（冰厚度0.8米）及−25℃低温环境的营运要求。该船配有目前世界最先进的连续泵吸捕捞系统和全自动磷虾产品生产流水线，可以实现虾肉、冻虾、虾粉等产品的连续加工处理和自动包装运输作业。

（二）渔业捕捞装备

1. 渔业声学探测技术与仪器

近年来，中国科学院声学研究所、中国水产科学研究院渔业机械仪器研究所、厦门大学、哈尔滨工程大学等单位相继开展渔探技术研究工作。哈尔滨工程大学围绕有鳔单条鱼及鱼群声散射建模及特性分析、多波束鱼群信息综合获取技术、鱼声散射多源特征提取方法以及分类算法的实现等方面开展研究，取得一定的成果。中船重工七二六研究所完成了分裂波束鱼探仪换能器，其换能器分为8 KHz、70 KHz、120 KHz和200 KHz等多个频段，采用宽带技术方案，极大地提高了换能器的分辨率。渔业机械仪器研究所智慧渔业技术及装备团队开展了多波束渔用声呐研制工作，并成功研制了我国第一台全数字多波束渔探仪。该型多波束探鱼仪提供128个通道声学信号处理能力，能够实现水平360°和垂直35°扇面的三维搜索，对0分贝目标的探测距离可以达到3 000米，部分指标达到国际先进水平。

2. 远洋捕捞技术与装备

中国水产科学研究院东海水产研究所等针对过洋、大洋和极地海洋捕捞对象行为特征，自主创新浅表层、中层和底层远洋捕捞技术与自扩张、双联式和混合结构等渔具装备 10 种，创新南极磷虾泵吸式连续捕捞技术，促进我国南极磷虾渔业捕捞装备的技术升级与国产化。相关研究成果“远洋捕捞技术与渔业新资源开发”获 2018 年中国水产科学研究院科技进步一等奖，2019 年上海海洋科学技术奖特等奖。“远洋捕捞成套渔具装备”入选 2020 年度中国农业农村 10 项重大新装备。

3. 近海负责任捕捞技术

中国水产科学研究院东海水产研究所、上海海洋大学等开展了大型拖网、围网、延绳钓、舷提网、建网、张网等各类渔具的水动力模型构建和数值分析，建设和完善了数座渔具模型试验水槽，为渔具优化设计提供了科学依据；针对近海渔业渔获幼鱼比例高等突出问题，对各海区的拖网、张网、刺网和蟹笼等主要作业渔具进行了选择性分析，开发了系列幼鱼兼捕释放装置，开展了生态友好型渔具或装置的研发和试验应用。为适应不同渔具对材料性能的要求，东海水产研究所开展了渔用高性能聚甲醛单丝、渔用可降解聚乳酸单丝、渔用发光单丝等渔用材料的研发与应用研究。相关成果在渔业生产中得到推广应用，为我国近海捕捞管理和可持续发展提供了重要技术支撑。

（三）水产养殖装备与工程

1. 工厂化循环水养殖系统与装备

淡水工厂化循环水养殖方面。渔业机械仪器研究所提出了循环水养殖清洁投饲策略，研发了基于多变量模糊决策的精细投喂专家系统，从源头上减少了营养物的投入和排放；研发出高效重力式过滤器、基于 CFD 的内循环流化床生物滤器、一体化臭氧接触反应装置等一批养殖节能装备，大幅提高了循环水处理装备技术性能和养殖系统水质可控度；建立了名优品种关键养殖技术及养殖过程管理专家系统，创建了三种清洁、低耗循环水养殖系统及繁育系统模式，在亚冷水性鱼类循环水养殖应用中，较国内同类产品，平均饲料系数下降 15%，能耗降低 20%。

海水工厂化循环水养殖方面。渔业机械仪器研究所揭示了循环水养殖环境对鱼类的促生长原理，阐明了循环水养殖系统中生物膜形成机理，提出了一种快速稳定的固定床生物滤池负荷挂膜方法，研制出具有自主知识产权的工厂化循环水养殖关键工程装备，养殖车间的控温成本降低 57%、运行能耗降低 21.3%、水循环频次提高 27%，并建立了成套技术标准和规范。黄海水产研究所集成创新了海水鱼类节能环保型工厂化循环水养殖系统，系统水循环频次达到 1 次/小时以上，水循环利用率达到 95%，日新水补充量小于 5%，运行能耗为国内同类产品 1/2、国外同类产品 2/5。黄海水产研究所创建了工厂化海水养殖人工湿地生态净化系统和“一级筛滤＋四级藻贝参生物净化”养殖排放水综合利用系统，对氨氮、磷酸盐去除率达 88%和 90%以上，经济效益和生态效益显著。

2. 池塘养殖装备与工程

池塘循环水养殖方面。池塘跑道式循环水养殖模式得到广泛应用，研究主要集中在系统设计参数理论计算、跑道池规格尺寸、养殖效果、经济效益、渔产品品质比较等方面。如汪翔等（2019）分析了池塘养殖跑道流场特性述职模拟及集污区固相分布；杨菁等（2019）研究了池塘内循环养殖模式关键工艺参数设计；王朋等（2017）研究了大口黑鲈池塘工程化循环水养殖系统的溶解氧时空变化及菌群响应特征；翁丽萍等（2018）通过比较跑道池和传统池塘养殖的青鱼肌肉质构的差异，认为跑道池养殖的青鱼品质优于传统池塘，将跑道池与稻田进行结合，利用稻田建设跑道池，开展渔稻综合种养，采用稻田吸收跑道池养鱼的污染物，取得了较好的减排效果，经济效益可观。以上研究为进一步改进和优化池塘循环水养殖模式，提高该模式装备水平和系统管控水平，提升模式技术性能起到积极推动作用。

池塘养殖设施与装备方面。研制了移动式太阳能水质调控机、太阳能智能增氧系统等设备，提升了经济效益；研发了基于气力输送、船载的自动投饲机，便于操作控制；研制了池塘起鱼单轨输送机、脉冲电赶鱼装置，减少劳动力成本；研制了可遥控的移动式施药装置，实现施药自动化；运用视觉识别技术，研究了准确快速识别淡水鱼和运动虾苗的方法；开发了分布式自动监控系统，实现了池塘养殖远程控制和集中管理。涡旋底部曝气器等曝气装置得到应用，自动撒料机、自动割草机、自动增氧机、自动进排水、水质在线监测等以及用于起捕、清淤等阶段的机械化和智能化设备也进行了研发，逐步实现养殖生产全程机械化和智能化。

池塘水质生态工程调控技术方面。应用生态工程原理，研究池塘藻相、菌相及理化指标关联机制及关键影响因子，探索调控模型，构建工程化调控设施及系统调控模式。哈尔滨工业大学开展了人工湿地基质微生物多样性及其对铵态氮、总磷净化效果研究，针对不同类型人工湿地确定了水力参数及基质、植物构建工艺，以及湿地与池塘面积配比；河海大学研发了筏架式植物浮床、基质微生物-植物复合浮床，利用微生物转化与植物吸收进行原位净化，形成了生态沟、生态塘等池塘设施工程技术。养殖尾水减排技术正在不断得到研发和应用，包括塘-沟-湿地组合系统、“三池两坝”系统、池塘底排污处理系统、多营养层级综合利用系统以及“流水槽＋稻渔共作”尾水处理模式等。池塘养殖尾水减排仍以人工湿地处理为核心，在此基础上，哈尔滨工业大学等开发和应用了“生态沟渠—固液分离—生物接触氧化—潜流湿地”组合工艺，“三池两坝”组合工艺以及微生物燃料电池人工湿地等处理工艺。

3. 离岸网箱与深远海养殖装备

离岸网箱工程技术理论研究进一步拓展和提升。黄海水产研究所等对离岸网箱在不同结构型式、锚泊方式和风浪流条件下的动力学特性进行了系统研究，建立了网箱系统数值模拟方法与结构安全性评估方法，阐明了不同条件下离岸深水网箱的水动力学机理，获取了大规格网箱在大浪强流冲击下的受力及运动变形重要力学数据，提出了网箱系统关键部件的安全设计参数和边界条件，为网箱安全科学设计提供了理论依据和数据支撑。针对开放海域养殖产业发展面临的设施安全和高效管理难题，开展大型潜浮式网箱安全设计与建造工艺、智能化养殖关键控制等相关技术研究，创制适应我国开放海域极端海洋环境的大型潜浮式网箱设施，集成研制出自动投喂、高效起捕、远程监测等基于深海网箱智能化养殖的关键控制系统装备。通过集成应用试验示范，构建开放海域大型深海网箱智能化养殖模式，为推动深海养殖产业的形成与发展提供技术支撑。

离岸网箱系统安全技术取得重大突破。南海水产研究所开发出增强型 HDPE C80 多点系泊网箱、单点系泊多边形网箱，改进了网箱锚绳系泊方式，通过改用大抓力 AC－14 铁锚、增加主浮管壁厚、设置主浮管套管、运用超高分子量聚合物材料网衣等多项技术优化措施，大大提升了网箱系统抵御强台风的能力，结构安全性经受住了强台风 201713“天鸽”、201720“卡努”、201822“山竹”的检验。初步建立了离岸网箱高效养殖装备技术体系，围绕离岸网箱高效养殖管理的各个关键环节，相继开发出远程固定式和船载移动式投饵机、吸鱼泵、网衣清洗机、远程监控系统、起网机等网箱养殖关键技术装备，其中船载式投饵机和远程监控系统在南海区得到推广应用。为解决深远海设施结构安全和养殖一体化管理的技术瓶颈问题，研发出集养殖生物、养殖设施、养殖装备等于一体具备现代化养殖方式及管理模式的大型深远海养殖设施“德海 1 号”等，德海系列的大型桁架结构深远海网箱成功经受了 17 级超强台风“山竹”的安全性检验，并技术输出至香港，有效引领和推动了中国深远海养殖产业的发展。“半潜桁架结构智能化养殖渔场”入选 2020 年度中国农业农村 10 项重大新装备。

深远海工程化坐底式围栏设施养殖成效显著。2016 年以来，在浙江台州大陈岛、浙江台州玉环、浙江温州洞头和鹿西岛、浙江舟山以及山东莱州，建成多座坐底式养殖平台。东海水产研究所进行了养殖平台的柱桩、网体等构件及其整体设施海况条件下的受力计算、数值模拟和模型水动力实验分析，平台用铜合金网衣和合成纤维网衣的水动力性能、物理机械性能、装配技术，网衣材料的形态结构演化与疲劳性能，养殖平台放养鱼类养殖行为、放养密度与环境因子关系，以及养殖海域鱼、贝、藻多营养层次综合养殖模式等研究，初步建立围栏养殖设施工程化系统技术、围栏养殖海域的鱼类放牧养殖技术、多营养生态养殖及其相关支撑技术体系。

4. 筏式养殖设施与装备

筏式养殖设施与装备技术取得新进展。渔业机械仪器研究所研发了 30 棵海带同步夹苗技术，并攻克了实际苗绳螺旋不等距的状态下实现自动夹苗的技术难题，创新了苗绳分段同时收缩解旋、多工位浮动旋转破绳器穿透苗绳缝隙、以破绳器为先导夹爪海带苗根系并返回释放的自动化作业模式，研制了海带自动化夹苗机，初步开展了夹苗试验，取得了较好的效果，实现了国内海带自动夹苗装备零的突破。开展了适宜机械化采收的海带养殖筏架研究，在传统海带养殖筏架的基础上进行优化，研发平养海带苗绳串接挂养筏架技术，便于海带成串连续机械化采收，已在荣成海域开展筏架安全性试验。研发出一种适用于延绳养殖牡蛎海上机械化收获与处理的装备，提高了收获效率，降低了工人劳动强度，减少了收获损失。

（四）现代渔港工程

1. 现代渔港建设工程技术

2018 年以来，渔港建设与国家战略、国家政策结合得更加紧密，通过开展国家渔港经济区规划布局和构建模式研究，系统提出了依托中心渔港、一级渔港，在全国打造 93 个渔港经济区的建设战略。中国海洋大学利用水动力工程分析软件 MIKE21 和第三代海浪数学模型 SWAN，对拟建渔港港内波浪场、潮流场及泥沙运动进行数值模拟分析论证，相关技术得到广泛应用，使得渔港建设更加安全、经济。渔业工程研究所采用不规则波开展防波堤结构波浪模型试验，数据的采集和处理实现自动化和智能化，提高了精度，为优化防波堤结构、堤顶高程、护面块体的安全稳定性以及验证港内泊稳条件提供重要决策依据。中国科学院力学研究所结合防波堤爆破排淤填石软基处理工程，在内侧利用防波堤堤身开挖基槽建设码头，码头基础处理采用爆破夯实，形成的“爆破排淤填石＋水下爆破夯实”的防波堤兼码头基础处理模式，为类似项目提供了应用范例。

为避免渔港防护建筑物造成潮流流场、流向、流速改变，造成港区泥沙淤积和水体交换不畅的不利影响，渔业工程研究所采用透空式、浮式防波堤工程技术，保障了港内泊稳条件和水体交换，避免和减轻了港区的泥沙淤积。同时，为改善码头前作业泊稳条件，消减码头前波高，提出了带消浪孔新型重力式码头结构，研究了该码头结构的消波原理与性能，分析了孔径和孔深对波浪消减作用的影响，为改善港内泊稳提供新的思路和方法。

结合渔港环境亟须提升的迫切需求，持续开展了渔港污染防治设施设备配备内容、配备规模及技术指标和改善港内水体交换工程措施等专题研究，农业农村部组织有关单位制定了渔港污染防治设施设备配备总体要求行业标准，填补了国内渔港污染防治方面的标准空白，有力支撑了全国沿海渔港污染防治工作的开展。

2. 渔港（锚地）避风减灾技术与安全评价

技术支撑渔港（锚地）避风减灾技术与安全评价工作。渔业工程研究所等通过拖网渔船的锚泊泊稳物模试验，研究了在风浪流的单独、两两组合以及共同作用下，渔船艏艉双锚锚泊时运动量的变化规律，给出了允许最大波高小于 1 米的锚泊泊稳条件，构建了我国渔港泊稳安全标准。提出了渔船采用并排搁浅锚泊可有效避强台风或超强台风的关键模式。研究成果应用于行业规划和建设标准的制定，显著改善了渔船停泊和避风条件，提高了渔港渔村的避风减灾能力。

三、国际研究进展

（一）渔业船舶工程

1. 渔业船舶船型优化与节能技术

发达国家渔船设计与船舶工业设计水平实现同步发展，重视渔船船型优化与标准化设计，规范化船型建造与监管，制定了科学完善的渔船建造标准，由于监管力度到位，对渔船建造及主尺度的控制发挥了重要的作用。在设计标准方面，对渔船的安全性及舒适性有更明确的要求，以保证生产者的基本劳动条件。

面对资源及环境的持续恶化，发达国家均加强对海洋，尤其是200海里专属海洋经济区内资源与环境的保护力度，发展符合要求的专业作业渔船装备。近海渔船装备进一步向专业化发展，对资源环境有影响的装备和作业方式将逐步淘汰，渔船及其装备的选择性捕捞作业能力、节能减排水平、可监管程度将进一步提高。

大洋性捕捞渔船规模趋于合理，工业化程度、作业水平和竞争力不断提高。远洋渔船的主要捕捞对象是公海的渔业资源，虽然目前世界上的众多国际渔业管理组织也对公海的捕捞作业做出了诸多限制和约定，但总体来说，远洋捕捞较近海捕捞有更多的发展空间。远洋渔船装备主要围绕着选择性高效捕捞，不断提高助渔仪器、捕捞装备、加工设备的自动化、信息化水平。

2. 深远海养殖工船

发达国家提出了发展大型养殖工船的理念，包括浮体平台、船载养殖车间、船舱养殖以及半潜式网箱工船等多种形式并进行了积极的探索，为产业化发展储备了较好的技术基础。

西班牙设计的半潜式金枪鱼养殖船，船长189米，宽56米，航速8节，共有12万米^{3}水体，可至各渔场接运活捕金枪鱼400吨，转运至适宜地肥育，最终运往销售地。美国Seasteading研究所提出的移动式养殖平台，采用电力推进，生产功能齐全。法国在布雷斯特背部的布列塔尼海岸与挪威合作改建了一艘长270米，总排水量10万吨的养殖工船，计划年产鲑鱼3 000吨。此外，日本等国也先后提出了大型养鱼工船方案。

3. 南极磷虾捕捞加工船

发达国家利用数字化设计建造技术研发出适应能力强、高效、生态、节能、环保型专业化南极磷虾捕捞加工船。南极渔船朝大型化、专业化和降阻节能方向发展，其中挪威南极磷虾捕捞船最具有代表性。挪威Aker BioMarine公司建造的“Antarctic

Endurance”号南极磷虾船，总长 129.6 米，垂线间长 123.8 米，型宽 23 米，主甲板深度 13 米，最大吃水 7.9 米，航速 18 节，总共 12 776 吨，船员 59 人，货舱舱容 6 300米^3，载重 3 150 吨，是目前世界上专业化程度最高、技术最先进的大型磷虾捕捞加工船。该船利用变水层臂架式拖网技术，采用边拖网作业边泵吸磷虾的连续式捕捞生产方式，配置高效捕捞和精深加工设备，全系统设备自动化运行集中监控，起放网实现电液自动化控制，在拖网作业过程中也实现了曳纲张力平衡网形优化控制，同时结合助渔仪器探测信号实现精准捕捞作业的自动水深调整，捕捞效率同比高 50%。另一艘挪威专业磷虾捕捞船“ThorshΦvdi”号，船型更大，总长达到 133 米，同样配置了专业化的鱼群探测仪器、高效捕捞装备以及虾粉、虾油精深加工成套设备和基于卫星通信的信息化管理系统。

（二）渔业捕捞装备

1. 渔业声学探测技术与仪器

宽带多频探测技术成为渔业声学探测的主要发展方向。近年来随着不同种类鱼类的声学散射特性研究的日益完善，宽带多频率渔业资源声学探测成为主要趋势。利用回波的频差技术可以进行有鳔鱼类、无鳔鱼类和浮游动物的声学识别，解决了有鳔鱼类和浮游动物的回波区分问题。该技术不仅可以进行海洋生物资源声学评估和单体目标强度的测定，而且还进一步提高了鱼类和浮游动物的测量精度。另外 Simrad EK80 科学探鱼仪、Bisonics 探鱼仪和 DIDSON 声学摄像机等新一代探鱼设备的推出，提高了渔业资源评估的科学性和有效性。

2. 捕捞节能与智能控制装备

利用机械、电子信息技术的飞速发展以及船舶工业技术所带来的发展契机，发达国家成功地将现代声学技术、机电液压自动化控制技术、卫星遥感技术、无线电通信技术等应用于渔船捕捞装备领域，推进了渔业现代化进程，重要鱼类实现选择性精准化捕捞。

挪威、俄罗斯的大型拖网船，其总长可达 140 多米，船宽 18 多米，航速 17 节，鱼舱容积约 11 320 米^3，绞纲机拖力达到 100 多吨，速度快，效率高，主要进行中上层拖网捕捞。大型拖网船一般采用先进的液压传动与电气自动控制装备，设备操作安全、灵活、自动化程度高，除起放网实现电液控制自动化外，在拖网过程中也实现了曳纲平衡控制和结合助渔仪器探测信号实现作业水层的自动调整，捕捞效率可提高 30%。

美式金枪鱼围网作业的设备较多，效率也非常高。为追捕鱼群，航速要求在14～17 节，因此主机功率较大。捕捞机械有 10 多种 20 台左右，如围网主绞机、上纲引纲、浮子纲绞机、动力滑车及底环撑杆等，自动化作业效率高，工作人员配备 3～5 人。

延绳钓作业装备也实现了起放钓和装饵操作全过程的自动化。目前，全球大洋性超低温金枪鱼延绳钓渔船估计至少有 1 800 余艘，其中日本、韩国和中国台湾是从事大洋性超低温金枪鱼延绳钓渔业的主要国家和地区。大型专业超低温延绳钓船主要使用成套的日式扬绳机、理绳机、投绳机。

鱿鱼钓捕捞采用电力传动与微电子控制技术，实现起放钓循环控制及模拟饵料仿生运行自动控制。目前世界上主要经济头足类，如北太平洋鱿鱼、西南大西洋阿根廷滑鱿鱼等鱿鱼钓作业，基本使用自动鱿鱼钓机、自动脱盘、自动输送带输送渔获物。

在渔具设计和试验方法领域，目前国际上已经开发了 DynamiT、SimuTrawl、NALA 等拖网、围网、延绳钓等水动力模拟软件，FISHSELECT 等渔获性能模拟软件，为渔具设计和优化提供了便利，并在实际中得到了广泛的应用。在渔具应用科学领域，欧美等国家和地区更加关注渔具对生态系统的影响，包括渔具对海龟、哺乳动物等大型海洋动物的影响，渔具对海底的破坏，抛弃丢失渔具的幽灵捕捞问题等，并有针对性地开展创新和实践。例如，挪威等欧洲国家在原有基础上不断优化拖网渔具的兼捕减少装置，开发了利用水下摄像和鱼种图像识别系统实现兼捕个体释放的系统；在金枪鱼延绳钓渔业开展防海龟、海鸟和鲨鱼的特种金枪鱼钓钩和相关装备（例如 Hookpod 装置）研发；法国和西班牙等欧盟国家研究机构开发了生态型人工集鱼装置以减少海龟、鲨鱼缠绕和误捕。

为实现捕捞渔业节能，近年来国外通过创制疏目型拖网、高性能材料或节能型网板等节能技术，实现捕捞生产的节能降耗。将超高分子量聚乙烯纤维应用于拖网、钓具等渔业装备及设施，这在同等强力的条件下可降低绳网规格、渔具水阻力、作业能耗或原材料消耗，从而实现渔业生产的节能降耗。除超高分子量聚乙烯纤维外，国际上还将碳纤维和岩土纤维等高性能纤维应用于渔业生产，以提高渔具材料性能、减低渔具材料用量与作业阻力，推动渔业生产的节能减排。

（三）水产养殖装备与工程

1. 工厂化循环水养殖系统与装备

循环水养殖尾水颗粒物以及氮和磷等营养盐的去除和净化是重要研究方向。美国西弗吉尼亚淡水研究所发现在不施用外加碳源的情况下，增加水力停留时间可以显著提高生物流化床对于硝酸盐氮的去除效果，为使用循环水养殖尾水的反硝化工艺提供了新的途径。以色列本古里安大学研究了循环水养殖系统中磷的代谢和收支平衡关系。美国北卡罗来纳大学研发了土工管系统，可有效去除尾水中的 TSS，满足国家污染物排放削减制度要求（NPDES）。

2. 池塘养殖设施

塘埂构筑坡比及排水管设置方式由 James W 等在《水产养殖基本准则》中首次

提出，为了提高池塘养殖运行效率，进一步设施化构建的探索与应用一直在开展。国外对增氧机研究多集中在设计、运行参数、增氧效果及影响因素等方面，射流式增氧机、喷水式增氧机、底部曝气增氧设备陆续出现并得到应用。目前国外水质监测、饲料投喂、免疫环节、水产品捕获等普遍使用了自动化、信息化设备。在以色列，2个工人借助吸鱼泵1天可以收获成品鱼14～17吨，一套智能化管理控制10多个池塘的投饲、增氧、监测等，千亩精养鱼塘的养殖与管理仅需8人，大大地提高了劳动生产率。澳大利亚还研发了基于侦听摄食声音反馈的投饲设备；美国、丹麦使用气力投饲机；瑞典和丹麦等使用了窄轨运输投饲车进行投饲等。挪威研发的全自动疫苗接种机，仅由1名操作员操作，可自动对鱼进行麻醉、分割和定向，并在机器视觉的帮助下确保正确的疫苗接种，每小时可接种和分级高达40 000尾。日本用在鱼池上使用轨道电动行车进行搬运，应用起鱼机、分鱼机对鱼类进行分类转移等。

国外非常重视池塘养殖的基础和模式研究，美国奥本大学研究人员在长时间对池塘研究的基础上，对池塘水质和底泥在各类环境影响变化进行了系统的分析，为池塘生态研究提供了有益的借鉴。Oberle等研究了池塘溶氧分层的日变化并提出增氧建议（Oberle，2020）。Rahman等研究了一种虾塘溶氧预测的新方法（Rahman，2019）。Wonginyoo等研究了池塘放养和捕捞的模型（Wonginyoo，2016）。在养殖模式方面，Schrader等研究了分隔池塘养殖系统与传统池塘浮游藻类群落结构差异（Schrader，2016）。Brown等研究了不同循环效率分隔池塘养殖系统的运行效果（Brown，2016）。

3. 离岸网箱与深远海养殖装备

挪威、美国等对离岸深水网箱水动力学进行了深入的研究，尤其是依靠先进的网箱动力学分析软件，如：挪威的Sesam软件和Fhsim软件、美国的Aqua软件、英国的Orcaflex软件，在网箱结构与水动力耦合模拟的基础研究方面取得较多成果，系统地研究了HDPE网箱框架和网衣在波浪流冲击下发生的应力变形，甚至考虑了养殖鱼类对网箱受力的影响，有效支撑了网箱工程设计技术的优化改进。数字化仿真技术的应用，结合物理模型试验和网箱现场测试手段，大大提升了网箱和养殖鱼类的安全性。

网箱配套装备水平的提升使养殖效率大幅度提高并使生产可控成为可能。在挪威，大多数养殖场都配套了养殖管理平台，配备了投饵、洗网、分级、吸鱼等装备，各类型装备在近几年经过优化改进，更加智能、实用和可靠。如挪威AKVA集团开发的Akvamarina自动投饵系统，包括各种饲料和环境传感器，多普勒颗粒传感器和各种水下、水面摄像机系统。整套投饵系统由电脑控制，使复杂的养殖过程控制变得异常简单和准确。英国Aurora Marine公司研制的网衣清洗机器人，集成在清洗工作船上，采用履带式结构与水流双重驱动，能较好依附在网衣上，采用高压水流对网衣进行清洗。

国外养殖发达国家还设计研发了集养殖各元素于一体的大型智能网箱，解决了深远海设施装备技术瓶颈问题。挪威设计的全球首个大型海洋智能渔场采用12边形“6＋6＋1”（6对主副桁架＋1根中央桁架）桁架钢体结构，直径110米，总高69米，中央集成控制管理，配备有各类传感器2万余个，整体容量超过25万立方米，可养殖三文鱼150万条，已于2017年10月开始养殖生产性示范。挪威设计研发的另一款大型渔场“Havfarm 1”，长385米，宽59米，高65米，配备机械化自动化操作及智能化养殖管理，由我国中集烟台船厂建造，目前已在挪威水域投入养殖试运营。

以网箱为基本结构的大型养殖平台是世界渔业发达国发展深远海养殖的主体设施之一。近年来，挪威在深远海养殖设施装备研发方面加大投入，先后设计研发了半潜式大型海洋渔场（Ocean Farm 1）、封闭式“巨蛋”养殖设施、自翻转式网箱、混凝土结构养殖平台、球体巨型网箱等大型智能化养殖设施。上述这些新设施与新模式虽然目前仍处于小规模应用或试验探索阶段，但已充分显现出其先进性、创新性和引领性，为我国深远海养殖发展可提供有益的借鉴和参考。

4. 筏式养殖设施与装备

近年来，美国、日本、韩国、法国、英国、北欧等国家和地区设施养殖产业发展迅速，特别是贝类筏式养殖设施装备正朝着工厂化育苗、新能源应用、高效养殖等方向发展。澳大利亚采用流水养殖系统，实现了鲍的全年高密度、集约化、高效率的苗种生产；新西兰采用跑道式循环水系统养殖彩虹鲍，具有极大缩短养成时间、减少死亡率、减少寄生虫感染、缩减养殖池的数量、降低劳动力需求和节省能耗等明显优势；美国在夏威夷等地已利用深层的低温海水养殖鲍、牡蛎等，替代传统电力，以节省能源。新西兰和澳大利亚在贻贝养殖中，配备专业化海上作业平台，对贻贝进行采收、清洗、分级，自动化程度很高。

海带采收是海带生产的关键环节，美国开发了收获野生海带的收割船“Kelsol”，已经实现对野生海带的采收，但其船体结构庞大，不适合筏式养殖。韩国、日本以及挪威已开发出适合机械化生产的单浮绠围苗筏式养殖模式。挪威Seaweed Energy Solutions AS（SES）将苗绳缠绕在绠绳上加以固定，无须人工夹苗，作业效率较高，在采收船上配备机械化臂吊，大幅度减轻了采收的作业强度。

（四）现代渔港工程

1. 现代渔港建设工程技术

发达国家和地区在渔港工程领域结合水产学科的特点，广泛实施了现代渔港渔场渔村一体化发展战略，研究与开发相关规划设计技术、渔港渔村防灾减灾相关工程技术、渔港水域生态环境保护修复技术、自然协调型渔港建设技术等，为发达国家和地区渔港现代化和渔业可持续发展做出巨大贡献。

日本现有各类渔港 2 909 座，从 1950 年制定《渔港法》以来，在持续加强渔港建设的同时，对渔港开展了比较系统和全面的研究，主要集中渔港发展战略、渔港功能多元化建设、渔港停泊区的泊稳、防波堤安全、渔港防淤减淤及海岸带保护、软弱地基处理、防灾减灾、渔港水域生态环境保护、自然协调型渔港建设、渔港工程诊断和修复、渔港管理信息化、渔港后评价等方面。在防灾减灾方面，采用多道防波堤掩护改善港内泊稳，采用防波堤、防潮堤相结合的多重防护模式保护渔港后方渔村的安全；在渔港港内泊稳标准方面，提出航道允许最大波高为 1.2 米，码头作业允许最大波高为 0.4 米，锚地允许最大波高为 0.5 米；在渔港水域生态环境保护修复技术方面，研究应用了利用波浪、潮汐带有海水交换功能的新式防波堤，潜堤式、圆孔式海水导入工程，利用红树林护岸改善港内水质，增设过水闸门等工程技术；在自然协调型渔港建设技术方面，研究提出了自然调和型渔港防波堤藻场的建设，充分发挥渔港外围设施的增殖功能。

韩国现有各类渔港 2 235 座，已朝着多功能的方向发展，将渔业与休闲、疗养、观光旅游等联系起来，进一步提升渔港的综合实力。同时，配合渔港开发，逐步改善渔村生活环境，创造更多的就业机会，逐步将城市劳动力引入渔村，进一步推进渔村、渔港文化旅游产业的发展。

美国渔港建设不仅满足了最基本的生产功能，而且还充分利用了渔港自身和周边的观光资源、自然景观和社会人文活动。例如，美国旧金山渔人码头，港内设置了直销鱼市场、游艇码头、购物一条街、美食餐厅等多元化设施，开展了海狮观赏和水族馆参观活动，港外又整合了离岛游览、游艇码头、海事博物馆、历史建筑、海军纪念公园、沙滩等观光旅游资源，造就了世界闻名的休闲渔港；巴尔的摩（Inner harbor）渔港港内设置了游艇码头，港外又整合了科学教育馆、空中走廊、剧场、购物商场、古帆船博物馆、美食餐厅、水族馆、历史建筑、公园广场等观光休闲资源，构成了水域及陆域的游憩观光带。

四、国内外科技水平对比分析

（一）渔业船舶工程

1. 渔业船舶船型优化与节能技术

我国海洋捕捞渔船总体上存在数量多、能耗高、技术水平低下的局面。截至 2020 年底，我国拥有海洋捕捞渔船 136 784 艘，其中主机功率在 441 千瓦以上的仅 3 212 艘，44.1～441 千瓦的共有 47 882 艘，小于 44.1 千瓦的多达 85 690 艘。我国海洋渔船的落后主要表现在：船型杂乱，缺乏科学合理研发设计；渔船装备老化现象严重，技术落后；新材料、新装备和新技术，特别是节能技术与产品，没有得到有效推广。随着船舶工业的发展以及国家支渔惠渔政策的推动，特别是2013年在《国务院关于促进海洋渔业持续健康发展的若干意见》以及2015年经国务院批准，财政部、农业部发布的《关于调整国内渔业捕捞和养殖业油价补贴政策通知》等一系列文件的指导下，沿海省份分别开展了海洋渔船的标准化更新改造工程，淘汰了一批安全状况差、能耗高的渔船，新建了一批经科学设计的渔船，使我国海洋渔船在安全、节能、经济、环保和适居方面得到了一定的提升，但与发达国家相比还存在不小的差距，特别是在渔船自动化和信息化方面差距更大。

2. 深远海养殖工船

我国深远海养殖起步晚，装备技术水平相对滞后，养殖技术与工艺体系不完善，产业模式不健全，尤其在深远海养殖工船配套装备领域存在较大差距。自“十三五”以来，符合国情的深远海养殖配套设施装备系统相关的基础研究和单项技术研究取得了一定的积累，部分成果已在生产中得到应用，尤其在深远海养殖工船领域已有较强的科技创新能力。近几年，在养殖品种苗种选育、养殖工艺以及工船及配套装备方面，我国已陆续申请了部分国际专利。但与国外深远海养殖装备相比，我国的自动化、智能化水平仍有一定差距。

3. 南极磷虾捕捞加工船

我国专业化南极磷虾捕捞加工渔船研究刚刚起步，相关研究尚未成体系。我国目前参与南极磷虾捕捞的大型渔船，除辽渔“福荣海”是购置日本三十多年前的改装专业磷虾船外，其他都是购置国外二十多年前的大拖渔船简易改造的磷虾船，船型和捕捞加工设备也比较落后，安全性差，捕捞效率低，加工产品单一，主要以冻品为主，附加值没有得到提升，综合效益差。专业化南极磷虾捕捞加工船的研究处于初级阶段，主要开展磷虾船总体方案设计和甲板设备合理布局、船型经济与技术论证等层面的初步研究，有针对性对南极磷虾的环境适应性、装载能力和整体性能参数、磷虾加工生产线的总体布局、舱室合理化设计、海上扒载系统、捕捞技术与船型的优化匹配以及系统装备国产化、系统技术集成研究仍十分缺乏。

（二）渔业捕捞装备

1. 渔业声学探测技术与仪器

我国渔业声学探测技术与仪器由于存在将近40年停滞发展，许多关键技术、测试和试验工具、试验方法等均已不成体系，仅有部分国内科研院所开展零星的研究工作，受关键信号处理器件、传感器技术等一些关键技术发展水平的制约，我国的探鱼声呐技术水平与世界先进水平相比，在多数领域还存在着较大的差距。探测设备的抗干扰方法、鱼类声散射信号特征提取方法、鱼群高分辨率探测及成像技术等多项关键技术还需要进行攻关，高集成和产品化的产品开发等方面也存在较大差距。高分辨率、远距离大型渔用声呐还没有真正意义上的生产应用。

2. 捕捞节能与智能控制装备

随着我国海洋战略的实施，我国渔船及捕捞装备势必走上大拖、大围、磷虾船等远洋渔船自主设计建造，近海渔船标准化大型捕捞装备国产化之路。我国大型变水层拖网网形监控装备技术、金枪鱼延绳钓设备自主研制等均属于空白。金枪鱼围网起网设备、鱿鱼钓设备等关键技术与国外差距较大。高分辨率声呐探测技术、捕捞装备产品的技术标准及规范等还需要进一步跟上国外的先进水平。

在渔具研究方向上，我国目前较关注渔具的高效、节能，但在渔具的生态效应、生态友好型渔具开发等方面略显薄弱，在鱼类行为等基础研究领域与国外差距较大。在渔具测试和试验等科学手段方面，虽在水动力数值模拟等领域有突破，但尚缺乏成熟的、达到商业化水平的渔具数值模拟相关产品。国产的大型拖网、围网等渔具在渔获、节能和生态性能等方面仍需不断完善。与挪威、美国、日本、荷兰等渔业发达国家相比，我国在渔具及新材料应用等方面仍存在差距。

（三）水产养殖装备与工程

1. 工厂化循环水养殖系统与装备

我国在循环水养殖技术领域已有较强的科技创新能力，近年来我国在该领域 SCI 论文发文量仅次于美国，但是论文引用量、被引频次不高。根据国际专利的检索情况，美国、加拿大、欧盟等占据大部分，而我国申请的国际专利较少。本领域国外专利主要集中在高密度精准养殖、水质调控、智能化控制技术等方面，我国专利主要集中在调温增氧、水质净化（悬浮颗粒物、重金属、氮磷、有机物去除等）、杀菌消毒以及鱼类养殖系统集成优化等方面。与国外相比，我国循环水养殖技术在智能化、系统稳定性等方面存在明显差距，养殖品种基本集中在鱼类养殖，大规格鱼类苗种、对虾、海参等工厂化循环水养殖技术研究尚处在起步阶段。

池塘生态机制等基础研究方面，我国在池塘水体营养物质循环、浮游生物、微生物动态等方面取得一些进展，但还未形成池塘生态影响机制与调控模型构建为核心的研究体系，研究积累还处于局部状态，对技术创新的推动作用还较小。在设备技术研发方面，国外技术研发以替代劳力、提高工效的机械化设备为主，包括疫苗注射机械、拉网机械、起鱼机械、分级机械等，装备的机械化、自动化水平更高。我国养殖装备的研发主要以增氧机和投饲机为主，对于池塘养殖过程其他环节替代劳力的机械化技术研发还未有成效，尚未完全覆盖养殖全过程。

2. 离岸网箱与深远海养殖装备

我国深水网箱数量已远超国外水产养殖发达国家如挪威，但网箱养殖鱼产量以及所依赖的装备技术差距仍非常明显。主要表现在：网箱工程技术理论与应用研究不强，尤其是网箱的流固耦合基础研究有待深化，也未形成统一的网箱安全设计国家标准，网箱制造行业发展不规范；网箱养殖配套装备精准化不足，如投饵的精准决策、环境的精准监测、鱼群的精准评估等有待提升；网箱智能化水平不高，与国外大型网箱配备了高端深海运营系统，大部分安装各类传感器、监控设备及生物光源等相比，我国网箱智能化水平仍处于初级水平。

我国深远海养殖虽然起步较晚，但发展迅速。2016—2020 年，我国自主研发并投入使用或试验的半潜式、全潜式、坐底式等大型钢结构养殖设施已达 10 余种。我国依靠在海洋大型养殖装备建造方面的雄厚实力，承接了挪威“Ocean Farm 1”和“Havfarm 1”的建造工程，使我国深远海大型养殖设施制造能力跃入世界先进行列，同时加速推动了我国深远海养殖设施与装备的本土化研发进程，“深蓝 1 号”“德海 1 号”“振渔 1 号”“长鲸 1 号”等国产化设施相继建成并投入试用。但目前我国的深远海养殖装备与挪威等国相比，仍存在一定的差距，一是在大型化养殖设施设计方面，结构设计的理论基础薄弱，未形成针对我国特殊海况条件和主导养殖种类的大型化设施系统设计技术；二是养殖操控与管理关键配套装备研发滞后，机械化、自动化、智能化水平较低，与国外集成千上万个信息感知传感器于一体的全自动化养殖和管理相比存在较大差距。

3. 筏式养殖设施与装备

发达国家贝类养殖筏架设施系统的构建、设施的排列及部件的标准化程度高，已经形成了筏式养殖的机械自动化。如在贻贝养殖中，配备专业化海上作业平台，对贻贝进行采收、清洗、分级，自动化程度很高。韩国的牡蛎采捕已全部实现自动化，被采捕好的牡蛎在船上洗好后直接送往工厂进行加工，然后进入市场。此外，国外针对不同的养殖要求形成了不同的设施模式。比如，半潜式筏架将筏绳吊置于离水面更深处，使吊养的贝类免受浪流、海鸟的侵损以及漂浮物的羁绊，一些贝类养殖还采用单体浮动管件，潜入水中放置，便于转移和搬运。

藻类养殖收获方面，国外主要采用基于大型船只为载体的大型海带采收装置。比如，通过传送带切割收获野生海带的海带收割船；带有单臂吊的大型收获船，采用机械手爪进行海带捕捞等。我国藻类筏式养殖产业存在作业效率低、劳动强度大、综合效益差等问题，这些客观问题已直接影响到藻类产业的规模化和集约化发展。我国制约藻类养殖产业发展的关键技术问题主要集中在养殖产业模式、养殖设施、养殖作业装备以及海上高效作业平台的系统支撑方面。

（四）现代渔港工程

相比于发达国家尤其是日本，我国现代渔港建设工程技术存在以下差距：一是总体上渔港工程研究顶层设计不足，支持力度不够，缺乏系统、全面的渔港工程研究方向和研究内容的布局，渔港建设技术及综合功能的发挥还有待完善。二是在现代渔港（渔港经济区）规划建设、港域生态环境保护修复、自然协调型渔港建设等技术的研究方面，与国际先进水平有10年左右的差距，并滞后于我国渔业经济的发展，影响了渔港在沿海社会经济发展中重要功能的发挥。三是渔港减灾技术支撑力不足，渔港减灾科学研究和技术创新人员队伍不足，在渔港降低台风灾害风险、避风等级评估理论等方面研究严重滞后于渔业减灾的需求。

五、“十四五”展望与建议

（一）渔业船舶工程

1. 加强渔业船舶船型优化与节能技术整体性设计

面对我国海洋渔业发展现状，推进海洋渔业走向深海大洋发展深蓝渔业是本学科的重点研发方向。应结合渔船船联网技术研究与工程建设，突破智能渔船关键技术，积极探索应用现代船舶专业设计方法，利用渔船数值化模拟设计平台，强化应用基础研究，利用3D设计方法以及总体性能与船型设计建造一体化软件，进行船型优化设计和精细化分析，实现渔船设计建造数字化。

2. 强化深远海养殖工船关键技术研究

围绕深蓝渔业发展的共性技术、设施装备、生产系统、保障补给等环节，突破船载舱养系统、自动投喂系统、起捕系统和自动清洗系统，以及深层取水设备、水下监控设备和新能源利用设备等关键技术与装备，构建深远海养殖技术与工程体系，加快工程装备与深蓝资源开发、深远海养殖技术的融合，提升深蓝渔业科技能力，推动深远海规模化生产，为产业发展提供新动能。

3. 构建南极磷虾捕捞加工船系统工程技术体系

针对南极海洋的恶劣环境和南极磷虾渔业资源高效开发与利用，研发南极磷虾专业化大型渔船船型，集成数字化探测、高效生态连续式捕捞、精深加工以及降阻节能和电力推进综合节能技术以及船型标准化设计与数字化建造技术，形成南极磷虾专业化系列化高性能标准船型，建立专业化渔船系统工程技术体系，同时加快研究突破制约南极磷虾渔业发展的核心装备，全面推进南极磷虾捕捞加工船朝专业化、自动化、信息化和数字化方向发展。

（二）渔业捕捞装备

1. 研发渔业声学探测技术与仪器成套设备

以全面提升我国渔船助渔仪器设备的国产化率和技术竞争力为目标，加强助渔仪器核心技术以及成套系列技术设备集成。重点开展数字化和高分辨率水平/垂直声学探鱼仪、无线网位仪、延绳钓无线电跟踪示位标等技术设备研发与试验应用，为我国捕捞渔业尤其是远洋渔业高质量发展提供技术支撑。

2. 加强高效捕捞与生态友好渔具研发

促进船型大型化、专业化，捕捞装备机械化、自动化。大力发展交流变频电力传动与自动控制技术，探索渔船捕捞设备应用全电力驱动技术，以解决液压传动效率低、管路复杂和油液污染的问题。综合应用现代化的计算机与卫星通信、多媒体和声学技术，实现信息化助渔仪器与自动化捕捞机械系统高度集成。改进传统的渔具渔法，研发低阻力渔具，提高节能减排水平和捕鱼效率。加强渔具水动力和鱼类行为等渔具理论基础研究，开发具有自主知识产权的渔具相关模拟软件，提升渔具设计理论水平。科学评估不同渔具对生态系统的影响，完善准用渔具的评价、检测等技术。研发高性能和功能性渔用新材料，开发生态捕捞渔具，减少幽灵捕捞，推动渔业捕捞产业整体向资源节约、生态友好、精准高效方向发展。

（三）水产养殖装备与工程

1. 强化工厂化循环水养殖系统与装备集成

重点研究工厂化养殖水、光、声等环境因子调控机制，主养品种摄食、趋避和代谢等行为响应特性；研发基于对象的环境精准控制和智能化生产技术，研制模块化专用装备，构建针对不同品种、功能和工况的循环水养殖系统，集成尾水资源化利用和无害化处理，构建具有良好产业化前景的绿色养殖模式。掌握主产区主要生产方式的生态系统物质与能量转换机制及关键影响因子、边界条件，建立工程学模型，构建养殖小区数字化管理系统与养殖产品物联网技术平台。强化微生物、植物、植食性生物等群落功能，集成精准饲喂、良好管理等技术，形成集约化池塘养殖新模式，推进生产方式向“高效、低耗、绿色、智能”转变。

2. 构建离岸网箱与深远海养殖装备体系

加强大型网箱工程技术、离岸深水网箱集成化装备技术、大型桁架结构网箱研发、坐底或半潜养殖平台、大区域鱼群与设施安全监测技术和深远海设施养殖模式构建等基础及应用技术研究，研发适合我国的“海况＋国情＋品种＋产业（市场）”的设施装备、养殖生物安全保障、智能化与信息化操控管理、养殖种类适配性及养殖生产体系构建等关键技术，建立“高效、优质、生态、健康、安全”的离岸网箱和深远海设施养殖生产体系，支撑和服务我国离岸网箱和深远海设施养殖产业健康持续发展。

3. 探索筏式养殖设施与装备模式

进一步开展远海筏架结构安全性研究及机械化养殖管理作业模式探索，以海带为重点，开展筏式结构水动力学分析与海况适应性研究，突破制约产业发展的关键技术，研发良好稳定性和易于机械化作业的标准化筏架。开展贝、藻筏式养殖播种、采收和预处理一体化海上作业以及提升作业船的安全性与操控性技术研究，研发筏式养殖生产与初级处理全过程机械化船体布局，研制船载机械化高效作业关键装备与初级处理核心设备。

（四）现代渔港工程

1. 加强现代渔港经济区建设模式研究

提高现代渔港（渔港经济区）规划技术，配合《全国沿海渔港建设规划（2018—2025 年）》和《国家质量兴农战略规划（2018—2022 年）》的实施，重点开展现代渔港构建理论方法与渔港经济区建设模式研究，包括适应不同主导产业的现代渔港（渔港经济区）水陆域功能区规划布局技术，现代渔港（渔港经济区）投融资模式，现代渔港（渔港经济区）管理运营模式，现代渔港（渔港经济区）支持政策创新等。完善高水平卫生的渔港水产品流通设施建设技术，开展清洁低温海水导入设施、港区污水处理设施、卫生高效的水产品流通设施、卫生管理机制研究。研究带有导水管道或利用波浪、潮汐能量的潜堤式、圆孔式海水导入设施，构建促进海水交换功能的新式防波堤、透空式防波堤、浮式防波堤和浮式码头，利用红树林护岸改善港内水质，增设过水闸门等工程技术，促进港内外水体交换和港内水质净化，加强渔港水域生态环境保护。

2. 强化渔港（锚地）避风减灾技术研究与安全评价

加强渔港防灾减灾数值模拟、渔港工程抗灾性能设计、渔港防灾减灾规划与灾害应急、渔港和锚地避风能力提升及评价、渔港渔村防灾减灾对策等研究，切实提高渔业的防灾减灾能力和水平。

（王鲁民　闵明华　执笔）

致谢：本报告撰写过程中，得到中国水产科学研究院渔业装备学科委员倪琦、李天、林祥明、徐皓、王新鸣、关长涛、江涛、李谷、黄小华、王刚、石建高，以及黄海水产研究所崔勇、渔业机械研究所车轩等的大力支持，在此一并感谢！

参 考 文 献

蔡清海，吴天明，2001. 人工养殖石花菜技术措施［J］. 中国水产（3）：56－57.

常宗瑜，张扬，郑中强，等，2018. 筏式养殖海带收获装置的发展现状［J］. 渔业现代化，45（2）：

40 - 48.

陈通，2015. 半自动化海带收割机设计与优化［D］. 青岛：中国海洋大学.

陈学洲，舒锐，谢骏，等，2020. “集装箱＋生态池塘”集约养殖与尾水高效处理技术［J］. 中国水产（8）：67 - 70.

丁刚，吴海一，郭萍萍，等，2013. 我国海上筏式养殖模式的演变与发展趋势［J］. 中国渔业经济，55（1）：168 - 173.

方建光，孙慧玲，匡世焕，等，1996. 桑沟湾海带养殖容量的研究［J］. 海洋水产研究（17）：7 - 17.

冯玉法，1990. 贻贝养殖及贻贝扇贝轮养［J］. 科学养鱼（2）：14 - 15.

关长涛，王琳，徐永江，2020. 我国海水鱼类养殖产业现状与未来绿色高质量发展思考（下）［J］. 科学养鱼（8）：1 - 3.

管崇武，杨菁，单建军，等，2014. 工厂化循环水养殖中臭氧/紫外线反应系统的水处理性能［J］. 农业工程学报（23）：253 - 259.

管崇武，杨菁，宋红桥，等，2017. 鲟鱼工厂化循环水养殖系统设计及运行效果［J］. 渔业现代化，7（4）：30 - 36.

何勇，2018. 国内新型深远海渔业养殖装备技术动向［J］. 中国船检（8）：102 - 104.

胡昱，黄小华，陶启友，等，2017. 基于 ZigBee 的深水网箱养殖无线传感网络节点设计［J］. 电子设计工程，25（6）：100 - 104.

胡昱，黄小华，陶启友，等，2017. 基于云计算的深水网箱监控系统架构设计［J］. 信息技术（6）：30 - 36.

胡昱，黄小华，陶启友，等，2019. 基于 CFD - EDM 的自动投饵饲料颗粒气力输送数值模拟［J］. 南方水产科学，15（3）：113 - 119.

黄小华，刘海阳，胡昱，等，2018. 深水养殖网箱浮架变形模拟及结构改进设计［J］. 农业工程学报，34（15）：44 - 49.

黄小华，王芳芳，刘海阳，等，2019. 系泊和压载方式对半潜式渔场平台动力特性的影响［J］. 农业工程学报，35（15）：48 - 53.

季飞，2017. 温州洞头中心渔港透空式防波堤设计［J］. 中国水运，17（3）：123 - 124.

来琦芳，关长涛，2007. 以色列水产养殖现状［J］. 现代渔业信息，22（3）：7 - 10.

李成林，宋爱环，胡炜，等，2011. 山东省扇贝养殖产业现状分析与发展对策［J］. 海洋科学，35（3）：92 - 98.

李凤晨，李豫红，2003. 海带筏式养殖技术要点［J］. 河北渔业（129）：17 - 20.

李基磐，2010. 中国海带养殖业回顾与展望［J］. 中国渔业经济，28（1）：12 - 15.

李坚明，刘坚红，2008. 广西近江牡蛎产业发展现状与对策［J］. 中国水产，26（4）：82 - 83.

李源，杨菁，管崇武，等，2014. 基于 CFD 的养殖污水净化内循环流化床反应器结构优化［J］. 农业工程学报（22）：44 - 52.

李竹青，1990. 新能源技术在水产增养殖业中应用的现状与展望［J］. 现代渔业信息，5（9）：3 - 6.

廖静，2019. 珠海“湖号”网箱平台：让养殖走向深远海［J］. 海洋与渔业，12（8）：62 - 63.

刘海阳，胡昱，黄小华，等，2020. 深水网箱浮架结构的失效及疲劳性能分析［J］. 农业工程学报，36（3）：37 - 45.

刘思俭，2001. 我国江蓠的种类和人工栽培 [J]. 湛江海洋大学学报（21）：71－79.

鲁泉，李震，王刚，2018. 沿海现代渔港发展方向研究 [J]. 上海海洋大学学报，27（2）：291－297.

马祖达，1980. 海带夹苗机的研究 [J]. 渔业现代化（3）：15－16.

闵明华，陈晓蕾，余雯雯，等，2014. 渔用纳米蒙脱土改性聚乳酸纤维制备及性能 [J]. 海洋渔业，36（6）：557－564.

闵明华，黄洪亮，刘永利，等，2015. 拉伸工艺对渔用聚乙烯纤维结构与性能的影响 [J]. 水产学报，39（10）：1587－1592.

闵明华，黄洪亮，石建高，等，2014. 渔业聚乙烯纤维研究现状及趋势 [J]. 海洋渔业，36（1）：90－96.

闵明华，李雄，黄洪亮，等，2017. 渔用纳米蒙脱土改性聚乳酸单丝降解性能 [J]. 海洋渔业，39（6）：690－695.

农业部渔业局，2019. 中国渔业年鉴 2018 [M]. 北京：中国农业出版社：155.

欧俊新，2002. 莆田市鲍增养殖现状、问题与发展对策 [J]. 福建水产（1）：74－77.

欧阳杰，高翔，徐文其，等，2019. 中国贝类收获与加工装备研究现状与展望 [J]. 科学养鱼，5（4）：80－82.

石建高，孙满昌，贺兵，等，2016. 海水抗风浪网箱工程技术 [M]. 北京：海洋出版社，64－82.

石建高，王鲁民，陈雪忠，等，2011. 渔用网片与防污技术 [M]. 上海：东华大学出版社，357－381.

苏彬，2018. “深蓝 1 号”智能网箱成功通过台风考验 [J]. 齐鲁渔业（8）：58.

孙龙，刘淑娟，候子顺，2016. 基于渔港防灾减灾功能对海洋渔船发展的思考 [J]. 中国渔业经济，30（6）：35－38.

孙满昌，邹晓蓉，张健，等，2014. 海洋渔业技术学 [M]. 北京：中国农业出版社：1－376.

孙满昌，石建高，许传才，等，2009. 渔具材料与工艺学 [M]. 北京：中国农业出版社：1－41.

孙一艳，王刚，陈国强，等，2015. 风浪流作用下单船艏艉锚泊允许波高的试验研究 [J]. 水运工程（11）：25－29.

孙一艳，王刚，陈国强，等，2016. 单船港内首尾双锚锚泊允许波高的试验研究 [J]. 水道港口，37（3）：217－223.

孙一艳，于德双，雷鹏，等，2018. 三船并排首尾锚泊时港内允许波高的试验研究 [J]. 水运工程（1）：51－57.

孙圆圆，孙庆海，孙建璋，2009. 温度对羊栖菜生长的影响 [J]. 浙江海洋学院学报（自然科学版）（3）：89－94.

谭永明，谌志新，楚树坡，等，2018. 自动拖拽转挂式海带采收船的设计 [J]. 渔业现代化，45（5）：71－76.

田昌凤，刘兴国，车轩，等，2017. 分隔式循环水池塘养殖系统设计与试验 [J]. 农业工程学报，33（8）：183－190.

汪翔，崔凯，李海洋，等，2019. 池塘养殖跑道流场特性述职模拟及集污区固相分布分析 [J]. 农业工程学报，35（20）：220－227.

王刚，2011. 浅谈多功能渔港建设 [J]. 河北水产，6（11）：39－43.

王刚，陈国强，王新鸣，2017. 连云港市高公岛国家一级渔港防波堤兼码头结构设计 [J]. 中国水运，

17（2）：176－177.

王刚，孙龙，刘年飞，等，2015. 多功能现代化渔港发展思路探讨［J］. 中国港湾建设，35（1）：73－76.

王刚，王新鸣，王占行，等，2019. 乡村振兴战略下渔港建设探究［J］. 中国水产（10）：57－60.

王经坤，刘镇昌，杨红生，等，2008. 筏式养殖筏架虚拟设计及仿真研究［J］. 渔业现代化（35）：32－35.

王朋，徐钢春，徐跑，2019. 大口黑鲈池塘工程化循环水养殖系统的溶解氧时空变化及菌群响应特征［J］. 水生生物学报，43（6）：1290－1299.

王占行，张建侨，王刚，2015. 硇洲渔港南港海洋波浪场数值模拟研究［J］. 中国水运，15（2）：69－71.

魏利平，2000. 山东省扇贝养殖现状及持续发展的技术措施［J］. 齐鲁渔业，17（2）：21－23.

翁丽萍，邹礼根，邱静，等，2018. 池塘内循环“水槽式”与池塘传统养殖青鱼的肌肉质构差异分析［J］. 科学养鱼（11）：72－73.

吴康贻，1991. 贝养殖历史及面临的问题［J］. 现代渔业信息，6（9）：30.

谢静怡，卢学强，李海笑，2020. 人工湿地型微生物燃料电池研究进展述评［J］. 安全与环境学报，20（1）：206－215.

徐皓，谌志新，蔡计强，等，2016. 我国深远海养殖工程装备发展研究［J］. 渔业现代化，43（3）：1－6.

徐鹏飞，2011. 优良牡蛎品种—太平洋牡蛎［J］. 科学种养，81（6）：49－50.

徐学渊，1991. 海带夹苗钳的设计与应用［J］. 浙江水产学院学报，10（2）：106－109.

杨菁，管崇武，2019. 池塘内循环养殖模式关键工艺参数设计［J］. 中国农学通报，66（15）：142－145.

袁太平，胡昱，王绍敏，等，2020. 养殖网箱网衣清洗设备喷嘴的设计及力学特性分析［J］. 渔业现代化，47（2）：16－24.

曾福来，2003. 龙须菜养殖新技术［J］. 福建农业（7）：22.

曾桂华，陈龙，闵明华，2016. 核壳结构 nano－$CaCO_3$/POE 复配体系改性渔用聚乙烯复合材料的制备及性能［J］. 海洋渔业，38（6）：670－679.

曾宪磊，魏宝成，刘兴国，等，2018. 基于 Ecopath 模型的复合养殖池塘构建［J］. 水产学报，42（5）：711－719.

曾毅成，李颖，王鲁民，等，2019. 聚甲醛纤维研究进展及其在渔业中的应用［J］. 海洋渔业，41（2）：250－256.

张成林，杨菁，张宇雷，等，2015. 去除养殖水体悬浮颗粒的多向流重力沉淀装置设计及性能［M］. 农业工程学报（51）：53－60.

张福绥，1992. 中国海湾扇贝养殖业的发展［J］. 海洋科学，35（4）：1－4.

张海智，2003. 石花菜的增养殖方法［J］. 特种经济动植物，6（8）：32.

张庆力，侯贺启，史强，等，2017，新型海带夹苗机械系统的设计及仿真分析［J］. 渔业现代化，44（2）：14－19.

张毅，杨钰，刘昌凤，2019. 台风作用下詹州泊潮渔港波浪数值模拟研究［J］. 大连大学学报，40（3）：

28 - 32.

张豫，宋爱，2008. 环太平洋牡蛎人工育苗及养殖现状 [J]. 齐鲁渔业，25 (4)：26 - 28.

郑冠雄，2008. 海南省麒麟菜养殖模式与效益分析 [J]. 现代渔业信息 (23)：19 - 21.

郑国洪，2006. 浅海浮筏式养殖麒麟菜技术初探 [J]. 中国科技信息 (14)：77 - 78.

中华人民共和国农业农村部，2019. 2019 年农业主推技术 [M]. 北京：中国农业出版社：238 - 240.

朱仲嘉，余瞻，1991. 中国紫菜养殖 [J]. 广西科学院学报 (7)：70 - 91.

BADOR R, BLYTH P, DODD R, 2013. Acoustic Control improves feeding productivity at shrimp farms [J]. Global Aquaculture Advocate, 16 (6): 77 - 78.

BRANDON Y, ZHENG Y, 2019. Aquaponic trends and challenges e A review [J]. Journal of Cleaner Production (228): 1586 - 1599.

BROWN T W, TUCKER C S, RUTLAND B L, 2016. Performance evaluation of four different methods for circulating water in commercial - scale, split - pond aquaculture systems [J]. Aquacultural Engineering (70): 33 - 41.

CORRIN F, ROBERT K, 2014. Use of vegetated drainage ditches and low - grade weirs for aquaculture effluent mitigation: INutrients [J]. Aquaculture Engineering (60): 56 - 62.

DRACHA A, TSUKROV I, DECEW J, et al., 2016. Engineering procedures for design and analysis of submersible fishcages with copper netting for exposed marine environment [J]. Aquacultural Engineering (70): 1 - 14.

GANSEL L C, OPPEDAL F, BIRKEVOLD J, et al., 2018. Drag forces and deformation of aquaculture cages—Full - scale towing tests in the field [J]. Aquacultural Engineering (81): 46 - 56.

HE Z, FALTINSEN O M, FREDHEIM A, et al., 2018. The influence of fish on the mooring loads of a floating netcage [J]. Journal of Fluids and Structures (76): 384 - 395.

HEATH P, TAIT M., 2006. Recirculation systems for abalone production in New Zealand [C]. The Proceedings of the SixthInternational Conference on Recirculation Aquaculture (56): 223 - 232.

HUANG X H, GUO G X, TAO Q Y, et al., 2018. Dynamic deformation of the floating collar of a net cage under the combinedeffect of waves and current [J]. Aquacultural Engineering (83): 47 - 56.

HUANG X H, LIU H Y, HU Y, et al., 2020. Hydrodynamic performance of a semi - submersible offshore fish farm with asingle point mooring system in pure waves and current [J]. Aquacultural Engineering, 90 (3): 102075.

HUANG X H, LIU H Y, TAO Q Y, et al., 2019. Numerical analysis of the dynamic response of a single - point mooring fish cage in waves and currents [J]. Aquaculture Studies, 19 (1), 25 - 35.

OBERLE M, SALOMON S, EHRMAIER B, et al., 2019. Diurnal stratification of oxygen in shallow aquaculture ponds in central Europe and recommendations for optimal aeration [J]. Aquaculture (501): 482 - 487.

QUSSAY A, WALEED A, MAJID A, et al., 2017. An automated vision system for measurement of zebrafish length using lowcost orthogonal web cameras. Aquacultural Engineering (78): 155 - 162.

RAHMAN A, DABROWSKI J, MCCULLOCH J, 2020. Dissolved oxygen prediction in prawn ponds from a group of one step predictors [J]. Information Processing in Agriculture, 7 (2): 307 - 317.

SCHRADER K K，TUCKER C S，BROWN T W，et al.，2016. Comparison of Phytoplankton Communities in Catfish Split - Pond Aquaculture Systems with Conventional Ponds [J]. North American Journal of Aquaculture，78（4）：384 - 395.

SCOTT T.，LAURA C.，ALEX K.，et al.，2019. Heterotrophic denitrification of aquaculture effluent using fluidized sand biofilters [J]. Aquacultural Engineering（64）：49 - 59.

SUSANA L.，ISABEL P.，ESTER S.，et al.，2017. Detection and target strength measurements of uneaten feed pelletswith a single beam echosounder [J]. Aquacultural Engineering（78）：216 - 220.

TYLER F. G.，WADE O. W.，THOMAS. M. L.，et al.，2020. Evaluation of chemical polymers as coagulation aids to remove suspended solids from marine finfish recirculating aquaculture system discharge using a geotextile bag [J]. Aquacultural Engineering（90）：1 - 13.

URI Y.，MAXIMILIAN V.，ODED N.，et al.，2020. Performance of novel sponge biocarrier in MBBR treating recirculatingaquaculture systems wastewater：Microbial community and kinetic study [J]. Science of the Total Environment（722）：111 - 120.

VEA J，ASK E.，2011，Creating a sustainable commercial harvest of laminaria hyperborean，in Norway [J]. Journal of Applied Phycology，23（3）：489 - 494.

WONGINYOO A K，K，CHATAVITHEE P，et al.，2018. A model for restocking and harvesting aquaculture：A case of multi - pond，multi - cycle，and multi - fish type farming [J]. Biosystems Engineering（174）：134 - 143.

YU D S，ZHOU G T，LU G R，et al.，2019. Experimental Study on Physical Model of Concrete Block Quay Wall with Wave Dissipation Hole Structure [C]. Proceedings of the Twenty - ninth（2019）International Ocean and Polar Engineering Conference，Honolulu，Hawaii（23）：3696 - 3701.

ZENG Y C，LIU Y，WANG L M，et al.，2020. Effect of Silver Nanoparticles on the Microstructure，Non - Isothermal Crystallization Behavior and Antibacterial Activity of Polyoxymethylene [J]. Polymers（12）：424.

ZENG Y C，LIU Y，ZHANG X，et al.，2020. Effect of Silver Nanoparticles on the Melting Behavior，Isothermal Crystallization Kinetics and Morphology of Polyoxymethylene [J]. Crystals（10）：594.

ZHAO Y P，BI C W，SUN X X，et al.，2019. A prediction on structural stress and deformation of fish cage in waves usingmachine - learning method [J]. Aquacultural Engineering（85）：15 - 21.

別所博幸，橋本洋子，井選裕彦，2015. アンケート調査からみた漁港における水環境改善策の取り組み現況 [C]. 日本水産工学会学術講演会，203 - 206.

大村智宏，2001. 新世紀の水産基盤整備の一展望と海水導入工による水域環境保全技托の現状 [J]. 水産工学，38（1）：69 - 77.

丹羽真，真野泰人，吉村直孝，等，2007. 自然調和型漁港施設における藻場造成 [C]. 海洋開発論文集.

岡貞行，折下定夫，長野章，2004. マングローブを利用した自然共生型漁港整備 [C]. 海洋開発論文集.

西暗孝之，劔崎聖生，2015. 東日本大震災を踏まえた漁港施設の地震・津波対策について [J]. 水産工学，52（1）：33 - 35.

渔业信息技术领域研究进展

一、前　　言

信息化既是现代渔业的核心标志，也是现代渔业建设的重要手段和内容，对于实现现阶段我国渔业发展目标具有重要作用。按照国家“四化同步”的战略部署和“十三五”渔业科技发展规划的总体要求，渔业信息化学科聚焦人工智能、云计算、大数据、物联网和3S等信息技术，在“十三五”期间重点开展养殖环境感知、养殖对象数字化表达、养殖环境智能调控和智能化养殖设施装备等养殖信息化，海洋渔业生态环境与渔场监测、海洋渔船监测管理及船港一体化监测和渔船捕捞装备数字化等捕捞信息化，以及水产品质量可追溯和物流管理等加工信息化基础性、战略性、应用性关键技术研究，有力提升了渔业生产智能化、经营网络化、管理数据化和服务在线化水平。

虽然我国渔业信息化研究取得一定进展，但与加快渔业结构性调整，实现渔业增效、渔民增收、水产品竞争力增强的客观需求相比，还存在较大的差距。主要体现在渔业生产过程缺乏信息技术对接，渔业作业监管缺乏客观信息引导，渔业决策缺乏科学模型指导，导致信息技术与产业融合度不够等问题突出。与欧美等地区的渔业发达国家相比，我国在渔业专用传感器研发、大数据收集深度和广度、智能分析决策技术应用等方面还存在较大差距。“十四五”及今后一段时期，必须进一步强化信息化学科体系建设，加快关键核心技术自主创新，夯实信息化作为农业现代化的制高点的产业地位。加强大数据、人工智能等共性关键技术研究，充分发挥高校、科研机构、企业和生产者之间联动作用，构建“产-学-研-用”四位一体的渔业信息化创新体系，将科学研究与产业应用紧密结合，研发出一批具有渔业产业特点信息化专用技术，推进数字渔业技术产品产业化应用，促进智慧渔业发展，构筑国际竞争新优势。

二、国内研究进展

1. 基于遥感技术的渔业立体监测研究不断推进

针对我国水产养殖面积统计数据的精度和准确性差距较大的生产管理问题，为了摸清我国水产养殖水体资源家底，进一步应用高分一号卫星遥感数据，对我国养殖主产区的水产养殖水体资源开展监测调查。取得的成果主要有：制定了遥感影像加工处理的技术规范，建立覆盖全国范围的遥感数字正射影像数据库；绘制了渔业水域空间分布的数字化“一张图”，基本摸清了全国养殖现状与养殖特点、养殖类型与养殖区域分布特征等，完成全国水产养殖主产区的25个省2 177个县的监测，提取水体样本730万个以上，制作专业图件1万多幅，出版《中国水产养殖区域分布与水体资源图集》系列丛书31册；开发基于WebGIS的水产养殖水体资源信息管理系统，实现了以单个池塘为最小单元的精细化数据管理，并在天津、辽宁、湖北、安徽、江西、湖南、江苏、陕西和山东的9个县（区）开展了业务化应用示范运行。与此同时，国内中科院地理所、江苏师范大学、福州大学等机构也开展了我国水产网箱、筏式养殖遥感信息提取研究等，取得了显著进展（孙倩雯，2020；邱明，2018）。

在远洋渔场预报及渔情信息服务方面，开发了多源卫星遥感大洋渔场海面温度信息融合技术，解决不同信息源获取的各类信息在时间和空间上具有不一致性、单一卫星数据源时空分辨率较低等问题，实现高时空覆盖率的远洋渔场海面温度信息融合产品和专题图制作。研发了渔场预报的支持向量机模型、栖息地指数模型和朴素贝叶斯模型（崔雪森，2015），开发了基于Webservice和WebGIS技术的渔场渔情分析预报及管理决策系统平台，实现了南极磷虾、金枪鱼等我国8个主要远洋渔场的海表温度（SST）、叶绿素、海冰、海流、海面风场和渔场预报等渔情海况信息的人机交互分析与即时发布，为我国远洋渔船生产和管理提供了全球无缝覆盖的信息服务，实现了我国远洋渔业的互联网＋应用，主要技术方法和技术指标均达到国际先进水平。

在远洋渔船监测及应用方面，应用微光遥感技术，利用740米空间分辨率NPP-VIIRS夜光遥感影像和130米空间分辨率的我国自主珞珈1号卫星夜光遥感影像，研究了不同月相的鱿钓渔船、秋刀鱼舷提网渔船、灯光围网（敷网、罩网）渔船在两种夜光遥感影像上的辐亮度特征，实现对三种主要的公海灯光作业渔船进行分类。并利用VMS数据、AIS数据以及渔船渔捞日志等数据对分类准确度和精度进行了验证和评价（郭刚刚，2017）。应用远洋渔船AIS监测大数据，重点开展了中西太平洋延绳钓金枪鱼和围网金枪鱼渔场捕捞强度分析以及渔场动态研究，构建了支持向量机的金枪鱼延绳钓渔船状态识别模型，分析了金枪鱼捕捞热点的时空分布（原作辉，2018）。

针对近海渔船管理和资源保护的应用需求，开展了北斗渔船船位大数据挖掘分析及应用研究（Zhang，2016；郑巧玲，2017）。从微观角度，创建了单船捕捞作业类型、状态、网次、航次挖掘的空间拓扑、人工智能模式判别等量化技术，为快速辨别违规作业渔船提供方法支持。从宏观角度，构建了多船的捕捞追溯、安全距离、捕捞努力量挖掘分析方法，为渔船作业安全和精细化管理提供参考。发明了分散式渔船船位大数据管理与检索方法，实现了北斗船位数据挖掘结果的信息增值服务，实现了基于位置的海况气象信息增值服务。

2. 基于视觉技术的水下目标检测技术研究不断深入

近年来，计算机视觉技术作为一项快速、经济、一致、客观无损的检测方法，在测量对象的线性尺寸、周长、面积、颜色等属性方面呈现出其他方法无法比拟的优势。国内许多研究人员利用计算机视觉技术进行水产动物视觉属性测量，研究对象涵盖了鱼、虾、蟹、贝等多种水产动物，计算机视觉技术已逐渐发展成为精细化水产养殖管理的关键技术手段。

在摄食行为量化方面，乔峰（2015）、陈彩文（2017）、贾成功等（2017）采用机器视觉技术开展了不同养殖环境鱼类摄食行为量化研究，通过对摄像机视野范围内摄食鱼群的个体数量、鱼群面积、鱼群密集或活动强度等图像特征进行识别，确定鱼群摄食强度，取得了较好的试验效果。中国水产科学研究院渔业机械仪器研究所、同济大学等单位围绕工厂化养殖条件下鱼类摄食行为判定，创新性提出了一种基于时空特征的摄食强度深度学习判断方法（张佳林，2020），充分利用了摄食行为的时间连续特性，有效提升了判断精度，进一步丰富了行为判断方式和方法。

在鱼类尺寸测量及行为量化方面，中国水产科学研究院渔业机械仪器研究所、浙江大学等单位开展基于视觉技术的鱼类尺寸判定初步研究，构建了面向个体监测的公用性试验平台，研发了多目立体视觉鱼类个体观测系统，实现了对个体鱼类尺寸大小和运动速度的快速判定（赵建，2017）。众多试验数据表明，计算机图像测量技术和人工测相比，鱼体尺寸的实际值与测量值差异不大。但目前相关研究还仅仅局限于实验室仿真阶段，尚未进行大规模应用试验研究。

3. 基于声学原理的水下目标探测技术研究取得新进展

近年来，探鱼技术得到了长足的发展，逐渐由单波束、窄带技术发展到了复杂的数字多波束和宽带技术。多波束技术的特点是只利用一个声呐探头产生多个波束进行水下探测，应用多波束技术的探鱼声呐不仅能够对水下鱼群进行精确定位，且同时能对多个方向的鱼群信息以及海底地形地貌进行探测，能够在二维或三维上观测水下鱼群的行为及其空间分布特征。宽带探鱼技术由离散多频探鱼技术发展而来，采用宽带信号作为信息载体，具有宽带信号固有的优点。宽带探鱼声呐可以直接用来研究海洋生物散射数据的脉冲响应，获得不同类别海洋生物的谱特征。

哈尔滨工程大学开展有鳔单条鱼及鱼群声散射建模及特性分析，多波束鱼群信息综合获取技术，鱼声散射多源特征提取方法以及分类算法的实现等研究，并取得一定的成果（吕曜辉，2017）。中国水产科学研究院渔业机械仪器研究所在“远洋捕捞技术与渔业新资源开发”项目支持下，开展了多波束渔用声呐研制工作，并成功研制了我国第一台全数字多波束渔探仪，能够实现水平 360°和垂直 35°扇面的三维搜索，具备探测 3 000米距离 0 分贝目标的能力，探测技术方面已达到国际同类产品的水平，但技术的稳定性、抗干扰能力及产品化功能上与国外商用探鱼技术还有差距（吴陈波，2020）。

4. 基于智能渔船技术的船联网在多领域应用研究有序展开

“十三五”期间，渔业船联网概念得以提出，关键技术研究进展顺利。渔业船联网是指以海洋渔业船舶为网络基本节点，以船舶、船载仪器和设备、航道、陆岸设施、浮标、潜标、海洋生物等为信息源，通过船载数据处理和交换设备进行信息处理、预处理、应用和交换，综合利用海上无线通信、卫星通信、沿海无线宽带通信、船舶自组网和水声通信等技术，实现船—岸、船—船和船—仪等信息的交换，在岸基数据中心实现节点各类动、静态信息的汇聚、提取、监管与应用，使其具有导航、通信、助渔、渔政管理和信息服务等功能的网络系统（李国栋，2018）。船联网的系统构建涉及智能渔船、海上通信和大数据处理等多项关键技术，现已完成了船载信息采集及智能终端处理的示范应用，进行了卫星和路基 LTE 通信自适应切换方案验证，搭建了大数据处理平台，初步验证了船联网技术在渔业生产作业、渔业监管、海上科研等领域进行应用的可行性（曹建军，2015；夏明华，2017）。

5. 基于大数据的智能分析技术在渔业领域应用不断扩大

近年来，国内有关单位研发了一系列渔业专家系统，对渔业产生了深远的影响。例如，苏州捷安公司联合全国水产技术推广总站开发了鱼病诊断专家系统，实现了鱼病在线诊断；青岛励图高科信息技术有限公司研发的智慧渔业综合服务平台、海洋牧场综合服务平台、水产养殖环境监测评价系统、智慧生态水产养殖云服务平台、渔业掌中宝等多个产品和技术达到国内领先水平，可以提供养殖水质（如 pH、溶解氧、温度、盐度、叶绿素、导电率等）实时监测、分析、评价、预警报警、决策支持、自动化控制、病害远程诊断及全养殖过程追溯等智慧云服务；中联智科自主生产研发了渔业声学探测设备、水产资源评估系统、危险物品勘测、有毒有害气体勘测、水下声呐、水声通信、测深仪、浅地层剖面仪、水产资源数据处理软件和其他相关产品，使得水产科学养殖、水产品质量溯源等成为可能。

6. 渔业数据组织与分析服务技术体系逐步建立

在渔业信息组织方面，渔业科学数据体系研究更加系统化。搭建了渔业科学观测数据共享标准规范体系框架及共享服务平台，完成了渔业主流学科的科学数据梳理，系统分析了渔业科学数据的分布、类型、内容及特点，探索开展了信息组织的数据分类方法研究，建立了学科分类体系，并应用于中国工程院工程知识中心渔业专业知识服务系统、政务信息资源整合共享的数据资源管理。渔业数据组织的基础进一步完善。例如，完成新版《渔业叙词表》编制，词表共收录词条 6 317 条，涵盖渔业领域所有信息和知识概念，包括通用名词、渔业基础科学、渔业生物、渔业资源、水产养殖、水产生物病害及防治、饲料和肥料、渔业捕捞、水产品保鲜加工和质量安全、渔业机械仪器、渔船和渔港、渔业生态环境保护、渔业信息与经济管理以及渔业地理区划等专业范畴的词条。

在渔业情报分析方面，重点解决了渔业文献数据的精准检索问题，并成功应用于评价机构科研竞争力和分析学科发展态势（程锦祥，2020）。评价了水产十大领域的TOP10机构竞争力，建立综合评价指标体系，从科研生产力、科研影响力和科研卓越性、国际合作度四方面进行评价。分析了基础研究发展态势和应用研究发展态势，基于客观定量数据，从宏观角度揭示领域发展的现状和趋势，目前开展的研究主要围绕水产遗传育种、深水网箱养殖、大黄鱼产业技术、渔业装备学科、渔业机械等领域（李继光，2021；陈欣然，2019；陈晨，2018）。基于科学计量学方法持续开展渔业学科情报研究，对科技论文高产出群体特征、学科集中度、领先研究领域及潜在科研竞争机构等进行了综合分析（欧阳海鹰，2015；闫雪，2015）。在数据服务方面，构建了中国工程科技知识中心渔业专业知识服务系统，目前汇聚数据覆盖了渔业科技文献（分学科标引）、渔业统计数据（日度、月度、季度、年度不同频次）、渔业工具事实（渔业叙词表、机构、专家等）、渔业科学数据（分领域）等不同类别资源，总数据量超过 3 000 万条，物理存储量 337G，形成规范化技术文档 21 份。建设了海洋渔业、水产遗传育种基础研究发展态势、渔文化、“一带一路”沿线国家渔业、海南罗非鱼等 5 个专题，开发了渔业互联网信息采集工具、渔业叙词表采编工具、渔业统计数据显现工具等多个应用工具，系统上线 2 年，注册用户数量达到 2 403 个，其中科研用户 2 080 个，高校用户 168 个，其他用户 155 个，年度浏览量达到 302 920 次，实现了海量渔业专业数据资源的规范化汇聚与大范围有效共享。

三、国际研究进展

1. 基于 3S 的空间信息技术广泛应用

随着卫星星座组网越来越多以及无人机遥感等的应用快速发展，近年来更加广泛地开展以“3S”为代表的空间信息技术在渔业上的研究及应用，并在渔船监测管理、栖息地监测与资源保护等方面逐步得到应用。2017 年在日本举行的第 7 国际渔业 GIS（空间分析）应用论坛和 2018 年在印度举办的遥感在渔业和水产养殖中的研究应用论坛（SAFARI）是近年来空间信息技术在渔业领域应用的国际性交流盛会，充分显示了国际上对遥感技术在渔业捕捞生产、基于生态系统的渔业管理、渔业空间管理决策、渔业栖息地生境时空变化监测等研究热点的重视（李博，2017；张巍，2018）。

在渔船监测管理方面充分应用 GPS、AIS、北斗等空间定位技术，开展海洋渔船监测与管理受到高度重视，各渔业国家和国际渔业管理组织普遍要求生产渔船和转载船安装船载终端，进行实时监控管理。其中，以谷歌公司的“global fishing watch（GFW）”项目为代表，应用大数据挖掘和深度学习等人工智能技术，针对全球海洋作业渔船开展了全球海洋捕捞时空分布监测以及转载船分析，有关成果在 *Science* 等国际著名刊物发表（Kroodsma D A，2018），并在 FAO 的支持下出版制作了基于 AIS 船位数据的全球捕捞分布图（联合国粮农组织，2020），受到国际社会广泛关注，并在打击 IUU 渔船方面发挥了重要作用，如南太平洋渔业管理组织等均在 GFW 项目支持下构建了预防和打击 IUU 活动的系统等。

在信息技术捕捞应用方面，为有效开展捕捞渔获物的监测、统计和评估，国际上近年来开展了捕捞电子监控系统（EMS）技术研究，通过在渔船上安装录像机和传感器，逐步代替渔业人工观察员，实现对海洋渔捞日志信息的自动采集、传输与管理（纪明星，2018）。美国 NOAA 认为电子监测将为科学家提供更优质的数据，美国太平洋渔业管理委员会已允许商业渔业船队采用以摄影机为基础的电子监控（EM）系统。澳洲渔业管理局计划采用电子监控新技术监测渔船的渔业活动及其渔获。斐济也开展了针对延绳钓金枪鱼渔船的 EMS 先导测试计划。随着物联网和人工智能技术的发展，EMS 技术的捕捞监控将有望实现商业化应用。

在空间信息技术渔业应用方面，应用“3S”技术进行渔业制图、鱼类栖息地监测与评估、渔船监测管理与资源保护、渔业信息系统开发与集成、渔业管理决策等仍是主要的研究方向（张巍，2018）。随着移动应用和大数据时代的到来，渔业信息技术也将与渔业应用需求更加紧密结合，尤其在渔业管理和渔业生态系统监测等方面发挥巨大应用潜力。

2. 水产养殖信息采集技术快速发展

由于水产养殖生产的多样性特点，面向生产过程的信息采集方式，已从最初的主观或经验（知识级）的知识挖掘技术，发展到面向微观领域的参数级传感技术和面向宏观领域的区域级观测技术，先进传感器技术也发展形成了一个种类繁多的庞大技术领域。

参数级传感技术主要包括对关系水产养殖动植物生长的水、气等环境因素传感检测技术，和面向养殖对象的生命信息传感技术两个方面。目前环境信息的检测重点集中在水质环境检测和大气环境检测环节。丹麦、挪威等渔业发达国家已经实现了大西洋鲑养殖生产全过程养殖环境监测（张成林，2019）。美国、日本的传感器生产厂家，已经开始为水产养殖生产研发普适性传感器（Yysof，2016；Essousi，2019）。

生命信息传感技术是指对水产养殖动、植物生长过程中的行为信息、生长信息以及病害信息等进行检测的技术，如检测养殖水体中鱼类的异常行为、鱼类生长状况、摄食状况等。目前，美国、丹麦、日本等渔业发达国家已经开展将先进传感技术应用于养殖对象监测领域，引入了包括光谱技术、机器视觉技术（林森，2020）、声学技术（邢阳阳，2019）等各种先进传感手段，使养殖对象生命信息探测方式进一步向着数字化、精细化和快速化的方向发展。

空间观测技术作为水产养殖信息采集手段是近年来新兴的环境传感技术。国外机载水域信息采集技术研究方面，信息采集主要采用非接触式遥感技术，已经出现了一批商品化的水域环境信息采集软硬件产品，软件设计功能强大，尤其是在图形处理、可视化分析方面技术比较成熟，硬件设计上考虑了系统应用的实际环境，可满足不同测量环境的自动采集要求（连鹏，2019；胡青，2017）。

3. 宽带、高分辨率渔业声学技术推动渔业资源评估深入

近年来，世界各国纷纷推出新一代探鱼设备，代表作有 Simrad EK80 科学探鱼仪、Bisonics 探鱼仪和 DIDSON 声学摄像机（朱国平，2018）。其中，Simrad EK80 是在 EK60 的基础上将模拟信号升级为数字信号，声学映像可以通过数据形式进行保存，以便于映像回放和后期的数据处理；其在 EK60 的基础上扩大了动态响应范围，提高了脉冲发射速率，简化了仪器校正操作程序，并针对不同用户提供专业配置；此外，首次将多频技术应用于种类识别，多个频率覆盖同一采样体，在屏幕中可将多个频率的回波图像进行同时显示，采样体积可进行对比等功能，使得渔业声学评估更加准确。

4. 信息化技术提升渔船捕捞装备自动化水平

在渔船装备的信息化建设方面，西欧部分国家、日本等渔业强国都先后建造了以电力推进技术、IBS 综合桥楼以及机舱自动化入级技术为特点的信息化作业渔船，为渔船机电、导航设备信息化数据的获取提供了便利。

捕捞装备向大型化、机械化、自动化、节能化发展，渔船驾驶、甲板操作、捕捞、加工和生产都逐步实现了机械化和自动化，导航助渔电子仪器设备先进齐全，现代化的捕鱼技术与装备不断升级。国外海洋渔业发达国家北欧、日本等研制开发了基于现代化的通讯和声学技术开发的探鱼仪、网位仪、无线电和集成 GPS 的示位标等渔船捕捞信息化系统，并将该信息化系统与捕捞装备、渔船操控系统相集成，实现了海洋渔业选择性精准捕捞系统开发，信息化程度高。如美国研发的 Seascan 飞行器，长仅 1.2 米，巡航速度可达 49 千米/小时，用于探测金枪鱼，具有速度快、瞄准准确率高等优势，大大提高了捕捞效率。北欧的小型变水层拖网渔船，利用声呐技术有效探测鱼群，基本做到精准瞄准捕捞。欧洲研制了延绳钓船用的自动延绳钓系统，冰岛 Hampidijan 公司发明了自扩张拖网等。

5. 人工智能技术助力水产养殖业发展

国外发达国家很早就将人工智能技术应用于渔业。日本科学家 Karen Hyun 使用人工神经网络对大约三十种鱼类数据进行模式化，对鱼类的生长习性进行了深入研究（Hyun，2006）。美国嘉吉公司发布了一个名为 iQShrimp 的预测软件平台，该平台使用机器学习、移动设备、传感器和自动投食器，收集虾的大小、水质、喂食模式和天气状况数据，并结合其他数据，通过一定的算法分析，为养殖户提供诸如饲养管理策略和最佳收获时期等建议。澳大利亚科技公司的 Sensing＋Aqua IoT 平台主要用于牡蛎养殖业，其人工智能分析软件可实现生产状态和气象条件联动的三天情况预测，帮助养殖户生产决策，其预测性物联网系统可以减少 30％的收获损失（秦抱元，2020）。厄瓜多尔在水产养殖中结合了物联网技术，开展针对 Taura 综合病的早期预防与诊断，借助于 GIS 技术对虾的病害实际情况展开全面的统计与分析，帮助养殖用户及时采取合理的措施避免虾病所带来的损失。eFishery 是最酷的技术之一，它使用传感器可以检测鱼的饥饿程度并相应地喂食，可用于任何规模的任何农场，并可将饲料成本降低多达 21％（王素，2019）。Los peces 机器人鱼使用人工智能（AI）或群智能（SI）检测水下的污染物，机器人是成组发送的，能够在环境中自动导航，顺利避开其他机器人鱼等障碍物，并在充电站进行能量补给，而且还可针对情况进行自主决策。

6. 渔业科研基础数据组织与分析服务逐步完善

近年来，以数据为中心、数据驱动科研的特征越来越突出，为保证科学研究的完整性，国际上的基金组织和科研机构越来越重视科研项目中的科学数据管理与共享政策。美国国家科学基金会（National Science Foundation，NSF）项目，自 2011 年开始，要求申请时必须提交“数据管理计划（Data Management Plan，DMP）”；英国研究理事会（Research Councils UK，RCUK）下属 7 个研究理事会和惠康基金（Wellcome Trust）分别发布了各自的数据管理计划要求；地球数据观测网络（Data ONE）、英国数据监护中心（DCC）、美国政治与社会研究校际联盟（ICPSR）等机构也都从各自角度提出细化的数据管理计划规范要求。在伊利诺伊香槟大学图书馆开展的环境科学长尾科研数据监管实践中，需求调查、数据管理计划制订、科研数据组织、数据保存和共享、数据监护评价等是数据监护的主要内容，数据监护工作重心从“大科学”向“小科学”转移，数据管理工作从科学研究的下游向上游转移。建立专业的生物多样性数据库历来受到各发达国家的高度重视，往往通过跨国合作实现数据的全面高质量采集与共享。

渔业种质数据与种质资源本身一样，逐步上升为国家战略资源，成为国际科技和产业竞争热点和战略制高点。目前比较著名的生物多样性数据库有 Catalogue of Life、ITIS、WoRMS、Fishbase 等，其中 Fishbase 是目前世界上最具规模、推广范围最大的鱼类生物多样性专业数据库，几乎涵盖了全世界已知鱼类资源（33 400 多种）的绝大多数信息，包括 57 800 张图片，53 300 篇参考文献，网站月访问量达到 70 余万人次，几乎涵盖了每个种类的生物学、生态学、分类学、种群动态、遗传、生理等特征及其经济价值等信息，深受全世界鱼类科学研究及相关学科研究人员的认可，被引频次达到 6 300 余次，具有很高的应用研究价值和学术影响力。

四、国内外科技水平对比分析

国内渔业在信息技术的运用方面已经取得了一定的成绩，但是相比发达国家而言差距依然十分明显。国内渔业信息化方面的关键技术研发还比较滞后，在装备、材料、工艺、制造等方面整体上比较弱，在软件系统应用和硬件上与国外存在较大差距。现阶段渔业信息化的多数成果是模仿其他行业或者技术转移，渔业自主创新技术薄弱，未来还有很大的发展空间。

1. 3S 技术应用深度和广度有待加强

我国海洋遥感渔场监测及渔情分析及应用技术基本与国际同步发展，甚至部分技术点上处于领先地位。但国外更侧重综合应用多源遥感数据开展海洋渔业生态系统的研究，注重资源保护和管理，国内主要偏重渔业捕捞生产的研究应用。在渔船监测管理及应用上，我国充分利用自主北斗导航卫星，建设了基于北斗卫星渔船生产及安全救助系统，保障了渔船捕捞生产安全，在渔船监控的实时性、数据报位频率和应用成本等方面，均优于国外发达国家的渔船 VMS 系统。国际上开展基于 AIS 船位大数据分析捕捞状态识别、捕捞动态变化、转载船活动等的研究较多，在打击 IUU 渔船非法捕捞方面研究应用更为广泛。国内主要开展了近海北斗船位大数据分析，AIS 船位大数据分析刚刚起步，与国际上存在一定差距，尤其是应用 AIS 数据在打击远洋捕捞的 IUU 渔船方面研究较为欠缺。在遥感技术和 GIS 技术的鱼类栖息地和养殖监测研究中，与国际上相比，还没有形成较完整的遥感监测技术应用规范，遥感信息提取技术算法等还有一定差距。

2. 水生生物信息感知技术手段不足

先进渔业传感器技术是智慧渔业的重要组成部分，我国现阶段水生生物信息采集技术，大部分是基于渔业环境的静态属性进行的研究，不能用于实时、动态、连续的信息感知传感与监测。实用化的水下目标观测手段不足，尤其可用于水生动植物生理生态信息预测、运动行为、形态发育、生物量统计的水下群体目标观测评估研究也刚刚起步，信息采集的深度和广度与国外渔业发达国家相比还有较大差距。

3. 国产中高端助渔产品部分核心技术有待突破

我国的探鱼声呐技术水平与世界先进水平相比，在多数领域还存在着较大的差距。探测设备的抗干扰方法、鱼类声散射信号特征提取方法、鱼群高分辨率探测及成像技术等多项关键技术还需要进行攻关，高集成和产品化的产品开发等方面都存在较大差距。

4. 渔业捕捞船舶智能化和装备自动化程度不高

我国渔船信息化研究面临着渔船型偏小、造价低，装备落后、老化严重，机电、导航通信设备配置简陋等问题，导致捕捞渔船信息获取平台难以实船构建。国内捕捞装备目前尚处于缓慢发展阶段，自动化程度非常低，使用的多是简易的液压绞纲机，产品的故障率仍然很高，整船捕捞装备集中控制应用不足，声呐、网位仪等先进仪器高效精准捕捞的渔具渔法缺失，缺少幼鱼保护技术与方法。

5. 渔业智能分析技术应用水平较低

智能渔业在中国的实践探索起步较晚，发展水平总体偏低，其中现代信息技术、工程控制技术等技术手段与渔业不同领域的融合发展不深仍是重要制约瓶颈，尚未建立标准化的大数据应用体系；智能信息处理技术手段与渔业生产契合度不够，存在“水土不服”现象；智能技术功能单一、稳定性不足，尚未达到“智能化”的生产管理与服务水平，相关研究成果很难直接转化为生产力。整体来看，我国渔业智能技术与国外仍存在一定差距。

6. 渔业科研知识服务科学性和准确性不足

国际渔业知识服务注重数据质量、科学性、持续性，在数据标准、数据加工规范更为严谨，在细分领域数据详细程度和加工深度领先，但在系统建设技术、信息分析技术应用、跨领域数据连通、对社会产业服务上不足。国内渔业知识服务注重数据的全面性，强调利用先进信息技术基于大数据进行知识发现，围绕科研、产业和社会需求研发产品和提供有效知识服务，但数据资源本身标准、质量控制不足，数据基础影响了知识服务的科学性、准确性。

五、“十四五”展望与建议

1. 加强 3S 技术在渔业中应用，构建空天地一体化专题应用系统

构建空天地一体化的渔业立体监测专题应用系统及网络。①开展渔船船联网关键技术研究与示范应用。针对远洋捕捞产能升级、高质量发展和监管需求，重点研发捕捞渔船船位实时监控及辅助预警技术、渔船捕捞活动监控智能信息提取技术、捕捞渔获信息自动采集技术、渔船捕捞渔场信息立体采集技术等。②研发现场渔情侦察成套技术系统。研发基于渔业科学调查船为平台的渔情侦察无人机监测技术，实现作业调查海域海面渔场渔情的快速侦察解析；研发新一代针对捕捞对象的全向鱼探仪，开展声呐探鱼信息智能提取算法模型研究，实现对捕捞对象的声学探测、资源评估以及种类识别。③研发基于大数据的资源评估与智能渔场分析系统平台。基于 AIS 卫星、夜光遥感卫星、北斗卫星等的全球大洋渔船动态监测技术，掌握全球大洋渔场渔船捕捞动态及捕捞作业行为；开展基于大数据的渔场立体监测信息多维动态可视化研究分析，构建智能渔情分析系统平台。④研发水产养殖规划管理决策系统平台。针对重点养殖区域，综合应用遥感、物联网等技术，开展水产养殖面积、类型、结构及布局的综合监测，通过水产养殖大数据分析技术，构建不同类型水产养殖适宜性评价或养殖容量模型，搭建水产养殖规划管理决策系统平台，为水产养殖绿色发展等提供决策依据。

深化空间信息技术在渔业生态环境方面的应用，为生态文明建设提供支撑。①针对近海资源保护、生态修复以及产出能力评估等需求，开展近海不同海区、渔场以及渔区的海洋生物物候变化监测及特征研究，掌握主要物候变化规律；开展影响重要物候特征变化的河口冲淡水、水团、流系等重要因子变化规律；研究重要物候特征变动对渔业资源时空分布的影响。②围绕大洋生物资源开发所涉及的大洋生物功能区划分、全球气候变化以及海洋权益等问题，开展全球大洋生物资源功能区划分、全球大洋性渔业资源评估、远洋渔业资源对气候变化的响应等研究，为我国大洋生物资源开发和远洋渔业发展服务。③针对海岸带生态环境受到渔业捕捞和水产养殖活动的双重压力，围绕海岸带地区渔业生产活动及绿色发展需求，开展典型海岸带渔业活动时空分布及渔业栖息地监测，研究捕捞生产和水产养殖对近海生态环境的累计影响评价，阐明渔业在我国海岸带可持续发展和生态文明建设中的重要作用。

2. 加强渔业信息感知技术研究，构建多维信息采集技术体系

围绕渔业产业不同生产信息的监测要求，以拓展信息获取方式为目标，在发展和完善现有水体、气象环境监测技术的同时，①开展面向不同生境环境、不同生产模式、不同作业对象的多维信息采集传感器研发，攻克水下目标在线观测、宏观环境分析量化、动态信息采集等技术难点，研发水下生物在线监测、生境环境遥感监测、生产过程自动监测等集多功能于一体的信息系统，着力增强监测手段的可靠性和实用性，从而提升信息监测系统的广适性和数字化水平。②以水下生物在不同生境和摄食等特定条件下生理生化反映内在机制为基础，以光学和声学等探测技术为手段，开展水下生物特征数字化表达技术研究，研发多种表征模型，构建渔业作业对象特征数字化参数库。③综合利用模糊数学、神经网络、回归分析等技术手段，对目标物体的外形、体色、行为过程等信息进行统计分析，突破特征行为提取、识别和判断技术，研究构建水下目标特征行为数字化表达模式，为信息化渔业生产模式构建提供基础支撑。

3. 加强助渔仪器核心技术研究，研发成套系列技术设备

加强利用现代化的无线通信和声学技术开发探鱼仪、网位仪、无线电和集成GPS的示位标等渔船捕捞信息化系统技术研究，填补国内空白，比如：研制360度远距离电子扫描声呐高分辨探鱼仪以及深水垂直探鱼仪，拖网无线网位仪，金枪鱼围网海鸟雷达，延绳钓无线电跟踪示位标和渔用无线电等。

4. 开展船舶智能化和装备自动化技术研究，提升渔船信息化作业能力

采用信息化技术，提升渔船装备电气化、自动化、智能化水平并拓展功能；构建全船信息化系统，将渔船机电设备、捕捞、加工、冷藏装备、助渔通信设备也纳入全船监控系统，形成一个完善的信息化控制网络，实现渔业捕捞船舶的智能化、无人化；利用液压传动技术与电子自动化技术有效结合，实现捕捞作业装备高效、安全、自动化。

5. 研发系列渔业智能算法模块，逐步实现产业示范推广应用

针对渔业资源评估、作业目标识别、生产行为判定及安全生产视频监控等重点应用需求，以信息化的处理手段，突破综合大尺度、多模态大数据应用技术难点，开展水域环境评价、渔业资源评估、渔场渔情预报预测等智能分析评价技术研究，提升渔业综合信息处理能力；研发鱼类自动识别、渔获物统计、鱼类生长预测、摄食状态评价等一批提高渔业生产效率和经济效益的关键技术，增强高效开发和利用现有渔业资源的能力；开发渔业智能视频信息提取技术，实现对渔船捕捞作业方式、地点以及非法捕捞（IUU）渔船的有效监测；提高渔业程管理的信息化处理能力，建立面向生产、销售、流通等不同层次需要的信息处理模型，研发针对不同需求的各类信息应用系统。

6. 加强信息服务应用研究，并向知识服务过渡

“十四五”期间，渔业数据、信息、情报服务将逐步统一并向知识服务过渡。①开展标准化研究，推进数据规范化管理，并应用于长期性、基础性科学数据采集工作。②运用前沿的本体、标引、语义等信息技术，开展系统的渔业科学数据分析研究，为智能渔业研究提供数据层的基础方法支撑。③继续加强以叙词表为基础的渔业语义语料建设，通过提供定义、范围注释或简介段落，提高用户检索的查准率与查全率。④加强叙词表的互操作化，实现不同叙词表之间的兼容和互操作，实现情报检索语言之间的兼容和互换。⑤通过对重点领域开展知识图谱、本体构建，开展渔业信息检索策略研究，实现基于检索的智能信息精准推荐；通过深入开展渔业学科发展态势及专利技术布局分析，形成线下报告服务品牌。

（陈军　刘世晶　李国栋　执笔）

致谢：本报告撰写过程中，得到中国水产科学研究院信息学科委员樊伟、孙英泽、袁永明的大力支持，他们为报告撰写提供了相关资料，并进行了相关文字修改，在此一并感谢！

参　考　文　献

曹建军，郭波，2015. 渔船柴油机动力性参数采集系统设计［J］. 渔业现代化，42（5）：53－57.

陈彩文，杜永贵，周超，等，2017. 基于图像纹理特征的养殖鱼群摄食活动强度评估［J］. 农业工程学报，33（5）：232-237.

陈欣然，钱好，张晓琴，等，2019. 基于文献计量的渔业资源学领域研究现状分析［J］. 中国农学通报，35（31）：153-164.

崔雪森，唐峰华，张衡，等，2015. 基于朴素贝叶斯的西北太平洋柔鱼渔场预报模型的建立［J］. 中国海洋大学学报（自然科学版）（2）：37-43.

郭刚刚，樊伟，薛嘉伦，等，2017. 基于 NPP/VIIRS 夜光遥感影像的作业灯光围网渔船识别［J］. 农业工程学报，33（10）：245-251.

贺盛瑜，马会杰，2016. 农产品冷链物流生态系统的演化机理［J］. 农村经济（10）：114-117.

胡青，2017. 无人机遥感海洋监测应用探讨［J］. 环境与发展，29（7）：117-119.

纪明星，2018. 天通一号卫星移动通信系统市场及应用分析［J］. 卫星与网络（4）：10-11.

贾成功，张学良，陈俊华，等，2017. 基于鱼群摄食规律的投饵系统研究［J］. 机械工程师，28（8）：22-25.

李博，2017. 第二代铱星（Iridium NEXT）［J］. 卫星应用（9）：70.

李国栋，陈军，汤涛林，等，2018. 渔业船联网应用场景及需求分析研究［J］. 渔业现代化，45（3）：41-48.

李继光，孙慧，朱帅，等，2021. 基于文献计量的海洋牧场研究发展态势［J］. 科学技术与工程，21（6）：2232-2241.

连鹏，刘阳，何晓晴，等，2019. 基于无人机遥感的海洋养殖区识别研究［J］. 水产研究，6（4）：179-188.

联合国粮食及农业组织，2020. 2020 世界渔业和水产养殖状况报告［M］罗马：联合国粮食及农业组织：29.

梁琨，肖宏伟，杜莹莹，等，2015. 基于物联网技术的果蔬冷链物流实时监测系统［J］. 江苏农业科学，43（11）：519-521.

林森，赵颖，2020. 水下光学图像中目标探测关键技术研究综述［J］. 激光与光电子学进展，57（6）：18-29.

龙丽娜，刘晃，2019. 国内渔业装备科研机构专利分析与对策研究［J］. 中国农学通报，35（28）：143-149.

吕曜辉，孙大军，黄海宁，等，2017. 基于三元阵声纳的强干扰抑制技术研究［J］. 中国电子科学研究院学报，12（4）：406-409.

欧阳海鹰，闫雪，巩沐歌，2015. 中国水产科学研究院科研产出及学科竞争力研究［M］. 北京：海洋出版社：288.

乔峰，郑堤，胡利永，等，2015. 基于机器视觉实时决策的智能投饵系统研究［J］. 工程设计学报，22（6）：528-533.

秦抱元，刘鹰，2020. 澳大利亚海洋渔业工程发展概况与中澳海洋渔业合作前景分析［J］. 农业工程学报，36（11）：318-326.

邱明，张燕，隋传国，等，2018. 基于 GIS 的深水网箱养殖适宜性评价：以长海县为例［J］. 渔业研究，40（6）：449-457.

孙倩雯，刘慧，尚伟涛，等，2020. 基于 GIS 的桑沟湾及周围海域海带养殖适宜性评价［J］. 渔业科学进展，41（1）：44－53.

王素，2019. 数字印尼：跑出下一个“独角兽”数字经济绽放机遇［J］. 进出口经理人（4）：54－55.

吴陈波，谌志新，李国栋，等，2020. 宽带分裂波束探鱼仪探测性能预报建模及仿真分析［J］. 渔业现代化，47（3）：72－79.

夏明华，朱又敏，陈二虎，等，2017. 海洋通信的发展现状与时代挑战［J］. 中国科学（信息科学），47（6）：678－695.

邢阳阳，2019. 水下目标探测与跟踪关键技术研究［J］. 科学技术创新，（14）：44－45.

闫雪，欧阳海鹰，陈柏松，等，2015. 中国渔业专利技术布局分析：以中国水产科学研究院为例［J］. 中国农学通报（20）：254－260.

杨洋，王芮，等，2018. 采用声学方法研究 2016 年秋季布兰斯菲尔德海峡南极磷虾群昼夜垂直移动特征及其影响因素［J］. 水产学报，42（10）：1541－1549.

原作辉，杨东海，樊伟，等，2018. 基于卫星 AIS 的中西太平洋金枪鱼延绳钓渔场分布研究［J］. 海洋渔业，40（6）：649－659.

张成林，张宇雷，刘晃，2019. 挪威渔业及大西洋鲑养殖发展现状及启示［J］. 科学养鱼（9）：83－84.

郑巧玲，樊伟，张胜茂，等，2016. 基于神经网络和 VMS 的渔船捕捞类型辨别［J］. 南方水产科学，12（2）：81－87.

ESSOUSI H，BARHOUMI H，BIBANI M，et al.，2019. Ion－imprinted electrochemical sensor based on copper nanoparticles－polyaniline matrix for nitrate detection［J］. Journal of Sensors（19）：1－14.

KAREN H.，2006. Matters of Consequence：Looking at Marine Fisheries Management through Leopold's Land Ethic Lens［J］. Fisheries，31（4）：115－121.

KROODSMA D A，MAYORGA J，HOCHBERG T，et al.，2018. Tracking the global footprint of fisheries［J］. Science，359（6378）：904.

YUSOF K A，ABDUL RAHMAN R，ZULKEFLE M A，et al.，2016. EGFET pH sensor performance dependence on sputtered TiO2Sensing membrane deposition temperature［J］. Journal of Sensors（16）：1－9.

ZHANG S M，JIN S F，ZHANG H，et al.，2016. Distribution of Bottom Trawling Effort in the Yellow Sea and East China Sea［J］. PLOS ONE，11（11）：345－356.

渔业经济领域研究进展

一、前　　言

“十三五”时期，我国渔业发展成就显著，渔业经济持续较快增长，综合生产能力全面提高，在繁荣农村经济、增加农民收入和农村就业、丰富居民膳食结构、维护国家海洋权益等方面发挥了重要作用。同时也面临着渔业生产空间压缩、渔民收入增长趋缓、水产品供给结构性过剩等多方面挑战。乡村振兴战略大格局下的绿色发展取向和国民消费升级，决定了渔业发展方向和业态升级趋势，蕴含着渔业经济新的巨大增长潜力。

“十三五”时期，本学科领域在产业经济、渔民收入、水产品贸易、水产品消费、渔业政策与管理等方面开展了系列研究，为推动实现“提质增效、减量增收、绿色发展、富裕渔民”的新时期渔业发展目标提供了积极的智力支撑。本章重点总结了2016—2020年我国渔业经济学科研究进展，分析了本学科领域的主要热点难点前沿问题，探讨了“十四五”渔业经济学科领域研究趋势，以期对渔业产业发展中出现的新情况、新问题进行探索，为渔业产业持续发展贡献智慧。

二、国内研究进展

“十三五”期间我国渔业经济研究可分为传统经济学研究、发展经济学研究、资源与环境经济学研究等3个领域，综述如下①。

（一）传统经济学研究

传统渔业经济研究主要采用主流经济学理论与方法，围绕产业结构、经济效率、经营组织、水产品市场、休闲渔业等与渔业生产、销售相关主题展开研究。

1. 渔业产业结构研究　随着经济发展，一二三产业比重将呈现明显规律变化的

① 传统渔业经济研究、渔业发展经济研究、渔业资源与环境经济等三方面并不是彼此独立的，而是在很大程度上相互支撑、交叉的，如下文所述的渔业经济与政策研究，既涉及渔业产业结构演化、渔业经济增长分解等传统渔业经济研究议题，也涉及渔业绿色发展取向、资源利用战略变革等渔业资源与环境经济研究议题，本报告主要考虑研究侧重点和归纳可行性，将其相对分类。

产业结构特征，在很大程度上成为考察产业协调发展的重要指标。随着我国渔业转型升级，“十三五”期间渔业产业结构相关研究成为渔业经济研究最重要的内容之一。研究表明，渔业一二三产业产值每增长1%，分别会带动0.17%、0.43%、0.35%的总产值增长率（平瑛 等，2018）。采用2003—2014年中国沿海9个省份的面板数据，对渔业三大产业及细分行业与渔业经济增长关系进行了回归分析，发现中国沿海9省份的渔业生产结构依然存在着第一产业比重过大的问题，渔业经济增长主要依靠第一产业，二、三产业贡献度相对较低，这种产业结构势必会影响中国渔业经济发展和国际竞争力（乐家华 等，2019）。针对渔业产业结构的影响因素，利用1990—2015年中国渔业统计年鉴数据实证回归发现，渔民收入不断增长，其引致的渔业资本投入和技术进步大大提高了劳动生产率，对渔业结构调整的促进作用十分显著，但渔业劳动力的增多对调整渔业结构的作用并不显著（杨卫 等，2017）。基于我国海洋渔业2001—2015的相关数据，运用C-D生产函数法，对我国海洋渔业经济增长方式进行实证分析，结果表明，我国海洋渔业经济增长粗放度为118.62%，为高度粗放的发展方式（冯浩 等，2017）。海洋渔业经济增长与海洋渔业产业结构演变之间相互影响和相互依赖，存在因果关系（靳亚亚 等，2020）。

2. 渔业经济效率研究 经济效率指投入产出水平和经济系统资源配置的有效性，主要通过测算全要素生产率或科技进步贡献进行考察，一直是渔业经济研究的重点。通过对全国渔民家庭收支调查样本户的统计数据分析发现，饲料、肥料、鱼药和苗种是淡水养殖最重要的要素投入，劳动力不是淡水养殖的核心生产要素，饲料、肥料、鱼药、苗种和雇工费用是海水养殖最重要的要素投入，海水养殖的要素投入量高于淡水养殖（姜启军 等，2018）。乐家华等（2019）以渔业类上市企业为研究对象，使用超效率DEA模型和Malmquist指数方法，研究得出远洋渔业、水产养殖、加工贸易、水产饲料等不同类型渔业企业效率差异较大；渔业类企业在综合管理效率上虽有所进步但技术水平收缩，全要素生产率呈下降趋势。李杨等（2017）选取供给侧四大要素作为投入，产量作为产出，采用数据包络分析法计算了我国海水贝类产业的全要素生产率，并将其分解为技术效率及技术进步，以浙江省为例分析了历年投入冗余及产出不足的情况。研究结果表明我国海水贝类产业2005—2014综合效率平均值为0.816，在投入水平与技术水平既定的情况下产出仍有18.4%的增长潜力。梁铄等（2016）发现渔业生产保障能力和捕捞渔船纳入双控比例与技术效率正相关，户均补贴收入、捕捞渔船吨位、省域近海污染比例等与技术效率呈倒U型关系，农村人均收入与技术效率负相关。

3. 渔业生产经营组织研究 生产组织与制度是经济学科研究的传统领域。近年，渔业合作社、养殖大户、家庭农场等新型经营主体快速发展，渔业社会化服务也随之兴起，渔业组织与制度成为诸多学者关注的重点。研究新中国成立70年以来渔业生产经营组织的发展历程发现，渔业组织化程度的提高有利于渔业发展和渔民增收；渔民群体整体素质不高、社会化服务体系不完善、渔业主体分工协作机制不健全是导致中国渔业组织化水平不高的根本原因；未来渔业生产经营组织将随着生产方式的改变而呈现出经营主体多元化、组织规模差异化、组织形式多样化的局面（平瑛 等，2019）。

更多学者从微观层面进行了考察。李非凡等（2016）基于广西 96 份养殖户的调查数据，运用二元 Logit 模型实证分析了养殖户参与渔业专业合作社的影响因素，研究表明，教育水平、是否了解合作社、养殖历史、养殖面积、是否参加过职业培训、政府是否积极引导合作社的建立等，是养殖户参与渔业专业合作社与否的显著影响因素。赵蕾等（2017）基于价值链理论分析工具，研究了新型经营主体的水产品价值链结构、价值活动和经济行为，提出优化水产品价值链、提升新型渔业经营主体竞争优势的对策建议。赵蕾等（2018）对江苏省、广东省、云南省等近 200 户养殖渔民进行了系统调研，研究认为我国渔业社会化服务体系存在整体服务效率不高、供求结构不合理、制度和人才保障不足等问题，应从服务主体、服务机制、服务模式、服务领域等方面加强和完善新型渔业社会化服务。孟杰等（2017）对官坞海洋开发合作社案例研究发现，渔业专业合作社的内部信任问题对其发展有重要影响，并从人际信任和制度信任两方面解释其影响途径。

4. 水产品市场研究 主要聚焦水产品消费和价格开展了系列研究，取得了消费特征、影响因素和发展趋势等方面的研究结论，并实证了收入水平提高能有效促进居民水产品消费。针对居民水产品消费特征的研究表明，价格贵、有营养、新鲜是受访者对水产品的主要直观印象，鱼类和虾蟹类是水产品消费的重要种类，网络购买水产品人数极少，在外就餐消费仍以鱼类为主（岳冬冬 等，2017）。对比研究中美水产品消费特征、需求趋势发现，水产品消费存在显著的地域特征，在未来一段时间内，城市将成为我国水产品消费的主要市场，消费方式将从数量导向型转为质量导向型（张瑛 等，2018）。针对居民对无公害水产品消费特征的分析发现，消费者购买意愿较强，但绝大多数人只愿意为无公害水产品支付高于普通水产品 10%的价格，消费者对无公害水产品认知程度有待进一步提高（王承国 等，2019）。

居民水产品消费影响因素的研究表明，消费者对水产品信任程度的直接影响因素来自消费者自身和相关主体两个方面（涂敬俊 等，2018）。熟悉度、消费意愿、婚姻状况、自我效能感对绿色水产品消费行为有重要的促进作用，价格是实施绿色水产品消费行为的主要障碍因素（李永涛，2019）。城乡居民收入差距与水产品消费量差距之间存在长期均衡关系，促进城镇居民人均可支配收入水平增长是提高水产品消费的重要措施（岳冬冬 等，2017；岳冬冬 等，2018）。此外，赵矗等（2019）采用因子分析法和构建 Logit 回归模型研究发现，商家应严格把关生鲜商品的安全与质量、注重购物网站的设计质量、加强与消费者的沟通。

还有些学者对我国水产品总需求和发展趋势进行了分析，赵明军等（2019）建立了生产消费平衡模型，测算得出我国2025、2030和2035年居民食用水产品消费需求总量目标分别为4 156.7万吨、4 837.2万吨和5 629.2万吨，建议明确水产品食物战略定位、优化水产品消费结构、增加水产品生产供应，并结合实施“国民鱼”培育工程，提出我国水产品生产与消费的中长期优化策略。张静宜等（2019）总结了中国水产品消费的转型趋势，发现数量增长的同时增速减缓，城乡消费存在较大差异，水产品消费仍有一定发展空间，水产品消费更加注重“优、绿、新”，水产品进口需求持续扩大等。彭乐威等（2020）基于561份居民线上调查问卷数据，研究了疫情对我国居民水产品消费意愿的影响，发现受疫情影响，我国居民水产品消费行为发生变动。

5. 休闲渔业研究 作为现代渔业五大产业中最年轻和发展最快的产业，休闲渔业在“十三五”时期蓬勃发展，成为研究的重点。平瑛等（2016，2017）运用层次分析法构建休闲渔业发展影响因素模型，研究发现影响休闲渔业发展的重要因素依次为创新资源、渔业资源、资本资源、人力资源；梳理界定了海洋休闲渔业新型业态概念，基于微笑曲线理论，提出发展路径应趋向于高附加值的品牌与服务，建议发展“互联网＋休闲渔业新型业态”以实现品牌经济与完善服务体系。采用全国28个省份2003—2016年的数据，有关劳动力增量对休闲渔业产值作用的检验结果显示，休闲渔业的发展不仅与地区有关，而且也与当地的渔业基础有关（乐家华 等，2019）。利用2003—2015年我国29个省级地区的面板数据，采用面板向量自回归模型（PVAR）对科技创新与休闲渔业经济两者的动态关系进行实证分析，结果表明：科技创新与休闲渔业之间存在持续的、非对称的互动关系；政府支持因素对科技创新的促进作用具有时滞性，对休闲渔业经济起着长期持续的正向影响；教育水平对科技创新具有正向影响，并且这种影响大约能够持续7年，而对休闲渔业经济发展的促进作用相对较弱（张广海 等，2019）。运用Multinomial Logit（MNL）模型和上海市5家休闲渔业经营单位的768名消费者数据，彭乐威等（2020）实证分析了消费者在参与休闲渔业过程中个体特征及出游特征对不同类型休闲渔业产品偏好的影响，发现消费者对不同类型休闲渔业产品的偏好会随着消费者个体特征和出游特征的不同而发生变化。此外，袁荣华等（2020）、姬厚德等（2020）通过对不同省份休闲渔业发展的分析发现，近年来我国休闲渔业呈现占比上升和增速加快的发展优势，但也表现出发展不稳定和体量小等不足，应充分挖掘资源、地理和文化优势，发展具有典型示范效应的产品，培育多样化、复合化和本土化的新型休闲渔业产业。

（二）发展经济学研究

渔业发展经济以渔业经济增长及其外溢效应（如反贫困相关的渔民收入、渔村发展）为立足点，主要围绕渔业经济与政策、渔民增收、渔村振兴等主题展开。

1. 渔业经济与政策研究 主要聚焦渔业经济增长及其政策逻辑与变革的研究。按照社会、政治、经济、文化背景以及政府与市场关系的演变，包特力根白乙（2017）将渔业经济发展划分为计划经济与市场经济结合时期（1949.10—1952.12）、计划经济时期（1953.01—1978.11）、计划与市场调节并存时期（1978.12—1992.09）、社会主义市场经济形成时期（1992.10—2013.10）、市场起决定性作用时期（2013.11至今）五个阶段，总结了包括渔业生产力由弱趋强、海水养殖由次转主、渔业经济结构由差转优的三个渔业经济发展脉络，提出了未来发展的方向——做优一产促进渔业经济结构的高效化、做强二产促进渔业经济结构的高级化、做大三产促进渔业经济结构的软化、三产融合转变渔业经济发展方式等。操建华和桑霏儿（2019）以渔业发展形势与重大政策为节点，将中国渔业70年发展与改革历程分为生产恢复、生产徘徊、管理机构重建和生产回升、市场化改革、"以养为主"政策下短缺时代的结束、可持续发展六个阶段，认为未来中国渔业发展，需要坚持水产养殖业绿色发展，构建养护型捕捞渔业，优化产业产品结构，加强国际合作，依托科技和法律法规来提高水产品质量。

针对改革开放40年来的渔业经济增长及政策逻辑，刘子飞等（2018，2019，2020）研究认为，渔业经济发展可大致划分为贫困和短缺阶段、解决温饱和总体小康阶段、结构性过剩阶段，各阶段采取的渔业发展战略有所侧重。卓友瞻（2018）、林光纪（2019）等分别从政策事件、渔业权制度视角对改革开放40年渔业经济发展进行了总结和阐释，与以上有关研究结论基本一致。史磊等（2019）总结分析了建国70年的捕捞业发展阶段及政策演变。

2. 渔民收入研究 渔民收入及其增长是农村反贫困问题的直接议题，也是检验渔业发展成效和政策适应性的重要指标之一。在脱贫攻坚背景下，许多学者对渔民收入进行了三个方面的研究。

一是渔民收入与政策的关系。基于1978—2017年渔民收入、水产品产量和国家渔业政策等研究表明，1985年、1997年和2013年发布的国家渔业政策对于渔民收入增长有正向影响作用（岳冬冬 等，2019）。新的伏季休渔制度对海洋捕捞渔民人均纯收入、家庭总收入增长额的贡献率分别为24.74%、1.48%，渔业生产性补贴对全国层面上述2个指标绝对值的贡献率分别为1 606.51%、96.19%，该政策对上述2个指标相对值的拉动分别为−15.33%、−3.51%（岳冬冬 等，2018）。

二是渔民收入结构变化情况。研究发现，渔民家庭经营收入主要来源于其他经营收入，生产性补贴是渔民收入的第二大来源，工资性收入的拉动力主要来源于其他行业，渔民土地和水面经营权租金对渔民财产性收入的增长产生明显的负影响，作业渔场缩减等问题制约了渔民增收（程烨 等，2016）。

三是渔民收入影响因素。渔业结构调整对渔民收入和收入差距具有一定的影响，渔业第一、第二产业的转换有利于增加 13 个省份整体的渔民收入和缩小收入差距，对外开放的深化扩大了收入差距（杨卫 等，2018）。金融相关率对渔民收入提升有显著的减贫效应，金融转换率的当期减贫效应不显著，而金融规模对渔业减贫产生了一定的消极影响（郑慧 等，2017）。水产品价格和渔民收入均存在显著的空间溢出效应，水产品价格的提升在短期内能够增加本地区及周边地区的渔民收入，但受到运输成本限制和市场自我平衡机制作用，这种效应会随着地理距离增加和时间推移而减小（周磊 等，2018）。突发事件因素对渔民收入也具有明显影响。基于湖北省 434 个水产养殖户的收支数据分析表明，受新冠疫情影响，2020 年上半年湖北省养殖渔民人均纯收入减少 2 223.94 元，同比下降 13.26%，家庭经营净收入和工资性收入累计减少 2 190.91 元（岳冬冬 等，2020）。

3. 渔村振兴研究 渔村振兴是乡村振兴的重要组成部分。在乡村振兴战略框架下，结合渔业产业发展现实和产业特性，构建了包含“三渔”发展基础、渔业、渔村、渔民的逻辑分析框架，并理清了“三渔”发展现状，剖析了“三渔”发展基础、渔业产业发展和渔村（乡、港）自然、人文、政治环境，以及渔民生活等四方面存在的系统问题与难点，提出夯实“三渔”发展基础等相关建议，具体包括捕捞资源治理、养殖绿色健康转型、渔业基础设施完善、渔文化挖掘与传承、渔村人居环境整治、新型渔业经营主体培育、价值链拓展、渔民收入渠道多元化、渔业技术创新与推广应用等（刘子飞，2018）。

与宏观层面分析不同，基于长江沿岸 3 省份 289 户渔民微观调查数据，刘子飞（2019）实证分析了渔民对乡村振兴的认知、评价及其影响因素，研究表明，渔民对乡村振兴了解程度、满意度均需提高，在渔村和乡村振兴过程中，相对于产业兴旺、乡风文明，生活富裕、生态宜居和治理有效是渔民更关心的问题，应放在更优先的维度，这又需要产业兴旺作为基础。基于实地调研和案例分析，林巧等（2018）基于绿色渔业视角和以舟山市为例，归纳出突出彰显渔文化、做好渔文章、走绿色发展之路、提升渔民人文素养、创新渔村治理模式等海岛渔村振兴路径。秦杰（2020）考察了乡村振兴下渔村的人口流动问题，发现海岛渔民具有“候鸟式”往返迁徙、“互化式”双向流动、“被动性”城市融入的特征，“动态性”是渔民对于特殊渔业规律的自觉调适，“稳定性”是渔民对于初具现代化特性的渔村的主动选择。

（三）资源与环境经济学研究

渔业资源与环境经济研究以渔业可持续发展为目的，主要围绕养殖污染治理与绿色健康转型、近海资源养护与合理利用、长江禁捕政策评估及优化等展开。

1. 养殖污染治理与绿色健康转型研究 基于评价指标体系的定性定量分析和基于模型技术的绿色发展效率分析，构建水产养殖业绿色发展评价指标的三级体系，对水产养殖污染治理或绿色发展模式进行了研究，发现水产养殖业自身污染总体不大，可通过科学分区、拓展新空间、加强基于环境容量的标准体系和环境监测体系建设、推广先进环保设施等技术应用和生态健康的养殖模式等，加快养殖污染治理与绿色健康转型（操建华，2018；操建华，2020）。为破解水产养殖污染防治的困境，建议通过完善法律责任体系、细化综合防治相关规范、实施全过程防治法律制度、明确界定规模化水产养殖类型等措施，从根源上推动解决水产养殖污染防治面临的养殖进水污染严重、过程监管乏力和污染者担责落实难等现实问题（秦鹏，徐海俊，2019）。通过案例剖析，开展生态环保网箱的大水面渔业发展模式研究，认为我国大水面渔业资源丰富，不能以网箱等装备外在标准判定其必然带来污染，而应以水质监测的内在标准衡量，实践证明通过技术支撑和理念转变，环保网箱等大水面生态渔业可取得生态、经济、社会等多重效应（姚丁香，刘子飞，2020）。

针对海洋（养殖）渔业生态效应，张樨樨等（2020）将碳汇产出、氮磷污染纳入海洋碳汇渔业绿色效率评价体系，研究表明，渔技推广、收入水平、固碳能力、渔药使用对海洋碳汇渔业绿色效率具有直接正向效应，而经济规模、产量结构、海域污染、渔业灾情为抑制效应，提出应充分考虑海洋碳汇渔业绿色效率的区域关联性，从整体上制定综合性碳汇渔业发展空间规划。碳汇渔业的经济外溢效应既存在产业内，还存在产业间，建议优先发展碳汇渔业，将碳汇产品确立为海洋渔业的主导产品，以有效拉动海洋渔业经济增长，带动海洋渔业上下游相关产业的发展（徐敬俊 等，2020）。

2. 近海渔业资源养护与合理利用研究 “东海无鱼”为标志的近海渔业资源衰退成为社会关注的焦点。有研究表明，我国海洋捕捞业供给侧的突出问题是海洋捕捞产量远超资源可捕量和渔获物中鱼类所占比重仍呈增长趋势（岳冬冬 等，2017）。1978—2016年近海渔业资源整体恶化了1.57倍，近海捕捞量大于可捕量约59%，捕捞强度和生境破坏是渔场荒漠化的主要直接原因（刘子飞，2018；刘子飞，2019）。在新时代生态保护大背景下，应加快改革近海捕捞渔业产权制度（赋予排他权利、激励捕捞主体维护资源和防止外来者破坏的积极性）、推进渔民退捕工程（退捕者生态补偿、转产转业；非退捕者征收税费）、完善渔业资源自然保护区（改革资源保护监管体制，理顺三大关系）等，以加强近海捕捞渔业资源养护（刘子飞 等，2018）。

3. 长江禁捕政策评估及优化研究 刘子飞（2018）针对长江流域禁捕生态补偿机制进行了研究，提出短期内中央政府应为退捕补偿主体、地方政府为辅、持证渔民为补偿客体；长期来看，应按退捕区域事权财权，明确中央、省、市（县）的补偿主体责任，还应拓展补偿客体，考虑区域间补偿标准的差异化，兼顾补偿的公平与效率；同时，还应从组织领导、法治制度、政策支持和资金管理等方面完善相关配套措施。

黄硕琳等（2020）梳理了长江流域濒危水生野生动物物种现状，发现多个物种的自然种群数量已极低，提出应加强对整个生态系统的保护和重视，提倡综合流域保护模式、完善现有法律法规等。针对长江禁捕渔民退出意愿及其影响因素，陈廷贵和刘芳（2019）、庞洁和靳乐山（2020）的研究结论基本一致：渔民退捕意愿较强，但对于补偿等政策需求预期较高，渔民年龄、生产船船龄对渔民退出长江渔业捕捞活动的意愿具有正向影响，家庭人口数、捕捞收入对渔民退出长江渔业捕捞活动的意愿具有负向影响，渔民受教育水平和燃油补贴对渔民退出长江渔业捕捞活动的意愿无显著影响。针对禁捕后渔业资源监管问题，熊泽秀和唐议（2020）从公共参与社会治理理论、渔业监督管理现实需求、退捕渔民安置需求方面分析退捕渔民参与渔业监督管理的必要性，提出应明确渔业巡护员的法律地位与职责、合理设置人员数量等建议。

4. 水产品贸易与竞争力研究*

中国水产品贸易对渔业碳排放具有非线性影响且呈现倒U型关系，当贸易集聚超过临界水平将呈现出减排效应；水产品贸易开放度、水产品贸易增长对渔业碳排放的空间滞后效应为负，而研发强度的空间滞后效应为正（李晨 等，2020）。中国水产品贸易隐含碳排放转移量总体呈先降后升特征，且始终为水产品贸易隐含碳排放净流出国；规模效应在水产品进出口贸易隐含碳排放表现拉动作用，而结构效应和强度效应对水产品贸易隐含碳排放进出口则具有抑制作用（李晨 等，2018）。

邵桂兰等（2017）以2011—2015年的水产品贸易数据为基础，借助贸易引力模型，研究了中国与“一带一路”沿线国家水产品双边贸易流量与潜力，发现水产品贸易量总量排前13位的国家的水产品贸易量之和占到了“一带一路”沿线64国水产品贸易总量的93.27%，具有较高的代表性。韩杨等（2017）分析了“一带一路”沿线国家与中国水产品国际贸易格局，并对中国渔业国际合作进行了展望，提出发挥信用增进在“一带一路”建设中的作用。马云（2019）从区域布局和技术布局角度提出中国水产品进口贸易未来的发展方向，认为应在鼓励水产品适度进口的前提下，加强对不同水产品种类营养等级和环境损耗程度的研究。刘志雄等（2020）基于2013年及2017年水产品贸易进出口数据，对中国与东盟10国的水产品贸易竞争力进行比较研究，发现中国、缅甸、越南、印度尼西亚和泰国的水产品贸易竞争力较强，而菲律宾、文莱、马来西亚、柬埔寨、老挝和新加坡的水产品贸易竞争力较弱。

三、“十四五”展望与建议

（一）需突破的问题

“十三五”期间，我国渔业经济学科立足国情渔情，结合热点前沿问题，积极借

* 将水产品贸易与竞争力研究归在资源与环境经济研究领域有两方面考虑：一是水产品贸易实质为全球渔业资源的配置；二是渔业生态优先阶段和“双循环”新发展格局下，需要考虑资源与环境成本研究贸易以及竞争力，一些已进行了虚拟资源、隐含碳等相关研究。

鉴国内外经济学科研究经验，不断丰富研究方法，取得了一系列重要研究成果和进展，为渔业科学决策提供了积极支撑。但是，我国渔业经济学科的整体研究水平与渔业经济发展的现实需求仍有一定差距。

第一，研究成果的实用性需提高。国内渔业经济研究的机构主要是水产相关的高等院校或科研院所，这些机构多属于行业主管部门的公立研究单位，在现实研究中问题导向意识不足，与渔业发展、行业管理需求联结不够紧密，一定程度上存在学术研究与产业实践脱节的问题，研究成果的实用性有待提高。

第二，研究数据的可获得性有限。我国渔业统计数据的实用性、系统性、可比性亟须完善，有些公开的数据库或者信息收录不足，或者统计口径不一致，而通过调研等手段采集一套有效的可供科研的数据，其经济和时间成本均较大，在一定程度上限制了渔业经济学研究的进展，这也是前期研究中采用微观调查数据较少的重要原因。

第三，研究方法的科学性需增强。我国渔业经济学实证分析起步较晚，早期的研究以定性分析和调研报告为主，近年来渔业经济学研究中，基于统计数据、计量分析和实地调查的定量研究与实证分析逐渐成为主流分析方法，但在具体计量技术与实际问题的结合应用还不够成熟，研究方法的深度和科学性有待提高，存在一些研究范式固化、方法选择不严谨甚至以用计量方法为目的的“舍本逐末”现象，影响了研究结论的稳健性、可信度、说服力。

（二）展望与建议

回顾研究历程，可以发现渔业经济学科发展的规律性趋势，而在国民经济大背景特别是全面建成小康社会和渔业发展现实需要驱动下，“十四五”乃至未来较长一段时期，这些趋势将持续深化。

1. 研究内容方面，传统渔业经济学热度相对下降，渔业发展经济学、渔业资源与环境经济学快速提升。针对人民日益增长的对美好水域生态环境的需求和不平衡不充分的发展之间的矛盾，服务解决这个主要矛盾的研究可能大幅增加，包括渔民增收、渔村振兴、渔业实现绿水青山就是金山银山的理论及实践（如养殖绿色发展、捕捞总量控制、长江禁捕、资源养护与污染治理）等具体主题。

2. 研究视角方面，单一经济维度研究相对下降，融合社会、生态维度的研究将明显增加。与渔业绿色高质量发展阶段相适应，以单纯经济视角考察渔业发展的研究将相对减少，引入社会、生态视角的融合研究可能成为前沿，包括充分挖掘与发挥渔业多功能性（如吸纳就业、削减氮磷与固碳等生态效应、文化传承、渔权即海权等）、促进渔业绿色发展与资源治理的集体行动（生态补偿和庇古税）、重构渔业安全观和构建“双循环”新发展格局等。

3. 研究方法方面，将更注重微观调查及其数据应用，研究方法与渔业经济问题研究结合更加紧密。随着智能化、信息化和大数据的应用，数据可获得成本将下降，加上渔业经济研究问题意识与目标导向的提升，以及宏观数据校正需要，对产业微观主体的调研及其支撑研究的力度将得到加强。而得益于经济计量学科发展的外溢效应，以及渔业经济研究方法的探索深化，经济计量在本学科研究中的作用将进一步提高，研究范式和方法将得到优化改进，方法服务于研究需要的意识将有所强化。

（赵蕾　刘子飞　执笔）

参考文献

包特力根白乙，2019. 新中国成立 70 周年渔业经济发展的分期、脉络与转型［J］. 中国渔业经济，37（6）：103 - 113.

操建华，桑霏儿，2020. 水产养殖业绿色发展理论、模式及评价方法思考［J］. 生态经济，36（8）：101 - 106＋153.

操建华，桑霏儿，2019. 中国渔业 70 年：政策演变与绿色高质量发展［J］. 鄱阳湖学刊（5）：40 - 46＋125 - 126.

操建华，2018a. 水产养殖业的绿色发展模式与生态支持政策案例研究：以江西、烟台和安吉为例［J］. 农村经济（5）：34 - 39.

操建华，2018b. 水产养殖业自身污染现状及其治理对策［J］. 社会科学家（2）：46 - 50.

程烨，姜启军，赵文武，2016. 2008 - 2013 年中国渔民收入结构变化及拉动力分析［J］. 上海海洋大学学报（1）：152 - 159.

程烨，姜启军，赵文武，2017. 基于渔民收入结构的地区差异性研究［J］. 中国渔业经济（2）：37 - 42.

冯浩，车斌，2017. 我国海洋渔业经济增长方式转变及其影响因素研究［J］. 中国渔业经济（6）：74 - 79.

甘伟铭，陈新建，韩松原，2020. 地方特色海水养殖指数保险发展研究：以广西牡蛎养殖风力指数保险为例［J］. 区域金融研究（10）：40 - 46.

郭靖，2020. 宁波 . 河蟹养殖业区域竞争力比较研究：基于钻石模型与因子分析法的分析［J］. 中国渔业经济（4）：72 - 79.

韩杨，RITA. CURTIS，2017. 美国海洋渔业资源开发的主要政策与启示［J］. 农业经济问题，38（8）：103 - 109＋112.

韩杨，孙慧武，刘子飞，等，2017. “一带一路”中国水产品贸易格局与渔业国际合作展望［J］. 经济研究参考（31）：35 - 42.

花昭红，韩庆，2018. “一带一路”战略下山东半岛区域渔业产业竞争力分析［J］. 中国海洋大学学报（社会科学版）（5）：28 - 35.

姬厚德，林毅辉，涂振顺，等，2020. 厦门市海洋休闲渔业发展设想［J］. 海洋开发与管理，37（8）：43 - 48.

姜启军，赵文武，2018. 我国水产养殖不同品种要素投入产出分析［J］. 中国渔业经济（6）：90 - 96.

靳亚亚，刘依阳，林捷敏，2020. 海洋渔业产业结构演变与海洋渔业经济增长的关系研究［J］. 海洋开发与管理（8）：64－68.
乐家华，戴源，刘伟超，2019. 渔业产业结构对经济增长影响的实证分析：以沿海9省份为例［J］. 中国渔业经济（1）：13－20.
乐家华，范鑫珠，2019. 对休闲渔业产值的区域差异研究：基于28个变量系数的变系数模型检验［J］. 中国渔业经济（5）：30－39.
乐家华，俞益坚，2019. 我国渔业生产效率比较及动态分解测算：基于上市企业数据［J］. 中国渔业经济（6）：70－79.
李晨，楚倩，2020. 基于面板空间滞后模型的水产品贸易对渔业碳排放的影响［J］. 农村经济与科技（9）：44－46.
李晨，丛睿，邵桂兰，2018. 基于MRIO模型与LMDI方法的中国水产品贸易隐含碳排放转移研究［J］. 资源科学（5）：1063－1072.
李非凡，袁新华，张亚楠，等，2016. 养殖户参与渔业专业合作社的意愿及影响因素：基于广西壮族自治区96户养殖户的调查分析［J］. 中国渔业经济（2）：49－55.
李雅娟，王春晓，2019. 基于水产品养殖环节的消费者支付意愿影响因素研究以：上海、昆明为例［J］. 中国渔业经济（2）：78－86.
李杨，慕永通，2017. 我国海水贝类产业全要素生产率分析［J］. 中国渔业经济（2）：79－86.
李永涛，2019. 城市居民绿色水产品消费行为影响因素［J］. 江苏农业科学（24）：321－324.
梁铄，秦曼，2016. 中国近海捕捞业技术效率影响因素分析：基于省级面板数据［J］. 中国渔业经济（1）：55－62.
林光纪，2019. 渔业权制度：中国渔业经济体制改革40年的探索［J］. 中国渔业经济（6）：114－125.
林巧，张信国，肖威，2018. 绿色渔业视角下海岛渔村振兴路径研究：以舟山市为例［J］. 浙江海洋大学学报（人文科学版），35（5）：25－29，41.
刘景景，张静宜，2018. 我国水产品进口贸易形势与战略布局［J］. 中国水产（9）：26－33.
刘志雄，卢玲，王义魏，2020. 中国与东盟水产品贸易竞争力比较研究［J］. 中国物价（5）：86－89.
刘子飞，2018. 我国近海捕捞渔业管理政策困境、逻辑与取向［J］. 生态经济，34（11）：47－53.
刘子飞，2019. 渔业经济政策分析及展望［J］. 未来与发展（12）：21－29.
刘子飞，2019. 中国近海渔场荒漠化：评价、原因与治理［J］. 农业经济问题（6）：105－116.
刘子飞，2019. 中国渔业经济改革逻辑、成效与方向：纪念改革开放40年［J］. 世界农业（1）：41－48.
刘子飞，刘龙腾，2019. 农户对乡村振兴战略的认知、基础评价及其影响因素［J］. 贵州农业科学，47（10）：151－157.
刘子飞，孙慧武，韩杨，2017. 中国水产品产量与价格互动机制探析［J］. 农业展望，13（12）：52－56＋64.
刘子飞，孙慧武，岳冬冬，等，2018. 中国新时代近海捕捞渔业资源养护政策研究［J］. 中国农业科技导报，20（12）：1－8.
刘子飞，王宇光，张溢卓，2020. 从贫穷到全面小康：中央一号文件回顾：兼及渔业经济增长的逻辑［J］. 中国渔业经济（2）：13－29.
刘子飞，于法稳，2018. 长江流域渔民退捕生态补偿机制研究［J］. 改革（11）：108－116.
刘子飞，岳冬冬，孙慧武，等，2019. 中美贸易摩擦对渔业的影响及对策研究［J］. 江苏农业科学（3）：

338－342.
刘子飞，张海鹏，2018. 中国渔业供给侧结构性改革的路向选择：一个产业政策分析框架［J］. 中国井冈山干部学院学报，11（6）：125－132.
刘子飞，赵文武，2018. 我国水产养殖40年：改革、成效、问题与对策（上）［J］. 科学养鱼（12）：1－3.
刘子飞，赵文武，2019. 我国水产养殖40年：改革、成效、问题与对策（下）［J］. 科学养鱼（1）：1－3.
马云，2019. “一带一路”倡议下中国水产品进口贸易发展探析［J］. 渔业信息与战略（3）：174－179.
孟杰，徐忠，2017. 海洋开发背景下的内部信任对渔业合作社运行的影响研究：基于福建官坞海洋开发合作社的案例分析［J］. 海洋开发与管理（7）：48－52.
彭乐威，姜启军，2020. 消费者偏好视角下休闲渔业产品类型与市场定位分析［J］. 中国渔业经济（5）：67－76.
彭乐威，刘东，李泽善，等，2020. 新冠肺炎疫情对我国居民水产品消费意愿与行为的影响分析［J］. 中国渔业经济（2）：37－45.
平瑛，刘丹丹，2019. 中国渔业生产经营组织化探索70年［J］. 中国农村经（11）：16－31.
平瑛，赵玲蓉，2018. 渔业产业经济增长的贡献度分析与预测［J］. 中国渔业经济（4）：64－69.
平瑛，赵怡慈，2016. 供给侧视角下我国休闲渔业发展的影响因素研究［J］. 中国渔业经济（5）：35－41.
平瑛，赵怡慈，2017. 基于“互联网＋”背景下我国海洋休闲渔业新型业态发展路径探析［J］. 海洋开发与管理（5）：48－53.
秦杰，2020. 乡村振兴战略下渔村人口流动的“动态稳定”问题研究：基于对桑岛村的案例调查［J］. 中国海洋社会学研究（8）：53－64.
邵桂兰，段会霞，李晨，2019. 中国水产品的比较优势及其动态演变：基于2002—2017年世界水产品贸易数据［J］. 湖南农业大学学报（社会科学版）（6）：56－62.
邵桂兰，马丽，李晨，2017. 中国与“一带一路”沿线国家水产品贸易流量及潜力研究［J］. 中国水产（11）：52－55.
邵桂兰，张先斐，李晨，2020. 中国水产品对外贸易比较优势的动态变化研究［J］. 山东财经大学学报（2）：46－57.
石晓然，阎祥东，方馨，2020. 海洋生态补偿试点政策效果评估［J］. 中国渔业经济（3）：25－32.
史磊，李泰民，刘龙腾，2019. 新中国成立70年以来中国捕捞渔业政策回顾与展望［J］. 农业展望（12）：16－23，31.
史磊，刘龙腾，秦宏，2020. 新冠肺炎疫情下的水产业发展：冲击、应对与长远影响［J］. 中国渔业经济，38（1）：2－7.
孙松，孙琛，车斌，2020. 我国对虾产业竞争力分析［J］. 中国渔业经济（5）：56－66.
孙跃，荀露，2019. 渔民对渔业保险行为选择的差异性研究［J］. 中国农学通报，35（21）：152－158.
王承国，张启宇，杨建辉，等，2019. 烟台市消费者无公害水产品认知程度及消费行为分析［J］. 农学学报（1）：41－45.
王春晓，李雅楠，2018. 上海市水产品消费者支付意愿分析［J］. 中国渔业经济（1）：72－79.
王雅丽，乐家华，2017. “海上丝绸之路”区位优势下中泰水产品贸易发展现状［J］. 中国渔业经济（4）：47－52.
吴晓祥，张效莉，2019. 我国海洋渔业产业国际竞争力评价研究：基于AHP模糊综合评价方法［J］.

海洋开发与管理（1）：98－106.
徐敬俊，刘慧慧，2018. 基于 DEMATEL 模型的安全水产品消费者信任影响因素分析［J］. 中国海洋大学学报（社会科学版）（1）：68－76.
徐敬俊，张洁，佘翠花，2020. 海洋碳汇渔业绿色发展经济外溢效应评价研究［J］. 中国人口·资源与环境，30（6）：136－145.
徐乐俊，孙慧武，王宇光，2020. “双循环”新发展格局下我国水产品贸易形势分析［J］. 中国渔业经济（5）：1－7.
杨卫，严棉，2017. 渔民收入增加对渔业产业结构调整的影响［J］. 中国渔业经济（3）：26－33.
杨卫，严棉，2018. 渔业结构调整对渔民收入的地区性影响［J］. 江苏农业科学（21）：324－328.
袁华荣，陈丕茂，裼国荣，等，2020. 广东省海洋休闲渔业发展现状及 SWOT 分析［J］. 中国渔业经济，38（1）：92－104.
岳冬冬，高宏泉，曹坤，等，2018. 新伏休制度与油补政策对海洋捕捞渔民收入的影响分析：基于 1608 个样本户数据［J］. 渔业信息与战略（2）：85－91.
岳冬冬，李利冬，于航盛，2017. 中国人均水产品消费量与人均 GDP 动态关系研究［J］. 中国农学通报（35）：149－154.
岳冬冬，吕永辉，夏芸，等，2019. 改革开放 40 年中国渔业政策与渔民收入增长关系研究［J］. 渔业信息与战略（1）：1－9.
岳冬冬，王鲁民，2017. 中国城镇居民收入与人均水产品消费关系研究［J］. 中国渔业经济（6）：29－35.
岳冬冬，王鲁民，方海，等，2018. 中国城乡居民水产品消费量与收入差距关系研究［J］. 渔业信息与战略，33（1）：1－8.
岳冬冬，王鲁民，朱雪梅，等，2017. 中国海洋捕捞渔业供给侧存在的问题与改革对策［J］. 中国农业科技导报，19（7）：17－26.
岳冬冬，张晓峰，吴反修，2020. 新冠肺炎疫情对湖北水产养殖渔民收入的影响分析［J］. 渔业信息与战略（3）：178－183.
翟羽帆，李慕菡，2019. 贸易争端背景下中国对美国水产品出口贸易展望［J］. 农业展望，15（8）：81－84＋89.
张广海，卢飞，徐翠蓉，2019. 科技创新与休闲渔业经济互动关系研究：基于 PVAR 模型的实证分析［J］. 中国渔业经济（1）：2－12.
张璟，陈洁，2020. 中国淡水渔业产业文化初探［J］. 中国渔业经济，38（1）：8－15.
张静宜，刘景景，2020. 新冠肺炎疫情影响下我国水产品市场形势与后市展望［J］. 中国食物与营养（11）：1－7.
张佩怡，俞存根，刘惠，2020. 中国与澳大利亚休闲渔业管理比较研究［J］. 中国渔业经济，38（1）：22－28.
张收元，2020. 新冠肺炎疫情对渔业经济的影响及应对建议［J］. 中国水产（3）：37－39.
张樨樨，郑珊，余粮红，2020. 中国海洋碳汇渔业绿色效率测度及其空间溢出效应［J］. 中国农村经济（10）：91－110.
张瑛，赵露，2018. 中美水产品消费需求对比研究及其启示［J］. 中国海洋大学学报（社会科学版）（5）：77－84.

赵矗，王有刚，2017. 生鲜电子商务中消费者购买意愿的影响因素分析：以水产品为例［J］. 嘉兴学院学报（1）：97－102.

赵蕾，孙慧武，耿瑞，2018. 新型渔业社会化服务的供给与需求研究：基于江苏省、广东省和云南省养殖户调查数据的分析［J］. 江苏农业科学（6）：338－341.

赵蕾，孙慧武，2017. 水产品价值链视角下的新型渔业经营主体发展研究［J］. 中国海洋大学学报（社会科学版）（6）：50－55.

赵明军，孙慧武，王宇光，等，2019. 基于居民营养需求的中长期水产品供给与消费研究［J］. 中国渔业经济（6）：1－14.

赵玉杰，2020. 环境规制对海洋经济技术效率的影响：基于动态空间面板模型的实证分析［J］. 中国渔业经济（1）：56－63.

郑慧，徐娟，赵昕，2017. 金融发展对渔民收入的减贫效应：基于 PVAR 模型的经验分析［J］. 海洋经济（3）：3－10.

郑鹏，柏槐林，2 020. 辽宁省休闲渔业发展灰色系统理论分析［J］. 沈阳农业大学学报（社会科学版），22（1）：28－33.

周昌仕，姚芳芳，2018. "21 世纪海上丝绸之路"背景下中泰水产品贸易互通研究：基于影响因素和发展潜力的实证分析［J］. 世界农业（3）：122－130，208.

周磊，马改艳，徐学荣，2018. 水产品市场价格和渔民收入的动态关系：基于 SPVAR 模型的实证［J］. 江苏农业科学（10）；349－354.

周永东，吴反修，张洪亮，等，2020. 浙江省体验式休闲渔业的经济效益比较分析［J］. 浙江海洋大学学报（自然科学版），39（1）：59－64.

卓友瞻，2018. 改革开放唤醒中国渔业走出了一条有中国特色的渔业发展道路［J］. 中国渔业经济，36（6）：4－8.

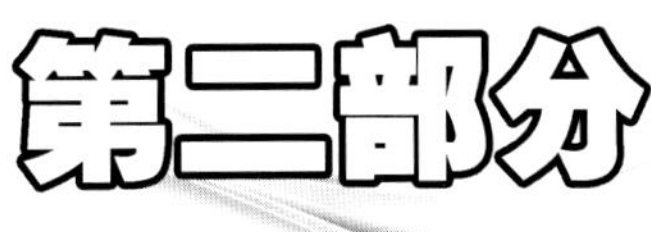

专 题 报 告

智慧渔业技术应用与进展

一、我国渔业发展形势

（一）中国渔业发展现状

近些年来，全国渔业系统积极推进渔业供给侧结构性改革，渔业经济发展稳中有进，产业更绿、效益向红。渔业养殖结构调整加快。2020 年，全国水产养殖面积7 036.11万公顷，同比下降 1.02%；与此同时，我国水产养殖产量仍然保持稳定增长。整体而言，近些年来我国渔业“减量增收”成效明显。

1. 水产品总产量增速放缓

2020 年，全国水产品总产量 6 549.02 万吨，比 2016 年增加 169.54 万吨，增长 2.66%，年均增长 0.66%，各年度同比增幅分别为 1.03%、0.19%、0.35%、1.06%。其中，2018 和 2019 年的增幅最低，分别为 0.19%和 0.35%，这主要是拆除超过养殖容量的网箱等设备所致。尽管我国水产品产量增速趋缓，但整体而言我国水产养殖总量仍稳居世界首位。

2. 捕捞与水产养殖二八分成

从水产品产量结构来看，目前，我国水产品产量主要来自水产养殖，来自捕捞的水产品约占两成。据《中国渔业统计年鉴》数据显示，2020 年，全国水产品总产量6 549.02万吨，其中水产养殖产量 5 224.20 万吨，占比达 79.8%；捕捞产量达1 324.82 万吨，占比达 20.2%。

3. 水产养殖进入提质增效的“稳定发展”阶段

2020 年，水产养殖产量 5 224.20 万吨，同比增长 2.86%。其中，鱼类养殖产量最高，达 2 761.36 万吨，占比达 52.86%；其次是贝类和甲壳类产量，分别达 1 498.71 万吨、603.29 万吨，占比分别达 28.69%、11.55%；全国水产养殖面积 7 036.11 千公顷，同比下降 1.02%。在水产品产量增速放缓以及养殖面积稳定的背景下，我国水产养殖行业已由过去“高速发展”时期进入提质增效的“稳定发展”阶段。

（二）中国发展智慧渔业的战略意义

1. 有助于加快我国渔业转型升级

我国水产养殖业在过去 36 年里取得了辉煌的业绩，但是受自然和人为两方面因素的影响，我国水域生态、资源问题日益突出。全国 423 条主要河流、62 座重点湖泊（水库）的 968 个国控地表水监测断面中较差级的监测点比例为 45.4%，极差级的监测点比例为 16.1%。近 10 年来我国水污染事件高发，水污染事故近几年每年都在 1 700 起以上。我国人均水资源占有量仅为 2 300 米^3，仅为世界平均水平 9 200 米^{3}的四分之一，我国养殖水利用率仅为 0.84 千克/米^3，而欧盟已达到了 30 千克/米^3。水体恶化、水资源的短缺将阻碍水产养殖业的发展；另一方面，在传统水产养殖模式中，饲料中能被鱼体吸收的大概占了 30%～35%。若继续走传统粗放、牺牲环境与资源的老路，无异于饮鸩止渴。如何大幅提高养殖业水产品的集约化程度的同时保证水产品质量，提高资源利用效率，加强各养殖环节的信息衔接，全面降低生产经营成本，并依次实现精准、自动、无人化生产是摆在我国渔业生产面前的根本问题。

发展智慧渔业就是要将物联网、大数据、人工智能、机器人、5G 等新一代信息技术应用在工厂化养殖、网箱养殖、池塘养殖、海洋牧场等领域，革新目前的养殖模式，实现工厂数字化养殖、网箱自动化养殖、池塘精准养殖。最终有效改善水产养殖造成的环境、资源问题，解决水产养殖行业劳动力结构问题。在准确信息与业务模型指导下，实现智能化作业，摆脱人的约束，以优于人为控制的合理性与准确性保持更长时间的运行。突破当前水产养殖生产以人力为主，管理、经营粗犷，资源利用效率低下的格局，开创以感知信息为决策依据，以机器为劳力主体，解放设备生产力，实现生产的长时无人值守，大幅提高养殖业水产品的集约化程度与质量，提高资源利用效率，加强各养殖环节的信息衔接，全面降低生产经营成本，依次实现精准、自动、无人化生产，对我国渔业转型升级意义重大。

2. 发展智慧渔业是服务国家战略的重要抓手

我国现代农业面临农业面源污染以及资源能源紧张的双重压力，智慧渔业是智慧农业的重要组成部分，没有渔业的信息化就没有我国农业现代化。智慧渔业技术已成为破解农业发展困境的有效手段。当前世界各国对智慧渔业技术的研究正逐步加大，我国目前处于相对初级的阶段，种养殖规模较小，环境监测、养殖增氧、投饵等过程仍需要大量的人力，环境控制依然依靠经验，因此亟须开展智慧渔业的关键技术研究。通过探索智能物联网、大数据、人工智能、机器人与智能装备等核心技术，开展系统集成与装备研究、探索适合我国的智慧渔业新模式和新产业，其研究成果可以应用到池塘养殖、大型工厂化循环水养殖、网箱养殖和海洋牧场等各个领域，促进我国农业向优质、高效、绿色方向发展，是符合现代渔业发展趋势的一种优良生产模式，也是解决农业生态危机的有效方法，更是国家倡导乡村振兴和创新驱动战略发展的需要。

二、智慧渔业发展的主要瓶颈与制约因素

智慧渔业在中国的实践探索起步较晚，发展水平总体偏低，现代信息技术与渔业不同领域的融合发展不深、专业人才匮乏等问题制约了渔业智能化发展。目前中国智慧渔业发展存在以下突出问题。

（一）养殖规模分散，组织化程度低

我国水产养殖总产量虽然逐年上升，目前已达到全世界水产养殖产量的60%以上。但是，在产业快速发展的同时，各地不同程度存在养殖布局不够合理，局部地区养殖污染较重，规模化、组织化程度较低等问题。部分地区依然以密集劳动、散户养殖为主，生产力水平较低，分散的养殖规模不利于智能化技术的应用和发展。

（二）渔业装备化水平偏低

我国养殖装备存在构造简单、装备陈旧等问题，虽然在国家政策的扶持下，渔业装备取得了一定的突破，但主要集中在增氧机和投饵机，而针对环境监测、水质调控、底质改良、捕捞分级等作业要求以及面向深远海养殖平台的自动化装备较少。

（三）渔业数字化建设薄弱

渔业装备数字化是实现渔业生产智能化控制、精准化决策、无人化作业的基础和关键。我国渔业装备数字化建设基础不足，传统渔业装备并未与自动化、计算机技术等现代信息技术深度融合，难以实现智能化控制，严重制约了生产率的提高。

（四）“卡脖子技术”尚未完全解决

在智慧渔业的关键技术中，存在诸多卡脖子技术没有得到解决。比如水产专用传感器的可靠性差、防生物附着能力差，耐腐蚀能力差；敏感元件制造受制于材料和工艺，稳定性差、使用寿命短、易用性差、接口多样化、协议私有化、操作烦琐、集成复杂；传感器品种单一，缺少适用于水生动物长势与行为监测的传感器，缺乏市场竞争力产品；智能化程度低，缺少传感器自诊断、自校正、预维护等功能。在数据信息处理方面，用于深度学习的硬件设备和底层驱动，例如GPU、CUDA等“卡脖子”的软硬件技术还未实现国产化部署。这些技术都严重制约了我国智慧渔业的快速、健康和自主式发展。

（五）渔业网络监管能力落后

渔业生产和安全监管网络化建设不足，基层缺少收集信息、处理信息和传播信息的软硬件设备，数据库建设标准不统一，导致资源利用水平较低。水产品市场信息网络不健全，渔业电子政务水平还有待提高。

（六）渔业劳动力问题突出

随着我国人口老龄化趋势加快，青壮年渔业劳动力人口数量正逐渐减少，劳动力成本显著提升，渔业人口老龄化以及劳动生产效率不高成为困扰我国现代渔业发展的难题。另外我国水产养殖分散，养殖户文化程度、专业素养整体偏低，传统养殖观念根深蒂固，大多对新兴设备和技术接受度很低，导致智能水产养殖设备的推广和普及受限，进而影响成果的推广。

三、智慧渔业技术进展

（一）智能物联网技术

1. 信息获取与采集

随着我国水产养殖集约化、自动化、标准化的快速发展，对水质参数进行在线检测，进而防范水体恶化、病害风险，确保水产品安全迫在眉睫。水产养殖水质参数主要包括溶解氧、pH、盐度、氨氮、硝酸盐、亚硝酸盐和重金属离子等。由于水质环境因子间互相影响，极易变化，水质在线快速准确检测一直是困扰水产养殖界的公认难题。

我国水产养殖面积在1.2亿亩，按70%需要使用溶氧与pH监测探头计算，那就是8 000万亩，其中每10亩需要使用一套溶氧与pH监测探头，那就是需要有800万套传感器。目前养殖专用溶解氧传感器市场占有率具体为原电池法（50%）＞极谱法（40%）＞光学法（10%），前述三种溶解氧传感器的平均维护时间分别为3、6、12个月。养殖专用pH传感器市场占有率具体为复合玻璃电极法（70%）＞差分测量（28%）＞光学法（2%），前述三种pH传感器平均维护时间分别为1、3、6个月。然而，对于养殖户急需的在线氨氮和亚硝酸盐传感器，国内外市场上几乎为空白。根据国内外文献分析统计，自2010年至2020年，关于溶解氧传感器关键技术的研究文章共有150篇，其中20%文章集中在传感器智能补偿校正模型研究，剩余80%的文章关注的焦点在光学传感器数字信号处理算法及可靠荧光膜的材料制备研究上；关于pH传感器研究的文章数量为180篇，研究方向围绕新机理、新材料工艺、微型传感器三大方向；关于亚硝酸盐检测的文章数量为120篇，其中有5%为生物传感检测，

20%为光学检测，其余的是电化学检测；关于硝酸盐检测的文献有135篇，其中35%是光学检测，65%是电化学检测；关于氨氮检测的文章有185篇，其中30%的文献集中在光学类传感器，重点研究新型荧光探针的制备与荧光分析方法，电化学类传感器占到了60%，主要研究方向为纳米材料修饰电极及功能膜材料的制备，少部分报道了生物传感器在水体氨氮检测中的应用。综上所述，光纤光谱、纳米材料修饰微电极、生物传感技术与先进信息技术的联合应用是目前水质检测技术研究的热点。

在水产养殖水质监控方面，高可靠、长寿命、智能化的光学溶解氧、氨氮及亚硝酸盐传感器需求较为强烈。调查结果显示，目前水产养殖用户对于光学传感器的应用效果较为满意，但是光学传感器长期依赖进口，高价格势必影响传感器的大量部署，光学荧光膜制备技术亟须突破；电化学传感器方面，低成本、稳定耐用的膜和电极的应用，新型纳米材料修饰电极的制备，以及小型化、高精度、自调节、自适应的微纳水质在线检测传感器的研制是未来研究的重点内容；基于生物感知与纳米复合材料修饰电极，并结合电化学分析，研制成本低、选择性高、检测速度快以及具有良好的生物兼容性和电催化性能的新型生物传感器，是目前最活跃的研究领域之一；光谱检测方面，亟须开发具有增强选择性和灵敏性的新试剂、新型荧光探针和表面增强拉曼探针等，以及研制微纳传感器结构等，以期可以达到商业应用的要求；随着现代信息技术的快速发展，基于人工智能的补偿校正算法、传感器故障自诊断、传感器寿命检测等技术的联用有望提高传感器智能化水平。

2. 信息传输技术

长短距离通信技术可将传感器采集的信息从发送端传递到接收端，是智慧渔业数据传输和共享的关键技术。通信技术包括近距离无线通信、短距离无线通信和远距离无线通信。其中近距离无线通信技术包括射频识别（RFID）、近场通信（Near Field Communication，NFC）、红外通信（Infrared Communication），短距离无线通信技术有Zigbee通信、蓝牙（Bluetooth）、无线局域网（WLAN）、Lo-Ra，远距离无线通信是指GSM（Global System For Mobile Communication）、GPRS、3G、4G、5G、NB-IoT等通过移动互联网实现远距离信息传输。目前，由于水产养殖领域的特定环境要求，信息传输技术凭借其灵活和低成本的优势而被广泛应用在渔业各个领域。

尽管我国渔业信息传输技术稳步发展，但在不同养殖模式、水产品种类之间发展仍不平衡。由于我国水产养殖密度大、风险高、水体富营养化程度高，养殖环境和生物个体信息的实时在线监测成为制约水产养殖快速发展的瓶颈。目前，国内水产养殖信息传输技术数字化程度低，国外同类产品不适用我国需求，导致水产养殖劳动生产率和资源利用率低、劳动强度大、养殖风险高等问题。尽管一些规模较大的养殖企业已初步开发并采用数字化的信息传输技术，逐步实现养殖环境的在线监控，但规模较小的普通养殖户由于考虑到投入成本等因素及技术水平的限制仍然凭目测和经验而没有信息化传输手段。其主要原因为：（1）价格太高；（2）可靠性较差；（3）组网技术过于复杂。这些限制原因导致智能化技术在中、小型养殖户中难以推广。

3. 数据分析技术

在传感器数据预处理方面，主要包括缺失数据处理、异构数据融合处理、数据去燥处理等。在传感器数据分析方面，主要是水质参数预测、水质评价模型构建等。在水质参数预测中主要有单因子预测和多因子预测模型。但目前的研究主要集中在短期预测上，而对长期预测的研究相对有限。在传感器数据决策控制方面，主要基于阈值控制、定时控制、PID 控制、人工控制等方法，尚未结合数据分析模型的结果进行自动化调节与控制。多源信息融合是指使用算法将多种来源的数据或者信息进行整合，是对不同来源信息的综合利用。其思想是利用不同数据进行互补，为决策提供更加全面有效的信息。在渔业领域，比较常见的多源信息融合形式有水质传感器数据融合、声音与视觉信息融合等。在溶解氧的预测中，可通过融合其他传感器采集到的水质参数，包括水温、氨氮、pH 等，对多源信息进行处理，得到关于溶解氧更加准确的预测。此外，结合气象信息和水质信息，对多源信息进行综合处理和分析，可为养殖及监管部门提供更多辅助决策信息。在鱼类摄食行为探究中，视觉信息可提供鱼群数量、鱼群活动的面积大小等，声音的强弱随着鱼群的饥饿程度而变化，融合声音和视觉信息可进一步提高鱼群摄食过程监控的准确性。

多源信息融合是将不同来源的信息互补，达到改善决策的目的。同一任务场景下，不同源信息之间往往存在较大相关性，存在一定的数据冗余和维度过大的问题。尤其是，数据种类越多，问题越明显。因此对多源数据进行降维，能够减小数据处理的计算量，同时在一定程度上能够有效改善决策或者预测效果。多源信息往往在结构上存在很大差异，难以进行统一的操作和处理。另外，采集到的信息都或多或少地存在一定的噪声干扰，减小或者去除噪声干扰是提高信息质量的关键。针对多源信息，如何有效提取关键特征，是多源信息融合的核心，深度学习可以是有效的解决方法。渔业中，多源信息的采集依赖于传感器技术以及物联网技术，如何对多源信息进行处理、有效融合是改善决策的关键。在未来，将会出现更多具体形式的多源信息融合。

（二）大数据技术

渔业大数据是指利用大数据的理念和相关技术，对渔业全产业链的大量数据进行处理和分析，解决渔业领域中资源利用率不高、生产效率低等问题。渔业大数据建立在数据的基础上，从数据来源与作用的角度上可分为数据库、网络和移动端、3S 技术、专家系统等不同数据源。水产养殖中大数据根据来源分成互联网数据、物联网感知数据、产业管理系统、专业数据库以及传统数据源等。渔业大数据除了一般大数据所具备的数量大、数据类型多的特征之外，还包含渔业领域现实存在的一些问题，如数据资源途径多样、结构繁杂、质量参差不齐、应用范畴宽广等，数据总体质量偏低。

目前渔业大数据的研究主要分为两类：一是从整体出发，对渔业大数据进行梳理和辩解；二是具体到应用场景，使用大数据来解决具体任务。具体到应用场景，有整合多种海洋渔业信息，使用大数据技术构建全面覆盖相关海域的海洋渔业环境智能观测网；针对渔业知识建立渔业语料库，建立问答系统；针对养殖成本控制，使用大数据分析手段建立海洋渔业成本分析模型，有效提高养殖成本控制的稳定性和适应性；使用区块链在海洋保护和渔业供应链管理中建立信任机制以及基于区块链技术实现水产品的安全溯源；面对大量鱼类图像，使用深度学习实现准确分类识别。

随着渔业的发展，可采集到的数据也越来越多，促进了大数据在渔业中的发展，为渔业生产管理提供了有价值的参考信息。但由于渔业大数据来源多样、结构繁杂、质量难以把握等，渔业大数据应用方面还存在一些困难与挑战。如渔业中的很多数据来源于其他行业，缺乏行业的统一标准。利用各种大数据技术可对数据进行分析，但是基于大数据的应用还有所欠缺。

大数据的核心在于数据，发挥大数据的优势需要充分挖掘数据背后有价值的信息，这需要各种分析手段和方法，深度学习作为一种数据驱动型的方法是一种有效的大数据分析手段。此外，针对从渔业生产到销售环节的繁多数据，可利用区块链进行公开透明的有效管理。渔业发展需要利用大数据分析手段和方法，提高信息利用率，挖掘数据中的深层信息，为生产管理提供有价值的输入。

（三）人工智能技术

1. 水产养殖生命信息获取

现代水产养殖中主要依靠传感器获得鱼、虾、贝等水产生物的生命信息，不仅量大且杂乱，难以被充分利用。作为实现机器换人的关键技术，人工智能技术的首要任务就是获取水下生物生命信息。可根据水产养殖对象的特征对生物种类进行划分，这些特征信息也可为开发更多与水产养殖紧密联系的技术方法提供数据基础。这个过程必须要排除输入的多余信息、抽取出关键的信息，并将分阶段获得的信息整理成一个完成的知识印象。人工智能在该领域主要的应用场景包括：

鱼类种类识别：人工智能技术主要依靠机器视觉的方法对鱼类种类进行识别，其基本过程为：①获取鱼类信息——图像；②对输入的图像提取出鱼个体形态、颜色、纹理等人为设定的特征，再根据这些特征训练分类器，最后将特征向量输入分类器以实现种类识别。基于人工智能技术对鱼类进行种类分类的方法有：神经网络分类法、决策树、Bayes 分类法以及支持向量机等。

鱼类行为识别：利用机器视觉方法可通过分析视频相邻帧的时间和空间序列得到相关动作信息，例如，当水中溶氧过低时，鱼类的游泳速度和深度有降低趋势，鱼群的整体分布也会更加分散。在被疾病感染时，鱼类会伴随明显游速降低，跃出水面行为频率增加等。除此之外，鱼类个体摄食行为可反映水的清洁程度、水质变化以及水中是否存在有害物质等问题，工作人员可根据这些行为判断环境是否适合养殖，从而为生产管理者及时采取相应措施提供有效信息，达到最大的效益收入。

生物量估算：生物的质量与其体长和图像面积之间存在一定的关系，因此可以利用间接估测质量的方法来预测水产生物每天饲料摄入量，避免过食或少食，监测水产生物生长速度，控制养殖密度。利用视觉系统对水产生物生物量的研究对象主要是鱼类，重点对长度、面积、质量等参数进行估算。估算系统主要由摄像机、光源以及计算机组成，其中相机分为水上摄像机和水下摄像机两种，可单独或同时使用；光源用来弥补水下图像较暗的缺陷，而计算机则是通过对获取的图像进行预处理和特征提取实现对生物量信息估算。

2. 水产生物生长调控与决策

生长决策调控：池塘养殖过程中，池塘环境因素对鱼类的生长有极大的影响，其中溶解氧、pH、水温等指标尤为重要。例如过高的氨氮含量会对水体造成污染，直接或间接造成生物的大量死亡，过高的溶解氧含量也会造成资源的浪费。因此，有必要了解水产生物的生长周期内的生长与环境因素之间的关系，通过其中的逻辑关系，找到最适合其生长的环境控制方案，从而避免水体污染和资源浪费。人工智能技术可根据环境参数以及一个养殖周期内生物的体长、体重等数据，利用计算机分析体重与各个环境因素之间关系，建立其相应的生长模型，再通过决策支持系统综合模型结果，提出高效的生长调控方案，实现生长阶段智能化控制。基于人工智能技术的生长调控决策支持系统通常包括数据库、模型库、策略评估系统、人机接口和用户界面等，具有系统性、动态性、机理性、预测性、通用性、研究性等特点。生长决策调控主要应用在网箱和工厂循环水等大规模养殖中。

智能投喂控制：智能投喂控制是根据水质及水产行为参数构建养殖饲料配方模型，可以自动确定鱼类、虾类等的摄食需求，对最优投喂方案做出决策，从而降低劳动成本，提高生产效益。该方法涉及多种算法和监测设备。智能投喂控制可分为检测残饵决定投喂量和分析行为确定摄食强度估测投喂量两种方法。水产养殖中的投喂工作是一个复杂的系统工程，有许多影响因素。由于鱼类等水生动物运动速度快，其运动会引起身体重叠、遮挡等，这都会影响监测方法的准确性。在未来的发展中还需充分利用智能化手段，深入了解水产养殖环境、生物生理和饲料质量等因素对鱼类摄食行为和生长的持续影响，将人工智能技术与大数据、物联网等新技术结合，采用多信息融合的方法，从多个角度获取所需数据，弥补因个体重叠以及单一监测技术造成的数据丢失等缺陷。

3. 鱼类疾病预测及诊断

疾病预测：基于人工智能技术的鱼类疾病预测主要是利用水质监测结果，建立鱼类疾病预测模型，构建完善的鱼类疾病预测系统。目前应用包括利用支持向量机的方法构建了温度、溶解氧、化学需氧量等水质因子与鱼病之间的关系模型，并开发了相关的预警系统，开发基于 Web 的鱼类疾病在线预测系统；以养殖种类、养殖阶段、病原体、感染部位、水温、地域作为输入因素，将鱼类疾病种类作为输出单元，利用 BP 神经网络方法建立了池塘养殖疾病诊断模型。

疾病诊断：鱼病作为可反映鱼体正常生命活动受扰乱的现象，从鱼类的游动状况和表型性状，例如颜色和纹理等，可以对病鱼的病因做出初步判断。深入了解鱼类的病原、病因、发病机理和防治手段，能够有效控制鱼病的扩散，具有重要经济价值。目前进行鱼病诊断常用的方法为基于模型的诊断和基于案例、知识库比对的诊断两种方法。知识库比对是指首先从数据库中找到与发病症状类似的疾病类型，然后进一步进行结果比对，确定疾病类型后制定相应的治疗方案。案例推理是对出现的疾病状态进行分析，与案例库中已经确诊的案例进行比对，确定鱼病种类。

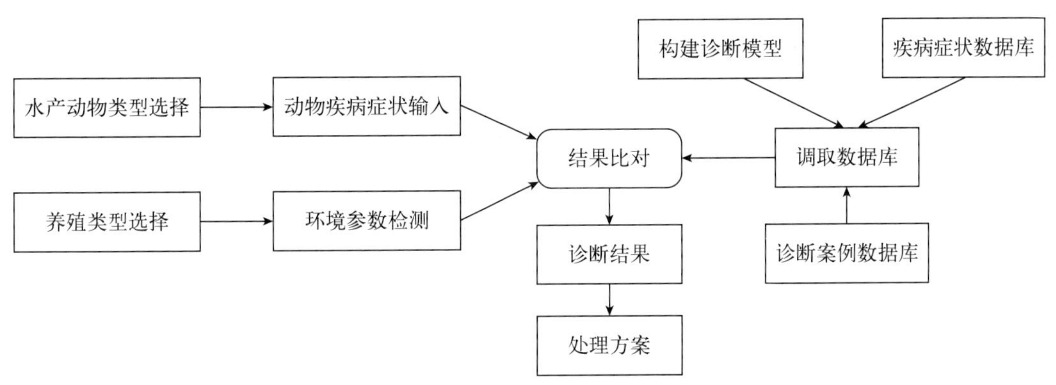

图 2-1 鱼类疾病诊断流程图

4. 水产养殖环境感知与调控

水质预测：基于人工智能技术的水质环境预测是指借助计算机软、硬件技术，寻求某些不能或者不易测量的变量与其余易获取变量之间的关系，通过测量相关的辅助变量间接地获取被估计主导变量的含量，常用方法包括灰色预测法、回归分析、神经网络和支持向量机等。在人工智能发展初期，主要采用机器学习的方法建立参数预测模型，基于该方法进行水质预测，主要采用的算法和处理流程如图 2-2 所示。但在进行大量数据处理时，预测模型缺乏鲁棒性，长期建模能力和普遍性也较差，无法充分反映数据的本质特征。随着深度学习技术逐步兴起，良好的应用性和非线性逼近能力弥补了传统方法的不足。

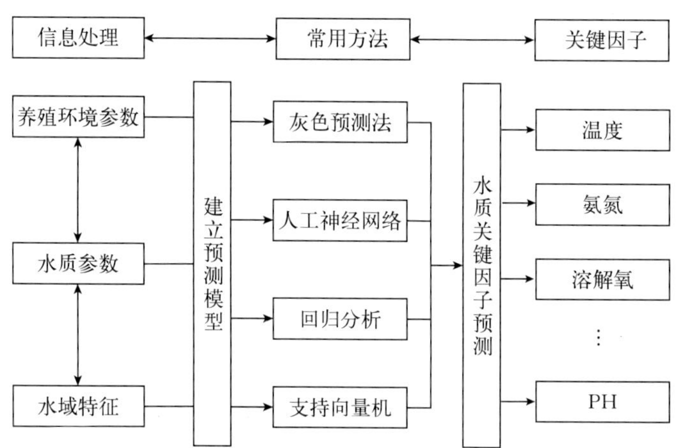

图 2－2　基于机器学习的水产养殖环境因子预测流程图

增氧控制：传统水产养殖模式中的增氧方法存在监测和控制分离，传输能量消耗大，增氧能耗高，极易产生富氧和缺氧等问题。基于人工智能的增氧方法是指利用传感器等监测设备，对池塘中的溶解氧含量进行实时检测，再将获取的数据通过物联网反馈给智能控制系统，智能控制系统根据适用该养殖场内生物生长溶解氧含量的上限和下限，对增氧机进行智能控制，从而提高操作的可靠性和易用性，节省大量人力、物力。

基于人工智能进行增氧控制的方法主要可分为直接控制和预测控制两种。直接控制是指智能系统根据水质实时环境直接制定方案进行控制。常用方法有模糊控制和专家系统控制。预测控制是指在充分掌握溶解氧变化规律的基础上进行的智能控制，常用的方法有时间序列、数理统计、神经网络以及支持向量机或几种方法结合使用。人工智能增氧控制系统具有计算、知识处理、协同等能力，可以弥补单独使用增氧机系统不能直接和环境交互的缺点，在水产养殖智能控制中融入人工智能技术已是大势所趋。

（四）机器人技术

水产养殖水下机器人又称为无人水下潜水器，是指可以对水产养殖水体环境进行远程监测、感知养殖对象信息和实现智能作业功能的机器人，可实现清理、放苗、饲养、管理、收获等智能化作业，已在水产养殖环境中广泛应用。水下机器人根据与水面支持系统间的联系方式可以分为遥控水下机器人和自治水下机器人两类，其涉及的关键技术和分类应用如图 2－3 所示。

图 2-3 水下机器人关键技术和分类

遥控水下机器人是指通过脐带缆和母船进行通信，由母船通过电缆向其提供动力、实施遥控操作。遥控水下机器人多为开架式结构，易于布置和安装设备，具有作业能力强、适应能力强和操作灵活等优点。其缺点一是因电缆长度有限导致活动范围较小，二是存在因电缆碰撞失效和断裂导致本体丢失的可能。自治水下机器人自带动力，和母船之间没有脐带缆连接，可以通过自主决策来完成运动路径的规划，多呈流线型来减小运动阻力，从而获取更长的工作时间，具有活动范围大、智能化、隐蔽性好等优点，缺点则是作业时间受携带的动力限制。水下机器人将人工智能、探测识别、信息融合、智能控制、模式识别、系统集成等技术应用于同一载体上，完成如电缆敷设检查、海底矿藏调查、捞救作业、环境监测及江河水库大坝检查等工作。目前国内外已有水下机器人用于水产养殖的水质检测，包括溶解氧、pH、氨氮等的检测，以及外来物种检测、有害性化学成分检测等，具有实时性好、准确性高等优点。在安全方面，水下机器人按照计划的轨迹在养殖区域巡检，主要检测网衣的附着物和网衣的完整性，降低了劳动风险，提高效率。在清洁方面，水下机器人可以拖拽潜水泵将养殖区域的鱼类排泄物清理干净，另一方面可以捡拾养殖区域的死鱼。水下机器人已经应用到了水产养殖的方方面面，在促进深远海水产养殖的智能化发展方面发挥着重要作用。随着人们生活水平的提高，对鱼蛋白的需求迅速增加，而深远海由于海域水交换率高、污染物含量低，可为人们提供更多洁净健康、优质的海产品，使得深远海网箱养殖、平台式围网养殖将成为渔业生产新模式。但是海上环境复杂多变，很多因素不可控，比如鱼类疫情、外来物种入侵、网衣破损等，如果不能被及时的发现将会造成巨大的损失。水下机器人以灵活、实时性好、工作效率高等特点取代人工作业，必然成为未来水产养殖发展的趋势。

（五）智能装备技术

新型自动化、智能化养殖装备，为发展无人少人渔业提供装备支撑。现代化渔业养殖装备快速普及应用，自动增氧、饵料自动精准投喂、循环水装备控制、鱼类捕获装备、水下巡检机器人装备、自动化分级等在池塘养殖、陆基工厂化养殖和深远海养殖等养殖场景中的装备化比例不断增加，加速水产养殖产业技术全面升级，不断夯实渔业养殖的智能化基础。

（1）投饵机

投饵机按照适用场景具体可分为：池塘投饵机、网箱投饵机、室内工厂化投饵机。对于池塘装置，已经初步做到定时定量；工厂化养鱼已经实现以联网监控为基础的远距离的自动化管理，实时反馈鱼类的生长摄食状况；对于网箱投饵装置，我国现有设计研发的饵料投饵装备在气力输送工艺和PLC控制系统上的在线控制方面取得了巨大的进展，如深水网箱养殖远程多路自动投饵系统、远程气力输送自动投饵系统，该类系统已基本实现了定时、定点、定量投喂饲料的功能。除固定式投饵机外，适用于大面积养殖场景的移动端智能投饵装置也取得较大的进展，此类装置以智能投饵船为代表，通常搭配自主路径导航系统可实现投饵过程的无人化，能够有效降低饵料破碎率并提高分布的均匀性。

（2）增氧机

目前我国主要的增氧设备可分为：叶轮式、水车式、射流式、螺旋桨式、管式增氧机和鼓风曝气式等多种形式，这些增氧机的使用效率、生产能耗各不相同。在智能化方面，国内大多数均采用Zigbee等物联网无线网络监控技术对养殖水体水质参数进行监测，参照监控结果，再由智能控制系统根据适用该养殖场内生物生长溶解氧含量的上限和下限，对增氧机进行智能控制，从而提高操作的可靠性和易用性。

（3）循环水处理装备

循环水处理控制系统是将养殖池中需要更换的劣质水通过循环水处理后，成为符合养殖水质要求的“新水”，从而实现高密度养殖和全年、反季节生产。工厂化循环水处理系统一般由4部分构成：固液分离、气浮综合处理、生物滤池和消毒杀菌，是一个集现代控制技术、信息技术、水处理技术和生物过滤技术为一体的养殖系统，该技术已被应用于对虾养殖、鱼类养殖、鳖类养殖等。

我国的工厂化循环水养殖技术总体上还处于标志现代农业发展水平的示范阶段，在淡水循环水养殖设施技术领域已具有相当的应用水平，包括系统的循环水率、生物净化稳定性、系统辅助水体的比率等关键性能达到了国际水准，但在海水循环水养殖设施技术领域还存在着一定差距，主要反映在生物净化系统的构建、净化效率和稳定性方面。

(4) 鱼类分级装备

鱼类的大小分级是水产养殖生产中的重要环节，在适当的时间段对鱼类分级，有利于鱼类的生长。但是分级的过程中，如果分级方法不当会影响鱼类的生长发育，甚至会导致死亡。

目前鱼类的分级主要有手工分级和机器分级，手工分级主要靠人为观测把大小鱼类分开。机器分级利用间隙逐渐增大进行分级筛选，较手工分级有了很大程度的提高。利用计算机视觉技术及鱼群分级算法，通过对鱼图像处理，结合体长、体重的关系来确定鱼的等级。计算机视觉技术和图像处理技术的应用克服了传统分级过程中因鱼水分离而对鱼造成的损害，提高了分鱼效率和水产养殖智能化水平。

（六）区块链技术

区块链技术解决信息安全的难题主要在于“去中心化”的思路和原理，将区块链技术应用于水产品质量追溯系统，实现数据共享和互联互通，提供追溯品种的大数据画像、企业诚信动态评估、追溯物联网硬件设备和交易生产消费决策支持服务等应用功能，从而使溯源的数据存储和分享更加迅捷和透明，有助于提高水产品全产业链的安全性和建立信用生态圈。区块链层级包括数据层、网络层、共识层、激励层、智能合约层和应用层。数据层基于数字签名、哈希函数、加密技术等算法与技术，实现分布式数据存储，并保证水产品流通过程参与方账户注册与安全交易；网络层利用数据验证机制、点对点传输机制、分布式网络机制实现新增区块的验证，并克服以往中心系统局限性；共识层利用共识机制建立水产品流通各方信任，确保交易有效；激励层主要用于公有链，实现激励与惩罚，水产品流通应用联盟链；智能合约层将水产品质量安全监管制度、标准、协议等已智能合约的形式嵌入区块链，严格限制上链、提供整体监管、运作效率；应用层为水产品流通过程中参与方提供相应的权限和接口，各方通过接口实现信息数据交换和共享。

四、智慧渔业发展战略

（一）战略目标

到2050年，我国将建成现代化渔业强国。推进渔业“高效、优质、生态、健康、安全、绿色”可持续发展，确保水产品持续稳定供给、渔民持续增收，促进渔区社会和谐发展，积极应对全球气候变化，保障国家食物安全是新时代的主要任务。智慧渔业、无人渔业引领的可持续渔业发展模式将逐步完善成熟，成为我国渔业发展的重要方向。

具体目标如下：

2025年发展目标：按照绿色、可持续发展总体目标与要求，构建和发展现代水产养殖生产新模式；加强生态工程型模式发展；发展池塘循环水养殖模式，提高产品质量和环境的修复能力；提倡不同营养层次多种类混养。智慧渔业基础设施进一步完善。物联网、人工智能、大数据等新一代信息技术和装备开始小规模应用。

2035年发展目标：智能化渔场开始大规模出现。养殖模式进一步优化，适应不同养殖模式的具有自主知识产权的智能化装备大规模应用，劳动强度大大减轻，绿色可持续发展的池塘养殖、循环水养殖、浅海滩涂养殖、深海网箱养殖模式成熟度高，并有部分智能装备实现出口。

2050年发展目标：无人渔场大规模出现，困扰我国现代渔业发展如渔业人口老龄化以及劳动生产效率不高等难题得以解决，渔业作业效率大幅度提升，实现长期可持续发展目标。今后一个时期，要以无人渔业为发展目标，加大渔业生产成套装备自动化、智能化、无人化关键技术的研发力度，实现渔业无人化技术、产品与装备研发的自主化，提高渔业生产效率。力争无人渔业技术与装备世界领先。

（二）战略路径

智慧渔业发展路径分为三个阶段，如图2-4所示。2020—2025年，渔民对水体环境监控、自动增氧、饵料自动精准投喂、循环水装备控制、网箱升降控制、无人机巡航等在池塘养殖、陆基工厂化养殖和深远海养殖的信息化的需求与日俱增。近期渔业发展的目标是大幅提高渔业养殖装备化程度，突破渔业装备数字化关键技术，推进渔业生产监管网络化，加强渔业信息资源建设，提高资源环境决策水平，突破陆基循环水工厂化养殖无人化技术瓶颈。在这个过程需要用到的关键技术是物联网等信息技术，目标是实现渔业生产的精准化水平取得较大突破。

2025—2035年，为了进一步提高渔业安全水平以及渔业管理的科学化水平，实现渔业监管网络化能力显著提升。渔业决策智能化应用渐趋成熟。建成空天地一体化的渔业监控体系，显著增强信息技术支撑下的全天候、全覆盖的渔政监管能力，大幅

图 2-4 智慧渔业发展路径

提升执法效率和监管水平，使渔业安全水平更加巩固。推进全养殖过程的设备体系化建设，加强渔业数字化装备示范应用，推进渔业安全监管网络化，加强决策平台建设，提升养殖决策水平，加强池塘养殖无人化技术集成应用。实现全国渔业跨省份、跨部门、跨区域的业务协同和信息资源共享格局基本形成，渔业生产的各种资源要素和生产过程通过信息化实现精细化、智能化控制，全国水产健康养殖示范场的智能化管理率达到 20%，全国渔业大数据平台信息共享率达到 70%。

2035—2050 年，为了使渔业发展前景更加广阔，以加大渔业科技创新和示范应用力度为目标，以物联网、人工智能与智能装备为技术支撑，开展渔业无人化作业，完善养殖捕捞分级装备建设，加快智能养殖装备研发，全面提升渔船渔港数字化装备水平，推进渔业经营监管网络化，加强海洋牧场与渔船监管平台，提高指挥调度决策水平，加快推进海洋牧场、深水网箱和大围网养殖无人化发展，实现综合集成创新能力持续增强，渔业生产效率大幅提升，最终实现全国渔业科技进步贡献率达到68%，累计建设渔业作业无人化示范基地100个。

（三）战略行动与对策

1. 开展专项研发

（1）深远海养殖平台研发

围绕养殖信息全面化、生产决策智能化、装备水平先进化等深远海养殖共性关键科学问题和技术瓶颈，贯通基础研究、配套装备、共性关键技术，聚焦深远海养殖提质增效，开展深远海养殖平台研发，实现深远海养殖长期绿色可持续发展。

开发深远海养殖信息监测平台：针对深远海养殖实时高效监测的共性关键问题，研发养殖对象的生物量自动检测技术、行为监测识别技术，实现养殖对象全面科学监控，促进渔业生产的增产增效；研发水质生态多参数原位在线监测技术，实现养殖环境与生态的智能化监测；开发深远海养殖生产过程中的信息全面监测与精准传输技术，构建深远海养殖信息监测平台，提高养殖效率和智能化、网络化水平。

开发深远海养殖决策平台：针对深远海智能养殖的共性关键问题，研发深远海养殖环境精准预测预警技术、水产病害预警技术，保障深远海养殖生产安全；研发养殖对象行为智能识别技术、养殖配方及投喂策略精准调控技术，确保养殖精准、按需、健康投喂；研发深远海养殖设备识别与故障诊断技术，构建深远海养殖决策平台，提升深远海养殖生产决策智能化水平。

开发深远海养殖大型配套装备平台：针对深远海养殖高效智能装备的共性关键问题，研制深远海养殖精准投喂装备、死鱼捕捞、网箱巡检与清洗作业装备，研制深水补光、应急增氧及鱼鳔水下补气装备，研发深远海围网、网箱养殖对象容量评估装备，以及成鱼捕获与捕鱼筛网装备，建立深远海大型配套装备平台，实现深远海养殖远程无人化作业。

（2）无人化陆基工厂循环水养殖研发

面向陆基工厂循环水养殖无人化技术需求，开展陆基工厂循环水养殖水质多参数智能感知技术研究，实现养殖水质多参数信息精准感知；研究循环水养殖系统优化调控模型，实现循环泵、微滤机、液氧增氧等优化调控，节能降耗；研究养殖设备运行监测与故障诊断技术，实现设备故障及时预警，保障生产安全；研究鱼类生长模型及基于机器视觉的运动行为分析，构建智能精准饲喂模型和系统；开展循环水养殖池自动清洗机器人关键技术研究，解决养殖池自动清洗问题；开发养殖车间自动巡检机器人，实现自动巡检；集成相关技术与设备，实现陆基工厂循环水养殖环境与鱼类活动信息智能感知，循环泵、微滤机、液氧增氧、加温、投饵等养殖设备优化调控，养殖车间自动巡检。

2. 开展应用示范工程

(1) 无人渔场示范工程

针对我国水产养殖装备落后、生产率低下的现状，以及对复杂渔业环境下天空地一体化监测、低成本高可靠性传感器和数字化装备等的重大需求，建议开展无人渔场试验示范工程，重点集成推广无人渔场智能感知、预测、决策与执行等核心技术，主要内容包括：利用物联网与5G技术建设渔场信息智能感知系统，配置水质监控、气象站、鱼类行为监控、养殖车间巡检等监测设备，建设养殖现场无线传输自主网络，实现水质、水文、气候、生物信息以及装备状态等信息的全方位实时感知。利用大数据与人工智能技术建设无人渔场预测预警系统，实现养殖环境参数预测、病害检测预警，构建鱼病远程诊断系统和质量安全可追溯系统。建设无人渔场信息智能决策系统，通过多源多维数据处理与多源异构数据融合，形成无人渔场专家系统，实现渔场作业智能调度、预测预警智能分级及能源优化调控。建设无人渔场智能作业系统，改造增氧、饵料投喂、底质改良、水循环、水下机器人等设施设备，实现智能增氧与投喂、自动水质改良、自主车间巡检、网衣检查、池壁清洗、管桩探伤、死鱼收集等作业。建设交互式智能终端，配置便携式生产移动管理终端，实现感知信息与决策实时显示，实现远程操控、产品溯源与信息管理，养殖过程数字化率达到100%。

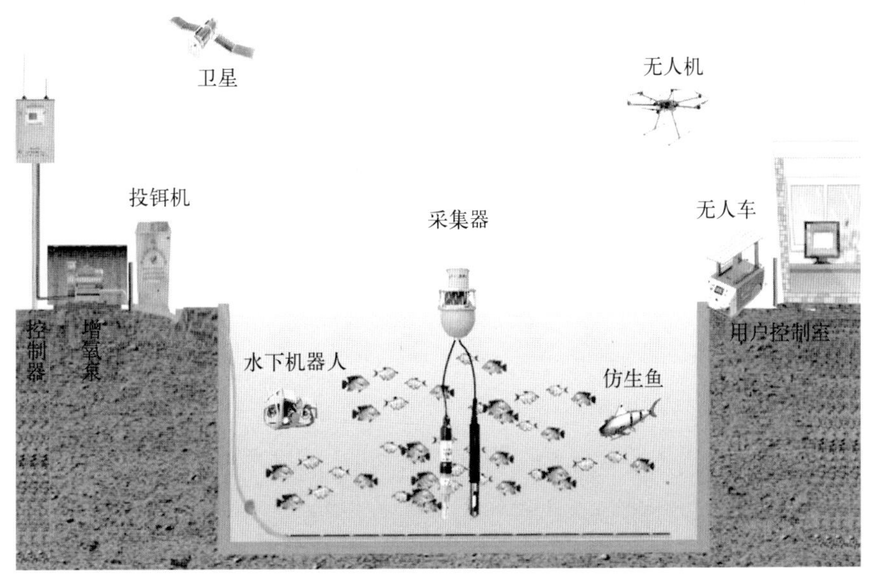

图2-5 无人渔场设计构想

（2）智能化鱼菜共生系统示范工程

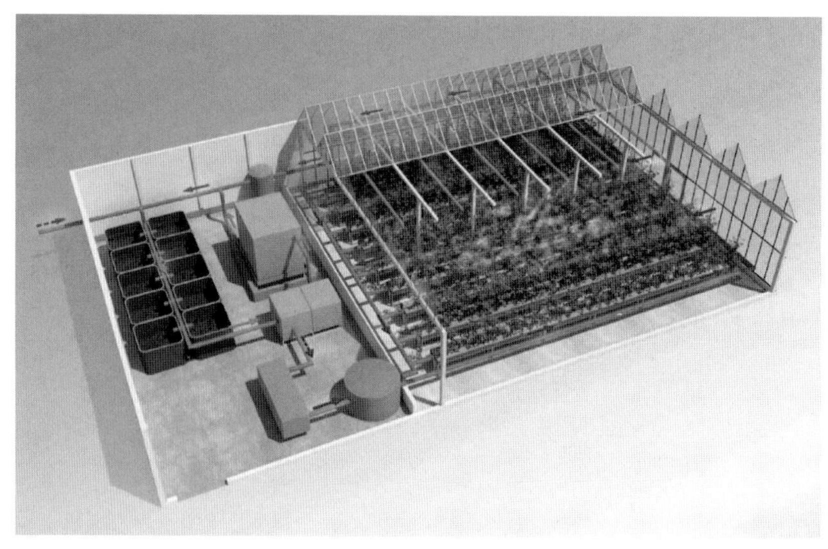

图 2-6　未来工厂化鱼菜共生系统

我国现代农业面临农业面源污染以及资源能源紧张的双重压力，鱼菜共生技术已成为破解农业发展困境的有效手段。当前世界各国对鱼菜共生技术的研究正逐步加大，我国目前鱼菜共生系统处于非常初级的阶段，仅仅实现了养殖与种植模式的简单共存，种植、养殖规模较小，环境监测、养殖增氧、投饵等过程仍需要大量的人力，环境控制依然依靠经验，因此亟须开展智能鱼菜共生关键作用机理和精准生产技术研究。通过探索鱼菜共生相互作业机理、鱼菜共生智能精准测控制、鱼菜共生智能系统集成与装备研究以及探索适合我国的鱼菜共生新模式和新产业，其研究成果可以应用到家庭“阳台农场”、池塘“鱼菜共生”、大型工厂化“鱼菜共生”和海洋牧场等各个行业，是符合现代农渔业发展趋势的一种优良生产模式，更是解决农业生态危机的有效方法，对促进我国农业向优质、高效、绿色方向发展具有重要意义。

（3）数字海洋牧场示范工程

数字化平台系统将数字化测控技术与网箱养殖工艺结合，结合 5G 通信网络技术的数据高速传输系统，建立“5G＋海洋牧场水产养殖”新模式。利用物联网、大数据、云计算、人工智能、移动通信等技术，实现海洋牧场的可视化、网络化、数字化、智能化，提高海洋牧场的生产效率、环境亲和度和抗风险能力，为当前海洋牧场因管理、运营信息共享缺乏而造成的信息孤岛问题提供解决方案；结合养殖鱼类生长习性，对渔业用电用热设备进行节能调控，基于分布自律同步-集中协同的优化调控技术，实现高比例新能源、高可靠性的深远海养殖平台微电网，保证供电电压和频率质量，保证 N-1 故障时系统稳定。主要示范内容包含：

海洋牧场综合管理系统：针对海洋牧场监测手段缺乏、信息无法实时获取、信息孤岛严重等问题，开展全国海洋牧场综合信息系统建设。建成海洋牧场综合信息服务平台硬件基础设施，构建互通互联的全国海洋牧场基础数据库，搭建统一的以地理信息展示的海洋牧场信息服务门户。通过综合信息系统建设实现海洋牧场数据的在线采集和共享，形成"全国海洋牧场一张图"，为管理部门和企业提供科学决策指导。系统总体功能如图 2－7 所示。

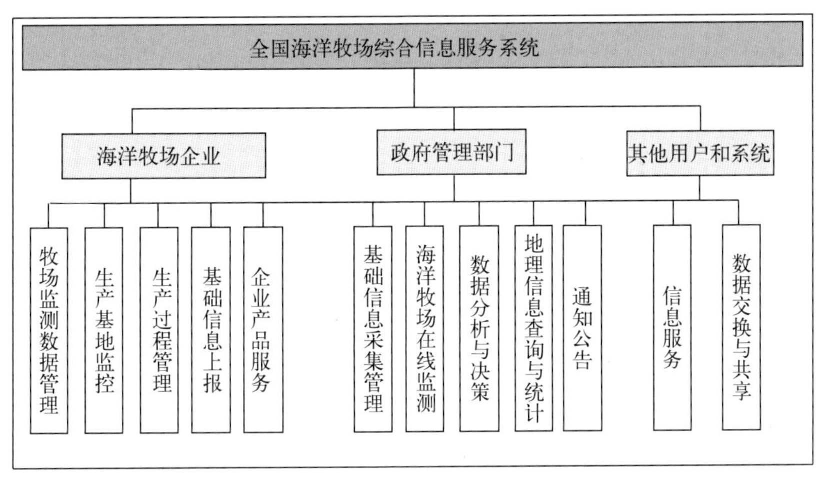

图 2－7　海洋牧场综合信息服务系统

风光发电互补发电与供能系统：由光伏阵列、风力发电机和蓄电池组成，通过风能和太阳能发电，转换电源储存在蓄电池组内，为设备提供充足电源，解决远洋发电问题。平台用能显示数字化，通过后台数据库进行大数据分析得到平台用能特征，为提高能源有效利用率和管理决策水平提供指导和支持。

信息采集与数据监测：建立基于北斗卫星、无人机、水面传感网、水下移动采集器、岸基监控中心的空天地一体化的海洋牧场监测系统，研究海洋牧场生物信息（海洋生物、种类、数量），水质（Do、pH、叶绿素、浊度、盐度、水温），水文（流速、流向），气象（气温、气压、温湿度、风向），以及鱼群、渔礁等多源信息获取与传感器数据融合技术；构建海洋牧场养殖和生态环境大数据平台，实现海洋牧场养殖资源、生态环境数据的实时分析监测和重大灾害的提前预警；布局海洋牧场养殖水下检测、捕捞收获等智能机器人技术，实现海洋牧场智能化管理和无人化作业。

5G 通讯与信息管理：与岸基移动基站建立通讯链路，将监测数据与视频上传至云服务数据展示分析系统，同时可以转发远程控制指令；开发海洋牧场信息管理系统，实现生产管理、设备管理和人员信息管理。

3. 对策建议

“十四五”期间，渔业智能化建设将进入信息技术与现代渔业深度融合、快速发展时期，信息化成为全面支撑现代渔业转型升级的重要力量。如何运用新一代信息技术，推进渔业和信息技术深度融合，转变渔业发展方式，走一条高产、高效、优质、生态、安全的智慧渔业道路。根据调研，提出如下对策建议。

（1）提高认识，把智慧渔业提升到国家战略高度

智慧渔业是智慧农业的重要组成部分，没有渔业的智能化就没有我国农业现代化。目前，少数部门对于智慧渔业的重要性、艰巨性、复杂性没有充分认识。要充分利用“十四五”规划制定的契机，将智慧渔业提升到国家战略高度，完善优化政策支持保障体系，为渔业高质量发展提供强有力的保障。构建激励研发创新的政策措施，鼓励智慧渔业软件创新、技术突破和产品研发，鼓励企业加大研发投入。加快《渔业法》修订进程，推动建立依法促进智慧渔业发展的长效机制。深化智慧渔港投资体制改革，推动政策性银行等金融机构出台相关优惠政策。加强与“一带一路”沿线国家的双边渔业合作，加快推进远洋智慧渔业海外基地建设。

（2）加大资金投入，强化智慧渔业的市场运作

要加强政策引导，创新投入机制，广开融资渠道，完善以政府投入为引导、市场运作为主体的投入机制，按照“基础性信息服务由政府投入，专业性信息服务引导社会投入”的原则，多渠道争取和筹集建设资金，形成多元化的资金投入机制。政府在积极鼓励社会力量参与信息化建设的同时，建立完善智慧渔业支持保护制度，加快形成财政优先保障、金融重点倾斜、社会资本积极参与的多元化投入格局。综合运用多种政策工具，引导金融机构扩大对渔业信息化企业信贷投放。加大对智慧渔港基础设施建设的支持力度，在智慧渔业项目用地、关键共性技术研发、智能装备采购上给予资金支持。发挥财政资金的撬动引导作用，鼓励创新投融资模式，探索通过 PPP（政府与社会资本合作）等方式，引导和撬动金融社会资本加大渔业投资。

（3）谋划智慧渔业重大工程，建立先导区和示范区

实施重大工程是推进智慧渔业的重要抓手，要积极建设智慧渔业重大工程，建立智慧渔业先导区和示范区。要进一步完善先导区和示范区政策、金融、税收等方面的配套措施，优化财政支持方式，充分利用金融、税收等政策手段，强化对智慧渔业建设的支撑作用。同时要坚持市场化推动，建立全方位的融资渠道，鼓励投融资机构、企业等社会资本以多种方式参与智慧渔业建设的实施，设立产业发展投资基金，扶持创新发展的骨干企业和产业联盟；设立专项资金用于智慧渔业建设的数据共享、加工、处理、整合等公共服务支出；加强对从事农业生产管理和农产品销售的网络企业培育支持。

（4）完善智慧渔业产业链，渔业一二三产业协同发展

在推进过程中，把渔业产业发展与助力乡村振兴、推动农业高质量发展、促进渔民持续增收等决策部署紧密结合，切实发挥信息化的引领和驱动作用，推动形成线上、线下现代渔业协同发展的新局面。以大水面生态渔业为抓手，推进渔业一二三产业融合发展。加快发展水产品加工业，组织人员进行技术研发攻关，强化信息技术在产地加工中的应用，争取在水产品精深加工、加工副产物高效利用等关键技术领域取得突破。加大品牌创建，形成一批休闲渔业精品，带动产业素质整体提升。

（5）创新培训机制，培育智慧渔业主体

针对从事渔业生产、加工、销售的家庭农场、农民合作社、农业产业化龙头企业的实际需求，完善培训机制，加大对家庭农场经营者、合作社辅导员和带头人、农业产业化龙头企业负责人的培训力度，提高对智慧渔业新形态的认识，增强与"互联网＋"的融合能力，主动参与智慧渔业建设行动的实施，成为智慧渔业实施的参与主体；加强现代市场理念、现代市场模式、现代农业科学技术、现代化的管理方式的培养，逐步让品牌、标准化的理念普及到农民；充分发挥市场机制在人才资源配置中的基础性作用，加强"走出去、引进来"工作，吸引海外人才，鼓励优秀海外留学人员参与智慧渔业发展。以智慧渔业项目为依托，培养造就一批现代渔业领域科技领军人才、工程师和高水平管理团队。加强业务培训，提升渔业渔政干部和渔民大数据、区块链等信息技术应用和管理水平。推进远洋智慧渔业规范有序发展，稳定信息化船队规模，提高质量效益，推动我国从远洋渔业大国向强国转变。

（6）强化体制机制创新，加快现代化渔业强国建设

强化智慧渔业科技创新，充分发挥国家农业现代产业技术体系作用，加强渔业重大基础前沿研究和重要共性关键技术研发。发挥水产技术推广体系作用，做好全方位技术服务和支撑工作。加强渔业统计工作，及时监测发布渔情信息，不断完善统计指标，科学客观地反映渔业高质量绿色发展成效。加快建立智慧渔业专家咨询机制，扶持建立产业联盟。

（中国农业大学：李道亮）

长江水生生物资源保护与生态修复

长江是中华民族的母亲河、生命河，是中华民族永续发展的重要支撑。近年来，受拦河筑坝、污水排放、过度捕捞、航道整治、岸坡硬化、挖砂采石等人类活动影响，长江流域开发与渔业可持续发展、水生生物养护及多样性保护的矛盾日益突出，已成为亟待解决的重大科学、技术和政策问题。

2016 年 1 月 5 日，习近平总书记在重庆主持召开推动长江经济带发展座谈会上指出："当前和今后相当长一个时期，要把修复长江生态环境摆在压倒性位置，共抓大保护，不搞大开发""推动长江经济带发展必须从中华民族长远利益考虑，走生态优先、绿色发展之路"。2016 年 3 月，中共中央政治局审议通过了《长江经济带发展规划纲要》，进一步明确强调长江经济带发展的战略定位必须坚持生态优先、绿色发展，共抓大保护，不搞大开发。2018 年 4 月 26 日，习近平总书记在深入推动长江经济带发展座谈会上指出，长江生物完整性指数已经到了最差的"无鱼"等级，要科学运用中医整体观，追根溯源、诊断病因、找准病根、分类施策、系统治疗"长江病"。2018 年 3 月，生态环境部、农业农村部、水利部联合印发《重点流域水生生物多样性保护方案》，强调调查水生生物物种的组成、分布和种群数量，对水生生物受威胁状况进行全面评估，明确亟须保护的生态系统、物种和重要区域，建立水生生物多样性观测网络，掌握重要水生生物动态变化情况。2018 年 9 月，国务院办公厅印发《关于加强长江水生生物保护工作的意见》，进一步强化和提升长江水生生物资源保护和水域生态修复工作。2019 年 1 月，农业农村部、财政部、人社部联合印发《长江流域重点水域禁捕和建立补偿制度实施方案》，2020 年 7 月，国办印发《关于切实做好长江流域禁捕有关工作的通知》，长江流域的水生生物多样性正式进入新的保护阶段。2021 年 3 月 1 日我国首个流域专门法《长江保护法》正式实施，对长江流域水生生物资源保护和修复、长江生物完整性评价等均做了详细规定，标志着长江水生生物保护和修复已经步入法制化规划、建设和管理轨道。

一、长江渔业资源与环境最新本底调查进展

（一）调查总体任务布局情况

20 世纪 70 年代（1973—1975 年），原国家水产总局在全国农林科技重大研究项

目中组织开展了“长江六省一市水产资源调查”，这是历史上第一次针对长江流域水生生物开展了比较系统全面的调查。此次调查由长江水产研究所为联系单位，四川、湖北、湖南、江西、安徽、江苏、上海六省一市共同协作，组成专业调查组 37 个，调动专业人员 200 余人，进行了刀鲚、鲥鱼、鲟鱼的专题调查，先后完成了各省的水产资源调查和几项专题调查报告，出版的《长江水系渔业资源》等一直是长江水生生物资源本底状况的重要参考。

之后，断断续续地开展了三峡工程渔业资源与环境监测、中华鲟自然繁殖及产卵场调查、四大家鱼产卵场调查等一些专题或区域性的调查或监测性工作，收集了一些重要基础数据。但这些调查，多是针对特定对象或是在特定区域开展，缺乏对整个长江流域水生态系统全面深入的了解。

2016 年，农业部加大长江流域水生生物资源与生态环境保护工作力度，批准设立“长江渔业资源与环境调查”专项，一期执行计划为 5 年（2017—2021 年）。2017 年 3 月 2 日专项调查正式启动实施，由中国水产科学研究院牵头，沿江 20 多个科研单位共同承担，目标是掌握长江水生生物资源及变动趋势，查清长江流域水生态环境现状，评估长江生态健康状况和水生生物多样性状况，评价水利水电工程、航运等活动对长江生物资源与环境的影响，为长江水生生物资源与水生态环境保护管理提供科学依据和决策支撑。该专项的调查范围包括从长江源头（楚玛尔河和沱沱河）至长江口（上海）约 6 300 千米的长江干流，大型一级支流雅砻江、横江、岷江（含大渡河）、赤水河、沱江、嘉陵江、乌江、汉江，以及洞庭湖、鄱阳湖等通江湖泊。共设置 65 个调查站位，主要对鱼类种类组成、渔业资源现状、珍稀鱼类资源现状、长江江豚资源及其地理分布、渔业生产状况、渔业生态环境现状，以及消落区资源与环境现状等 7 项内容进行调查，并建设数据集成共享与决策服务平台。

（二）长江流域渔业资源与环境最新本底状况

2017—2020 年，在“长江渔业资源与环境调查”专项等的支持下，采集了 100 万余条鱼类等各类水生生物和渔业环境数据，获取 130 余种长江鱼类、浮游生物、底栖生物等的高质量照片，对长江流域的鱼类种类组成现状、鱼类资源蕴藏量、濒危鱼类和长江江豚现状以及生境要素现状进行了调查分析，查明了长江鱼类资源本底等有关情况。

1. 长江鱼类种类现状 文献调研结果表明，长江重点禁捕水域历史分布有鱼类 427 种，隶属 18 目 36 科，2017—2020 年在长江重点禁捕水域共采集到鱼类 318 种，隶属 20 目 39 科，与历史分布鱼类相比，历史有分布而 2017—2020 年未采集到的鱼类 124 种，隶属 9 目 16 科，占历史分布鱼类总种类数的 29.0%。此外，调查还采集到主要经济甲壳动物 41 种，其中虾类 21 种、蟹类 20 种。

2. 长江天然渔业资源现状 利用种群丰度计算得出，长江流域（包括长江源至长江口约 6 300 余公里的长江干流，大型一级支流雅砻江、岷江（大渡河）、赤水河、横江、嘉陵江、乌江、汉江，以及洞庭湖、鄱阳湖两个大型通江湖泊）渔业资源蕴藏量约为 11.74 万吨，其中，鄱阳湖和洞庭湖鱼类资源量明显高于其他水域，分别达到 4.01 万吨和 3.12 万吨，洞庭湖克氏原螯虾资源现存量为 0.26 万吨，长江口中华绒螯蟹资源现存量为 112.21 吨。

3. 长江流域水质状况 长江重点禁捕水域水质总体较好，基本符合渔业水质标准，可以满足鱼类生长繁殖需求。按地表水标准，不计总氮总磷情况下，长江流域重点禁捕水域多数水体水质符合地表水Ⅰ～Ⅲ类，纳入总氮总磷情况下，部分水体水质为Ⅳ～劣Ⅴ类，表明总氮和总磷在部分长江重点禁捕水域超标。

4. 长江珍稀濒危物种状况 2017—2020 年的调查未发现中华鲟和长江鲟的自然繁殖活动。估算 2017 年 12 月长江干流及两湖共有长江江豚约 1 012 头，其中长江干流约为 445 头，鄱阳湖约为 457 头，洞庭湖约为 110 头。相比于 2006 年和 2012 年的 1 800 头、1 040 头，长江江豚种群数量大幅下降的趋势得到遏制，但其极度濒危的状况没有改变，形势依然严峻。调查揭示长江中尚存一定规模的胭脂鱼种群，虽然没有直接监测到胭脂鱼的自然繁殖，但从误捕中存在亲本的情况来看，不排除有自然繁殖活动发生的可能。2019 年在大渡河上游脚木足河采集到 2 尾川陕哲罗鲑性成熟个体，2018 年在太白河采集到了川陕哲罗鲑当年生幼鱼，证实其有自然繁殖活动发生。2017—2020 年，在长江口水域监测记录到了松江鲈 81 尾，但推断多为放流个体，已有多年未发现其自然繁殖。

二、长江流域全面禁捕启动及实施进展

长江流域渔业资源曾经极为丰富，历来盛产多种经济鱼类，曾经占当时全国淡水捕捞产量的 60%。近年来，长江已经基本丧失捕捞生产价值，“资源越捕越少、生态越捕越糟、渔民越捕越穷”已经成为社会共识。实施长江禁捕退捕，既是破解长江流域水生生物资源严重衰退、水域生态环境持续恶化、生物多样性不断减少的生态困境的客观要求，也是打破原来“一家一户”分散的竞争式捕捞导致“公地悲剧”、改变渔民“下水无鱼，上岸无地”生计困境的有效途径。实施长江流域重点水域禁捕，是扭转长江生态环境恶化趋势的重要举措，涉及渔船、渔民多，覆盖区域范围广，是世界资源生态保护史上前所未有的伟大工程。

（一）长江休禁渔历史

为了保护长江渔业资源和生物多样性，2002 年起，农业部开始在长江中下游试

行为期三个月的春季禁渔。2003 年起，长江禁渔期制度全面实施，共涉及长江流域 10 个省份，8 100 多千米江段。禁渔范围为云南省德钦县以下至长江口的长江干流、部分一级支流和鄱阳湖区、洞庭湖区。2015 年，农业部将禁渔时间从 3 个月延长至 4 个月。2017 年 1 月 1 日起，农业部在赤水河流域率先试点实施为期 10 年的全面禁渔。2019 年 12 月，农业农村部印发《关于长江流域重点水域禁捕范围和时间的通告》，明确了长江流域 332 个水生生物保护区自 2020 年 1 月 1 日起，全面禁止生产性捕捞；保护区外的长江干流、重要支流和大型通江湖泊，即"一江两湖七河"（长江干流，鄱阳湖、洞庭湖两大通江湖泊，以及大渡河、岷江、沱江、赤水河、嘉陵江、乌江、汉江等重要支流），最迟自 2021 年 1 月 1 日起实行暂定为期 10 年的常年禁捕，禁止天然渔业资源的生产性捕捞；此外，与长江干流、重要支流、大型通江湖泊连通的其他天然水域，由省级渔业行政主管部门确定禁捕范围和时间。2020 年 11 月，农业农村部印发《关于设立长江口禁捕管理区的通告》，规定自 2021 年 1 月 1 日 0 时起，在长江口禁捕管理区实行与长江流域重点水域相同的禁捕管理措施。

（二）禁捕退捕实施情况

长江退捕任务共涉及上海、江苏、江西、安徽、湖南、湖北、重庆、四川、贵州、云南 10 个省份。2020 年，农业农村部成立了长江禁捕退捕工作专班，联合相关部委，完成了长江流域重点水域禁捕退捕，共核定退捕渔船 11.1 万艘、渔民 23.1 万人，其中，中央确定的重点水域（长江流域 332 个水生生物保护区和"一江两湖七河"）共核定渔船 8.4 万艘，渔民 18 万人；地方自行确定的与重点水域一体或连通的长江流域其他水域退捕渔船 2.7 万艘、渔民 5.1 万人。在渔民安置保障方面，中央财政 92 亿元补助资金全部拨付到位，各地落实配套资金 114.6 亿元。截至目前，通过发展产业、务工就业、扶持创业和公益岗位安置等措施，各地累计落实社会保障 21.8 万人，帮助 16.5 万人实现转产就业。

三、长江珍稀水生动物保护现状及进展

（一）珍稀濒危水生动物物种保护技术体系基本建立

"十三五"期间，在长江珍稀鱼类繁育与物种保护技术研究方面取得了长足进步，特别是在公益性（农业）行业科研专项"珍稀水生动物繁育与物种保护技术研究"（201203086）项目的资助下，由中国水产科学研究院长江水产研究所牵头，整合了长江流域相关技术团队，围绕长江中华鲟、长江鲟、长江江豚、大鲵、胭脂鱼、秦岭细鳞鲑以及西藏异齿裂腹鱼、拉萨裂腹鱼、拉萨裸裂尻鱼等 10 余种珍稀濒危水生动物，开展了繁育和物种保护技术攻关。

在人工繁育方面，突破了中华鲟、长江鲟、鳇、秦岭细鳞鲑、亚东鲑、西藏裂腹鱼、齐口裂腹鱼、圆口铜鱼等9种珍稀鱼类的规模化繁育技术瓶颈，攻克了规模化繁育技术；在迁地保护方面，成功构建中华鲟、江豚、胭脂鱼和长江鲟的遗传档案和亲子鉴定技术，实现迁地群体的遗传管理和科学繁育，解决了养殖大鲵和胭脂鱼产业化利用中的疾病、营养和健康养殖模式问题并进行了示范；在就地保护方面，对全国水生生物自然保护区现状进行了梳理，开展了江豚、大鲵和秦岭细鳞鲑的自然种群监测、栖息地修复和资源养护等就地保护技术研究与保护区管理示范，首次实施了大鲵、秦岭细鳞鲑和圆口铜鱼的增殖放流。该成果标志着我国以繁育为纽带，迁地保护与就地保护为一体的珍稀水生动物立体物种保护技术体系基本建立，为今后长江珍稀濒危物种保护奠定了基础。

（二）代表性旗舰珍稀物种保护进展

(1) 中华鲟

中华鲟（*Acipenser sinensis*）是软骨硬鳞鱼类，又称鳇鱼、大腊子，鲟形目（Acipenseriformes）、鲟科（Acipenseridae）、鲟属（*Acipenser*），是世界现存27种鲟形目鱼类中分布纬度最低的鲟种。1989年中华鲟被列为国家一级重点保护野生动物，1997被列入濒危野生动植物种国际贸易公约（CITES）附录Ⅱ保护物种，2010年被世界自然保护联盟（IUCN）升级为极危级（CR）保护物种。

1981年葛洲坝截流以前，长江中华鲟的产卵场分布于牛栏江口以下的金沙江下游和重庆以上的长江上游江段（约600千米），已经报道过的产卵场有19处之多。1981年葛洲坝截流阻隔繁殖群体洄游以后，产卵位置位于葛洲坝至古老背长约30千米的江段，其中主要产卵位置位于葛洲坝坝下。后有学者将坝下产卵场分为主要产卵场、不稳定产卵场和偶发性产卵场。其中葛洲坝至庙咀长约4千米的江段是目前唯一已知稳定的中华鲟产卵区域，自1981年葛洲坝截流至2012年，每年秋季都有中华鲟自然繁殖活动在此发生。2006年以后，受2004—2006年葛洲坝下河势调整工程的影响，原下产卵区产卵活动逐渐减小直至消失，原上产卵区地形地貌环境发生剧烈变化，产卵活动上移至大江电厂左侧近坝处，直至2012年。2013年，自首次在该产卵场未发现中华鲟自然繁殖活动后，中华鲟自然繁殖从年际间连续变成偶发性自然繁殖。经长江口中华鲟幼鱼出现的情况证实，2014年有产卵活动发生，但产卵具体时间和地点不明。除2016年以外，2014—2020年均未在葛洲坝下产卵场发现中华鲟的产卵活动。据估算，2017—2019年海洋上溯至葛洲坝下的中华鲟繁殖群体数量仅存约20尾，2020年仅有约13尾（95%置信区间为7～18尾），中华鲟自然种群面临野外绝迹的风险。

在人工群体保育方面，据不完全统计，全国共有人工保种野生中华鲟和10龄以上大规格后代 3 672 尾，其中野生种群（F0）199 尾、10 龄以上子一代（F1）3 120 尾，10 龄子二代（F2）（2009 年繁殖群体）353 尾，分布于湖北、四川、贵州、湖南、福建、山东、浙江、北京、上海 9 个省份和香港特别行政区，其中湖北最多，共 2 810 尾，占全国的 76.5%。大规格中华鲟养殖基地 27 个，养殖单位包括事业单位、央企和私营养殖企业，其中事业单位 7 家，央企 1 家，私营养殖企业 19 家，事业单位养殖数量占比 34.3%，央企养殖数量占比 9.7%，私营养殖企业养殖数量占比 56.0%。

为加强中华鲟的保护工作，农业部发布了《中华鲟拯救行动计划（2015—2030 年）》，按照自然种群保护为主、繁育人工种群为辅的原则，实施就地保护、迁地保护、遗传资源保护和支撑保障等行动。包括加强中华鲟自然资源保护力度，推动提升中华鲟保护区等级，开展中华鲟增殖放流，实施长江流域重点水域全面禁捕；推进中华鲟“陆-海-陆”接力保种基地建设，满足中华鲟人工保种群体生活史各环节需要；加强中华鲟保护科研攻关，成立中华鲟保护救助联盟，动员社会力量参与保护工作等。

当前中华鲟保护所面临的主要问题：一是中华鲟自然繁衍（种群自我维持）面临极大困难；二是三峡水库蓄水运行导致葛洲坝下水文格局改变，影响中华鲟繁殖群体的性腺发育和自然繁殖；三是中华鲟增殖放流作为葛洲坝水利枢纽工程的主要生态补偿措施，亟须进一步加强。主要保护建议：一是修复关键栖息生境，努力恢复自然繁殖；二是加快推进“陆-海-陆”人工保种工程；三是制定人工增殖放流规划，显著扩大人工增殖放流规模；四是加大保护投入力度，建立长效保护机制。

（2）长江鲟

长江鲟（*Acipenser dabryanus*），也称达氏鲟，俗称沙腊子或小腊子，隶属于鲟形目（Acipenseriformes）、鲟科（Acipenseridae）、鲟属（*Acipenser*）。长江鲟 1989 年被列为国家一级重点保护野生动物，1997 年被列入濒危野生动植物种国际贸易公约（CITES）附录Ⅱ保护物种，2010 年被世界自然保护联盟（IUCN）升级为极危级（CR）保护物种。

20 世纪 80 年代后，由于水工建设、过度捕捞、航道整治等人类活动的影响，长江鲟自然种群规模急剧缩小；20 世纪末，其自然繁殖活动停止，自然种群已无法自我维持。自 20 世纪 60 年代以来，国家就组织开展了长江鲟资源的专项调查、人工繁殖和库区移养等工作；80 年代，重庆市水产研究所、四川省农业科学院水产研究所（以下简称四川所）等单位实现了人工繁殖，但未实现长期蓄养。1992—1997 年，宜宾珍稀水生动物研究所（以下简称宜宾所）在长江上游宜宾—泸州江段收购野生长江鲟亲鱼 6 尾、幼鱼 100 余尾（至今尚存 17 尾），1998 年首次开展内塘驯养野生长江鲟的人工繁殖，获得 600 尾子一代；2004 年，实现内塘驯养原种长江鲟规模化繁殖，2 尾野生长江鲟产卵、出水花苗 7 万尾；2007 年首次实现子一代鱼苗（1998 年世代）培育达到性成熟，产生子二代苗 5 000 尾，首次实现全人工繁殖，并在当年开展首次长江鲟放流活动。长江水产研究所（以下简称长江所）于 2002 年从宜宾所引进长江鲟子一代苗种 1 200 尾，到 2013 年，在长江所实现了长江鲟子一代全人工繁殖。2012—2016 年期间，在公益性农业行业科研专项支持下，长江所和宜宾所继续进行联合攻关，到 2013 年，长江所与宜宾所长江鲟子二代苗种规模可达 50 万尾/年；到 2016 年，子二代苗种规模可达 300 万尾/年。据不完全统计，目前，长江所、宜宾所、四川所等长江鲟保种单位蓄养有原种亲本 20 尾、子一代亲本 1 000 余尾（已成熟），子二代亲本 1 200 余尾（6 龄以上），可批量实现长江鲟的规模化繁育。

2016—2018 年，长江所通过人工调控环境诱导（人工营造底质和水流环境），在四川宜宾和湖北荆州多次实现了长江鲟在人工模拟环境中的自然繁殖。参与自然交配产卵的雌雄鱼比例最高达 70%，最佳受精率达 78%。长江鲟在可控环境中仿生态繁殖的成功，表明合适的人工环境调控能够诱发长江鲟自然产卵，意味着养殖的子一代和子二代长江鲟亲鲟仍然保持了自然繁殖的生物本能。2018 年 4 月，长江所和宜宾所联合攻关，首次实现了长江鲟的子三代繁育。长江鲟子三代繁育的成功表明长江鲟在人工环境中具备可持续保种能力，为长江鲟种群重建和人工群体的繁育利用奠定基础。

2007—2020 年，在长江上游及中游江段尝试通过人工增殖放流方式补充长江鲟野外资源，特别是农业农村部颁布《长江鲟（达氏鲟）拯救行动计划（2018—2035）》并实施野外资源修复行动以来，累计放流长江鲟幼鱼 23 万余尾，其中，2018—2020 年放流长江鲟亲鲟超过 600 尾。长江鲟野外资源修复成效日益显著，2018—2020 年，每年监测误捕长江鲟幼鱼数量显著增加，每年累计捕获量超 300 尾。2020 年在合江江段，单船三层刺网监测单位捕捞努力量捕获量高达 25 尾/网次，甚至长江上游江安江段游钓捕获长江鲟的记录就超过 20 余起。通过沿江监测，发现放流的长江鲟幼鱼集中分布在宜宾、江安、江津等江段，在监测到的 380 余尾幼鱼中，95%个体身体健康状况良好，已适应野外环境，正常摄食。

根据对 2018 年以来放流长江鲟的 600 尾亲鲟监测跟踪结果，放流的长江鲟亲鲟具备定居长江上游和金沙江的本能，95%的放流长江鲟亲鲟分布在向家坝以下的金沙江江段以及长江上游的江津江段，5%会洄游分布到岷江江段。而且在繁殖季节，放流亲鲟向安边、三块石和向家坝下等江段聚集，这里曾经是长江鲟的历史产卵场分布区。随着长江鲟放流亲本数量增加，有望实现长江鲟在野外自然繁殖行为的重建。

当前，《长江鲟（达氏鲟）拯救行动计划（2018—2035）》已对长江鲟资源恢复进行了全方位的部署，主要包括：一是尽快推进长江鲟自然种群重建工作，二是扩大长江鲟人工保种群体规模，三是实施以利用促保护策略。实践证明，长江鲟人工群体的复壮为野外资源修复和种群重建产生了积极的成效。随着长江十年休渔和长江鲟行动计划的有效推进，长江鲟自然繁殖重建和自然种群恢复有望在不久的将来得以实现。而且随着繁育能力的不断加大，在满足野外种群修复的同时，也为其资源开发利用创造了条件。

（3）白鲟

白鲟（*Psephurus gladius*）是白鲟科白鲟属的鱼类，主要分布于我国长江，有“中国淡水鱼之王”的美誉。1989 年白鲟被列为我国国家一级重点保护动物，1996 年被世界自然保护联盟（IUCN）列为极危级保护物种，2009 年再次评估时被确定为“极危（可能灭绝）”。白鲟是 CITES 附录Ⅱ保护物种，也是长江上游珍稀特有鱼类国家级自然保护区的主要保护对象之一。

通过与捷克、英国的科学家合作，采用野外调查和理论模型分析的方法，对长江白鲟种群动态进行了深入研究，研究发现白鲟已于 2005—2010 年间灭绝，并且在 1993 年后发生功能性灭绝（即种群无法进行自然繁殖）。2020 年初此研究结果在国际学术期刊《整体环境科学》（Science of The Total Environment）发表，引发广泛关注，获 The Times、National Geographic、Global Times、China Daily、CGTN、央视、人民网、科学网等国内外约 200 家媒体报道。

白鲟的灭绝是多种人类活动共同影响的结果，但是其中最主要的是水利大坝的建设，导致洄游通道的阻隔和产卵场的消失。1981 年葛洲坝截流以后，一方面白鲟被分隔成坝上和坝下两个群体，被阻隔在坝下的繁殖群体无法上溯到位于金沙江下游的产卵场进行自然繁殖，将本就为数不多的白鲟群体进一步分散，而且大大缩减了产卵场的面积；另一方面，水坝蓄水等功能一定程度上也影响了如水温、水深等长江水文条件，进而对洄游鱼类的性腺发育等与产卵有关的体征造成了一定程度的抑制。同时，坝上繁殖群体由于数量减少繁殖效能明显下降，产卵繁殖出的仔幼鱼降河过程中也受到了大坝阻隔产生的不利影响。三峡大坝等梯级水电站建设进一步加剧了影响，白鲟产卵场基本消失。

在洄游阻隔、产卵场消失、过度捕捞、航运、水污染和渔业资源下降等多重不利因素叠加的影响下，白鲟繁殖规模逐步减小，繁殖频次降低，当繁殖活动停止并且高龄个体逐步趋近生理寿命后，种群逐步走向衰亡。

（4）长江江豚

长江江豚（*Neophocaena asiaeorientalis*）是一种小型齿鲸，隶属于鼠海豚科、江豚属。长江江豚是唯一的江豚淡水亚种，是我国特有的珍稀鲸类物种，具有重要的保护地位和研究价值，是长江生态系统健康与否的重要指示物种和伞护种。白鱀豚灭绝以后，长江江豚也是我国唯一的淡水鲸类。

20 世纪 90 年代，长江干流长江江豚种群数量尚有约 2 550 头；2006 年长江淡水豚考察结果显示，长江江豚种群数量约 1 800 头；2012 年长江淡水豚考察结果表明，洞庭湖、鄱阳湖中长江江豚的数量分别约为 90 头和 450 头，长江干流长江江豚的数量仅约 500 头，长江干流种群数量年下降速率约为 13.7%，且呈加速下降趋势。长江江豚种群数量持续、加速下降，以及自然分布区片段化使得该物种的濒危程度进一步加剧。世界自然保护联盟物种生存委员会（IUCN/SSC）于 2013 年将长江江豚列为“极度濒危（CR）”级。2017 年冬季，农业部组织实施了“2017 年长江江豚生态科学考察”，结果显示，长江江豚种群数量约为 1 012 头，其中长江干流约为 445 头，鄱阳湖 457 头，洞庭湖 110 头。长江江豚种群数量大幅下降的趋势得到遏制，但其极度濒危的状况没有改变。2018 年 10 月 9 日，农业农村部发布《濒危野生动植物种国际贸易公约附录水生物种核准为国家重点保护野生动物名录》，附件中长江江豚为Ⅰ级，等同于国家一级重点保护野生动物。2021 年 2 月 5 日，新版《国家重点保护野生动物名录》正式公布，长江江豚被列为国际一级重点保护野生动物。

目前长江江豚人工种群主要包括 4 个迁地保护群体以及 2 个人工饲养群体。湖北天鹅洲白鱀豚国家级自然保护区（故道）的迁地群体已从 1990 年投放的 5 头增长至超过 80 头，湖北何王庙（湖南集成垸）江豚省级自然保护区、安庆西江长江江豚迁地保护基地、铜陵淡水豚国家级自然保护区（夹江）迁地群体数量分别估计为 20 头、18 头和 12 头。目前迁地保护群体数量已超过 130 头，每年约有 10 头的幼豚出生，长江江豚迁地保护工作已初见成效。

多年来，长江江豚的保护工作取得了积极的进展，但并未从根本上扭转长江江豚种群数量持续下降的态势。为遏制和扭转长江江豚极度濒危的状况，国家各部委相继出台了一系列的保护规划。2016 年 12 月 13 日，农业部发布《长江江豚拯救行动计划（2016—2025 年）》，提出“以长江干流及两湖就地保护为核心，加快推进迁地保护，加大人工繁育保护力度，着力做好遗传资源保存”等全方位、多层次的保护原则。2017 年 7 月 17 日，环境保护部、发展改革委、水利部会同有关部门编制印发了《长江经济带生态环境保护规划》；2017 年 9 月 30 日，国务院印发的《关于创新体制机制推进农业绿色发展的意见》；2018 年 4 月 3 日，生态环境部会同农业农村部、水利部制订了《重点流域水生生物多样性保护方案》；2018 年 9 月 24 日，国务院办公厅印发《关于加强长江水生生物保护工作的意见》，上述国务院及各部委发布的相关保护规划和意见均对长江江豚保护提出了明确、具体的要求。

目前，长江江豚保护存在的主要问题：一是长江中下游流域自然生境受到破坏，包括局部水环境污染加剧、涉水工程建设及运行、渔业资源枯竭、非法采砂等；二是保护救护难度大；三是长江江豚保护力量薄弱；四是长江江豚保护投入不足。主要保护建议包括：一是加快保护立法；二是建立长江江豚保护管理制度，包括制定“长江江豚保护管理办法”，完善保护考核，建立健全长效保护机制等；三是完善长江江豚保护技术体系，加强长江江豚自然种群及栖息地保护，积极推动长江江豚迁地保护，扩大迁地种群数量，积极探索长江江豚繁育保护，拓展保护途径；四是开展栖息地保护与生态修复；五是鼓励引导社会力量参与保护。

（三）代表性经济物种的保护进展

（1）圆口铜鱼

圆口铜鱼隶属于鲤形目、鲄亚科、铜鱼属，主要分布在宜昌以上的长江上游川江段和金沙江中下游干流，以及雅砻江、岷江、沱江、赤水河、嘉陵江、乌江等支流，历史上在长江上游地区的种群数量较大，是长江上游江段的主要捕捞对象和重要经济鱼类。近年来，受过度捕捞、环境污染等影响，圆口铜鱼洄游通道被阻隔，产卵场生境遭毁灭性破坏，自然繁殖规模急剧缩减，自然种群资源下降明显。2007 年，圆口铜鱼被列入农业部《国家重点保护经济水生动植物资源名录（第一批）》，2015 年被《中国生物多样性红色名录》评估为极度濒危物种，2021 年 2 月 5 日，新版《国家重点保护野生动物名录》将圆口铜鱼列为国际二级重点保护野生动物。

在农业农村部、中国长江三峡集团有限公司、中国水产科学研究院等单位的大力资助和支持下，长江所自 2007 年开始启动圆口铜鱼人工驯养繁育相关基础理论与生产技术研究，先后突破了圆口铜鱼野生亲鱼人工繁殖、全封闭循环水驯化与亲鱼培育、人工繁殖与苗种规模化培育等关键技术瓶颈。2014 年，长江所全面攻克人工繁殖技术，并在此后的连续 5 年中不断取得进展。2020 年，在中国长江三峡集团有限公司支持下，长江所和宜昌三江渔业有限公司联合攻关，实现圆口铜鱼苗种规模化生产且规格苗种数量超过 15 万尾，为圆口铜鱼增殖放流奠定了基础。

2020 年 9 月 23 日，圆口铜鱼增殖放流活动在重庆市江津区长江上游珍稀特有鱼类国家级自然保护区江段举行，10 万尾圆口铜鱼放流入江。此次放流的 10 万尾圆口铜鱼为长江所和宜昌三江渔业有限公司人工繁育苗种。其中，2020 年人工繁育的苗种 9 万尾（规格全长约 5 厘米，宜昌三江渔业公司提供 7 万尾，长江所提供 2 万尾），2019 年人工繁育的 1 年龄幼鱼 1 万尾（规格全长约 15 厘米，长江所提供）。为开展后续放流效果评估等科研工作，长江所还对放流的 2 万尾圆口铜鱼进行了微金属线码（CWT）和可见植入荧光（VIE）标记，并建立了放流圆口铜鱼分子标记及繁育亲本遗传基因库。此次放流活动，不仅首次实现圆口铜鱼单次放流规模达到 10 万尾以上，而且 1 年龄以上大规格圆口铜鱼放流规模也首次达到 1 万尾以上。同时，在长江圆口铜鱼放流工作中，此次多规格苗种同步放流、对放流苗种进行标记以及标记苗种的数量规模等均属首次，对推动圆口铜鱼自然种群资源恢复以及相关科研工作实施具有里程碑意义。

（2）刀鲚

刀鲚为长江中下游重要的经济鱼类，具有淡水定居和溯河洄游两种生态表型。淡水定居型刀鲚可在淡水中完成全部生活史。溯河洄游型刀鲚经济价值高，在海水中育肥生长，在淡水中完成繁殖，一般在春季从海区进入淡水，沿长江口上溯至长江中下游干流及附属的湖泊中产卵繁殖。历史上，鄱阳湖是其重要的产卵场。20 世纪 90 年代以来，由于过度捕捞、采砂等涉水活动，鄱阳湖刀鲚的资源量急剧下降，已不能形成渔汛，部分年份在渔获物中“绝迹”。

2019—2020 年，长江所科研人员开展的“长江流域渔业资源与环境调查”与“鄱阳湖刀鲚资源、产卵场调查与保护研究”项目研究中发现，在取消长江口特许捕捞及保护区禁渔等保护措施实施后，鄱阳湖洄游性刀鲚群体资源出现明显恢复。根据近年调查的文献数据和本研究的结果，2010—2014 年，刀鲚的平均单船捕捞量为 1.6 ind./d；2017—2018 年更是下降到了 0.15 ind/d；从 2019 年开始，刀鲚资源呈现明显的恢复趋势，2019 年单船捕捞量增长至 12.4 ind/d，2020 年激增至 117 ind/d，研究证实鄱阳湖的刀鲚资源开始出现明显恢复。

四、长江水生态环境修复现状与进展

“十三五”期间，长江水生态修复工作得到了极大的加强，主要包括：大力开展人工增殖放流，建设人工鱼巢和过鱼设施，实施生态调度、小水电拆除与支流连通性恢复、鱼类栖息地综合修复等。

（一）小水电拆除与支流连通性恢复

小水电是指装机容量 50MW 以下的水电站，具有投资少、周期短、见效快的优势，主要分布在我国西南大部和中部、南部地区。根据水利部公报数据显示，截至 2018 年末，全国共建设农村小水电 46 515 座，装机容量达到 80.44GW，其中长江经济带总装机容量近 60GW，占全国小水电总装机的 75%。2018 年 6 月 19 日，审计署发布《长江经济带生态环境保护审计结果》显示，截至 2017 年底，长江经济带 10 个省份已建成小水电站 2.41 万座，最小间距仅 100 米；其中，6 个省在自然保护区划定后建设 78 座小水电站，7 个省有 426 座未拆除的已报废的停运电站和拦河坝等建筑物；更为严重的是，过度开发致使 333 条河道出现不同程度断流，断流河段总长

1 017千米。小水电的建设阻断了部分鱼类的洄游通道，影响洄游鱼类的正常繁殖、越冬，导致区域性鱼类多样性的丧失，部分水库型小水电的建设还淹没了一些鱼类特有的产卵场和栖息地。此外，库区水流速度变慢还导致水体自净能力被削弱，造成水质恶化。

2018 年 12 月 6 日，水利部、国家发展改革委、生态环境部、国家能源局联合发布《关于开展长江经济带小水电清理整改工作的意见》。2019 年 8 月 21 日，水利部、生态环境部正式印发《关于加强长江经济带小水电站生态流量监管的通知》。2018 年以来，长江流域各地陆续开始小水电清理整改工作，开展生态流量确定、泄放设施改造、生态调度运行、监测监控等工作，健全保障生态流量长效机制，目标是在 2020 年底前全面落实小水电站生态流量。

恢复河流的连通性和水文、水温等环境要素原有的自然节律，这在一些已建高坝大库的河流难以实现，但对一些分布有较多特有鱼类的支流，则可以进行完整的修复。在只建了小水电的支流，将其小水电拆除后（小支流上游的蓄水水库除外），可恢复河流原来的自然流态；同时，建立自然保护区，充分发挥自然河流净化水质和维护生物多样性的生态服务功能。此外，恢复长江干支流与附属湖泊的通道，重构长江流域江湖复合生态系统，也是解决当前水生生物多样性危机的关键性举措。

（二）实施生态调度

2011 年以来，三峡水库持续开展了促进长江中游四大家鱼产卵的生态调度试验。在连续多年实施生态调度以及渔业资源保护等综合措施下，“四大家鱼”产卵量呈现出逐年上升趋势，其中葛洲坝下游宜都江段“四大家鱼”产卵量从 2011 年的 0.25 亿颗增加到 2019 年的 30 亿颗。2020 年 5 月，溪洛渡-向家坝-三峡梯级水库联合生态调度试验启动，旨在通过三库联合调度，在向家坝下游和葛洲坝下游江段营造适宜“四大家鱼”、铜鱼等产漂流性卵鱼类自然繁殖的水文条件，从而达到促进鱼类增殖的目的。溪洛渡-向家坝-三峡梯级水库联合生态调度是落实长江大保护战略的重要举措。多年来，除连续开展了促进鱼类繁殖的生态调度试验之外，还积极开展了溪洛渡分层取水、三峡水库防控库区支流水华、库尾泥沙减淤等多种生态调度，扩大了梯级水库生态调度的目标和范围。

（三）鱼类栖息地生态修复工程

长江鱼类栖息地生态修复工程“十三五”期间进展缓慢。黑水河鱼类栖息地生态修复工程是国务院批复的《长江经济带生态环境保护规划》中明确的生态修复示范项目，也是金沙江下游水电站梯级开发生态保护的重要举措。自 2018 年 12 月开工至今，已完成老木河电站拆坝工程、梯级电站生态流量下泄保障及监控工程、松新电站减水河段生境修复试点工程及首期长江上游特有鱼类增殖放流。

老木河电站闸坝的拆除，恢复干流连通河道长度约 61 千米（全长 75 千米），闸坝下游鱼类在坝体拆除后成功上溯；生境修复试点工程完成的透水堰、疏浚河道、河床底质改善等，使得修复区域内水流条件改善，水生植物生长、着生藻类增长明显，有利于鱼类索饵、产卵；梯级电站生态流量下泄保障措施充分发挥作用，对河道及电站闸坝下泄流量进行实时监控，保证下游减水河段生态流量满足需求，改善下游河道水生生境条件；增殖放流长江上游特有鱼类 13 500 尾，不仅增加了区域内鱼类资源量，也进一步提高了当地人民群众的鱼类保护意识，滥捕现象大为减少。

中国水产科学研究院有关单位在长江上游珍稀特有鱼类国家级自然保护区以及长江靖江段中华绒螯蟹鳜鱼国家级水产种质资源保护区等开展了生态修复尝试，主要采用生态浮床、人工鱼巢等多项修复措施，并重点研究了沉粘性卵重要经济鱼类的产卵机制及其环境需求，比较分析了不同材料的附着效果，对长江鱼类产卵场的人工修复有借鉴意义。

（四）实施增殖放流

基于全国水生生物资源养护信息采集系统（http：//znyj. nftec. agri. cn)，对长江中下游区 2016—2019 年增殖放流现状的分析结果表明：近 4 年在长江中下游区的 89 处河流、湖泊、水库进行了增殖放流活动，涉及 72 种水生生物，隶属于 21 目 31 科，其中鱼类 55 种、贝类 7 种、虾 3 种、蟹 2 种、龟鳖类 2 种、两栖类 2 种，水母类 1 种。2016—2019 年累计放流水生生物 134.3 亿单位（尾/粒/只），累计投入资金 6.3 亿元，年均放流水生生物 34.0 亿单位（变幅 1.8 亿～15.6 亿单位)，年均投入资金 1.6 亿元（变幅 0.08 亿～0.7 亿元）。主要放流经济种包括鳙、鲢、草鱼（3 种鱼类放流数量占经济种的 82.0％)，主要放流珍稀濒危种为胭脂鱼（放流数量占濒危种的 82.0％)。按放流数量统计，以渔民增收、生物净水和保护生物多样性为目的分别占 69.9％，57.2％，0.08％。为提高长江中下游区在禁捕后增殖放流工作的成效，建议：1）调整放流种类，增加濒危物种放流比例；2）优化放流规格，兼顾放流成本和成活率；3）严格管控苗种来源，提高放流物种种质质量的遗传多样性；4）全面开展放流效果评估，采取措施有针对性地提高增殖放流物种的成活率。

对西南区 2016—2019 年增殖放流现状的分析结果表明：2016—2019 年西南区共对其 56 处江河、湖、水库进行了增殖放流活动，涉及 95 种水生生物，包括鱼类 92 种，两栖类 1 种，龟鳖类 2 种，隶属于 8 目 15 科 54 属。4 年间总计放流 53 890.15 万尾，投入资金 27 128.16 万元，其中鲤科鱼类居多。放流的水生生物中以鲢、鳙、草鱼为主；放流的珍稀濒危水生生物中以胭脂鱼为主。放流的规格大多为 1～15 厘米，放流的时间集中在秋末冬初。从西南区 4 年间总体放流种类与数量来看，其放流的目的以促进渔民增收及生物净水为主；从西南区各水域放流种类来看，其主要目的是保护特有鱼类。研究表明，西南区 2016—2019 年增殖放流活动中在放流种类的选择、时间、规格、效果评估、社会宣传等方面还有待进一步改进。

综合分析，当前长江流域增殖放流工作存在的主要不足包括：（1）顶层设计不足；（2）放流规范不足；（3）效果评价不足；（4）支撑保障不足。主要对策建议包括：（1）增强顶层设计：完善法律法规保障，健全管理制度，编制放流规划等；（2）规范放流过程：制定放流规范标准，加强放流过程监管；（3）完善效果评价：制定科学评价方法，以评价结果改进放流活动；（4）强化支撑保障：加强基础和应用研究，鼓励多元化投资，完善配套管理措施，营造良好舆论氛围。

五、未来长江渔业资源保护与修复工作重点

基于长江渔业资源与环境调查等项目现有进展，结合当前长江全面禁捕的形势，下一步建议着重从以下六个方面开展工作：

一是按照《长江保护法》的要求，制定有关长江水生生物保护及其生境修复的规划，制定和修改相关的法规、政策和技术规范。

二是尽快开展长江濒危种现状的调查评估，并收集种质资源。在已有三年多的调查中，有 120 余种鱼类未能采集到样本，这些鱼类多属国际级、国家级、省级重点保护物种，属于濒危保护种，在禁渔前后这些鱼类种群状况将如何变化，亟须进行深入调查评估，并尽快收集储备种质资源。

三是强化开展长江鱼类资源变动和禁渔效果评估，建立较为科学合理的长江生物完整性评估体系，并实施评估、考核。扩大现有调查水域范围至一些非通江的大型湖泊，涵盖长江流域 332 个已经实施禁渔的水生生物保护区，并适当增加调查的强度。

四是禁捕后渔业管理措施的研究。在一些非通江并且历史上曾作为重要渔业水域的湖泊，在渔业资源快速恢复后，需研究开展鱼类种群调节性捕捞的必要性和可行性，把生态养护、修复、利用等工作有机结合；对于禁捕后长江天然水域休闲垂钓等渔业活动的科学管理，也亟须尽快研究禁捕后休闲渔业产业发展的新业态。

五是开展水生生物栖息地的调查评估和修复示范，重点开展河湖消落区、鱼类“三场一通道”（即产卵场、索饵场、越冬场和洄游通道）等关键栖息地的调查评估，并进行修复示范工作。

六是开展长江旗舰种的种群重建。对于一些濒危种而言，由于其天然个体已经非常稀少，禁捕也很难修复或恢复其物种资源，如长江鲟，必须采取增殖放流、栖息地修复、科学管理等一系列综合措施，才能有效恢复其物种资源。应充分利用长江十年禁渔黄金时期，重点加强珍稀濒危水生动物的野外资源修复和种群重建工作。

七是调整长江禁捕水域的水生生物增殖放流和效果评估规划。规范从中央财政到各省份及相关生态补偿项目中的增殖放流内容，完善相关部门和项目有关生态补偿和增殖放流的相关技术规范和标准，进一步完善长江水生生物增殖放流体制机制，规范各主体长江水生生物增殖放流活动。

未来通过积极开展上述有关工作，可望为长江十年禁捕工作提供比较全面的基础数据，为长江水生态保护和修复提供示范，为相关政策制定与调整提供重要技术支撑，最终实现长江经济带的绿色可持续发展。

（中国水产科学研究院长江水产研究所：危起伟　张辉　杜浩　王成友）

参 考 文 献

新华网，2020. 溪洛渡—向家坝—三峡梯级水库联合生态调度试验启动［EB/OL］.（2020-05-25）. https：//news. china. com/domesticgd/10000159/20200525/38263419. html.

徐薇，杨志，陈小娟，等，2020. 三峡水库生态调度试验对四大家鱼产卵的影响分析［J］. 环境科学研究，33（5）：1129-1139.

中国三峡集团，2020. 三峡集团黑水河鱼类栖息地生态修复工程全面复工［EB/OL］.（2020-03-06）. https：//www. thepaper. cn/newsDetail _ forward _ 6349730.

中华人民共和国审计署，2018. 长江经济带生态环境保护审计结果（2018年6月19日公告）［EB/OL］. http：//www. audit. gov. cn/n5/n25/c123511/content. html.

Chen Y，Guo C，Ye S，et al.，2017. Construction：limit China′s sand mining［J］. Nature，550：457.

Chen Y，Zhang S，Huang D，et al.，2017. The development of China’s Yangtze River Economic Belt：how to make it in a green way［J］. Science Bulletin，62：648-651.

Hou X，Feng L，Tang J，et al.，2020. Anthropogenic transformation of Yangtze Plain freshwater lakes：patterns，drivers and impacts［J］. Remote Sensing of Environment，248：111998.

Huang J，Mei Z，Chen M，et al.，2020. Population survey showing hope for population recovery of the critically endangered Yangtze finless porpoise［J］. Biological Conservation，241：108315.

Mei Z，Cheng P，Wang K，et al.，2020. A first step for the Yangtze［J］. Science，367（6484）：1314.

Xu H，Pittock J，2020. Policy changes in dam construction and biodiversity conservation in the Yangtze River Basin，China［J］. Marine and Freshwater Research，11：11065.

Zhang H，Jarić I，Roberts DL，et al.，2020. Extinction of one of the world′s largest freshwater fishes：

Lessons for conserving the endangered Yangtze fauna [J]. Science of the Total Environment, 710: 136242.

Zhang H, Kang M, Shen L, et al., 2020. Rapid change of Yangtze fisheries and its implications for global freshwater ecosystem management [J]. Fish and Fisheries, 21: 601 - 620.

Zhang H, Kang M, Wu J, et al., 2019. Increasing river temperature shifts impact the Yangtze ecosystem: evidence from the endangered Chinese sturgeon [J]. Animals, 9: 583.

黄河流域渔业研究进展与展望

黄河是中华民族的“母亲河”，也是中华文明的发源地。黄河流域作为我国重要的生态屏障，流域内分布着黄河鲤、兰州鲇、骨唇黄河鱼等众多珍稀特有鱼类，极具保护价值。然而，黄河流域长期存在水资源开发利用粗放、水旱两患、水土流失等有别于其他流域的一些突出困难和问题，且受水工程建设、水体污染、资源过度利用等影响，水生生物资源和多样性面临严重威胁。2019 年 9 月 18 日，习近平总书记在“黄河流域生态保护和高质量发展座谈会”上指出，“黄河流域是我国重要的生态屏障和重要的经济地带”“保护黄河是事关中华民族伟大复兴和永续发展的千秋大计”，黄河流域水生生物保护工作上升为保护黄河国家战略的重要组成部分。

近十年来，黄河渔业科学研究不断深入，特别是“十三五”期间，在各级渔业和科技主管部门的大力支持下，国内相关科研机构在渔业资源保护与利用、渔业生态环境、水产遗传育种、水产养殖与病害防治等方面的研究工作取得了较快进展。

一、黄河渔业主要研究进展

（一）渔业资源保护与利用领域

1. 初步掌握黄河流域部分片区渔业资源状况

在公益性行业（农业）科研专项等科技项目的支持下，使用分裂式波束科学鱼探仪（Simrad EY60，70 千赫兹）在黄河三门峡水库进行渔业资源声学调查，通过测定水体中鱼类目标强度及回波积分方法对鱼类密度、资源量和空间分布进行探查与估算（李斌 等，2016）。声学方法等先进监测手段在黄河渔业资源评估中的成功应用，推动了黄河流域河流、湖泊和水库渔业资源调查方法的进展。

近年来，黄河流域陕西、河南、甘肃、青海四省先后对渔业资源情况开展了调查，初步掌握了黄河流域部分河段渔业资源现状。但是由于缺少顶层设计和流域性专项支撑，相关调查工作和成果较为分散。2013—2015 年，陕西省对黄河陕西段的主要经济鱼类资源现状进行了调查，发现黄河陕西段有鱼类 7 目 15 科 58 种，其中鲤科鱼类最多为 36 种，占总种类数的 61.1%，较 20 世纪 80 年代减少了 6 种，黄河陕西段鱼类年龄、个体规格小型化趋势明显，不同河段鱼类群落存在明显空间差异。2015—2017 年，河南省先后对灵宝市、洛宁县、新安县、伊川县、宜阳县、孟津县、汝阳县、中牟县等进行渔业资源调查，摸清了相关市县的渔业资源家底。2016 年甘肃省在甘南州境内开展了黄河、洮河、大夏河、白龙江水域渔业资源调查，掌握了高原土著鱼类的自然产卵季节，不同河道内土著鱼类生存种类、群落及个体比例，性成熟期鱼体表明显特征及自然产卵期雌雄鱼洄游差异等数据，确定并更新了部分产卵场位置。2019 年青海省开展了祁连山区鱼类资源状况调查，对该地区 42 个样点开展 80 次实地调查，共采集鱼类标本 2 116 尾，隶属于 2 目 3 科 8 属 18 种及 1 亚种，为该区域鱼类多样性保护提供资源本底数据。

2. 初步开展了黄河流域鱼类多样性、完整性研究

综合历史记录和野外调查，已知黄河流域分布的淡水鱼类共计 147 种，隶属于 12 目 21 科 78 属，其中鲤形目种类占据绝对优势。全流域黄河特有种计 27 种、受危物种 24 种，分别占总数的 18.37%和 16.32%；同我国其他主要江河鱼类相比，黄河鱼类在高级分类阶元上的多样性较高，但物种多样性则处在较低水平，上游特有鱼类和珍稀濒危鱼类的占比很高（赵亚辉 等，2020）。另外，通过近年来针对黄河流域不同河段的调查研究，例如：2009—2015 年间，针对黄河龙羊峡以上干流及附属湖泊，黄河陕西段、山西段，及黄河下游相关河段鱼类资源的调查（崔松林 等，2013；申志新 等，2014；王益昌 等，2017；刘洪波，菅浩然，2019），以及 2016—2017 年对黄河最大的支流渭河的调查（沈红保 等，2019），均可得出一致的结论：与历史资料相比，目前黄河流域鱼类多样性大幅降低，现状调查仅能采获历史记录种类的 53.06%（赵亚辉 等，2020），且很多河段渔获物呈现低龄化、小型化趋势，鱼类群落结构发生了较大变化。

采用 2013—2014 年黄河口及其邻近海域的鱼类资源调查数据，结合 20 世纪 80 年代和 90 年代的历史资料，依照黄河口水域鱼类区域组成特征，初步构建了黄河口水域鱼类生物完整性指数评价指标体系，从鱼类种类组成、繁殖共位体、鱼类耐受性和营养结构等方面提出了 12 个评价指标，初步构建了黄河口水域鱼类生物完整性指数评价指标体系。结果表明，黄河口水域生态环境受到人为因素的干扰较大，鱼类生物完整性呈下降趋势，20 世纪 80 年代初期黄河口水域鱼类生物完整性处于“极好”水平、90 年代为“差”水平，2013 年已处于“极差”水平（张芮 等，2017）。

3. 研究了黄河流域重要物种生物学及生态学特性

黄河鲤 对黄河陕西段、内蒙古段黄河鲤的生活习性、内外部特征、生化指标和遗传学指标等生物学特性进行了研究，获得了陕西段黄河鲤资源现状和生物学性状，并与前期调查结果进行了分析对比，指出开展科学增殖放流对黄河鲤的资源恢复具有重大意义（陈媛媛 等，2016）；发现内蒙古段黄河鲤的侧线鳞为 34－39，体长/体高为 3.89±0.23，肌肉中乳酸脱氢酶含有 LDH5、LDH6，与黄河鲤的行业标准一致，判定内蒙古段黄河鲤为纯种的黄河鲤鱼（冯伟业 等，2018）。

兰州鲇　对黄河陕西段野生兰州鲇资源状况进行了调查，分析了种群分布区域、种群数量和结构、产卵场分布、资源量变化以及不同水域的自然种群生态学等。结果显示，兰州鲇目前仅在黄河中上游水域及陕北入黄河的河流下游有分布，黄河陕西段兰州鲇产卵场分布在合阳县洽川、合阳县大西高铁、大荔鲁安、大荔县雨林、潼关县港口等5个区域；与20世纪80年代相比，兰州鲇资源量减少、个体小型化、饵料生物贫乏，种群受到了严重破坏，迫切需要采取有效措施进行保护（李蕾 等，2017）。

秦岭细鳞鲑　针对秦岭细鳞鲑放流前后资源量变化规律进行了研究，建立了秦岭细鳞鲑资源动态变化模型（2017年物种资源养护专题研究报告汇编）；开展了秦岭细鳞鲑人工繁殖及苗种培育研究，先后攻克亲鱼培育、苗种繁育、饵料研制、病害防治等多个关键技术难点，5年累计驯化储备亲鱼1 000余尾，累计放流秦岭细鳞鲑苗种38 000多尾，同时还建立了2个实验繁殖基地。

黄河刀鲚　利用电子探针微区分析技术（EPMA）研究刀鲚的矢耳石微化学特征，结果显示，东平湖的刀鲚分属洄游群体和淡水群体两个群体，证明黄河口与东平湖之间仍存在刀鲚洄游（丛旭日 等，2019）。

赤眼鳟和乌鳢　对黄河陕西段的赤眼鳟和乌鳢进行了资源调查和生物学性状分析，发现赤眼鳟主要分布在府谷、韩城至港口一带，乌鳢主要分布在合阳洽川以下水域，两种经济鱼类资源量占比较低，摄食水平相对低下，种群结构较简单。有必要在加强黄河陕西段鱼类野生资源恢复的同时，开展赤眼鳟和乌鳢等鱼类的规范化养殖（陈媛媛 等，2016）。

黄河水系中华绒螯蟹　利用FiSAT Ⅱ软件对黄河口中华绒螯蟹种群的生长参数、死亡参数、开发率以及补充类型的现状进行分析研究，获得了黄河口中华绒螯蟹的生物学特性和生长状况，为更好地实施增殖放流提供参考（丛旭日 等，2018）。采用框架法对不同栖息环境中华绒螯蟹形态进行研究，比较了黄河水系（东营黄河口自然环境）以及长江水系（滆湖、骆马湖、固城湖、军山湖、梁子湖围网养殖环境）、辽河水系（营口、盘锦等稻蟹共作养殖环境）8个不同产地的中华绒螯蟹形态。结果显示，基于32个特征判别分析初始产地的鉴别正确率可达83.1%，基于LDA-SVM的模型分类具有最好的产地鉴别效果（郑朝臣 等，2019）。

4. 开展了黄河流域增殖放流相关研究

2016—2018年，黄河流域年投入增殖放流资金约3 000万元，增殖放流水生生物苗种超过1亿单位，主要增殖种类包括花斑裸鲤、极边扁咽齿鱼、秦岭细鳞鲑、厚唇重唇鱼、大鲵、赤眼鳟、草鱼、鲢、鳙、鲤、鲫、乌龟、中华鳖、兰州鲇、乌鳢、中华绒螯蟹等16个种类。

在增殖放流相关技术研究方面，调查评估了黄河支流渭河水域四个水库的浮游植物生物量和初级生产力，根据调查结果测算了各个水库的鱼产力和鲢鳙放养量（韩亚慧，2017）；在黄河上游玛曲段开展了极边扁咽齿鱼和厚唇裸重唇鱼苗种培育技术相关研究，采用 T 型放流标记挂牌 3 龄极边扁咽齿鱼 3 000 尾，对放流标记鱼类进行了回捕，估算了放流群体的回捕率及放流河段极边扁咽齿鱼的资源量，制定了甘肃省土著鱼类增殖放流操作技术规程（2015 年物种资源养护专题研究报告汇编）；开展了黄河鲤、兰州鲇 PIT 电子标记和分子标记研究，并运用资源增殖学理论及相关应用技术，进行增殖放流效果分析（2016 年物种资源养护专题研究报告汇编）；开展中华绒螯蟹增殖放流效果评估和跟踪调查，获取中华绒螯蟹在增殖水域的种群数量变化、个体生长发育、繁殖生物学、物种多样性变化等数据，为中华绒螯蟹的增殖放流技术标准提供依据（2016 年物种资源养护专题研究报告汇编）。

在增殖放流生态安全评价方面，采用基于“压力-状态-响应”模型（PSR）和层次分析法（AHP），通过数据的标准化处理，以及指标权重赋值、权重一致性检验、评价等级确定和评价模型构建，对黄河陕西段鱼类增殖放流进行生态安全评价，结果显示黄河陕西段各年份增殖放流生态安全度（ESI）的评价等级为：2013 年Ⅱ级（良好状态）、2014 年Ⅲ级（一般状态）、2015 年Ⅳ级（较差状态）即临界不安全状态以下水平。对不安全状态影响较大的主要指标是：黄河径流量变化影响、重要生境保持率和公众资源环境保护意识的影响；其他影响因子包括污水排放达标率、鱼类增殖放流量、政策和管理水平、鱼类生物多样性指数、保护区建设、水质综合污染指数、群落结构等（王益昌 等，2017）。在增殖放流效果评估方面，针对黄河河南段渔业资源增殖放流活动，设计了增殖放流效果评价专家系统。

5. 调查了黄河流域外来入侵水生生物

调查分析了黄河陕西段水生动物入侵情况，确定了入侵的水生动物有 9 目 19 科 32 种，其中鱼类 6 目 12 科 25 种、甲壳类 1 目 3 科 3 种、爬行类 2 目 4 科 4 种；境内入侵水生动物占 71.9%，境外入侵水生动物占 28.1%；境外入侵的鱼类有 6 种，其中，德国镜鲤与黄河土著鲤杂交后代扩散范围广（侯淑敏 等，2016）。入侵物种影响了黄河陕西段水生生物多样性和渔业资源，造成黄河土著鱼类资源呈下降趋势。

（二）渔业生态环境保护领域

1. 掌握了黄河流域渔业水域生态环境状况

截至 2016 年全国渔业生态环境监测网已覆盖黄河流域 5 个重要河段、7 个重要湖泊/水库以及 12 个国家级水产种质资源保护区，每年在上述水域开展两次常规监测，为黄河流域主要渔业水域的生态环境状况提供了重要的本底信息。依据 2016 年的渔业水域生态环境监测数据，黄河流域渔业水域总氮和总磷超标率较高，部分水域高锰酸盐指数和非离子氨等出现超标情况。采用综合营养状态指数法，评价黄河下游山东段水域营养状态，结果显示营养化状态处于中度营养到富营养，定性评价为良好

-中度污染（段登选 等，2013）。2012—2018 年，在黄河上游干流非养殖区及龙羊峡至积石峡水库重点网箱养殖区域设置监测断面，对网箱养殖区水质、底泥开展连续监测，发现网箱养殖区域和黄河干流非养殖区域水质监测对比没有明显差异，沿黄网箱养殖对黄河干流水质、底泥等没有产生明显影响（简生龙 等，2020）。

2. 研究了黄河流域水域污染与风险评价

黄河流域水污染排放特征及污染集聚格局分析表明，黄河流域水污染排放特征区域差异显著，从上游、中游到下游地区呈现明显的阶梯状分布，陕西省、山西省、河南省、山东省四省的水污染物排放量占全流域排放量的 65%～90%，水污染的来源以农业源和生活源为主（白璐 等，2020）。除了常规水环境质量监测，黄河流域渔业水域也开展了有毒有害污染物监测及风险评估工作。

重金属污染监测及研究。重金属是黄河流域传统的有毒有害污染物。以黄河上游 4 个省份（青海省、甘肃省、宁夏回族自治区、内蒙古自治区）典型地区共 125 个采样断面的底泥沉积物为研究对象，系统调查和研究了底泥中 8 种重金属（Cu、Fe、Mn、Ni、Zn、Cr、Pb 与 Cd）的含量特征及空间分布规律，通过聚类分析和方差分析综合评价了黄河上游 4 个省份典型地区底泥重金属的污染程度（尚桢，2016）。开展了 2009—2018 年黄河源区水库上游流域地表水重金属特征研究及水环境质量评价，结果表明，铅的浓度平均值最高为 0.004 27 毫克/升，汞的浓度平均值最低为 0.000 4 毫克/升。根据最大隶属原则判断，近 10 年黄河源区水库上游流域地表水中重金属水环境质量为优（2019 中国环境科学学会科学技术年会论文集）。另有研究发现镉是黄河中下游沉积物中污染程度最高的重金属，具有潜在生态风险（冯精兰，2015）。

持久性污染物、农药、抗生素、微塑料等研究。在黄河包头段、兰州段的水环境监测中，发现了持久性污染物 PCBs 和 PAHs。对黄河全流域 39 个国控断面采样点中水相、沉积物和土壤中 PAHs 检测，发现甘肃段和河南段 PAHs 含量远远高于黄河流域平均 PAHs 含量，水相、沉积物和土壤中 PAHs 平均含量与国内外不同河流相比处于中等偏低的水平，但高污染风险的地区需重点控制以防恶化（张旭，2017）。对我国重点流域地表水中 29 种农药污染及其生态风险评价，发现敌敌畏在黄河流域具有潜在生态风险，且黄河流域还检出了新烟碱类农药（IMI、ACE）（徐雄 等，2016）。此外，在黄河流域的沉积物中检出了 7 种抗生素（诺氟沙星、左氧氟沙星、红霉素、磺胺嘧啶、土霉素、四环素和环丙沙星）以及新兴污染物微塑料（Zhou et al.，2011；Qin et al.，2020）。

3. 评估了黄河流域渔业水域生态健康水平

生态系统健康评价指标体系研究。从黄河河口区的生物生态、环境质量、社会经济、管理措施和人类健康等方面筛选出 50 个评价指标，构建了黄河河口区生态系统健康评价指标体系（牛明香 等，2016）。根据黄河内蒙古段流域实际情况和收集的资料，建立了黄河内蒙古段健康评价体系，评价体系分为目标层、准则层、指标层三个层次；筛选了17个评价指标，确定各个指标的评价标准，对黄河内蒙古段进行健康评价，将黄河内蒙古段健康水平分为“很健康、健康、亚健康、不健康、病态”五个等级（田野，2016）。

建立生态系统健康评价模型。基于遥感影像数据、基础地理数据和湿地监测数据，构建生态系统健康评价模型。以郑州黄河湿地为研究区，选取归一化植被指数、景观多样性指数、景观形状指数、斑块密度指数、聚合度指数、平均弹性度、水体面积等7个评价指标，建立生态系统健康评价模型，对其健康状况进行评价。结果表明，郑州黄河湿地生态健康状况中等，湿地格局基本完整并具有一定的恢复能力（曾朝平 等，2016）。

4. 局部开展了黄河流域渔业水域生态保护和修复

在以渔净水方面，生物操纵、生态调控等生态修复方法在黄河渔业中的应用越来越广泛，特别是在水域的富营养化状态调控过程中，“以渔养水”发挥了重要的作用。利用“测水配方”技术对山东省境内的栖霞市长春湖、威海市崮山水库和利津县三里河等3种典型的水体进行了“测水配方”试验，结果显示鲢鳙鱼类、生态浮床对水体N、P去除效果良好，相关水域水质有明显改善（孙姚佳等，2018）。

在养殖尾水综合治理方面，淡水池塘养殖尾水综合净化利用技术研究与示范项目通过多种水生植物对不同鱼类池塘养殖水体净化技术的研究，集成研发淡水池塘养殖尾水综合净化利用模式，构建了由曝气-初级沉降-泡沫分选-微生物调控-生物综合净化等组合的淡水养殖池塘尾水综合净化系统，净水生态效果明显。在山东济宁任城区和鱼台县、泰安市东平县及临沂市沂南县等地实施了内陆水产绿色养殖技术研究与示范项目，针对采煤塌陷池塘、滨湖池塘的大宗淡水鱼养殖以及加州鲈池塘和工厂化养殖，研发了养殖水体的水生植物浮床和微生态制剂施用等水环境调控技术，并将池塘绿色养殖和尾水资源综合利用有机耦合，构建了淡水池塘绿色养殖模式，养殖尾水总氮、总磷和COD大幅下降，生态效果显著（山东淡水渔业研究院官网）。

在以渔改碱方面，开展盐碱地生态池塘改造，收集盐碱水和养殖废水，台田种植饲草和果树，用生物化学方法降低池塘盐碱度，引进耐盐耐碱优良水产养殖新品种，制定盐碱池塘养殖模式，建立了鱼-草-果-禽生态系统，试验区盐碱地得到永久治理和开发，修复了生态环境，对沿黄低洼盐碱地生态治理和可持续利用具有一定的示范作用（薛梅，2018）。

在人工鱼巢试验方面，在黄河干流桃花峪段和黄河支流伊洛河水域开展人工鱼巢研究，发现在其他水文、水温等环境条件适合，而缺乏水草等鱼类产卵基质的情况下，设置人工鱼巢可有效提高水域鱼类繁殖产卵水平（朱文锦，2014）；针对小浪底水库水生生物产卵场被破坏的规模、程度，分析了主要危害因素，开展了小浪底水库水生生物产卵场重建和生态修复，2018 年在小浪底水库上游和中游设置人工鱼巢放置点，结果显示人工鱼巢作为产卵基质效果显著（2018 年物种资源养护专题研究报告汇编）。

（三）水产养殖及病害防治领域

1. 水产养殖技术

（1）苗种开发与规模化培育技术

在珍稀濒危鱼类繁育方面，近 10 多年来，先后突破了花斑裸鲤、黄河裸裂尻和极边扁咽齿鱼的人工驯化、催产、孵化、苗种培育、池塘培育等技术难题，开展了极边扁咽齿鱼和厚唇裸重唇鱼苗种培育技术的相关研究，采用肥水发塘技术解决了极边扁咽齿鱼和厚唇裸重唇鱼苗种的开口问题，起草完成《花斑裸鲤》和《黄河裸裂尻》种质标准，制定了《花斑裸鲤人工繁殖技术规范》和《花斑裸鲤鱼苗鱼种池塘培育技术规范》等地方标准，获批了《极边扁咽齿鱼的人工繁殖方法》《黄河裸裂尻鱼人工繁殖方法》《一种黄河裸裂尻鱼人工授精操作装置》等一系列专利。另外，开展了秦岭细鳞鲑、多鳞白甲鱼人工驯养、繁殖、苗种孵化及生长等相关研究，获批了《多鳞白甲鱼亲鱼仿生态培育繁殖方法》《一种多鳞白甲鱼亲鱼的专用饲料及其制备方法》等专利。

在重要土著经济鱼类苗种繁育方面，开展了黄河鲤、兰州鲇、翘嘴鲌等鱼类的人工繁殖和苗种培育技术研究。比较了池塘网箱静水孵化、孵化池微流水孵化和孵化池微流水遮光孵化等不同方式下兰州鲇的孵化效果，并开展了兰州鲇引种研究（李勤慎等，2013）；对来源于黄河水系的翘嘴鲌进行人工繁殖试验，总结出 3 种适宜孵化模式技术，孵化率达 95%以上，成功实现了黄河翘嘴鲌的人工繁育。发布了相关专利，包括《一种黄河鲤精子超低温冷冻保存方法》和《一种黄河鲶鱼品种的繁育方法》等。

（2）养殖模式

随着黄河流域生态环境越来越受重视，该地区水产养殖模式正在发生变革，池塘高效生态养殖、循环水养殖、稻田生态养殖等低碳生态养殖技术逐步应用。例如：建立了以鳙鱼为主、鲢鱼为辅的增殖放养模式，开展了名特优新套养和黄河甲鱼自然增殖、水禽养殖等综合立体养殖。贝-参生态养殖模式是在黄河三角洲地区很具开发潜力的创新池塘生态养殖模式，利用贝参之间的食物链关系，合理布局养殖结构，充分利用水体空间，达到养殖水域环境保护和养殖产量双丰收。“陕西省河蟹生态健康养殖技术与示范”和“陕西省淡水龙虾生态健康养殖技术与示范”项目先后引进了中华绒螯蟹、淡水龙虾 2 个养殖新品种 4 个新品系，开展了虾蟹池塘、虾蟹稻田、虾蟹莲菜地等多种生态健康养殖模式试验研究，在 10 余个县（区）示范推广，试验示范面积 1 200 余亩，推广应用面积 15 000 余亩，取得了较好的经济、社会效益。“稻渔综合种养关键技术研究与示范”项目开展了稻-蟹（虾）综合种养系统水环境、沉积环境、水生生物群落、生态系统结构、养殖生物食性等调查研究，集成、熟化稻渔综合种养主要模式的关键技术，并进行示范推广，建立试验示范基地 3 处，示范面积 680 亩。“克氏原螯虾生态高效养殖技术研究与示范”项目开展了克氏原螯虾池塘生态繁育、养殖模式、营养需求和病害防治等研究，形成了适于当地条件的克氏原螯虾批量制种技术及生态高效养殖关键技术，构建了池塘主养、虾稻联作、藕池套养、渔光一体等 4 种养殖模式。建立克氏原螯虾苗种繁育基地 2 个、标准化生态养殖基地 4 个，修订山东省渔业地方标准 2 项，示范推广克氏原螯虾健康养殖模式技术 1.3 万亩。在兰州开展了盐碱地凡纳滨对虾养殖试验；在内蒙古鄂尔多斯距离库布齐沙漠仅有 5 千米的盐碱地上，成功养殖对虾 400 余亩，产量约 6 万千克。

在陕西省西安市临潼示范渔场开展了生物絮团净化池塘水质的试验，结果显示生物絮团对各种形态的氮具有显著去除作用（白海锋 等，2015）；开展池塘循环水养殖黄河鲤技术研究，选择具有经济价值的水芹、空心菜、莲藕、水稻构建循环水系统对黄河鲤养殖尾水进行处理，研究表明，经植物循环水净化的水体中氨氮、磷含量均保持在黄河鲤健康生长的范围内，相对于传统养殖模式，循环水养殖系统换水量减少 8 倍，经济效益提高 11.2%，饵料系数降低 15.24%，黄河鲤鱼生长速度提高 14.9%（季索菲 等，2020）。

探索了微生态制剂对盐碱水体浮游植物多样性的影响，确定了养殖区域的水质类型，制订了盐碱地池塘水质的物理、化学和生物综合调控技术，在集成现有健康养鱼技术的基础上，结合当地实际，制定了黄河鲤、团头鲂、草鱼、泥鳅以及多品种混养等 8 个具有地方特色的健康养殖技术操作规范（王飞，2010）。

2. 水产病害防治

在病理学研究方面，开展了黄河鲤急性烂鳃病的组织病理观察与血液生化指标分析，发现病鲤肾小管上皮细胞、脾细胞、肠黏膜上皮细胞及肝细胞均出现不同程度的病变，病鲤血清 K^+、Na^+、Ca^{2+}、尿素氮、肌酐、总蛋白、白蛋白、球蛋白的含量以及谷丙转氨酶、谷草转氨酶、乳酸脱氢酶等酶活性明显上升，研究结果弥补了黄河鲤急性烂鳃病病理学研究的不足（王先科 等，2013）。采用多子小瓜虫对青海湖裸鲤和黄河裸裂尻鱼进行感染实验，探索不同裂腹鱼类感染多子小瓜虫后的病理学差异，发现多子小瓜虫对两种鱼的腮和皮肤均造成了严重损伤，损伤部位相同，但两种鱼的感染程度、感染后症状及组织损伤类型表现出明显的差异，推测可能与青海湖裸鲤和黄河裸裂尻鱼长期适应咸水和淡水生境密切相关（马德昭 等，2019）。研究结果为青海湖裸鲤、黄河裸裂尻鱼及其他裂腹鱼类中小瓜虫病的防治提供了理论依据。

在流行病学研究方面，在河南省对 95 位长期服务水产养殖一线的病害防治员和

300 家养殖场（户）进行了走访调查，调查区域主要为沿黄 7 市 13 个县的集约化养殖产业区域。共发现养殖鱼类疾病 8 大类 71 种，另有敌害生物 10 种；系统开展了沿黄地区鲤鱼急性烂鳃流行病学调查研究，基本摸清了调查地区鲤鱼养殖池塘环境、养殖方式、发病原因、用药效果，为防控鲤鱼急性烂鳃病提供了流行病学数据（李泓，2016）。

在疾病监测诊断方面，“一种大鲵虹彩病毒 MCP 抗原的制备方法及其应用”获国家发明专利授权，所获得的大鲵虹彩病毒 MCP 抗原蛋白，不仅可用于建立快速、高灵敏度的虹彩病毒免疫学检测方法，而且能够作为病毒基因工程疫苗的候选抗原（周小愿，2017）。

在疾病早期预警预防方面，开展了河南沿黄渔区气单胞菌的毒力与耐药性研究，检测了养殖池水中气单胞菌属细菌的季节性分布，发现气单胞菌的总菌数周年内随温度的变化而变化，7～8 月份温度最高，气单胞菌活菌数达最高，1～2 月份温度最低，其活菌数最低；气单胞菌的致病力与其携带毒力基因的种类有关，多种毒力基因可以相互协同加强气单胞菌的致病力，同时携带毒力基因 *ast*、*alt*、*aer*、*hly*、*ahpA* 的病鱼源气单胞菌均为强毒株；河南沿黄渔区气单胞菌对青霉素和氨苄西林完全耐药，病鱼源和发病水源气单胞菌对头孢唑林、头孢拉定、四环素、多西环素、磺胺异恶唑及萘啶酸的耐药水平均较高，多重耐药性较强（朱永肖，2018）。研究结果为气单胞菌引起疾病的早期预警和预防以及指导养殖生产上合理使用抗菌药物提供了基础资料。

（四）水产遗传育种领域

1. 水产种质资源保存、评价及利用

截至目前，黄河流域已经建立 53 个国家级水产种质资源保护区，保护区总面积约 118 万公顷，在黄河流域 9 个省份中均有分布，主要保护对象包括黄河鲤、兰州鲇、似鲇高原鳅、花斑裸鲤、大鼻吻鮈、圆筒吻鮈等黄河流域水产种质资源。另外，依托国家级、省级水产种质资源平台，以及各级水产原种和良种场体系，保护并保存了一批重要的水产种质资源。针对黄河鲤、兰州鲇、花斑裸鲤、虹鳟和中华绒螯蟹等一些重要的黄河流域水产养殖品种，建立了大量用于种质资源评价和辅助育种的多态性 DNA 分子标记，如：线粒体 DNA 标记、RAPD、SSR、SNP 标记等，并对相关品种建立了一系列种质鉴定技术。

2. 重要经济物种选育

在黄河鲤选育方面，利用 21 个微卫星标记分析一个黄河鲤繁殖群体，检测其遗传潜力及与生长性状（体重、全长、体长等）相关的标记，共检测到 122 个等位基因（李超 等，2012）；开展黄河鲤生长性状遗传解析研究，通过比较子代数目大于 20 尾的黄河鲤家系的生长性状，鉴定出子代生长性状优良的黄河鲤亲本组合及其家系；鉴

定出包含隐性红色基因的黄河鲤杂合亲本，为进一步选育表型和体色纯正且生长快速的黄河鲤新品种提供了理论依据和技术手段（王新华，2017）；开展黄河鲤头型性状的全基因组遗传解析及生长性状的 SNP 挖掘研究，对来自多个家系的 433 尾黄河鲤个体进行了全基因组关联分析（GWAS），探究头型与生长性状之间的相关性，对头型性状和已发表生长性状的 QTL 定位结果进行了比较，在显著性位点附近进行候选基因挖掘（陈琳，2019）。

在兰州鲇选育方面，利用微卫星多态性及生长相关基因分析筛选了生长相关的标记位点，利用表型数据关联分析，发现 10 个位点分别与体重、体长、体高相关（王燕，2017）；开展兰州鲇 GH 和 MSTN 基因多态性及生长相关性研究，结果显示 GH 和 MSTN 基因都可能是影响兰州鲇的生长发育调控的主效基因，其中筛选出 GH 基因第 3 外显子 G/A 突变和 MSTN 基因第 1 外显子 A/G 突变可作为兰州鲇生长性状选育的分子标记（王发新，2016）。

在其他养殖种类选育方面，采用微卫星标记分析了道氏虹鳟 22 个选育家系的遗传多样性及遗传结构，22 个家系均具有较高的遗传多样性，在 9 个微卫星位点共获得 71 个等位基因，平均等位基因数为 7.89，平均多态信息含量（PIC）为 0.74，研究结果对道氏虹鳟家系的人工选育及其合理的推广应用具有一定的指导意义（杨濯羽等，2016）；开展并突破了乌鳢、翘嘴红鲌、虫纹鳕鲈等 3 种名优特色淡水鱼类的种质创新与健康养殖关键技术，培育了性状优良的“鲁鳢 1 号”“黄金鳢”等养殖新品系，建立了其种业技术体系和养殖技术体系。

二、黄河渔业及渔业研究面临的主要问题

黄河流域生态系统整体较为脆弱，近几十年来，由于经济社会快速发展，黄河流域生态系统不断恶化，阻碍了黄河流域渔业的可持续发展。黄河流域渔业发展面临着严峻的生态环境问题，主要体现在以下几方面。

(1) 水利水电设施建设破坏了鱼类栖息地

黄河干流分布着众多大型水利工程设施，截至 2018 年，黄河流域共统计大、中型水库 219 座，其中大型水库 34 座（水利部黄河水利委员会，2018）。尤其是黄河上游已成为我国规划建设的重要水电基地和能源基地，龙羊峡（不含）以上按 13 级开发，梯级电站总装机容量约 792 万千瓦；龙羊峡至青铜峡河段则布置了 25 个梯级电站，总装机容量约 1 700 万千瓦。另外，中游以禹门口为界，中游上段的黄河北干流将进行至少 6 级开发，禹门口以下的中游下段目前则已修建有三门峡和小浪底水利枢纽。

水电站/水库建设对黄河流域渔业生态环境的影响是多方面的。首先，其将原有

的河流生态系统分割成不连续的生态单元，水体从“河流相”向“湖泊相”剧烈转变，导致适合流水生境生存的物种退出库区，同时却为很多适合静水生活的外来物种创造了良好空间。例如龙羊峡-刘家峡河段长约420千米，共规划了14座水电站，所建电站基本上首尾相连，因此使得一些适应流水生境的黄河上、中游特有裂腹鱼类，如厚唇裸重唇鱼、极边扁咽齿鱼和骨唇黄河鱼，已经完全退出该河段（赵亚辉 等，2020）。其次，大坝的建设阻断了河流的纵向连通，河流本身的完整性、连通性、开放性遭到破坏，使得一些洄游性鱼类难以完成生活史。例如降河产卵的日本鳗鲡，由于三门峡等水库的存在，目前在陕西等地的黄河水体已经无法发现自然生存的日本鳗鲡个体；另外一个例子是黄河刀鲚，繁殖季节先在咸淡水交汇处，短暂适应盐度变化后，繁殖群体便逆流而上，其中绝大多数都会抵达东平湖的产卵场，而东平湖与黄河之间的大坝，阻断了其洄游通道，使洄游型刀鲚在湖内几乎绝迹。另外，水库还改变了河流原有的水文过程和水体理化特征，对喜流水尤其是在繁殖季节需要特定流水条件的鱼类影响很大，在黄河流域最典型的例子就是北方铜鱼，随着大坝截流、产卵场破坏，水环境发生改变，没有足够流水空间满足北方铜鱼的繁殖需求，导致北方铜鱼种群数量迅速下降，目前该种濒危等级已经从1998年的濒危提升到极危（赵亚辉 等，2020）。

（2）水资源匮乏与黄河断流压缩渔业生物生存空间

黄河水资源量十分匮乏，其水资源总量占全国水资源总量的2.6%，在全国七大江河中居第4位。然而黄河却承载了全国15%耕地和12%人口的供水任务，以及向流域外区域调水，因此黄河是我国水资源供需矛盾最突出的流域之一。黄河断流自1972年首次出现后逐渐加剧，1990年代几乎每年均有发生，1997年下游利津站曾连续断流226天（赵勇 等，2020）。之后经过统一调度黄河水量，于1999年后实现了连续20年不断流。然而黄河流域水资源供需矛盾并没有解决，2018年黄河总取水量为516.22亿米^3，总耗水量则为415.93亿米^3（水利部黄河水利委员会，2018），水资源利用率达到80.57%，远超国际公认的40%警戒线。

黄河断流对鱼类影响一个典型案例就是黄河刀鲚，洄游繁殖是刀鲚种群得以延续的重要环节，然而黄河断流却对其洄游构成了致命打击。1972—1999年的28年间，山东境内的黄河下游就出现了21次断流现象，特别是在1997年，断流时间更是长达226天，断流导致黄河口的刀鲚繁殖群体无法洄游到东平湖产卵，种群数量因此急剧下降。以前断流主要影响黄河下游干流中的鱼类，现在则蔓延到黄河流域的一些重要支流，尤其一些支流上水库的大量蓄水，导致支流下游季节性或常年断流，对支流的一些重要土著鱼类生存影响尤为显著。

（3）调水调沙造成渔业资源的损失巨大

黄河的泥沙淤积问题十分严重，黄河龙门至河口为河床淤积的主要区段，使黄河下游河道逐年抬高，给防洪带来了巨大压力。2002年以来，黄河水利委员会每年都会进行调水调沙，使黄河泥沙问题和悬河问题得到有效解决，但大规模、集中式的调水调沙对黄河中下游生态环境和渔业资源均产生很大影响。2011年在黄河小浪底水库调水调沙期间，通过在黄河中游（万家寨水库至三门峡大坝河段）设置鱼类采样和生态敏感区监测断面，监测结果表明：小浪底水库调水调沙导致黄河中游鱼类平均资源量损失均在50%，种群多样性指数大幅降低，主要经济鱼类鲤、鲫、鲶占渔获物重量由调水调沙前的87.75%下降到调水调沙后的81.79%，黄河南营段、圣天湖外滩"三场"功能基本丧失，对渔业资源造成巨大损失（朱国清 等，2012）。调水调沙造成水生生物巨大损失，是对黄河中下游水生态系统的一场"浩劫"。而且调水调沙每年一次，时间通常是在汛期来临之前的6月下旬至7月中旬，为期20天左右，这段时间正是大多数鱼类的繁殖期，因此调水调沙对鱼类资源的破坏作用更加严重，使中游及下游部分河段的鱼类资源难以恢复。

(4) 局部水体污染水质恶化导致部分水域丧失渔业功能

黄河流域以占全国2%的水资源承纳了全国约6%的废污水和7%的化学需氧量排放量，部分干支流污染严重（重点流域水生生物多样性保护方案，2018）。《2018年黄河水资源公报》显示，黄河干流水质较好，无Ⅴ类和劣Ⅴ类水质河段，Ⅳ类水质河长只占2.2%，集中于潼关断面。然而黄河主要支流的水质则不容乐观，Ⅳ类、Ⅴ类、劣Ⅴ类水质河长分别占评价河长的10.7%、6.8%和16.1%。流域内水功能区达标率也只有63.3%。水体污染、水质恶化导致黄河流域部分水域失去了渔业功能，不再适宜渔业生产。

除了以上因素，影响黄河鱼类资源的因素还包括外来物种入侵、局部地区过度捕捞、部分河段河道固化侵蚀自然岸线、农田等侵占黄河滩湿地等。如果从区域上分析，对黄河上游鱼类多样性影响最大的是梯级修建的水电站（水库），以及外来物种的影响，在这两个因素综合作用下，上游的一些黄河特有鱼类濒临灭绝，这将是未来上游保护的重点。中游和下游则主要受到水资源匮乏、调水调沙和水污染等的影响。支流则受制于小水电、水体污染以及断流等因素。因此未来制定流域鱼类多样性保护方案时，应分析不同水域的具体威胁，针对主要矛盾加以解决（赵亚辉 等，2020）。

此外，近年来黄河渔业资源环境保护相关科研工作在国家、地方科技专项的支持和相关科研院所的努力下取得了较大进展，但仍然存在一些问题亟待解决。

一是渔业资源调查与评估缺乏流域性布局。黄河流域长期存在着鱼类资源的家底不清，现状不明。中华人民共和国成立以后，我国对黄河流域渔业生物开展的调查甚少，直至20世纪80年代初期，黄河水系渔业自然资源调查被列为"国家

1979—1984年渔业科学技术发展计划”的重要科学研究项目，才真正对黄河流域渔业资源有了一次全面的了解。但至今40年过去了，在黄河再也没有开展过全面系统的调查研究工作，只有一些科研单位在不同时间、不同河段、针对不同的目的开展了一些调查工作，没有系统性的鱼类资源调查资料。近几十年来，黄河流域的水生生物资源和生态环境在环境污染、工程建设、人类活动和气候变化等众多因素影响下发生了巨大变化，黄河流域的渔业资源和生态环境状况如何？该如何保护和修复？要科学解答这些问题，没有全面系统的调查工作是无法做到的。另外，从沿黄各省份渔业科研进展看，各地存在严重的不平衡现象，中下游的陕西、河南、山东的渔业科研力量较强，科研产出相对较多；其他上中游省份渔业科研相对较弱，产出相对较少。

二是针对黄河特有鱼类的研究与开发利用水平有待提高。黄河流域分布有中国特有鱼类69种，占到黄河流域物种总数的46.94%，其中仅分布于黄河的物种数就有27种，占到黄河鱼类总数的18.37%。但是近年来的研究发现，黄河流域存在鱼类多样性衰退严重，且很多河段渔获物呈现低龄化、小型化趋势现象，流域内重要土著种、珍稀濒危种的生境状况不断恶化。目前对黄河鱼类的研究与开发利用，仍集中在黄河鲤、兰州鲇等少数种类，而对其他土著鱼类、特有鱼类的关注不够、研究较少、开发利用不足。

三是黄河渔业生态保护研究系统性较差。由于大量水利水电工程的建设以及水污染等因素，造成黄河流域受到人类活动的严重影响，渔业资源严重衰退、渔业生态环境严重恶化。但从目前的研究进展看，如何解决调水调沙对水生生物资源的影响、如何确定黄河各河段以及各支流的生态流量以满足水生生物可持续繁衍的需要、如何恢复黄河流域已遭损坏的水生生物栖息地等研究，仍需要不同部门的协调合作和更多的科研投入。

三、黄河渔业研究建议

（一）开展全流域水生生物资源与环境调查，摸清黄河渔业家底

渔业资源和生态环境，是黄河渔业发展的基础。由于20世纪80年代“黄河水系渔业资源调查”之后，近40年来黄河流域没有开展过全流域的渔业资源与环境调查，各地科研机构基于不同目的，在不同年份和不同季节所做的局部调查，对于黄河渔业资源的定性评价有一定参考价值，但对于全流域的定量评价和趋势预测，则需要以全流域的水生生物资源与环境调查为基础。因此，建议尽快启动黄河流域性、系统性的水生生物资源调查，开展黄河水生生物完整性评价，摸清渔业发展家底，制订相应的管理策略和科技攻关方向。

（二）开展重要物种保护生物学研究，建立珍稀濒危及重要土著物种保护和救护机制

利用新理论、新技术和新方法开展珍稀、特有鱼类资源的保护理论研究，研究濒危鱼类致危的内部与外部机理、种群动态监测理论和方法、小种群生物学和物种复壮理论、濒危动物繁殖理论和技术。围绕物种保护问题，深入开展种群生态学、繁殖生物学、声学和行为学以及保护遗传学研究，重点解决就地保护、自然迁地保护和饲养繁殖的理论及实践问题。

在保护理论和对策研究的基础上，建议尽快建立黄河流域重要物种、优先保护物种目录档案，查明重要物种受威胁状况，建立救护快速反应体系，对濒危的水生野生动物及时进行救治、暂养和放生。根据各种水生野生动物濒危程度和生物学特点，制定重点保护濒危物种救护预案，采取特殊保护措施，实施专项救护行动。对栖息场所或生存环境受到严重破坏的珍稀濒危物种，采取迁地保护措施。

（三）开展黄河流域生态学、渔业生态保护理论研究，建立典型受损生境修复理论及对策

建立黄河流域生态系统监测体系，开展流域层面的生物完整性研究，系统评估黄河流域水生态系统健康水平；运用系统生态学的理论与方法，结合3S等新技术，研究黄河流域生态系统的尺度、过程和格局及其相互关系，探讨流域生物多样性的生态系统功能与维持机制。

开展渔业生态保护理论研究，研究人类活动干扰下鱼类等水生生物群落、水质、生境和水生态系统健康的关系，研究基于黄河渔业生物的生物操纵技术，建立适合于黄河流域的“净水渔业”理论与实践方法。研究黄河流域典型受损生境受损与退化机制，建立修复理论及对策。

（四）开展水利工程及调水调沙对渔业资源环境影响研究，促进黄河水利与渔业的协同发展

水利建设是农业的命脉、是防灾减灾和发展经济的需要，但是黄河流域的水利水电工程，截断了河流的连通性，造成河流水库化，引起水生生境发生巨大改变，使得特有鱼类及其他土著鱼类等水生生物受到严重胁迫。开展水利工程及调水调沙对渔业资源环境影响研究，解决水利建设与渔业资源保护协调发展的问题，建议建立黄河水域生态环境研究协调机制，设立多部门多机构的联合研究专项，探究黄河流域气候变化、工程建设与生态系统变动关系，开展系统性且与水利水电开发相适应的水生生物保护与救护技术研究，促进黄河水利与渔业的协同发展。

（五）开展外来物种入侵对黄河水生态系统影响研究，评估入侵种对土著种类物种多样性影响

外来物种已经逐渐成为威胁黄河全流域鱼类多样性比较严重的因素之一，多数是因为水产养殖而主动引入，近年来宗教放生也成为外来种引入的一个重要途径。据不完全统计，目前黄河流域至少存在34种（或品种）外来鱼类，其中20种是从国外引进，14种是从国内其他水系（或黄河下游引至上游）引入。外来物种对本地土著鱼类的影响是多方面的，除了通过竞争、捕食等作用直接影响土著鱼类种群，还会携带一些病原体，对土著鱼类产生伤害，另外有些外来种通过和本地鱼类的杂交，破坏了原有野生种群的遗传多样性。建议系统开展黄河流域外来物种监测，评估外来种对黄河水生态系统的影响，有针对性地制定防控对策。

（六）建设黄河特有鱼类水产种质资源库，发展黄河水产种业

黄河流域特有鱼类多，很多种类是国家重点保护的水生野生动物，建议开展黄河特有鱼类水产种质资源库建设，以保护黄河独特的水生生物遗传资源和水产种质资源；开展黄河水生生物繁育研究，筛选优良种质，培育优良水产养殖品种，解决黄河水产种业的“卡脖子”问题。

（七）开发特有鱼类绿色养殖技术，促进黄河渔业高质量发展

黄河的水生生物资源是发展黄河渔业的物质基础，开发绿色水产养殖技术，是黄河渔业发展的技术基础。建议针对黄河流域特有的鱼类开展调查、收集、鉴定，开展生态学、物种和基因等不同层面的研究，研发黄河特有鱼类育种技术和绿色养殖技术，促进黄河渔业高质量发展。

（中国水产科学研究院：李应仁　袁立来）

（本文参考了中国水产科学研究院以及相关省份渔业科研单位专家的研究成果，在此一并致谢）

参　考　文　献

白海锋，袁永锋，贾秋红，等，2015. 生物絮团对养鱼池塘水质净化效果试验［J］. 水产养殖，36（9）：32-33.

白璐，孙园园，赵学涛，等，2020. 黄河流域水污染排放特征及污染集聚格局分析［J］. 环境科学研究，

33（12）：43－54.
曾朝平，付翔，代翔宇，等，2016. 基于GIS和RS的郑州黄河湿地生态健康评价［J］. 测绘与空间地理信息，39（5）：189－191.
陈琳，2019. 鲤头型性状的全基因组遗传解析及生长性状的SNP挖掘［D］. 新乡：河南师范大学.
陈媛媛，沈红保，王益昌，等，2016. 黄河陕西段2种主要经济鱼类资源调查及其生物学性状分析［J］. 河北渔业（6）：35－37.
陈媛媛，王益昌，沈红保，2016. 黄河陕西段鲤鱼资源调查及其生物学性状分析［J］. 陕西水利（4）：147－149.
丛旭日，李秀启，董贯仓，等，2018. 黄河口中华绒螯蟹野生群体生长特征研究［J］. 水生态学杂志，39（6）：81－86.
丛旭日，李秀启，董贯仓，等，2019. 东平湖仍有洄游型刀鲚分布的实证研究［J］. 水产学杂志（5）：55－59.
崔松林，李利红，胡振平，等，2013. 黄河干流山西段鱼类组成及群落结构分析［J］. 水产学杂志，26（5）：30－30.
段登选，张明磊，王姝，等，2013. 黄河下游渔业生态环境调查与评价［J］. 海洋湖沼通报（1）：6－10.
冯精兰，胡鹏抟，刘群，等，2015. 黄河中下游干流沉积物中重金属的赋存形态及其生态风险［J］. 环境化学（1）：178－185.
冯伟业，王哲奇，李振林，等，2018. 黄河内蒙古段黄河鲤生物学特性的研究［J］. 现代农业（10）：75－78.
韩亚慧，2017. 渭河流域陕西段典型水库鱼产力及鲢、鳙放养量估算［J］. 河北渔业（11）：26－30.
侯淑敏，李维平，王益昌，等，2016. 黄河陕西段水生动物入侵现状分析［J］. 西北大学学报：自然科学版，46（1）：82－86.
季索菲，赵秀侠，侯冠军，等，2020. 池塘循环水养殖黄河鲤技术研究［J］. 水产养殖（7）：1－5.
简生龙，关弘弢，李柯懋，等，2020. 青海沿黄鲑鳟鱼网箱养殖水体环境监测研究［J］. 中国水产（5）：53－58.
李斌，汤勇，孙建富，等，2016. 基于声学方法的黄河三门峡水库渔业资源空间分布研究［J］. 大连海洋大学学报，31（5）：563－571.
李超，鲁翠云，冯建新，等，2012. 性状相关微卫星标记分析黄河鲤群体的遗传潜力［J］. 水产学杂志，25（4）：1.
李泓，2016. 河南省主要养殖鱼类疾病流行病学研究与防治实践［D］. 新乡：河南师范大学.
李蕾，吉红，杨元昊，2017. 黄河陕西段兰州鲇资源现状及历史变动［J］. 河北渔业（2）：29－33.
李勤慎，冯志云，高祥云，等，2013. 兰州鲶鱼苗不同孵化方式效果比较和鱼苗培育［J］. 科学养鱼，（1）：8－9.
刘洪波，菅浩然，2019. 黄河下游鱼类资源调查研究［J］. 安徽农业科学，47（19）：110－112＋131.
马德昭，田菲，刘思嘉，等，2019. 青海湖裸鲤和黄河裸裂尻鱼感染多子小瓜虫的病理学比较研究［J］. 水生生物学报，43（5）：1081－1091.
牛明香，王俊，2016. 黄河河口区生态系统健康评价指标体系探讨［J］. 水资源保护，32（1）：57－63.
尚桢，2016. 黄河上游典型区域底泥重金属的含量分析与污染评价［D］. 兰州：兰州交通大学.

申志新，王国杰，李柯懋，等，2014. 黄河龙羊峡上游鱼类资源现状及保护对策［J］. 水生态学杂志，35（1）：70－76.

沈红保，李瑞娇，吕彬彬，等，2019. 渭河陕西段鱼类群落结构组成及变化研究［J］. 水生生物学报，43（6）：1311－1319.

孙姚佳代，2018. 基于测水配方技术的以渔养水策略在三类富营养化水体治理中的应用研究［D］. 泰安：山东农业大学.

田野，2016. 黄河内蒙古段河流健康评价［D］. 呼和浩特：内蒙古农业大学.

王发新，2016. 兰州鲇 GH 和 MSTN 基因多态性及生长相关性研究［D］. 兰州：甘肃农业大学.

王飞，2010. 河南沿黄盐碱地池塘健康养殖技术集成示范［D］. 南京：南京农业大学.

王先科，曹海鹏，李莉，等，2013. 黄河鲤急性烂鳃病的组织病理观察与血液生化指标分析［J］. 动物医学进展（12）：110－114.

王新华，2017. 黄河鲤生长相关性状的遗传解析［D］. 武汉：中国科学院大学.

王燕，2017. 兰州鲇微卫星多态性及生长相关基因分析［D］. 银川：宁夏大学.

王益昌，李瑞娇，问思恩，等，2017. 基于 PSR 模型的黄河陕西段鱼类增殖放流生态安全评价［J］. 淡水渔业（5）：26－33.

王益昌，沈红保，张军燕，等，2017. 黄河干流陕西段鱼类种类组成及群落多样性［J］. 淡水渔业，47（1）：56－60

习近平，2019. 在黄河流域生态保护和高质量发展座谈会上的讲话［J］. 求是（20）：8.

徐雄，李春梅，孙静，等，2016. 我国重点流域地表水中 29 种农药污染及其生态风险评价［J］. 生态毒理学报，11（2）：347－354.

薛梅，2018. 黄河滩盐碱地池塘生态养殖技术试验分析［J］. 陕西水利（1）：88－90＋96.

杨濯羽，张艳萍，娄忠玉，等，2016. 基于微卫星标记的 22 个道氏虹鳟选育家系的遗传多样性研究［J］. 淡水渔业，46（3）：3－9.

张芮，徐宾铎，薛莹，等，2017. 黄河口及其邻近水域鱼类生物完整性评价［J］. 中国水产科学，24（5）：946－952.

张旭，2017. 黄河流域不同季节水相，沉积物和土壤中多环芳烃分布，来源和风险评价［D］. 北京：北京交通大学.

赵亚辉，邢迎春，周传江，等，2020. 黄河流域淡水鱼类多样性和保护［J］. 生物多样性，28（12）：1496－1510.

赵勇，何凡，何国华，等，2020. 全域视角下黄河断流再审视与现状缺水识别［J］. 人民黄河，42（4）：46－50.

郑朝臣，骆仁军，姜涛，等，2019. 采用框架法对不同栖息环境中华绒螯蟹形态差异的比较研究［J］. 淡水渔业，49（5）：10－15.

周小愿，张星朗，韩亚慧，等，2017. 一种大鲵虹彩病毒 MCP 抗原的制备方法及其应用：中国，CN201710412513.7［P］. 2017－10－13.

朱国清，赵瑞亮，胡振平，等，2012. 小浪底水库调水调沙对黄河中游鱼类及生态敏感区的影响［J］. 水生态学杂志，33（5）：7－12.

朱文锦，介子林，胡亚东，等，2014. 黄河流域鱼类增殖措施试验研究［J］. 中国水产（4）：73－75.

朱永肖，2018. 河南沿黄渔区气单胞菌的毒力与耐药性研究［D］. 新乡：河南师范大学.

Qin Y M，Wang Z C，Li W P，et al.，2020. Microplastics in the sediment of Lake Ulansuhai of Yellow River Basin，China［J］. Water Environment Research，92：829－839.

Zhou L J，Ying G G，Zhao J L，et al.，2011. Trends in the occurrence of human and veterinary antibiotics in the sediments of the Yellow River，Hai River and Liao River in northern China［J］. Environmental Pollution，159：1877－1885.

渔业十大重点学科领域发展态势分析

为了解渔业各学科领域的发展现状，研判我国渔业科学与技术在国际上的学术竞争力，分析目前具有研究优势的国家和国内外机构，挖掘各学科领域的研究热点分布情况，本文从文献计量学的视角，以 SCIE 论文为研究对象，采用情报学研究方法，对渔业各学科领域的研究发展态势进行了分析评价，以期对学科规划、科技布局、资源配置和创新管理等提供决策参考。

一、研究方法与内容

（一）数据来源

数据来源于 Web of Science（SCIE）数据库，论文产出年为 2011—2020 年，文献类型为 Article、Review。通过关键词检索并经人工审核确认基础数据，其中渔业资源保护与利用、渔业生态环境、水产生物技术、水产遗传育种、水产病害防治、水产养殖技术、水产加工与产物资源利用 7 个学科领域采用 SCIE 一区文献作为基础数据，水产品质量安全、渔业装备与工程、渔业信息技术 3 个学科领域则采用 SCIE 所有文献作为基础数据。

（二）研究内容

本文基于 SCIE 论文数据，从如下六个方面分析了渔业各学科领域的发展态势。

（1）发文趋势。反映全球和我国渔业科研产出规模的变化，以全球和中国各年度发文量为测量指标。

（2）国家分布。反映各国渔业科研产出竞争力情况，以各国十年总发文量为测量指标。

（3）机构分布。反映主要研究机构渔业科研产出竞争力情况，以国内外主要研究机构十年总发文量为测量指标。

（4）出版物分布。反映各学科领域主要分布的期刊情况，以各学科领域在期刊的十年总发文量为测量指标。

（5）研究方向分布。反映各学科领域所属的研究方向情况，以各学科领域在研究方向的十年总发文量为测量指标。研究方向的划分依据为 Web of Science 数据库研究方向，该库依据论文所在期刊的学科方向为每篇论文分配相应的研究方向，据此了解各领域在不同学科方向上的分布情况。

（6）领域热点。反映各学科领域研究的热点主题。以各学科领域论文关键词的数量及关键词的共线关系为基本依据，基于 VOSVIEWER 工具开展分析，经调研领域专家的意见，挖掘各领域研究热点主题。

（三）主要研究结果

从发文趋势来看，渔业各学科领域总体上呈增长趋势，渔业各学科领域发文总量年均增长率 8.45%。渔业生态环境、水产遗传育种、水产病害防治和水产品质量安全 4 个学科呈现稳定的逐步增长趋势；近十年增长最快的学科为渔业生态环境、渔业信息技术、水产品质量与安全。

从国家竞争力来看，我国在渔业各学科领域整体位于国际前列，在水产生物技术、水产遗传育种、水产病害防治、水产品质量与安全、水产加工与产物资源利用和渔业信息技术 6 个学科领域均位居全球第一，水产养殖技术学科领域位居全球第二，即共计 7 个学科领域位居全球前三。其他具有竞争力的国家主要有美国、英国和澳大利亚，美国有 10 个学科领域均位于全球前三，英国和澳大利亚则分别有 5 个和 4 个学科领域位居全球前三。

从研究机构上看，中国科学院、中国水产科学研究院和中国海洋大学表现突出，中国科学院在渔业资源保护与利用、渔业生态环境、水产生物技术、水产遗传育种、水产病害防治、水产养殖技术、水产品质量与安全 7 大学科领域具有优势地位，发文量均为国内第一，并在渔业生态环境、水产生物技术、水产遗传育种、水产病害防治、水产养殖技术、水产品质量与安全 6 个学科领域位于国际前三位。中国水产科学研究院在渔业生态环境、水产生物技术、水产遗传育种、水产病害防治、水产养殖技术、渔业装备与工程 6 个学科领域位于国内前三位，并在水产生物技术、水产遗传育种、水产病害防治、水产养殖技术 4 个学科领域位于国际前三位。中国海洋大学在渔业资源保护与利用、渔业生态环境、水产生物技术、水产遗传育种、水产养殖技术、水产加工与产物资源利用、水产品质量与安全、渔业装备与工程、渔业信息技术 9 个学科领域位于国内前三位，并在水产生物技术、水产遗传育种、水产加工与产物资源利用 3 个学科领域位于国际前三位。

各学科领域在期刊分布和学科方向上具有一定的集中特征，多个学科领域在 *AQUACULTURE*、*ICES JOURNAL OF MARINE SCIENCE*、*PLOS ONE* 3 本期刊上具有较高的发文量，学科方向则较集中于环境科学与生态学、海洋与淡水生物学、渔业学等，表现出各学科领域存在一定的内在关联性，而研究的热点主题表现出差异性，具体详见各领域分析。

二、渔业重点学科领域研究态势

（一）渔业资源保护与利用学科领域

1. 发文趋势

2011—2020 年，全球渔业资源保护与利用学科领域 SCIE 一区总发文量为 6 932 篇，其中，中国发文量为 441 篇。各年度发文量如图 2-8 所示，全球和中国发文量呈现波动增长趋势。

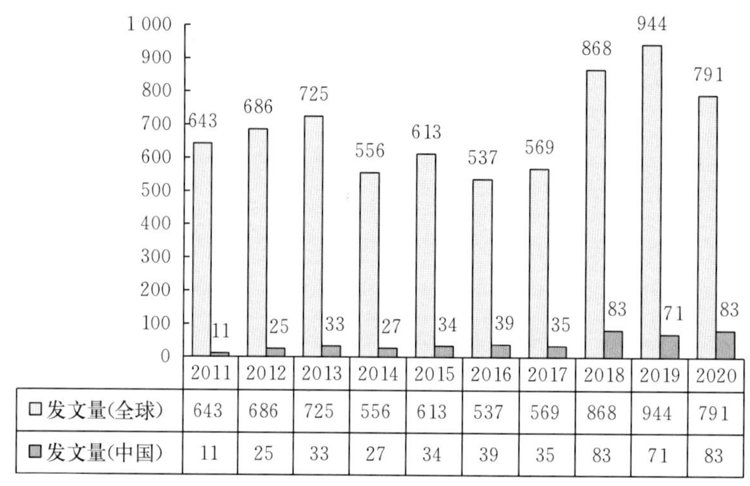

	2011	2012	2013	2014	2015	2016	2017	2018	2019	2020
□发文量(全球)	643	686	725	556	613	537	569	868	944	791
■发文量(中国)	11	25	33	27	34	39	35	83	71	83

图 2-8　渔业资源保护与利用学科年度发文量

2. 国家分布

全球渔业资源保护与利用学科领域各国发文量排名在前 10 位的国家如表 2-1。中国在全球位列第 8 位，发文量排在前 3 位的国家是美国、澳大利亚、英国。

表 2-1　渔业资源保护与利用学科领域发文量 TOP10 国家

国家	发文数量
美国	2 462
澳大利亚	855
英国	830
加拿大	823
法国	606
西班牙	557
德国	477
中国	447
意大利	369
挪威	361

3. 机构分布

全球和中国渔业资源保护与利用学科领域发文量排名在前10位的机构如表2-2所示。全球排在前3位的机构是美国国家海洋和大气管理局、加拿大渔业和海洋部、华盛顿大学（美国），中国排在前3位的机构是中国科学院、中国海洋大学、香港中文大学。

表2-2　全球和中国渔业资源保护与利用学科领域发文量TOP10机构

机构（全球）	发文量	机构（中国）	发文量
美国国家海洋和大气管理局	415	中国科学院	138
加拿大渔业和海洋部	210	中国海洋大学	42
华盛顿大学（美国）	205	香港中文大学	29
詹姆斯·库克大学（澳大利亚）	172	中国水产科学研究院	28
美国地质调查局	159	厦门大学	27
挪威海洋研究所	158	上海海洋大学	20
西班牙国家研究委员会	142	香港城市大学	16
俄勒冈州立大学（美国）	140	国家海洋局	13
中国科学院	138	北京师范大学	11
不列颠哥伦比亚大学（加拿大）	135	华东师范大学	11

4. 出版物分布

全球和中国渔业资源保护与利用学科领域发文量排名在前10位的出版物如表2-3所示，全球和中国发表论文所在的出版物有较大差异。全球发文量最高的3本期刊是*ICES JOURNAL OF MARINE SCIENCE*、*MARINE ECOLOGY PROGRESS SERIES*、*PLOS ONE*。中国发文量最高的3本期刊是*MARINE POLLUTION BULLETIN*、*AQUACULTURE*、*SCIENTIFIC REPORTS*。

表2-3　全球和中国渔业资源保护与利用学科领域发文量TOP10出版物

出版物（全球）	发文量	出版物（中国）	发文量
ICES JOURNAL OF MARINE SCIENCE	506	MARINE POLLUTION BULLETIN	29
MARINE ECOLOGY PROGRESS SERIES	494	AQUACULTURE	21
PLOS ONE	350	SCIENTIFIC REPORTS	21
CANADIAN JOURNAL OF FISHERIES AND AQUATIC SCIENCES	332	SCIENCE OF THE TOTAL ENVIRONMENT	19
AQUATIC CONSERVATION-MARINE AND FRESHWATER ECOSYSTEMS	255	ECOLOGICAL INDICATORS	17
ESTUARINE COASTAL AND SHELF SCIENCE	243	PLOS ONE	16
FRESHWATER BIOLOGY	197	ESTUARINE COASTAL AND SHELF SCIENCE	13

（续）

出版物（全球）	发文量	出版物（中国）	发文量
HYDROBIOLOGIA	171	CHEMOSPHERE	12
PROGRESS IN OCEANOGRAPHY	162	ECOTOXICOLOGY AND ENVIRONMENTAL SAFETY	11
SCIENTIFIC REPORTS	159	HYDROBIOLOGIA	11

5. 研究方向分布

全球和中国渔业资源保护与利用学科领域发文量排名在前 10 位的研究方向如表 2-4。可以看出，全球和中国的研究方向大体一致，主要分布在环境科学与生态学、海洋与淡水生物学、海洋学、渔业学等研究方向上。不同之处在全球渔业资源保护与利用学科领域 TOP10 研究方向包括动物学、进化生物学，而我国学科领域 TOP10 研究方向包括工程学、毒理学。

表 2-4　全球和中国渔业资源保护与利用学科领域发文量 TOP10 研究方向

研究方向（全球）	数量	研究方向（中国）	数量
环境科学与生态学	3 348	环境科学与生态学	206
海洋与淡水生物学	3 229	海洋与淡水生物学	153
海洋学	1 761	渔业学	55
渔业学	1 309	海洋学	51
生物多样性与环境保护	762	工程学	45
科学技术-其他主题	620	科学技术-其他主题	44
水资源	311	生物多样性与环境保护	34
动物学	270	地质学	22
进化生物学	247	毒理学	22
地质学	234	水资源	21

6. 领域热点

全球渔业资源保护与利用学科领域的研究热点如图 2-9 所示，主要集中在：渔业资源（Fishery Resource）、气候变化（Climate Change）、空间分布（Spatial Distribution）、生物多样性（Biodiversity）和水生生物保护（Conservation），且这几类研究主题之间具有广泛的联系且交叉研究成果较多，除交叉性研究外，渔业资源主要涉及海洋与流域的资源，对濒危物种和保护评估的研究较多。气候变化主题则与物种分布模型、温度等的相关研究较多。空间分布涉及海洋与河流栖息地，资源量、模型、濒危物种等。生物多样性主要涉及物种丰富度、生物地理等。水生生物保护则更多与渔业资源管理、濒危物种等相关。

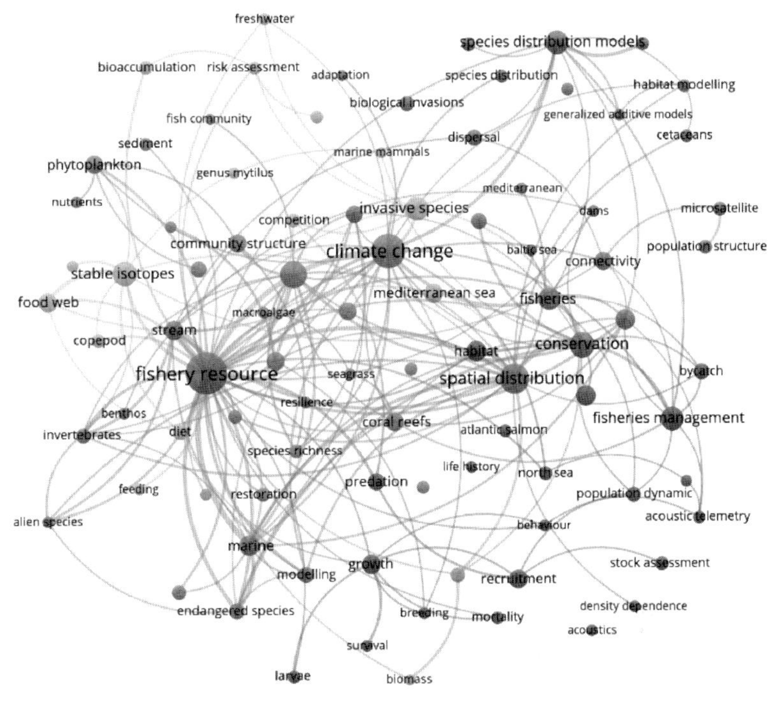

图 2-9　2011—2020 年全球渔业资源保护与利用学科领域研究热点

（二）渔业生态环境学科领域

1. 发文趋势

2011—2020 年，全球渔业生态环境学科领域 SCIE 一区总发文量为 10 020 篇，其中，中国发文量为 1 025 篇。各年度发文量如图 2-10 所示，全球和中国发文量在近

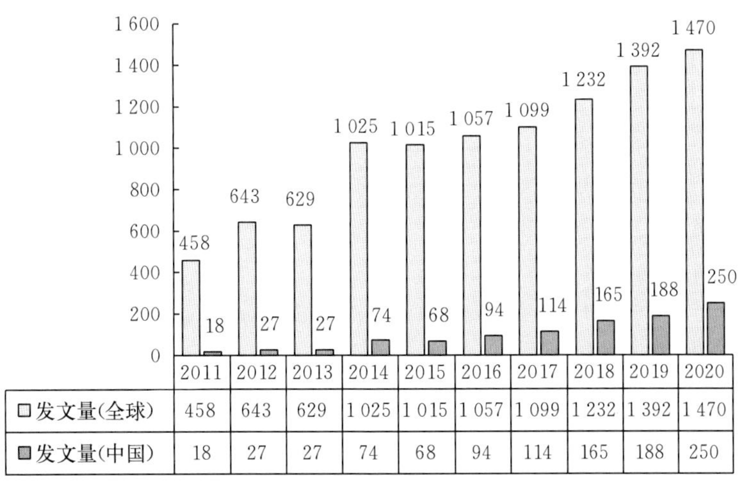

	2011	2012	2013	2014	2015	2016	2017	2018	2019	2020
□发文量(全球)	458	643	629	1 025	1 015	1 057	1 099	1 232	1 392	1 470
■发文量(中国)	18	27	27	74	68	94	114	165	188	250

图 2-10　渔业生态环境学科年度发文量

10 年呈现逐步增长趋势。

2. 国家分布

全球渔业生态环境学科领域各国发文量排名在前 10 位的国家如表 2－5。中国在全球位列第 5 位，发文量排在前 3 位的国家是美国、澳大利亚、英国。

表 2－5　渔业生态环境学科领域发文量 TOP10 国家

国家	发文数量
美国	3 139
澳大利亚	1 374
英国	1 285
加拿大	1 208
中国	1 029
法国	845
西班牙	798
巴西	583
意大利	583
德国	560

3. 机构分布

全球和中国渔业生态环境学科领域发文量排名在前 10 位的机构如表 2－6 所示。全球排在前 3 位的机构是美国国家海洋和大气管理局、詹姆斯·库克大学（澳大利亚）、中国科学院，中国排在前 3 位的机构是中国科学院、中国水产科学研究院、中国海洋大学。

表 2－6　全球和中国渔业生态环境学科领域发文量 TOP10 机构

机构（全球）	发文量	机构（中国）	发文量
美国国家海洋和大气管理局	373	中国科学院	271
詹姆斯·库克大学（澳大利亚）	324	中国水产科学研究院	97
中国科学院	271	中国海洋大学	72
美国地质调查局	241	香港中文大学	50
华盛顿大学（美国）	225	上海海洋大学	44
加拿大渔业和海洋部	224	香港城市大学	43
西班牙国家研究委员会	193	南京大学	42
不列颠哥伦比亚大学（加拿大）	189	北京师范大学	39
塔斯马尼亚大学（澳大利亚）	171	厦门大学	34
昆士兰大学（澳大利亚）	160	北京大学	30

4. 出版物分布

全球和中国渔业生态环境学科领域发文量排名在前10位的出版物如表2-7所示，全球和中国发表论文所在的出版物有较大差异。全球发文量最高的3本期刊依次是*SCIENCE OF THE TOTAL ENVIRONMENT*、*PLOS ONE*、*AQUATIC CONSERVATION -MARINE AND FRESHWATER ECOSYSTEMS*。中国发文量最高的3本期刊依次是*SCIENCE OF THE TOTAL ENVIRONMENT*、*ENVIRONMENTAL POLLUTION*、*MARINE POLLUTION BULLETIN*。

表2-7 全球和中国渔业生态环境学科领域发文量TOP10出版物

出版物（全球）	发文量	出版物（中国）	发文量
SCIENCE OF THE TOTAL ENVIRONMENT	595	SCIENCE OF THE TOTAL ENVIRONMENT	129
PLOS ONE	475	ENVIRONMENTAL POLLUTION	89
AQUATIC CONSERVATION - MARINE AND FRESHWATER ECOSYSTEMS	463	MARINE POLLUTION BULLETIN	69
AQUACULTURE	390	AQUACULTURE	63
MARINE POLLUTION BULLETIN	345	CHEMOSPHERE	62
ICES JOURNAL OF MARINE SCIENCE	301	ECOTOXICOLOGY AND ENVIRONMENTAL SAFETY	53
BIOLOGICAL CONSERVATION	257	ECOLOGICAL INDICATORS	37
ENVIRONMENTAL POLLUTION	243	AQUATIC TOXICOLOGY	34
CHEMOSPHERE	241	PLOS ONE	34
ECOLOGICAL INDICATORS	239	ENVIRONMENTAL SCIENCE & TECHNOLOGY	22

5. 研究方向分布

全球和中国渔业生态环境学科领域发文量排名在前10位的研究方向如表2-8。可以看出，全球和中国的研究方向大体一致，主要分布在环境科学与生态学、海洋与淡水生物学、渔业学等研究方向上，不同之处在全球渔业生态环境学科领域TOP10研究方向包括海洋学，而我国学科领域TOP10研究方向包括农学。

表2-8 全球和中国渔业生态环境学科领域发文量TOP10研究方向

研究方向（全球）	数量	研究方向（中国）	数量
环境科学与生态学	5 744	环境科学与生态学	659
海洋与淡水生物学	3 473	海洋与淡水生物学	260
渔业学	1 500	渔业学	115
生物多样性与环境保护	1 318	毒理学	107
海洋学	931	工程学	98
科学技术-其他主题	918	科学技术-其他主题	79

（续）

研究方向（全球）	数量	研究方向（中国）	数量
水资源	653	生物多样性与环境保护	71
毒理学	620	水资源	57
工程学	435	农学	28
动物学	340	动物学	26

6. 领域热点

全球渔业生态环境学科领域的研究热点可以分为四类（如图 2 - 11）。一是水生生物保护（Conservation），主要围绕海洋保护区等渔业管理问题开展研究，涉及濒危物种、兼捕、过渡捕捞、物种分布模型、遗传保护、生态系统管理。二是生物多样性（Biodiversity）研究，涉及河流、海洋、湿地的生物多样性，以及保护评估、濒危物种、相关模型研究等。三是风险评价（Risk Assessment）相关研究，涉及重金属、沉淀物、抗生素、污染物、微塑料等，研究的常用方法是 EST 表达序列标签。四是气候变化（Climate Change）相关研究，该主题与水生生物保护、生物多样性、风险评价等主题均有密切关联，并对海洋酸化、全球变暖、生物入侵较为关注。

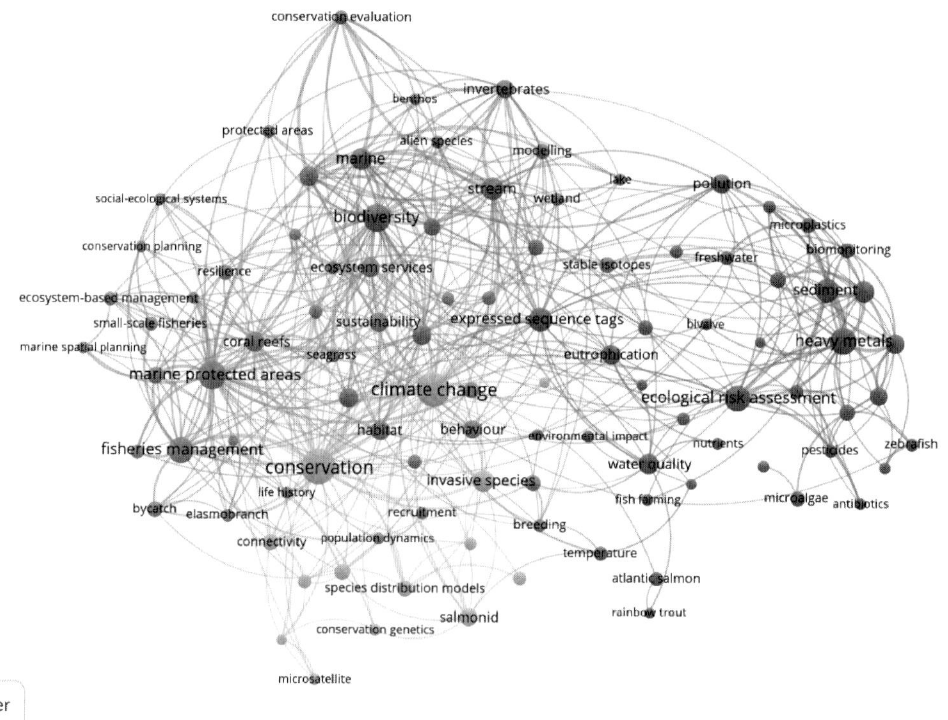

图 2 - 11　2011—2020 年全球渔业生态保护学科领域研究热点

（三）水产生物技术学科领域

1. 发文趋势

2011—2020 年，全球水产生物技术学科领域 SCIE 一区总发文量为 13 065 篇，其中，中国发文量为 4 176 篇。各年度发文量如图 2-12 所示，全球和中国发文量均在 2014 年出现显著增长。自 2014 年开始，全球发文量在 1 400 篇左右浮动，中国发文量在 500 篇左右浮动。

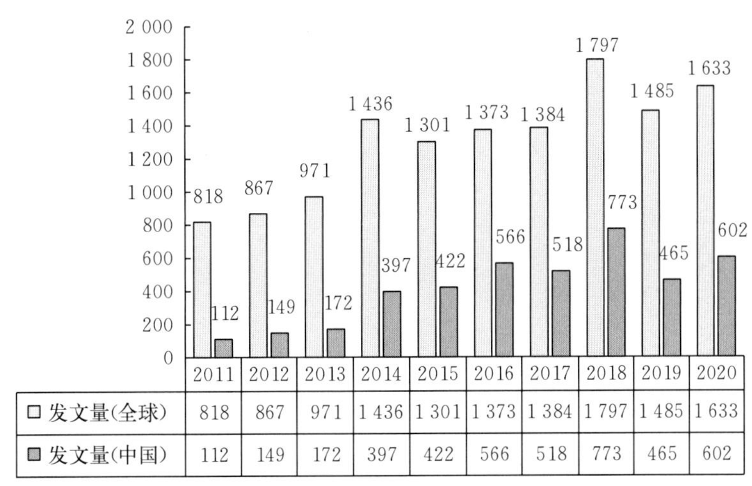

	2011	2012	2013	2014	2015	2016	2017	2018	2019	2020
□ 发文量(全球)	818	867	971	1 436	1 301	1 373	1 384	1 797	1 485	1 633
■ 发文量(中国)	112	149	172	397	422	566	518	773	465	602

图 2-12　水产生物技术学科年度发文量

2. 国家分布

全球水产生物技术学科领域发文量排名在前 10 位的国家如表 2-9。中国在全球位列第 1 位，发文量排在前 3 位的国家是中国、美国、英国。

表 2-9　水产生物技术学科领域发文量 TOP10 国家

国家	发文数量
中国	4 205
美国	3 121
英国	947
加拿大	892
西班牙	798
日本	781
法国	769
德国	761
挪威	665
澳大利亚	599

3. 机构分布

全球和中国水产生物技术学科领域发文量排名在前10位的机构如表2-10所示。全球排在前3位的机构均来自中国，分别是中国科学院、中国水产科学研究院、中国海洋大学。

表2-10 全球和中国水产生物技术学科领域发文量TOP10机构

机构（全球）	发文量	机构（中国）	发文量
中国科学院	937	中国科学院	937
中国水产科学研究院	586	中国水产科学研究院	586
中国海洋大学	304	中国海洋大学	304
上海海洋大学	282	上海海洋大学	282
华中农业大学	236	华中农业大学	236
中山大学	206	中山大学	198
东京海洋大学	202	宁波大学	151
华盛顿大学（美国）	179	厦门大学	146
西班牙国家研究委员会	177	大连海洋大学	141
挪威生命科学大学	154	浙江海洋大学	122

4. 出版物分布

全球和中国水产生物技术学科领域发文量排名在前10位的出版物如表2-11所示，全球和中国发表论文所在的出版物相差不大。全球发文量最高的3本期刊依次是*AQUACULTURE*、*FISH & SHELLFISH IMMUNOLOGY*、*DEVELOPMENTAL AND COMPARATIVE IMMUNOLOGY*。中国发文量最高的3本期刊依次是*FISH & SHELLFISH IMMUNOLOGY*、*AQUACULTURE*、*DEVELOPMENTAL AND COMPARATIVE IMMUNOLOGY*。

表2-11 全球和中国水产生物技术学科领域发文量TOP10出版物

出版物（全球）	发文量	出版物（中国）	发文量
AQUACULTURE	1 388	FISH & SHELLFISH IMMUNOLOGY	913
FISH & SHELLFISH IMMUNOLOGY	1 260	AQUACULTURE	575
DEVELOPMENTAL AND COMPARATIVE IMMUNOLOGY	716	DEVELOPMENTAL AND COMPARATIVE IMMUNOLOGY	400
PLOS ONE	687	SCIENTIFIC REPORTS	209
SCIENTIFIC REPORTS	677	PLOS ONE	196
AQUATIC TOXICOLOGY	406	AQUATIC TOXICOLOGY	116
MOLECULAR ECOLOGY	302	ECOTOXICOLOGY AND ENVIRONMENTAL SAFETY	84

（续）

出版物（全球）	发文量	出版物（中国）	发文量
COMPARATIVE BIOCHEMISTRY AND PHYSIOLOGY A - MOLECULAR & INTEGRATIVE PHYSIOLOGY	275	FRONTIERS IN PHYSIOLOGY	84
JOURNAL OF FISH DISEASES	271	COMPARATIVE BIOCHEMISTRY AND PHYSIOLOGY B - BIOCHEMISTRY & MOLECULAR BIOLOGY	76
BMC GENOMICS	218	COMPARATIVE BIOCHEMISTRY AND PHYSIOLOGY C - TOXICOLOGY & PHARMACOLOGY	65

5. 研究方向分布

全球和中国水产生物技术学科领域发文量排名在前 10 位的研究方向如表 2 - 12。可以看出，全球和中国的研究方向大体一致，主要分布在海洋与淡水生物学、渔业学、免疫学等研究方向上，不同之处在全球水产生物技术学科领域 TOP10 研究方向包括进化生物学、遗传学，而我国学科领域 TOP10 研究方向包括毒理学、生物技术与应用微生物学。

表 2 - 12 全球和中国水产生物技术学科领域发文量 TOP10 研究方向

研究方向（全球）	数量	研究方向（中国）	数量
海洋与淡水生物学	4 140	渔业学	1 982
渔业学	3 966	海洋与淡水生物学	1 799
免疫学	2 155	免疫学	1 387
生物化学与分子生物学	1 910	兽医科学	1 049
兽医科学	1 852	动物学	663
动物学	1 847	科学技术-其他主题	493
科学技术-其他主题	1 726	生物化学与分子生物学	442
环境科学与生态学	1 550	毒理学	320
进化生物学	1 102	环境科学与生态学	282
遗传学	1 015	生物技术与应用微生物学	220

6. 领域热点

全球水产生物技术领域研究的热点主题如图 2 - 13，其中基因表达（Gene Expression）和转录组（Transcriptome）是领域的核心主题，与其他各主题有广泛的交叉，研究最多的物种是斑马鱼（Zebrafish）。另有两项较为突出的主题，一是免疫应答（Immune Response），主要围绕先天性免疫、细胞凋亡、白斑病等开展研究，

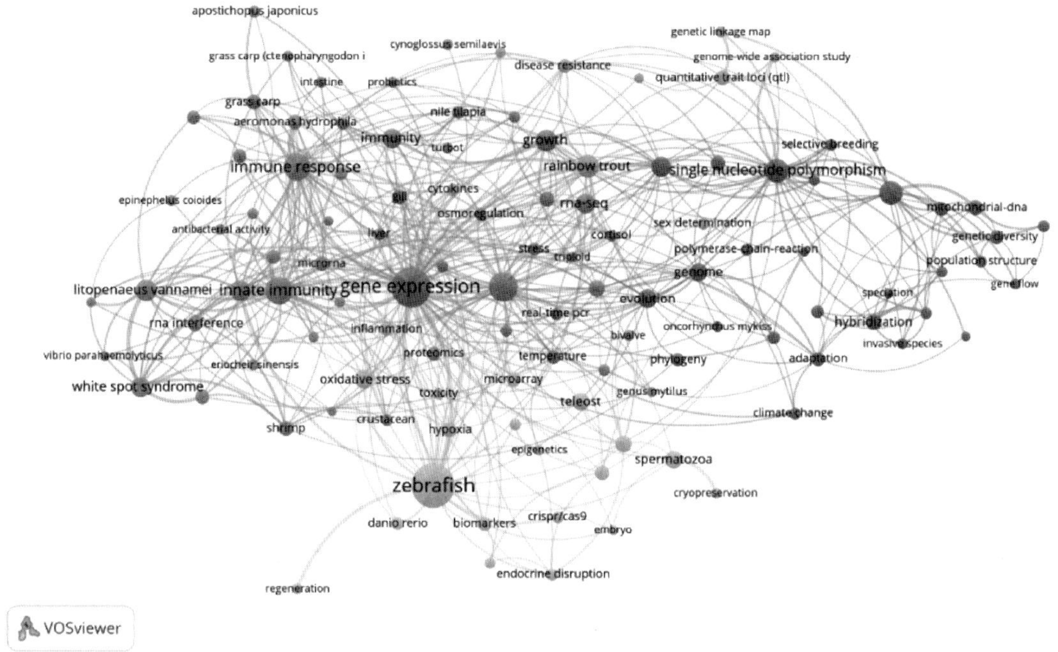

图 2-13　2011—2020 年全球水产生物技术学科领域研究热点

涉及最多的物种是凡纳滨对虾。二是微卫星技术（Microsatellite），广泛应用于选择育种、杂交育种领域，涉及 SNP、下一代测序技术等，研究最多的物种是大西洋鲑。

（四）水产遗传育种学科领域

1. 发文趋势

2011—2020 年，全球水产遗传育种学科领域 SCIE 一区总发文量为 2 209 篇，其中，中国发文量为 611 篇。各年度发文量如图 2-14 所示，全球发文量基本呈现缓慢

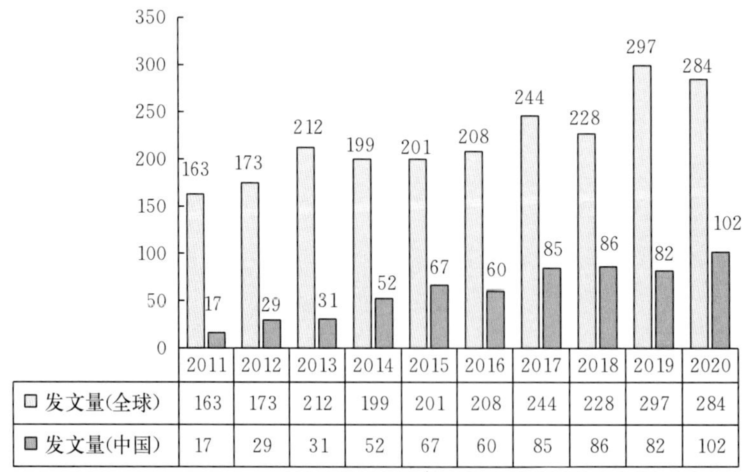

	2011	2012	2013	2014	2015	2016	2017	2018	2019	2020
□ 发文量(全球)	163	173	212	199	201	208	244	228	297	284
■ 发文量(中国)	17	29	31	52	67	60	85	86	82	102

图 2-14　水产遗传育种学科年度发文量

增长趋势。中国水产遗传育种发文量在近 10 年呈现增长趋势，2011 年发文量较低，只占全球 10%左右，而在 2020 年发文量已经达到将近 36%。

2. 国家分布

全球水产遗传育种学科领域发文量排名在前 10 位的国家如表 2-13。中国在全球位列第 1 位，发文量排在前 3 位的国家是中国、美国、澳大利亚。

表 2-13　水产遗传育种学科领域发文量 TOP10 国家

国家	发文数量
中国	612
美国	449
澳大利亚	164
英国	160
挪威	152
加拿大	150
法国	145
日本	125
西班牙	125
德国	90

3. 机构分布

全球和中国水产遗传育种学科领域发文量排名在前 10 位的机构如表 2-14 所示。全球排在前 3 位的机构均来自中国，分别是中国科学院、中国水产科学研究院、中国海洋大学。

表 2-14　全球和中国水产遗传育种学科领域发文量 TOP10 机构

机构（全球）	发文量	机构（中国）	发文量
中国科学院	150	中国科学院	150
中国水产科学研究院	147	中国水产科学研究院	147
中国海洋大学	65	中国海洋大学	65
上海海洋大学	58	上海海洋大学	58
美国农业部农业研究局	54	湖南师范大学	44
智利奥斯特勒尔大学	51	华中农业大学	34
挪威 Nofima 研究集团	48	厦门大学	26
挪威生命科学大学	48	南京农业大学	23
法国海洋开发研究院	45	集美大学	19
湖南师范大学	44	青岛农业大学	19

4. 出版物分布

全球和中国水产遗传育种学科领域发文量排名在前 10 位的出版物如表 2 - 15 所示，全球和中国发表论文所在的出版物前 3 本基本一致，之后有较大差异，全球和中国发文量最高的 3 本期刊是 *AQUACULTURE*、*PLOS ONE*、*SCIENTIFIC REPORTS*。

表 2 - 15　全球和中国水产遗传育种学科领域发文量 TOP10 出版物

出版物（全球）	发文量	出版物（中国）	发文量
AQUACULTURE	543	AQUACULTURE	157
PLOS ONE	130	SCIENTIFIC REPORTS	54
SCIENTIFIC REPORTS	120	PLOS ONE	51
MOLECULAR ECOLOGY	76	FISH & SHELLFISH IMMUNOLOGY	28
BMC GENOMICS	56	MARINE BIOTECHNOLOGY	27
MOLECULAR ECOLOGY RESOURCES	47	BMC GENOMICS	24
HEREDITY	46	COMPARATIVE BIOCHEMISTRY AND PHYSIOLOGY B - BIOCHEMISTRY & MOLECULAR BIOLOGY	21
MARINE BIOTECHNOLOGY	46	JOURNAL OF APPLIED PHYCOLOGY	19
AQUATIC TOXICOLOGY	41	DEVELOPMENTAL AND COMPARATIVE IMMUNOLOGY	18
THERIOGENOLOGY	40	THERIOGENOLOGY	15

5. 研究方向分布

全球和中国水产遗传育种学科领域发文量排名在前 10 位的研究方向如表 2 - 16。可以看出，全球和中国的研究方向大体一致，主要分布在海洋与淡水生物学、渔业学、遗传学等研究方向上，不同之处在全球水产遗传育种学科领域 TOP10 研究方向包括进化生物学和农学，而我国学科领域 TOP10 研究方向包括兽医科学和免疫学。

表 2 - 16　全球和中国水产遗传育种学科领域发文量 TOP10 研究方向

研究方向（全球）	数量	研究方向（中国）	数量
海洋与淡水生物学	852	海洋与淡水生物学	248
渔业学	709	渔业学	208
环境科学与生态学	374	科学技术-其他主题	116
遗传学	310	生物技术与应用微生物学	79
进化生物学	285	遗传学	76
科学技术-其他主题	270	兽医科学	59
生物化学与分子生物学	246	动物学	56
生物技术与应用微生物学	163	生物化学与分子生物学	55
动物学	161	免疫学	47
农学	149	环境科学与生态学	38

6. 领域热点

全球水产遗传育种学科领域的研究热点大体可以分为四类。一是选择育种(Selective Breeding)，主要围绕抗病、体重、存活率等开展研究。二是单核苷酸多态性（SNP）分子标记，其广泛应用于选择育种，并与基因连锁图谱、QTL定位等研究密切交叉。三是微卫星（Microsatellite），以遗传多样性、遗传结构、近亲交配相关研究居多。四是基因表达（Gene Expression），包括精子冷冻保存、转录组、性别决定、三倍体相关的研究，主要应用于虹鳟、斑马鱼等物种，具体如图2-15所示。

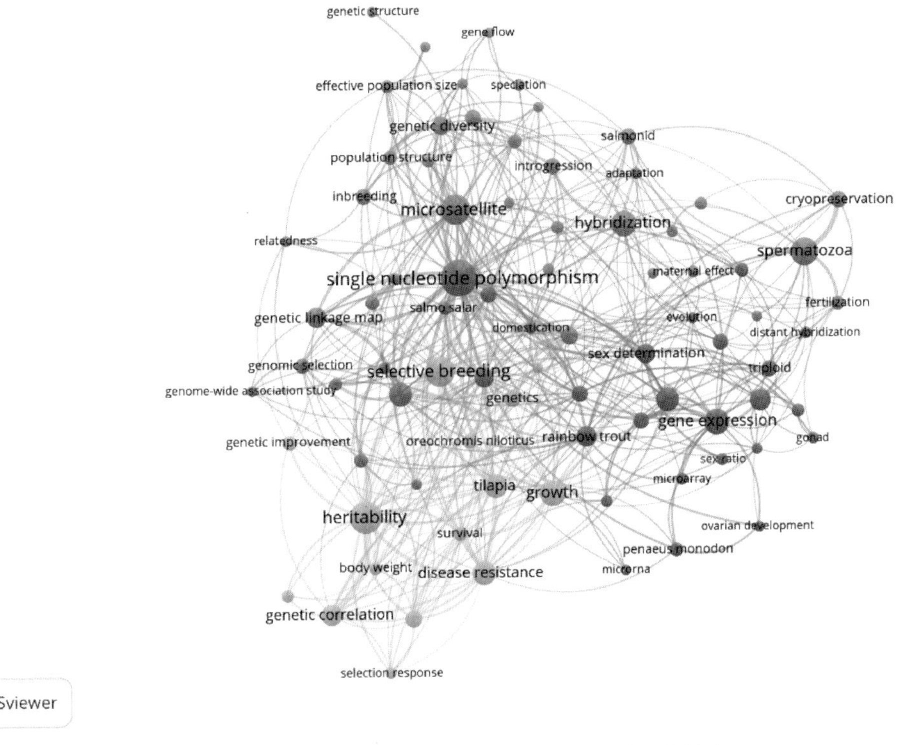

图2-15 2011—2020年全球水产遗传育种学科领域研究热点

(五) 水产病害防治学科领域

1. 发文趋势

2011—2020年，全球水产病害防治学科领域SCIE一区总发文量为7 366篇，其中，中国发文量为2 055篇。各年度发文量如图2-16所示，全球和中国水产病害防治发文量在近10年整体呈现逐步增长趋势。

2. 国家分布

全球水产病害防治学科领域发文量排名在前10位的国家如表2-17。中国在全球位列第1位，发文量排在前3位的国家是中国、美国、英国。

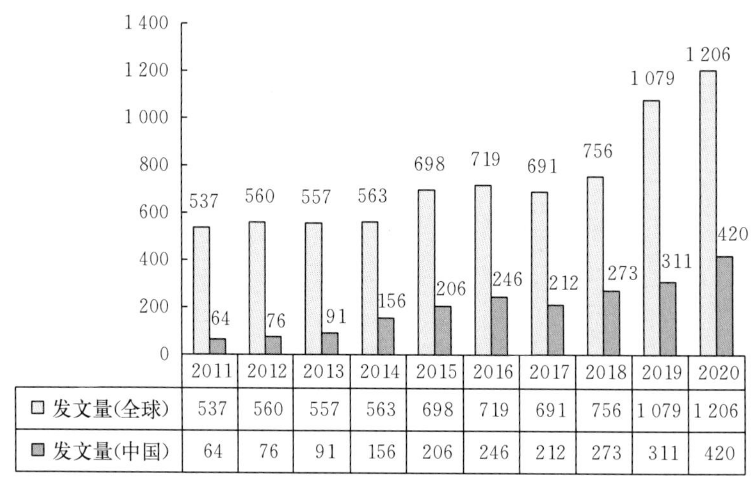

图 2-16　水产病害防治学科年度发文量

表 2-17　水产病害防治学科领域发文量 TOP10 国家

国家	发文数量
中国	2 068
美国	1 245
英国	588
挪威	520
西班牙	465
澳大利亚	383
加拿大	368
法国	357
印度	313
日本	281

3. 机构分布

全球和中国水产病害防治学科领域发文量排名在前 10 位的机构如表 2-18 所示。全球排在前 3 位的机构是中国科学院、中国水产科学研究院、挪威生命科学大学，中国排在前 3 位的机构是中国科学院、中国水产科学研究院、中山大学。

表 2-18　全球和中国水产病害防治学科领域发文量 TOP10 机构

机构（全球）	发文量	机构（中国）	发文量
中国科学院	366	中国科学院	366
中国水产科学研究院	269	中国水产科学研究院	269
挪威生命科学大学	149	中山大学	140

（续）

机构（全球）	发文量	机构（中国）	发文量
中山大学	142	中国海洋大学	129
挪威兽医研究所	135	上海海洋大学	117
中国海洋大学	129	华中农业大学	83
上海海洋大学	117	宁波大学	83
美国农业部农业研究局	104	大连海洋大学	66
法国海洋开发研究院	94	厦门大学	65
玛希隆大学（泰国）	90	浙江大学	59

4. 出版物分布

全球和中国水产病害防治学科领域发文量排名在前 10 位的出版物如表 2－19 所示，全球和中国发表论文所在的出版物差异不大。全球发文量最高的 3 本期刊依次是 *AQUACULTURE*、*FISH & SHELLFISH IMMUNOLOGY*、*JOURNAL OF FISH DISEASES*。中国发文量最高的 3 本期刊依次是 *FISH & SHELLFISH IMMUNOLOGY*、*AQUACULTURE*、*DEVELOPMENTAL AND COMPARATIVE IMMUNOLOGY*。

表 2－19 全球和中国水产病害防治学科领域发文量 TOP10 出版物

出版物（全球）	发文量	出版物（中国）	发文量
AQUACULTURE	1 152	FISH & SHELLFISH IMMUNOLOGY	579
FISH & SHELLFISH IMMUNOLOGY	1 043	AQUACULTURE	318
JOURNAL OF FISH DISEASES	745	DEVELOPMENTAL AND COMPARATIVE IMMUNOLOGY	270
DEVELOPMENTAL AND COMPARATIVE IMMUNOLOGY	544	JOURNAL OF FISH DISEASES	77
SCIENTIFIC REPORTS	221	SCIENTIFIC REPORTS	60
JOURNAL OF INVERTEBRATE PATHOLOGY	202	FRONTIERS IN IMMUNOLOGY	58
FRONTIERS IN IMMUNOLOGY	155	FRONTIERS IN MICROBIOLOGY	36
PLOS ONE	154	JOURNAL OF VIROLOGY	27
VETERINARY MICROBIOLOGY	96	CHEMOSPHERE	26
FRONTIERS IN MICROBIOLOGY	90	JOURNAL OF INVERTEBRATE PATHOLOGY	26

5. 研究方向分布

全球和中国水产病害防治学科领域发文量排名在前 10 位的研究方向如表 2－20。可以看出，全球和中国的研究方向分布大体一致，主要分布在渔业学、海洋与淡水生物学、兽医科学、免疫学等研究方向上。

表 2－20　全球和中国水产病害防治学科领域发文量 TOP10 研究方向

研究方向（全球）	数量	研究方向（中国）	数量
渔业学	3 685	渔业学	1 263
海洋与淡水生物学	3 277	海洋与淡水生物学	1 012
兽医科学	2 239	免疫学	925
免疫学	1 819	兽医科学	720
动物学	903	动物学	329
环境科学与生态学	514	环境科学与生态学	108
微生物学	489	科学技术-其他主题	101
科学技术-其他主题	450	微生物学	100
生物化学与分子生物学	267	生物化学与分子生物学	91
寄生物学	232	化学	73

6. 领域热点

全球水产病害防治领域依研究热度排序，依次为免疫、病原、毒性、流行病学、肠道菌群等几部分。其中，免疫包括免疫应答、先天性免疫、抗病力、益生菌、疫苗、抗菌肽、免疫调节剂等。病原部分，包括白斑综合征病毒、嗜水气单胞菌、寄生虫、弧菌、无乳链球菌等。在研究过程中，基因表达、转录组、病理学、RNA 干扰 RNA Interference、Real－time PCR 等技术和指标手段受到了较高的关注度。研究对象热度从高到低为斑马鱼、虹鳟、大西洋鲑、凡纳滨白对虾等。具体如图 2－17 所示。

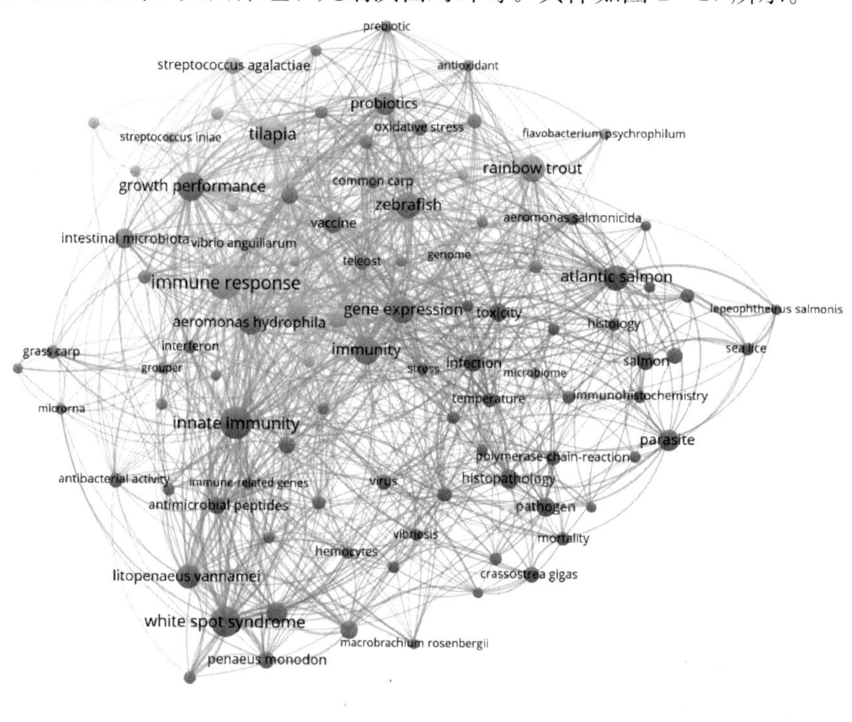

图 2－17　2011—2020 年全球水产病害防治学科领域研究热点

（六）水产养殖技术学科领域

1. 发文趋势

2011—2020 年，全球水产养殖技术学科领域 SCIE 一区总发文量为 8 116 篇，其中，中国发文量为 1 423 篇。各年度发文量如图 2-18 所示，全球水产养殖技术发文量在 2019—2020 年出现猛增，中国水产养殖技术发文量在近 10 年呈现逐步增长趋势，且 2019—2020 年发文量也大幅增长。

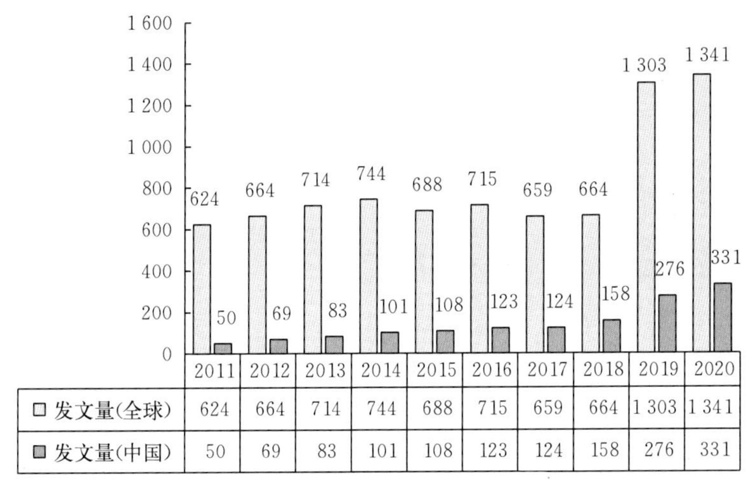

	2011	2012	2013	2014	2015	2016	2017	2018	2019	2020
□ 发文量(全球)	624	664	714	744	688	715	659	664	1 303	1 341
■ 发文量(中国)	50	69	83	101	108	123	124	158	276	331

图 2-18 水产养殖技术学科年度发文量

2. 国家分布

全球水产养殖技术学科领域发文量排名在前 10 位的国家如表 2-21。中国在全球位列第 2 位，发文量排在前 3 位的国家是美国、中国、加拿大。

表 2-21 水产养殖技术学科领域发文量 TOP10 国家

国家	发文数量
美国	1 634
中国	1 434
加拿大	624
英国	589
西班牙	573
澳大利亚	566
法国	523
挪威	522
巴西	489
德国	425

3. 机构分布

全球和中国水产养殖技术学科领域发文量排名在前 10 位的机构如表 2－22 所示。全球排在前 3 位的机构是中国科学院、中国水产科学研究院、挪威海洋研究所，中国排在前 3 位的机构是中国科学院、中国水产科学研究院、中国海洋大学。

表 2－22 全球和中国水产养殖技术学科领域发文量 TOP10 机构

机构（全球）	发文量	机构（中国）	发文量
中国科学院	281	中国科学院	281
中国水产科学研究院	196	中国水产科学研究院	196
挪威海洋研究所	154	中国海洋大学	110
中国海洋大学	110	上海海洋大学	100
加拿大渔业和海洋部	108	宁波大学	62
法国海洋开发研究院	107	四川农业大学	58
上海海洋大学	100	中国农业大学	57
荷兰瓦格宁根大学	99	华中农业大学	49
波尔图大学（葡萄牙）	98	南京农业大学	49
法国国家科学研究院	91	中山大学	39

4. 出版物分布

全球和中国水产养殖技术学科领域发文量排名在前 10 位的出版物如表 2－23 所示，全球和中国发表论文所在的出版物差异不大。全球发文量最高的 3 本期刊依次是 *AQUACULTURE*、*SCIENCE OF THE TOTAL ENVIRONMENT*、*AQUATIC TOXICOLOGY*。中国发文量最高的 3 本期刊依次是 *AQUACULTURE*、*SCIENCE OF THE TOTAL ENVIRONMENT*、*FISH & SHELLFISH IMMUNOLOGY*。

表 2－23 全球和中国水产养殖技术学科领域发文量 TOP10 出版物

出版物（全球）	发文量	出版物（中国）	发文量
AQUACULTURE	1 794	AQUACULTURE	343
SCIENCE OF THE TOTAL ENVIRONMENT	319	SCIENCE OF THE TOTAL ENVIRONMENT	74
AQUATIC TOXICOLOGY	192	FISH & SHELLFISH IMMUNOLOGY	62
CHEMOSPHERE	179	AQUACULTURE NUTRITION	58
PLOS ONE	179	CHEMOSPHERE	43
ECOTOXICOLOGY AND ENVIRONMENTAL SAFETY	170	ECOTOXICOLOGY AND ENVIRONMENTAL SAFETY	43
MARINE POLLUTION BULLETIN	156	ENVIRONMENTAL POLLUTION	37
AQUACULTURE NUTRITION	147	BIORESOURCE TECHNOLOGY	34
AQUACULTURAL ENGINEERING	145	MARINE POLLUTION BULLETIN	34
REVIEWS IN AQUACULTURE	143	AQUATIC TOXICOLOGY	27

5. 研究方向分布

全球和中国水产养殖技术学科领域发文量排名在前10位的研究方向如表2-24。可以看出，全球和中国的研究方向分布大体一致，主要分布在海洋与淡水生物学、渔业学、环境科学与生态学等研究方向上。

表2-24　全球和中国水产养殖技术学科领域发文量TOP10研究方向

研究方向（全球）	数量	研究方向（中国）	数量
海洋与淡水生物学	3 449	海洋与淡水生物学	554
渔业学	2 840	渔业学	535
环境科学与生态学	2 381	环境科学与生态学	405
毒理学	556	工程学	118
农学	540	农学	108
科学技术-其他主题	481	毒理学	92
工程学	440	兽医科学	83
生物技术与应用微生物学	412	生物技术与应用微生物学	80
兽医科学	399	科学技术-其他主题	80
海洋学	397	化学	75

6. 领域热点

全球水产养殖技术领域的研究热点如图2-19，研究对象主要集中于罗非鱼

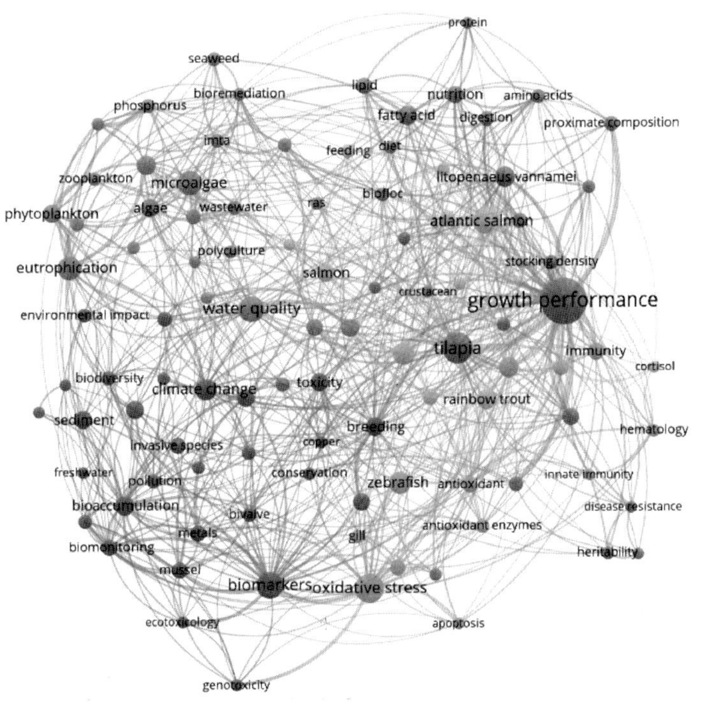

图2-19　2011—2020年全球水产养殖技术学科领域研究热点

（Tilapia）、鲑鱼（Salmon）、虹鳟（Rainbow Trout）、斑马鱼（Zebrafish）、凡纳滨对虾（*litopenaeus vannamei*）等，核心热点是生长特征，该主题与其他各主题均有广泛的联系。研究主题可以分为四类，一是微藻（Microalgae）相关研究，包括浮游生物、富营养化、废水处理、混养等。二是生物标志物（Biomarkers），涉及生物监测、生物累积性、生态毒理等，同时关系气候变暖、物种入侵等相关内容。三是抗病性（Disease Resistance），包括固有免疫、免疫应答、遗传力、抗氧化等相关研究。四是营养（Nutrition），包括脂肪酸、氨基酸、脂类、消化、规律喂养等内容。

（七）水产加工与产物资源利用学科领域

1. 发文趋势

2011—2020 年，全球水产加工与产物资源利用学科领域 SCIE 一区总发文量为 3 104篇，其中，中国发文量为 997 篇。各年度发文量如图 2－20 所示，全球水产加工与产物资源利用学科发文量在 2011—2019 年呈现波动增长趋势，中国水产加工与产物资源利用学科发文量在 2011—2019 年呈现缓慢增长趋势，但在 2020 年全球和中国发文量均呈现下降趋势。

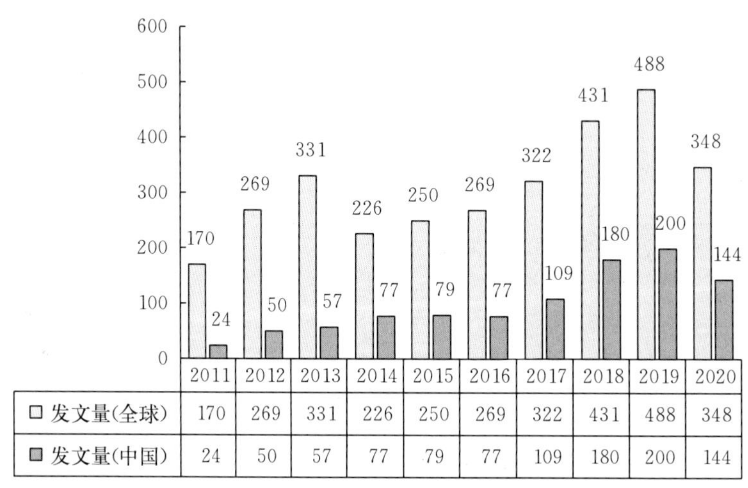

	2011	2012	2013	2014	2015	2016	2017	2018	2019	2020
□ 发文量(全球)	170	269	331	226	250	269	322	431	488	348
■ 发文量(中国)	24	50	57	77	79	77	109	180	200	144

图 2－20　水产加工与产物资源利用学科年度发文量

2. 国家分布

全球水产加工与产物资源利用学科领域发文量排名在前 10 位的国家如表 2－25。中国在全球位列第 1 位，发文量排名前 3 位的国家是中国、西班牙、美国。

表 2－25　水产加工与产物资源利用学科领域发文量 TOP10 国家

国家	发文数量
中国	1 004

（续）

国家	发文数量
西班牙	311
美国	301
泰国	168
印度	156
日本	143
韩国	131
巴西	123
伊朗	113
法国	109

3. 机构分布

全球和中国水产加工与产物资源利用学科领域发文量排名在前 10 位的机构如表 2－26所示。全球排在前 3 位的机构是宋卡王子大学（泰国）、中国海洋大学、大连工业大学，中国排在前 3 位的机构是中国海洋大学、大连工业大学、中国农业大学和江南大学。

表 2－26　全球和中国水产加工与产物资源利用学科领域发文量 TOP10 机构

机构（全球）	发文量	机构（中国）	发文量
宋卡王子大学（泰国）	117	中国海洋大学	94
中国海洋大学	94	大连工业大学	91
大连工业大学	91	中国农业大学	78
西班牙国家研究委员会	80	江南大学	78
中国农业大学	78	华南理工大学	58
江南大学	78	上海海洋大学	47
华南理工大学	58	浙江工商大学	42
斯法克斯大学（突尼斯）	53	浙江大学	42
东京海洋大学（日本）	50	中国科学院	37
上海海洋大学	47	华中农业大学	37

4. 出版物分布

全球和中国水产加工与产物资源利用学科领域发文量排名在前 10 位的出版物如表 2－27 所示，全球和中国发表论文所在的出版物大致相同，且全球和中国出版物发文量 TOP4 均是 *FOOD CHEMISTRY*、*LWT－FOOD SCIENCE AND TECHNOLOGY*、*INTERNATIONAL JOURNAL OF BIOLOGICAL MACROMOLECULES*、*JOURNAL OF THE SCIENCE OF FOOD AND AGRICULTURE*。

表 2-27　全球和中国水产加工与产物资源利用学科领域发文量 TOP10 出版物

出版物（全球）	发文量	出版物（中国）	发文量
FOOD CHEMISTRY	527	FOOD CHEMISTRY	209
LWT-FOOD SCIENCE AND TECHNOLOGY	336	LWT-FOOD SCIENCE AND TECHNOLOGY	108
INTERNATIONAL JOURNAL OF BIOLOGICAL MACROMOLECULES	225	INTERNATIONAL JOURNAL OF BIOLOGICAL MACROMOLECULES	86
JOURNAL OF THE SCIENCE OF FOOD AND AGRICULTURE	189	JOURNAL OF THE SCIENCE OF FOOD AND AGRICULTURE	76
FOOD CONTROL	154	CARBOHYDRATE POLYMERS	59
FOOD HYDROCOLLOIDS	151	JOURNAL OF AGRICULTURAL AND FOOD CHEMISTRY	53
CARBOHYDRATE POLYMERS	135	FOOD HYDROCOLLOIDS	52
JOURNAL OF AGRICULTURAL AND FOOD CHEMISTRY	114	FOOD CONTROL	44
JOURNAL OF FOOD ENGINEERING	110	FOOD & FUNCTION	37
FOOD RESEARCH INTERNATIONAL	106	FOOD RESEARCH INTERNATIONAL	32

5. 研究方向分布

全球和中国水产加工与产物资源利用学科领域发文量排名在前 10 位的研究方向如表 2-28。可以看出，全球和中国的研究方向分布大体一致，主要分布在食品科学与技术、化学、营养与饮食学等研究方向。

表 2-28　全球和中国水产加工与产物资源利用学科领域发文量 TOP10 研究方向

研究方向（全球）	数量	研究方向（中国）	数量
食品科学与技术	2 290	食品科学与技术	780
化学	1 449	化学	558
营养与饮食学	656	营养与饮食学	254
农学	391	高分子科学	147
高分子科学	366	农学	145
生物化学与分子生物学	294	生物化学与分子生物学	126
生物技术与应用微生物学	225	工程学	42
工程学	209	生物技术与应用微生物学	36
能源与燃料	127	能源与燃料	23
微生物学	102	微生物学	22

6. 领域热点

全球水产加工与产物资源利用领域的研究热点如图 2-21。可看出该学科研究聚

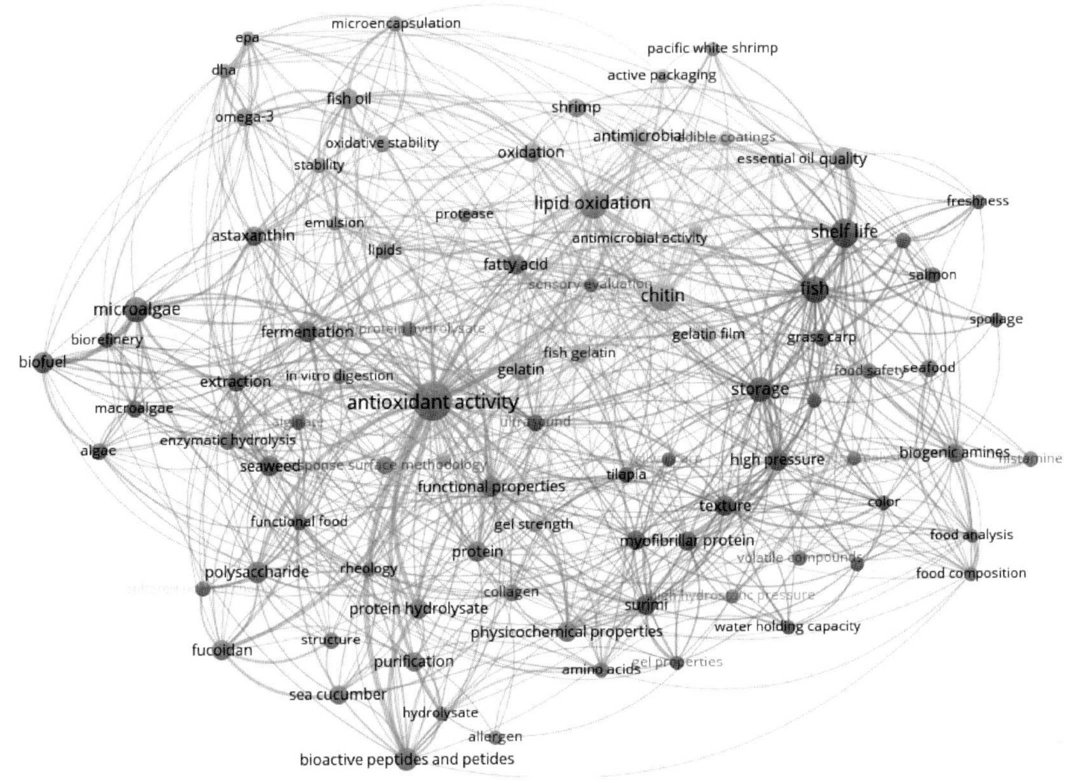

图 2-21 2011—2020 年全球水产加工与产物资源利用领域研究热点

焦于水产品的抗氧化活性、贮藏保鲜、脂肪氧化、微藻等研究方向。最热门的研究领域，一是抗氧化（Antioxidant）相关研究，主要内容包括胶原蛋白及多糖的理化特性、结构、功能特性，其中海参保健功能研究最为突出。二是水产品保鲜方向的研究，主要包括货架期、贮藏条件等，研究的主要手段有超高压、高静压技术，鲜度及品质评价方面的研究主要通过肌原纤维蛋白、质构特性、肌肉持水力、色泽等指标进行分析，研究的主要品种包括草鱼、罗非鱼、三文鱼等。三是脂肪氧化方面的研究，包括虾类的产品的品质及综合利用方面等，其中，几丁质的开发利用是一大主题。四是微藻、海藻、鱼油的相关研究，包括微藻的活性物质提取、鱼油的氧化稳定性及微胶囊的包埋技术等。

（八）水产品质量与安全学科领域

1. 发文趋势

2011—2020 年，全球水产品质量与安全学科领域 SCIE 总发文量为 2 416 篇，其中中国发文量为 375 篇。各年度发文量如图 2-22 所示，全球和中国水产品质量与安全发文量较其他学科少，在近 10 年整体呈现缓慢增长趋势。

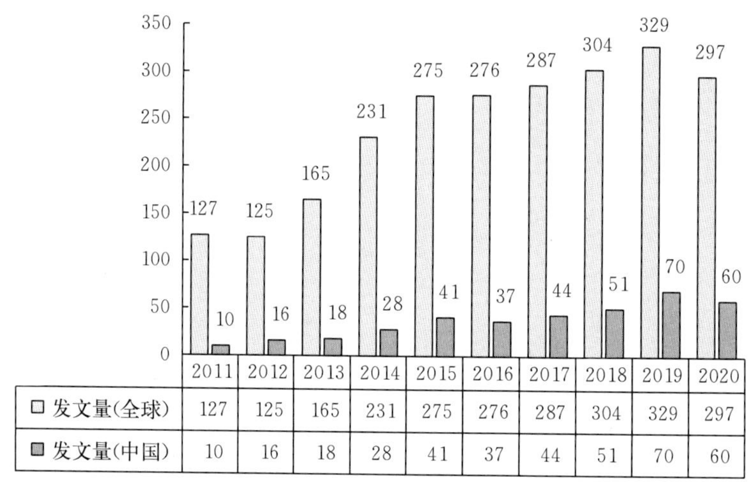

	2011	2012	2013	2014	2015	2016	2017	2018	2019	2020
□ 发文量(全球)	127	125	165	231	275	276	287	304	329	297
■ 发文量(中国)	10	16	18	28	41	37	44	51	70	60

图 2－22　水产品质量与安全学科年度发文量

2. 国家分布

全球水产品质量与安全学科领域发文量排名在前 10 位的国家如表 2－29。中国在全球位列第 1 位，发文量排在前 3 位的国家是中国、美国、西班牙。

表 2－29　水产品质量与安全学科领域发文量 TOP10 国家

国家	发文数量
中国	380
美国	338
西班牙	203
意大利	191
巴西	135
土耳其	115
加拿大	113
法国	113
英国	110
葡萄牙	109

3. 机构分布

全球和中国水产品质量与安全学科领域发文量排名在前 10 位的机构如表 2－30 所示。全球排在前 3 位的机构是西班牙国家研究委员会、中国科学院、波尔图大学（葡萄牙），中国排在前 3 位的机构是中国科学院、上海海洋大学、中国海洋大学。

表 2-30 全球和中国水产品质量与安全学科领域发文量 TOP10 机构

机构（全球）	发文量	机构（中国）	发文量
西班牙国家研究委员会	41	中国科学院	40
中国科学院	40	上海海洋大学	31
波尔图大学（葡萄牙）	39	中国海洋大学	24
上海海洋大学	31	华南理工大学	24
法国国家科学研究院	28	中国水产科学研究院	21
中国海洋大学	24	浙江大学	21
华南理工大学	24	江南大学	16
阿威罗大学（葡萄牙）	22	中国农业大学	15
中国水产科学研究院	21	香港城市大学	11
东京海洋大学（日本）	21	暨南大学	10

4. 出版物分布

全球和中国水产品质量安全学科领域发文量排名在前 10 位的出版物如表 2-31 所示，全球和中国发表论文所在的出版物差异很小。全球发文量最高的 3 本期刊依次是 *FOOD CONTROL*、*ENVIRONMENTAL SCIENCE AND POLLUTION RESEARCH*、*JOURNAL OF FOOD PROTECTION*。中国发文量最高的 3 本期刊依次是 *ENVIRONMENTAL SCIENCE AND POLLUTION RESEARCH*、*FOOD CHEMISTRY*、*CHEMOSPHERE*。

表 2-31 全球和中国水产品质量与安全学科领域发文量 TOP10 出版物

出版物（全球）	发文量	出版物（中国）	发文量
FOOD CONTROL	90	ENVIRONMENTAL SCIENCE AND POLLUTION RESEARCH	20
ENVIRONMENTAL SCIENCE AND POLLUTION RESEARCH	51	FOOD CHEMISTRY	17
JOURNAL OF FOOD PROTECTION	51	CHEMOSPHERE	14
FOOD CHEMISTRY	49	JOURNAL OF FOOD PROCESSING AND PRESERVATION	14
SCIENCE OF THE TOTAL ENVIRONMENT	48	LWT - FOOD SCIENCE AND TECHNOLOGY	14
LWT - FOOD SCIENCE AND TECHNOLOGY	45	SCIENCE OF THE TOTAL ENVIRONMENT	12
JOURNAL OF FOOD PROCESSING AND PRESERVATION	43	ENVIRONMENTAL POLLUTION	11
JOURNAL OF THE SCIENCE OF FOOD AND AGRICULTURE	41	FOOD CONTROL	11

（续）

出版物（全球）	发文量	出版物（中国）	发文量
AQUACULTURE	40	JOURNAL OF THE SCIENCE OF FOOD AND AGRICULTURE	10
CHEMOSPHERE	40	FOOD AND BIOPROCESS TECHNOLOGY	8

5. 研究方向分布

全球和中国水产品质量与安全学科领域发文量排名在前 10 位的研究方向如表 2－32。可以看出，全球和中国的研究方向分布大体一致，主要分布在食品科学与技术、环境科学与生态学、化学、海洋与淡水生物学等研究方向上。不同之处在全球水产品质量安全学科领域 TOP10 研究方向包括生物技术与应用微生物学，而我国学科领域 TOP10 研究方向包括科学技术-其他主题。

表 2－32　全球和中国水产品质量与安全学科领域发文量 TOP10 研究方向

研究方向（全球）	数量	研究方向（中国）	数量
食品科学与技术	991	食品科学与技术	165
环境科学与生态学	590	环境科学与生态学	112
化学	296	化学	57
海洋与淡水生物学	259	海洋与淡水生物学	28
渔业学	200	工程学	25
毒理学	154	渔业学	24
生物技术与应用微生物学	147	营养与饮食学	24
营养与饮食学	141	农学	19
农学	121	毒理学	18
工程学	114	科学技术-其他主题	16

6. 领域热点

全球水产品质量与安全领域的研究热点如图 2－23，主要分为四类，一是风险评估（Risk Assessment），主要是研究生物富集、健康风险、人类健康、危害指数等主题，其中关于汞、镉、三氧化二砷、铅等的研究较多。二是货架期（Shelf－life），主要研究水产品在推荐储藏条件下，脂质氧化、抗菌活性、单核细胞增多性李斯特氏菌、鲜度等问题，特别是以生物胺、组胺的研究居多。三是脂肪酸（Fatty Acid），主要研究食物分析、食物组成、蛋白质组学等水产品营养成分等。四是水体质量（Water Quality），围绕生长性能、稳定同位素、甲基汞、浮游生物等开展研究。

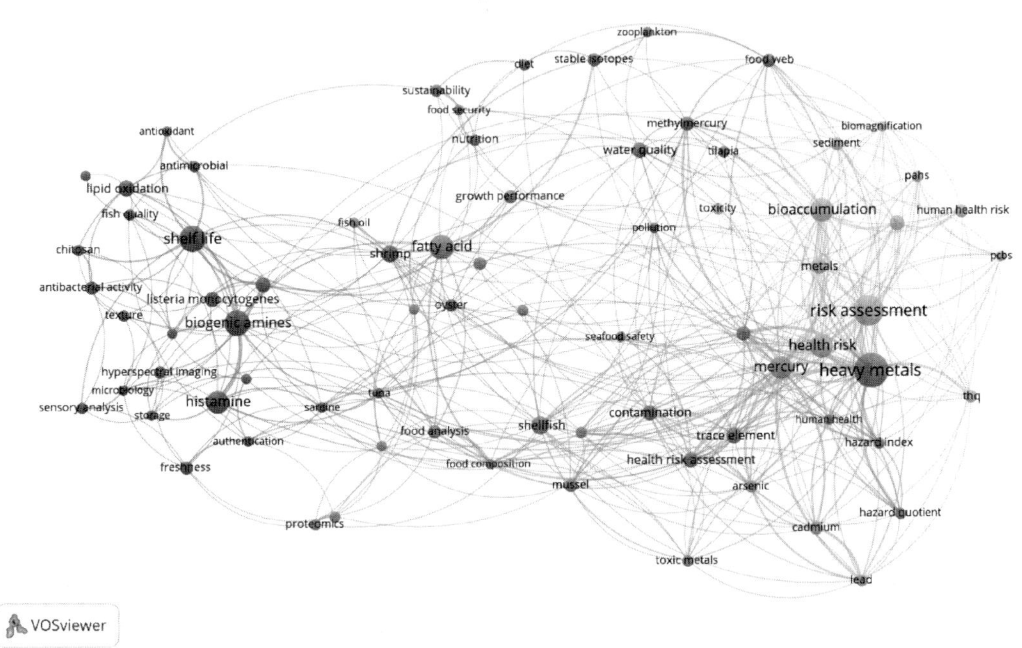

图 2-23 2011—2020 年全球质量安全学科领域研究热点

(九) 渔业装备与工程学科领域

1. 发文趋势

2011—2020 年，全球渔业装备与工程学科领域 SCIE 总发文量为 1 145 篇，其中，中国发文量 106 篇。各年度发文量如图 2-24 所示，全球和中国渔业装备与工程发文量相对其他学科较少。全球发文量整体来看呈现波动中上升的趋势。中国渔业装备与

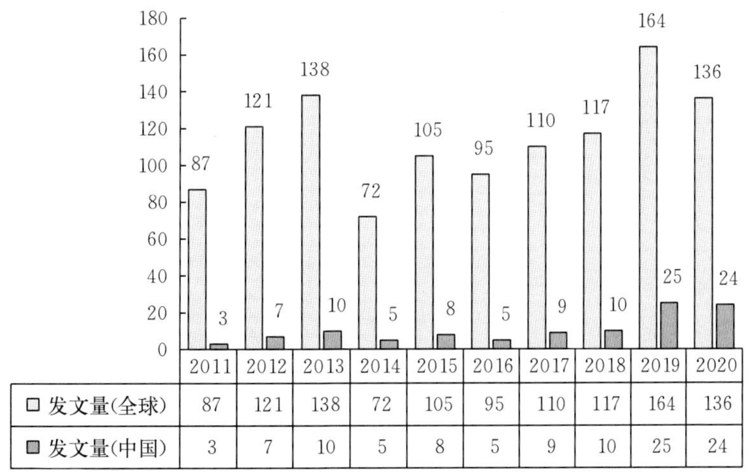

	2011	2012	2013	2014	2015	2016	2017	2018	2019	2020
□ 发文量(全球)	87	121	138	72	105	95	110	117	164	136
■ 发文量(中国)	3	7	10	5	8	5	9	10	25	24

图 2-24 渔业装备与工程学科年度发文量

工程学科发文量在2011—2018年间很少，只在10篇以内，2019—2020年发文量出现增长。

2. 国家分布

全球渔业装备与工程学科领域发文量排名在前10位的国家如表2-33。中国在全球位列第4位，发文量排在前3位的国家是美国、澳大利亚、挪威。

表2-33　渔业装备与工程学科领域发文量TOP10国家

国家	发文数量
美国	306
澳大利亚	121
挪威	109
中国	106
英国	91
加拿大	86
丹麦	84
西班牙	63
德国	54
法国	53

3. 机构分布

全球和中国渔业装备与工程学科领域发文量排名在前10位的机构如表2-34所示。全球排在前3位的机构是挪威科技工业研究院、美国国家海洋和大气管理局、丹麦技术大学，中国排在前3位的机构是大连理工大学、中国海洋大学、中国水产科学研究院和上海海洋大学。

表2-34　全球和中国渔业装备与工程学科领域发文量TOP10机构

机构（全球）	发文量	机构（中国）	发文量
挪威科技工业研究院	61	大连理工大学	29
美国国家海洋和大气管理局	51	中国海洋大学	17
丹麦技术大学	38	中国水产科学研究院	15
昆士兰大学（澳大利亚）	32	上海海洋大学	15
国家海洋渔业局	31	中国科学院	7
大连理工大学	29	水利部	7
特罗姆瑟大学（挪威）	29	浙江海洋大学	6
东京海洋大学	24	清华大学	5
挪威海洋研究所	23	大连海洋大学	4
美国地质调查局	22	哈尔滨工业大学	4

4. 出版物分布

全球和中国渔业装备与工程学科领域发文量排名在前 10 位的出版物如表 2-35 所示，全球和中国发表论文所在的出版物存在差异。全球发文量最高的 3 本期刊依次是 *FISHERIES RESEARCH*、*ICES JOURNAL OF MARINE SCIENCE*、*OCEAN ENGINEERING*。中国发文量最高的 3 本期刊依次是 *OCEAN ENGINEERING*、*AQUACULTURAL ENGINEERING*、*JOURNAL OF OCEAN UNIVERSITY OF CHINA*。

表 2-35　全球和中国渔业装备与工程学科领域发文量 TOP10 出版物

出版物（全球）	发文量	出版物（中国）	发文量
FISHERIES RESEARCH	175	OCEAN ENGINEERING	17
ICES JOURNAL OF MARINE SCIENCE	40	AQUACULTURAL ENGINEERING	10
OCEAN ENGINEERING	40	JOURNAL OF OCEAN UNIVERSITY OF CHINA	6
ECOLOGICAL ENGINEERING	33	FISHERIES RESEARCH	5
AQUACULTURAL ENGINEERING	31	CHINA OCEAN ENGINEERING	4
CANADIAN JOURNAL OF FISHERIES AND AQUATIC SCIENCES	31	ECOLOGICAL ENGINEERING	4
NORTH AMERICAN JOURNAL OF FISHERIES MANAGEMENT	27	JOURNAL OF MARINE SCIENCE AND ENGINEERING	4
PLOS ONE	27	CHINESE JOURNAL OF OCEANOLOGY AND LIMNOLOGY	3
FISHERIES MANAGEMENT AND ECOLOGY	23	JOURNAL OF APPLIED ICHTHYOLOGY	3
JOURNAL OF APPLIED ICHTHYOLOGY	23	SCIENTIFIC REPORTS	3

5. 研究方向分布

全球和中国渔业装备与工程学科领域发文量排名在前 10 位的研究方向如表 2-36。可以看出，全球和中国的研究方向分布大体一致，主要分布在渔业学、海洋与淡水生物学、环境科学与生态学、海洋学、工程学等研究方向上。不同之处在全球渔业装备与工程学科领域 TOP10 研究方向包括生物多样性与环境保护、动物学，而我国学科领域 TOP10 研究方向包括材料科学、物理学。

表 2-36　全球和中国渔业装备与工程学科领域发文量 TOP10 研究方向

研究方向（全球）	数量	研究方向（中国）	数量
渔业学	519	工程学	52
海洋与淡水生物学	309	海洋学	36

（续）

研究方向（全球）	数量	研究方向（中国）	数量
环境科学与生态学	227	渔业学	24
海洋学	191	海洋与淡水生物学	15
工程学	189	农学	11
水资源	110	环境科学与生态学	9
生物多样性与环境保护	70	材料科学	6
科学技术-其他主题	55	水资源	6
农学	41	物理学	5
动物学	30	科学技术-其他主题	5

6. 领域热点

全球渔业装备与工程领域研究热点如图 2 - 25。可以看出，意外捕获（Bycatch）是该领域研究热度最高的一个词语，且与其他多个主题均有广泛的交叉。主要研究拖网（Trawl）相关问题，涉及刺网捕鱼、底网捕鱼、桁拖网、网板、网具与鱼类尺寸的选择等，与小规模渔业、持续性渔业、捕获效率渔业管理问题密切相关。网箱养殖（Fish Cage）也是该领域关注的热点，涉及流体动力学、流体弹力学研究，研究生物以大西洋鲑居多。

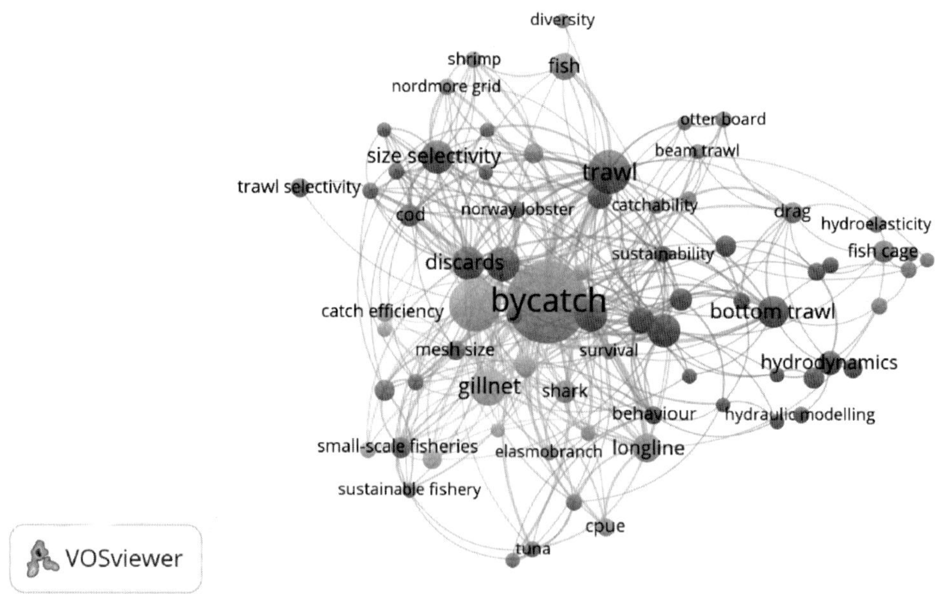

图 2 - 25　2011—2020 年全球渔业装备与工程学科领域研究热点

（十）渔业信息技术学科领域

1. 发文趋势

2011—2020 年，全球渔业信息技术学科领域 SCIE 总发文量为 793 篇，其中，中国发文量 179 篇。各年度发文量如图 2-26 所示，全球和中国渔业信息技术发文量较其他学科少，但发文量在 2018—2020 年出现较大增长趋势。

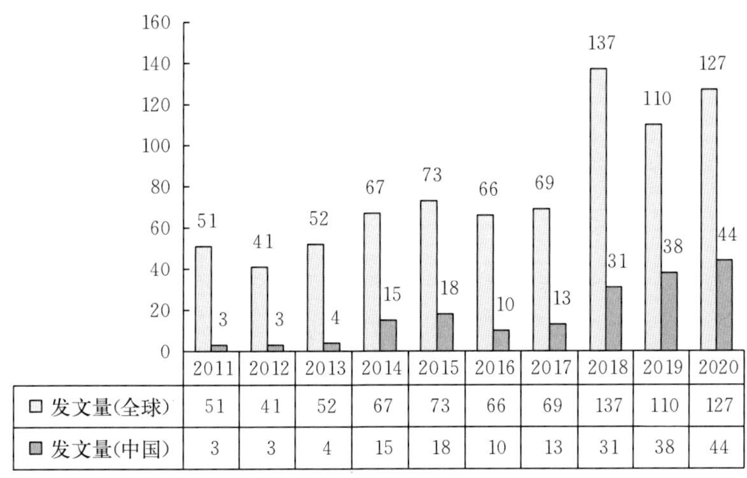

图 2-26 渔业信息技术学科年度发文量

2. 国家分布

全球渔业信息技术学科领域发文量排名在前 10 位的国家如表 2-37。中国在全球位列第 1 位，发文量排名前 3 位的国家是中国、美国、英国。

表 2-37 渔业信息技术学科领域发文量 TOP10 国家

国家	发文数量
中国	181
美国	154
英国	81
西班牙	58
法国	54
意大利	52
澳大利亚	48
挪威	42
德国	41
加拿大	35

3. 机构分布

全球和中国渔业信息技术学科领域发文量排名在前 10 位的机构如表 2 - 38 所示。全球排在前 3 位的机构是美国国家海洋和大气管理局、浙江大学、中国农业大学，中国排在前 3 位的机构是浙江大学、中国农业大学、中国海洋大学。

表 2 - 38　全球和中国渔业信息技术学科领域发文量 TOP10 机构

机构（全球）	发文量	机构（中国）	发文量
美国国家海洋和大气管理局	20	浙江大学	18
浙江大学	18	中国农业大学	14
中国农业大学	14	中国海洋大学	14
爱尔兰国立都柏林大学	14	华南理工大学	13
中国海洋大学	14	中国科学院	9
挪威海洋研究所	13	国家农业信息化工程技术研究中心	9
华南理工大学	13	上海海洋大学	7
法国国家科学研究院	12	华南理工大学	7
法国海洋开发研究院	12	北京理工大学	5
爱尔兰国立大学	12	河海大学	5

4. 出版物分布

全球和中国渔业信息技术学科领域发文量排名在前 10 位的出版物如表 2 - 39 所示，全球和中国发表论文所在的出版物有较大差异。全球发文量最高的 3 本期刊依次是 *COMPUTERS AND ELECTRONICS IN AGRICULTURE*、*PLOS ONE*、*ICES JOURNAL OF MARINE SCIENCE*。中国发文量最高的 3 本期刊依次是 *COMPUTERS AND ELECTRONICS IN AGRICULTURE*、*IEEE ACCESS*、*AQUACULTURAL ENGINEERING*。

表 2 - 39　全球和中国渔业信息技术学科领域发文量 TOP10 出版物

出版物（全球）	发文量	出版物（中国）	发文量
COMPUTERS AND ELECTRONICS IN AGRICULTURE	33	COMPUTERS AND ELECTRONICS IN AGRICULTURE	13
PLOS ONE	27	IEEE ACCESS	12
ICES JOURNAL OF MARINE SCIENCE	23	AQUACULTURAL ENGINEERING	7
AQUACULTURAL ENGINEERING	20	FOOD CHEMISTRY	5
FISHERIES RESEARCH	18	JOURNAL OF FOOD ENGINEERING	4
JOURNAL OF FOOD ENGINEERING	18	AQUACULTURE	3

（续）

出版物（全球）	发文量	出版物（中国）	发文量
REMOTE SENSING	17	FOOD ANALYTICAL METHODS	3
IEEE ACCESS	16	JOURNAL OF COASTAL RESEARCH	3
ECOLOGICAL INFORMATICS	14	JOURNAL OF SENSORS	3
CANADIAN JOURNAL OF FISHERIES AND AQUATIC SCIENCES	11	LWT - FOOD SCIENCE AND TECHNOLOGY	3

5. 研究方向分布

全球和中国渔业信息技术学科领域发文量前10位的研究方向如表2-40。可以看出，全球和中国的研究方向分布大体一致，主要分布在环境科学与生态学、工程学、水产学、计算机科学等研究方向上。不同之处在全球渔业信息技术学科TOP10研究方向包括海洋学、科学技术-其他主题，而中国学科领域TOP10研究方向包括通信、仪器仪表。

表2-40 全球和中国渔业信息技术学科领域发文量TOP10研究方向

研究方向（全球）	数量	研究方向（中国）	数量
环境科学与生态学	149	工程学	51
工程学	141	计算机科学	48
渔业学	140	农学	26
海洋与淡水生物学	131	食品科学与技术	23
计算机科学	113	环境科学与生态学	18
海洋学	75	渔业学	17
食品科学与技术	70	化学	15
农学	65	通信	14
科学技术-其他主题	56	仪器仪表	13
化学	41	海洋与淡水生物学	10

6. 领域热点

渔业信息技术学科领域的研究热点主要体现了人工智能的前沿技术在渔业领域的应用，如图2-27所示。从技术方法上看，涉及卷积神经网络、深度学习、遗传算法、支持向量机、随机森林等等各种机器学习算法，预测、分类等模型构建均有涉及；从应用对象上看，图像分析与图像处理是研究热点，与计算机视觉、高光谱图像的分析高度融合；从应用场景上看，计算机视觉大量应用于水产养殖环境的监测、鱼类行为的跟踪，高光谱图像则大量应用于水产品新鲜度、质量和安全性评价。

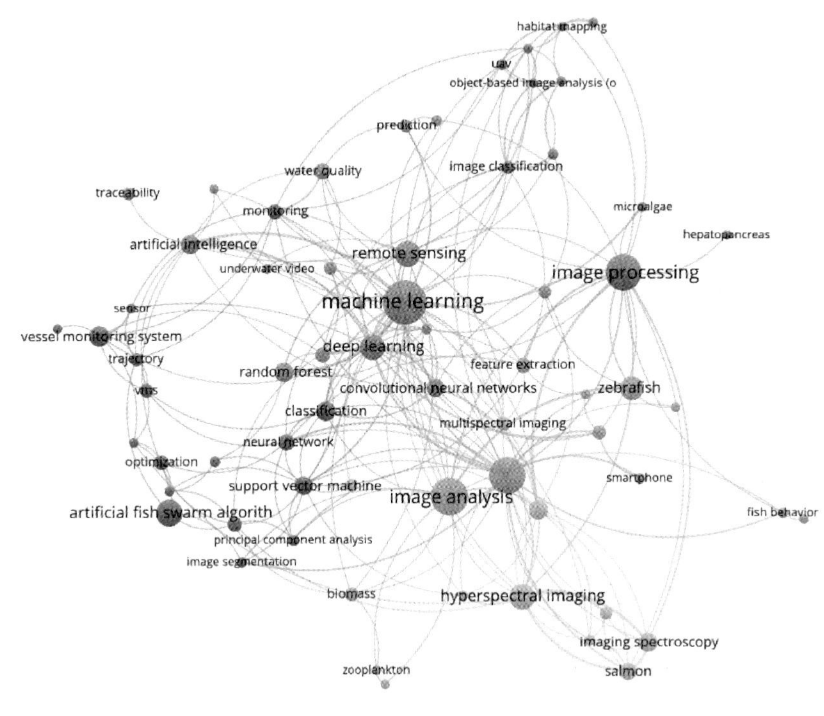

图 2－27　2011—2020 年全球渔业信息技术学科领域研究热点

（中国水产科学研究院信息技术研究中心：
闫雪　王晓琳　孙英泽　胡婧　程锦祥　王祎）

第三部分

渔业领域国家级科学技术奖励

渔业领域国家科学技术奖励列表

序号	项目名称	第一完成人	第一完成单位	奖励类别	年度
1	金枪鱼质量保真与精深加工关键技术及产业化	郑　斌	浙江海洋学院	国家科学技术进步奖二等奖	2016
2	鱿鱼贮藏加工与质量安全控制关键技术及应用	励建荣	渤海大学	国家科学技术进步奖二等奖	2017
3	长江口重要渔业资源养护技术创新与应用	庄　平	中国水产科学研究院东海水产研究所	国家科学技术进步奖二等奖	2018
4	淡水鱼类远缘杂交关键技术及应用	刘少军	湖南师范大学	国家科学技术进步奖二等奖	2018
5	扇贝分子育种技术创建与新品种培育	包振民	中国海洋大学	国家技术发明奖二等奖	2018
6	草鱼健康养殖营养技术创新与应用	周小秋	四川农业大学	国家科学技术进步奖二等奖	2019
7	水产集约化养殖精准测控关键技术与装备	李道亮	中国农业大学	国家科学技术进步奖二等奖	2019
8	海参功效成分解析与精深加工关键技术及应用	薛长湖	中国海洋大学	国家科学技术进步奖二等奖	2020

1. 金枪鱼质量保真与精深加工关键技术及产业化

获奖情况： 2016年度国家科学技术进步奖二等奖

完成单位： 浙江海洋大学、浙江省海洋开发研究院、浙江大洋世家股份有限公司、浙江兴业集团有限公司、海力生集团有限公司

完 成 人： 郑斌、罗红宇、邓尚贵、郑道昌、杨会成、劳敏军、王加斌、陈小娥、王斌、周宇芳

成果简介： 远洋渔业作为国家战略，是我国海洋经济发展新的增长点。位列全球远洋渔业捕捞量首位的金枪鱼被誉为“软黄金”，占全球水产品贸易额的10%左右，是人类最优质的天然蛋白源之一。以往，我国金枪鱼产业发展受制于保鲜难度大、精深加工程度低等技术瓶颈，产业链短窄，国内金枪鱼高端生鲜和精加工产品市场长期由国外企业占据。该成果瞄准产业瓶颈深入攻关，突破了生食金枪鱼全程保鲜、冻煮金枪鱼精确加工、副产物高值化利用等核心技术，构建了金枪鱼质量保真与精深加工技术体系，延长了上下游产业链，为金枪鱼加工业的可持续发展提供了系统的理论、方法和技术支撑，扭转了我国金枪鱼加工产业落后的客观局面。随着项目成果的应用推广，金枪鱼“一条鱼”的产业越做越大，形成了产业链条完整的金枪鱼加工产业集群，全球市场份额大幅提升。金枪鱼加工产业的做大做强，推动了国家远洋渔业发展战略目标的实施，扶持壮大了一批水产品加工龙头企业，为我国水产加工业升级抢得了新的战略增长点。

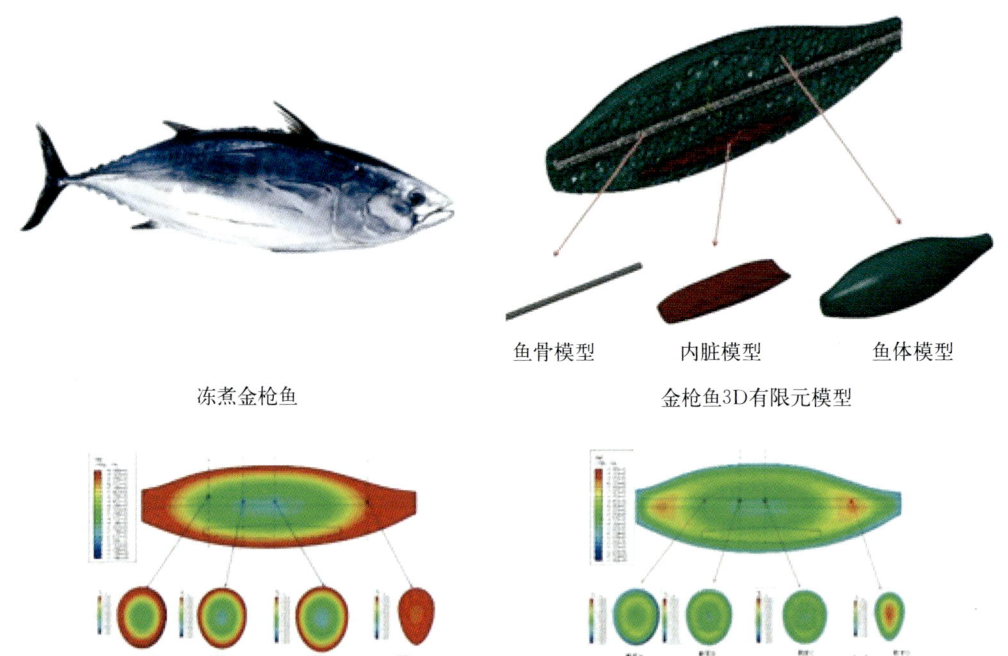

冻煮金枪鱼　　金枪鱼3D有限元模型

金枪鱼加热过程中的状态以及特定截面的升温历程云图　　金枪鱼降温过程的状态以及特定截面的降温历程云图

2. 鱿鱼贮藏加工与质量安全控制关键技术及应用

获奖情况：2017 年度国家科学技术进步奖二等奖

完成单位：渤海大学、浙江兴业集团有限公司、蓬莱京鲁渔业有限公司、荣成泰祥食品股份有限公司、浙江海洋大学、大连东霖食品股份有限公司、大连民族大学

完 成 人：励建荣、马永钧、方旭波、牟伟丽、李钰金、李学鹏、仪淑敏、李婷婷、蔡路昀、沈琳

成果简介：该成果属于食品科学技术领域，针对制约我国鱿鱼产业发展的“甲醛超标”等瓶颈难题，系统开展了鱿鱼甲醛控制、原料保鲜与品质改良等关键技术研究和集成应用。历经 10 余年的研究攻关，首次阐明了鱿鱼内源性甲醛产生机制，首创了鱿鱼内源性甲醛控制技术；首创了鱿鱼船上超低温保鲜技术，突破了鱿鱼原料保鲜和品质改良关键技术；突破了鱿鱼鱼糜和新型休闲调理制品加工技术，实现了副产物的高值化利用，完善了鱿鱼产业链，推动产业快速健康发展。

成果在国内多家大型水产品加工企业应用，近三年累计新增销售额 73.11 亿元，新增利润 10.97 亿元。

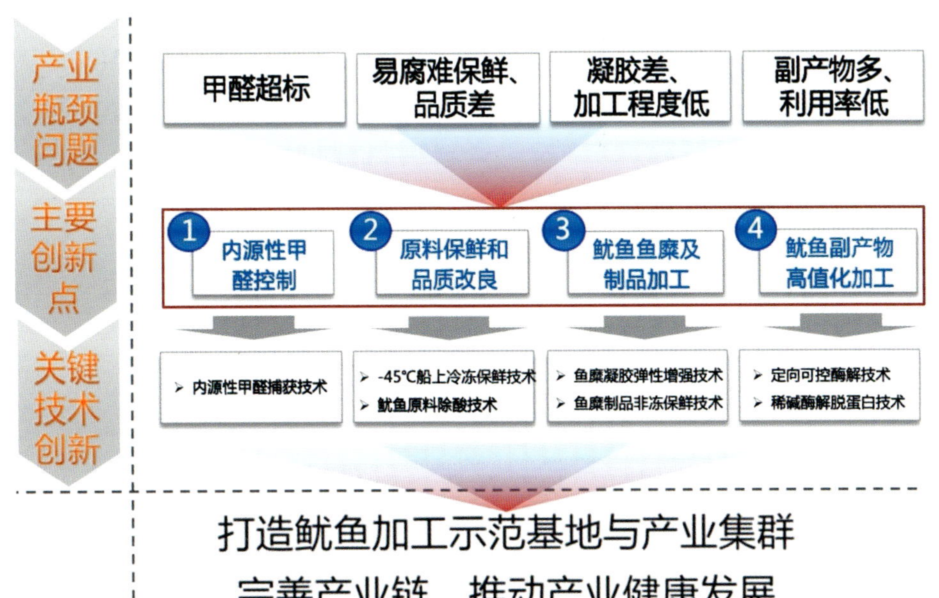

鱿鱼贮藏加工与质量安全控制关键技术路线图

3. 长江口重要渔业资源养护技术创新与应用

获奖情况：2018 年度国家科学技术进步奖二等奖

完成单位：中国水产科学研究院东海水产研究所、中国水产科学研究院淡水渔业研究中心、上海市水产研究所（上海市水产技术推广站）、上海海洋大学、江苏中洋集团股份有限公司

完 成 人：庄平、徐跑、张涛、张根玉、赵峰、唐文乔、徐钢春、钱晓明、施永海、徐东坡

成果简介：我国是世界渔业大国，由于生境的恶化和资源的过度开发，导致水域生态失衡，渔业可持续发展陷入困境。研发水域生境修复和资源养护技术，实现渔业绿色健康发展、维护生态平衡是我国面临的重要课题。该成果围绕长江口渔业资源衰退的机制和生态修复的方法开展了 20 余年的攻关研究，成效显著，取得了一批实用性强的原创性成果，填补了多项技术空白。该成果构建了“高精度、高密度、全覆盖”的长江口资源环境监测评估体系，阐明了渔业资源衰退成因及机制，奠定了生态修复和资源养护理论基础，丰富了现代生态学知识，在理论上有创新；创新了生态修复方法，重建了长江口关键栖息地生境，恢复了水域生态功能，重要渔业资源增殖成效显著，使枯竭 21 年的蟹苗重新恢复并稳定在历史最好水平，成为国际上恢复水生生物资源成功范例，在技术有重大突破；攻克了长江口珍稀鱼类繁育技术，奠定了增殖放流物质基础，支撑了特色养殖业，实现了保护和利用双赢。该成果是国家制定有关渔业管理政策和水域生态环境修复措施的科学依据；在全国 20 余省份推广应用，具有重要的科技引领和示范作用，推动了行业的科技进步；生态修复和资源养护成效被国内外媒体广泛报道，社会宣传教育成效显著。该成果是落实长江要“共抓大保护、不搞大开发”国策的具体行动，对于促进国家生态文明建设和渔业的可持续发展具有重要的意义，社会、生态和经济效益重大。

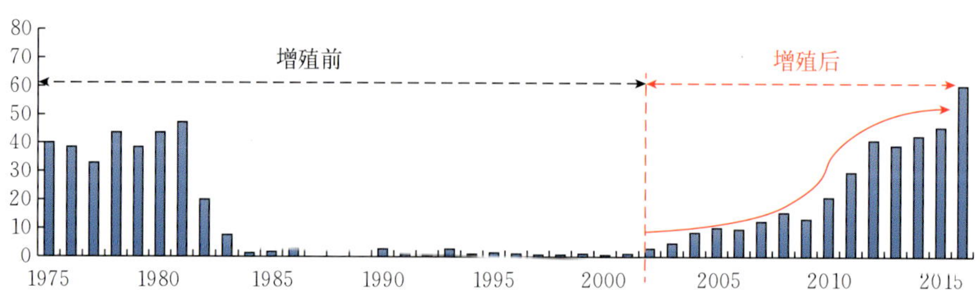

长江口中华绒螯蟹蟹苗产量变化（1970—2017）

“长江口飘浮湿地”结构功能示意图

4. 淡水鱼类远缘杂交关键技术及应用

获奖情况：2018 年度国家科学技术进步奖二等奖

完成单位：湖南师范大学、湖南湘云生物科技有限公司

完 成 人：刘少军、覃钦博、陶敏、张纯、罗凯坤、肖军、王石、胡方舟、周工健、杨震

成果简介：远缘杂交是重要的鱼类育种方法，然而缺乏系统的理论基础和技术。在鱼类远缘杂交中，突破杂交后代的生殖隔离难关，建立可育的品系及新的鱼类种质资源，将在鱼类育种和鱼类进化研究方面具有重要意义。该成果通过长期而系统的研究，在淡水鱼类中开展了 31 个远缘杂交组合的系统研究，获得了 25 个具有存活后代的杂交组合，揭示了淡水鱼类远缘杂交的遗传和繁殖规律，修正了远缘杂交难以形成可育品系的观点；创建了一系列可育的新型四倍体鱼品系和二倍体鱼品系，形成了新的鱼类种质资源；建立了一步法育种技术和多步法育种技术，并用这两种育种共性技术研制了多个优良鱼类并进行了推广养殖，产生了显著的经济和社会效益。另外，该项目还证明了雌性鲤与雄性团头鲂杂交形成鲫的重要途径，这也是非常具有创新性的研究结果。该项目相关技术获得 10 项国家发明专利；在 *PNAS*、*Biology of Reproduction*、*Science China Life Sciences* 等专业期刊发表 54 篇论文；出版专著《鱼类远缘杂交》；1 个优良新型鱼类获得国家级水产新品种证书。

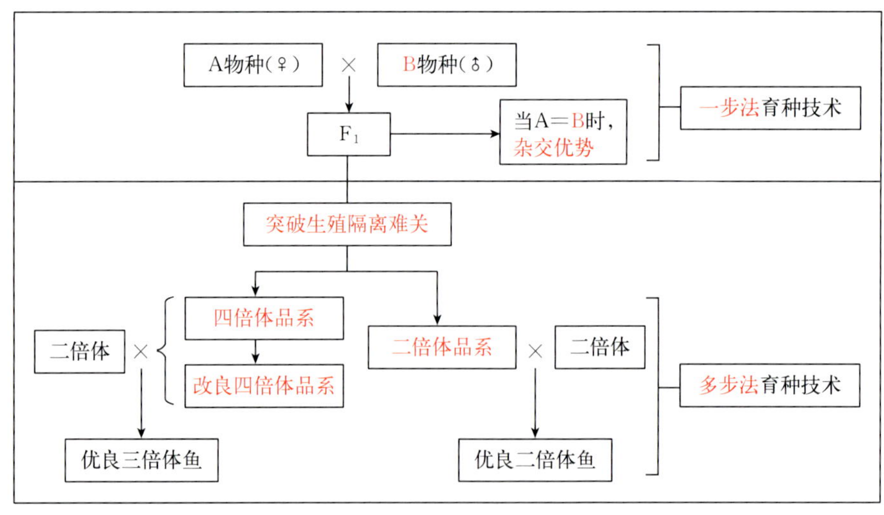

一步法和多步法育种技术

5. 扇贝分子育种技术创建与新品种培育

获奖情况：2018 年度国家技术发明奖二等奖

完成单位：中国海洋大学、獐子岛集团股份有限公司、烟台海益苗业有限公司

完 成 人：包振民、王师、胡晓丽、李恒德、梁峻、王有廷

成果简介：扇贝养殖是我国海水养殖主导产业之一，该项目围绕扇贝种业关键技术问题，发明了系列低成本、高通量全基因组分型技术，建立了贝类分子育种技术，开发了扇贝良种培育技术体系，育成 4 个国家审定扇贝良种，其中“蓬莱红 2 号”为水产领域第一个全基因组选育品种，引领了水产种业技术发展。获国际和国家发明专利 18 件，核心技术具原始创新性，发表于国际方法学顶尖期刊，水平处于国际领先。近三年产值 33 余亿元、利润 11 余亿元；良种累计推广 697 万亩，创产值 200 多亿元。

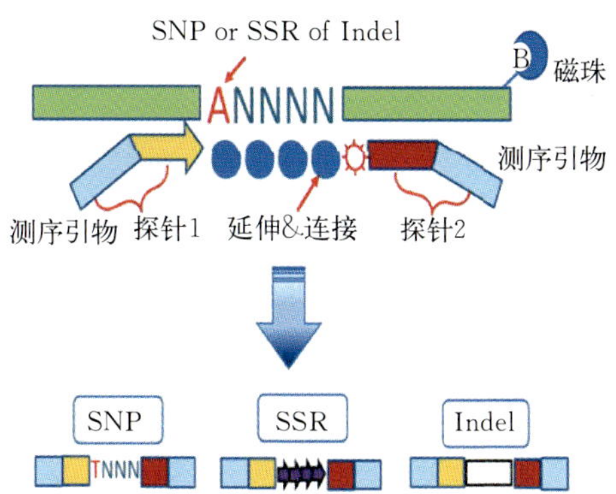

高通量液相芯片分型技术原理

6. 草鱼健康养殖营养技术创新与应用

获奖情况：2019 年度国家科学技术进步奖二等奖

完成单位：四川农业大学、通威股份有限公司、广州市科虎生物技术研究开发中心、四川省畜牧科学研究院、四川省畜科饲料有限公司、中国水产科学研究院淡水渔业研究中心、成都美溢德生物技术有限公司

完 成 人：周小秋、邝声耀、冯琳、戈贤平、刘辉芬、姜维丹、米海峰、吴培、刘扬、唐凌

成果简介：瞄准我国草鱼养殖中存发病率高和肉质下降的产业难点问题，紧紧围绕增强草鱼“器官健康”和改善“鱼肉品质”的营养和饲料调控理论与技术研究并应用，取得了一系列创新性成果。成果率先系统揭示了 35 种营养物质增强草鱼“器官健康”和改善“鱼肉品质”的作用及机制，丰富了鱼的健康营养理论；突破了国内外主要以生产性能为营养和关键饲料技术目标的模式，以“器官健康”和“鱼肉品质”为营养技术和关键饲料技术目标，研究确定了 35 种营养物质营养需要量参数 8 套，关键饲料技术 23 项，创新了保证草鱼“器官健康”和改善“鱼肉品质”的营养技术和关键饲料技术体系；首次以“器官健康”和“鱼肉品质”为饲料产品目标，研制了一系列水产专用饲料产品和配套技术。这项科技成果，创新了“三融合三突破”的推广应用模式，在全国 16 省份 45 家企业推广应用，让草鱼的发病率、死亡率、用药成本、氮磷排出分别降低 73%、84%、73%、16%以上，大幅度增加养殖效益。

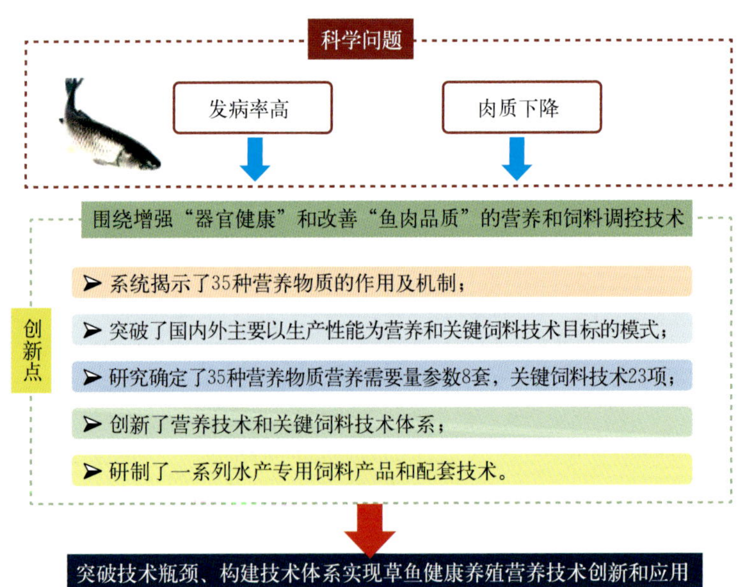

草鱼健康养殖营养技术创新应用内容与路线

7. 水产集约化养殖精准测控关键技术与装备

获奖情况：2019年度国家科学技术进步奖二等奖

完成单位：中国农业大学，北京农业信息技术研究中心，天津农学院，山东省农业科学院科技信息研究所，莱州明波水产有限公司，江苏中农物联网科技有限公司，福建上润精密仪器有限公司

完 成 人：李道亮，杨信廷，陈英义，邢克智，吴华瑞，阮怀军，傅泽田，翟介明，蒋永年，黄训松

成果简介：属农业电气化与自动化领域，针对我国水产养殖业的可持续发展困境，提出水产集约化养殖精准测控技术体系：感知新技术和传感器打破了国外技术垄断；无线跨网适配技术和无线采集控制器填补了国内产品空白；智能决策模型和云平台引领了产业发展方向；精准测控技术体系带动了行业技术进步。经鉴定，本项目创新性成果整体上达到国际先进水平，相关技术成果在江苏、山东、天津等23省份进行了大面积推广，取得了显著的经济社会效益。

水产集约化养殖精准测控装备

水产集约化养殖精准测控技术应用示范

8. 海参功效成分解析与精深加工关键技术及应用

获奖情况：2020 年度国家科学技术进步奖二等奖

完成单位：中国海洋大学、山东省科学院生物研究所、中国水产科学研究院黄海水产研究所、好当家集团有限公司、山东东方海洋科技股份有限公司、中国水产科学研究院渔业机械仪器研究所、獐子岛集团股份有限公司

完 成 人：薛长湖、王静凤、王联珠、刘昌衡、沈建、孙永军、黄万成、薛勇、刘云涛、王玉明

成果简介：针对海参传统加工营养流失严重、干海参复水耗时长、即食海参贮存期短等问题，系统阐明海参功效成分化学结构与营养功效，突破了加工过程中胶原蛋白结构控制、水分转移调控、高温明胶化控制等技术瓶颈，发明了基于负压低温熟化、热泵组合干燥、微波辅助杀菌等营养保持与高品质加工技术，创制了海参高效机械化加工技术和专用装备，建成了国际首条机械化海参预处理生产线和 50 余条海参产品机械化生产线，实现了高品质、机械化海参加工生产从零到一的突破。针对海参功效成分利用率低、副产物利用不足等问题，研发了海参功效成分高效制备技术，开发了 30 余个高附加值新产品，推动了海参产业转型升级。针对海参产品质量标准缺失、掺假制假等问题，构建了海参产品质量标准技术体系，制修订 10 项国家和行业标准，其中《食品安全国家标准 干海参》是我国首个海产单品种强制性国家标准。技术成果广泛应用于海参养殖加工主产区。

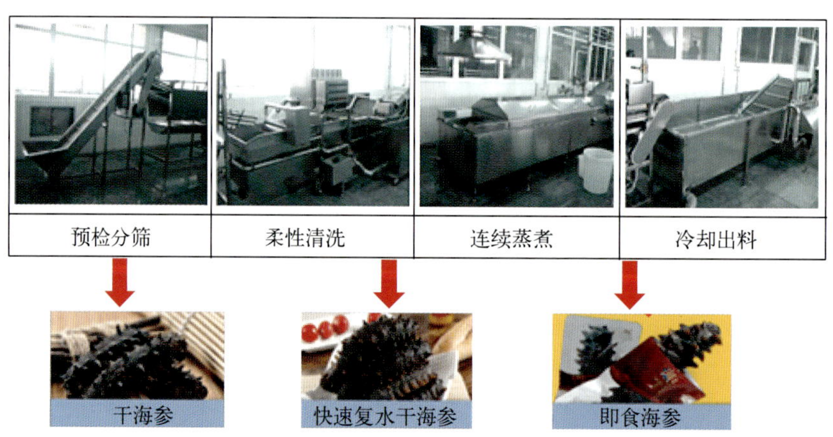

海参精深加工关键技术示意图

第四部分

“十三五”通过审定的水产新品种

“十三五”期间通过审定的水产新品种

品种登记号说明如下：

1. “G”为“国”的第一个拼音字母，“S”为“审”的第一个拼音字母，以示国家审定通过的品种；

2. “01”“02”“03”“04”分别表示选育、杂交、引进和其他类品种；

3. “001”“002”……为品种顺序号；

4. “20××”为审定通过的年份；

如“GS-01-001-2016”为团头鲂“华海1号”的品种登记号，表示2016年国家审定通过的1号选育品种。

各新品种的详细介绍见下文。

1. 品种名称：团头鲂“华海1号”*

品种登记号： GS-01-001-2016

亲本来源： 团头鲂野生群体

育种单位： 华中农业大学、湖北百容水产良种有限公司、湖北省团头鲂（武昌鱼）原种场

品种简介： 该品种是以2007—2008年从湖北梁子湖、淤泥湖和江西鄱阳湖收集的680组野生团头鲂亲鱼为基础群，以生长速度和成活率为目标性状，采用家系选育、群体选育及鱼类亲子鉴定技术，经连续4代选育而成。在相同养殖条件下，与未经选育的团头鲂相比，1龄鱼生长速度提高24%以上，成活率提高22%以上；2龄鱼生长速度提高22%以上，成活率提高20%以上。适宜在全国各地人工可控的淡水水体中养殖。

2. 品种名称：黄姑鱼“金鳞1号”

品种登记号： GS-01-002-2016

亲本来源： 黄姑鱼养殖群体

* 本部分图片由全国水产技术推广总站提供。

育种单位：集美大学、宁德市横屿岛水产有限公司

品种简介：该品种是以 2008 年从福建宁德官井洋、东吾洋和三都澳等 3 个不同养殖群体中挑选的 112 尾雌鱼和 98 尾雄鱼为基础群体，以生长速度和成活率为目标性状，采用群体选育技术，经连续 4 代选育而成。在相同养殖条件下，与未经选育的黄姑鱼相比，18 月龄鱼生长速度提高 20%以上，成活率提高 20%以上；24 月龄鱼生长速度提高 24%以上，成活率提高 24%以上。适宜在福建、浙江沿海人工可控的海水水体中养殖。

3. 品种名称：凡纳滨对虾“广泰 1 号”

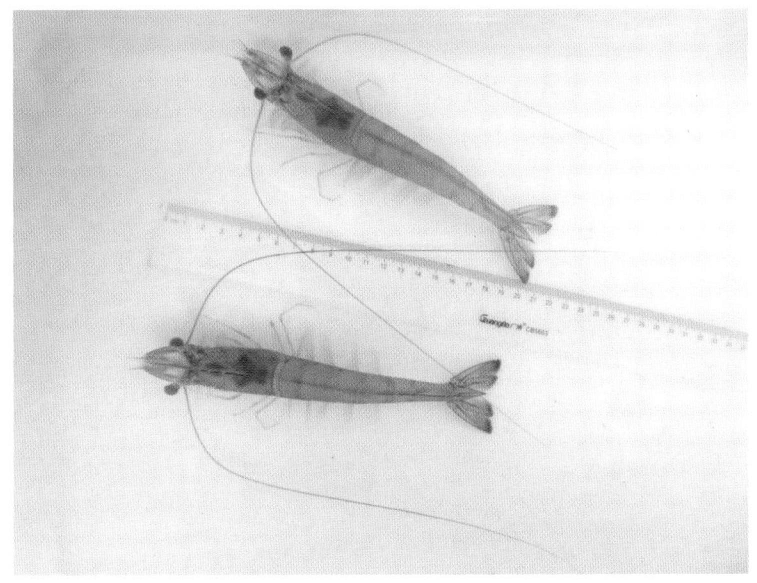

品种登记号：GS－01－003－2016

亲本来源：凡纳滨对虾引进群体、凡纳滨对虾“科海 1 号”

育种单位：中国科学院海洋研究所、西北农林科技大学、海南广泰海洋育种有限公司

品种简介：该品种是以 2008 年引进的 CP（泰国正大卜蜂集团）、KonaBay（美国科纳湾海洋资源公司）、OI（夏威夷海洋研究所）凡纳滨对虾种虾和凡纳滨对虾“科海 1 号”（GS－01－006－2010）为基础群体，以生长速度和成活率为目标性状，先采用家系选育技术，经连续 7 代选育形成快长系、高存活/高繁系、高存活/快长系、高繁系 4 个品系，再通过 4 系配套制种技术选育而成。在相同养殖条件下，与 SIS（美国对虾改良系统有限公司）虾苗相比，120 日龄虾生长速度平均提高 16%，成活率平均提高 30%。适宜在全国各地人工可控的海水及咸淡水水体中养殖。

4. 品种名称：凡纳滨对虾“海兴农 2 号”

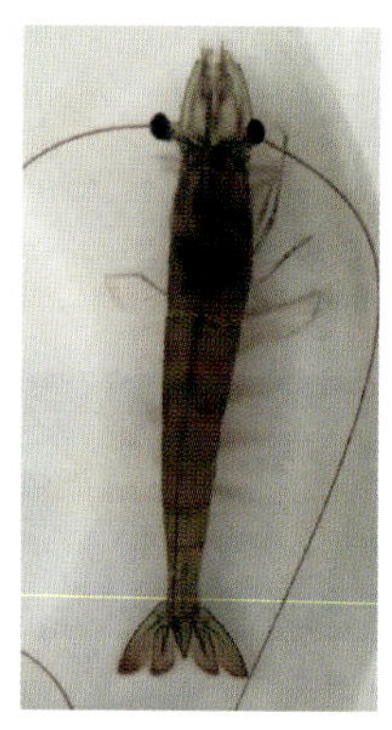

品种登记号：GS－01－004－2016

亲本来源：凡纳滨对虾引进群体

育种单位：广东海兴农集团有限公司、广东海大集团股份有限公司、中山大学、中国水产科学研究院黄海水产研究所

品种简介：该品种是以 2010—2011 年从美国夏威夷、佛罗里达、关岛以及新加坡等地区引进的 8 批次凡纳滨对虾种虾为基础群体，以生长速度和成活率为目标性状，采用 BLUP（最佳线性无偏预测）选育技术，经连续 5 代选育而成。在相同养殖条件下，与未经选育的虾苗及部分进口一代虾苗相比，100 日龄虾生长速度提高 11%以上，成活率提高 13%以上。适合在全国各地人工可控的海水及咸淡水水体中养殖。

5. 品种名称：中华绒螯蟹“诺亚 1 号”

品种登记号：GS－01－005－2016

亲本来源：中华绒螯蟹长江水系野生群体

育种单位：中国水产科学研究院淡水渔业研究中心、江苏诺亚方舟农业科技有限公司、常州市武进区水产技术推广站

品种简介：该品种是以2004年和2005年在长江干流江苏仪征段分别收集挑选的中华绒螯蟹野生亲蟹689只和567只为基础群体，以生长速度为目标性状，采用群体选育技术，奇数年和偶数年分别进行，经连续5代选育而成。在相同养殖条件下，与未经选育的长江水系野生中华绒螯蟹相比，奇数年成蟹生长速度平均提高19.9％，偶数年成蟹生长速度平均提高20.7％。适宜在全国各地人工可控的淡水水体中养殖。

6. 品种名称：海湾扇贝“海益丰12”

品种登记号：GS－01－006－2016

亲本来源：海湾扇贝养殖群体

育种单位：中国海洋大学、烟台海益苗业有限公司

品种简介：该品种是以2011年从山东烟台莱州和青岛胶南海域海湾扇贝养殖群体中收集挑选的1 000枚个体为基础群体，以壳色、壳高、抗逆性为目标性状，采用群体选育和全基因组选择育种技术，经连续4代选育而成。贝壳为黑褐色。在相同养殖条件下，与未经选育的海湾扇贝相比，7月龄贝壳高平均提高31.5％，成活率平均提高13.2％。适宜在山东、河北和辽宁沿海海域养殖。

7. 品种名称：长牡蛎“海大2号”

品种登记号： GS－01－007－2016

亲本来源： 长牡蛎野生群体

育种单位： 中国海洋大学、烟台海益苗业有限公司

品种简介： 该品种是以2010年从山东沿海长牡蛎野生群体中筛选出的左壳色为金黄色的300枚个体为基础群体，以壳色和壳高为目标性状，采用家系选育和群体选育技术，经连续4代选育而成。贝壳和外套膜均为金黄色。在相同养殖条件下，与未经选育的长牡蛎相比，15月龄贝壳高平均提高39.7%。适宜在江苏及以北沿海养殖海域中养殖。

8. 品种名称：葡萄牙牡蛎“金蛎1号”

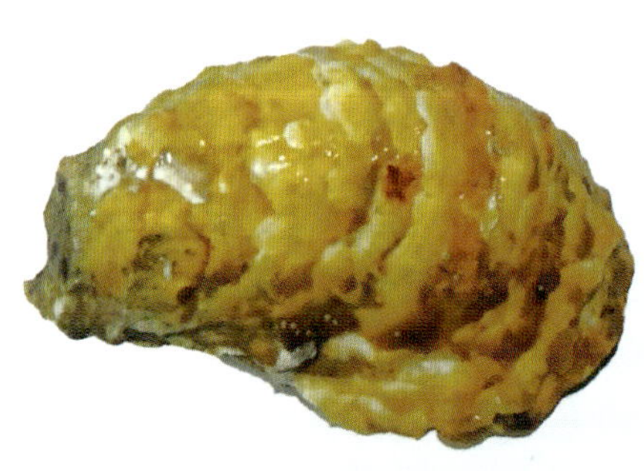

品种登记号： GS－01－008－2016

亲本来源：葡萄牙牡蛎野生群体和养殖群体

育种单位：福建省水产研究所

品种简介：该品种是以2009年在福建、广东收集的葡萄牙牡蛎野生群体和养殖群体的人工繁殖后代2万枚个体为基础群体，以壳色和体重为目标性状，采用群体选育技术，经连续4代选育而成。贝壳为金黄色。在相同养殖条件下，与未经选育的葡萄牙牡蛎相比，12月龄贝单体养殖体重提高22%以上。适宜在福建及以南沿海养殖海域中养殖。

9. 品种名称：菲律宾蛤仔“白斑马蛤”

品种登记号：GS-01-009-2016

亲本来源：菲律宾蛤仔野生群体

培育单位：大连海洋大学、中国科学院海洋研究所

品种简介：该品种是以2009年从辽宁大连菲律宾蛤仔野生群体中选择出的壳面具有斑马纹的个体和白色且左壳背缘具有一条纵向深色条带的个体为基础群体，以壳色和壳长为目标性状，采用群体选育技术，经连续4代选育而成。壳面有白底斑马花纹，左壳背缘有一条纵向黑色条带。在相同养殖条件下，与未经选育的菲律宾蛤仔相比，2龄贝壳长平均提高16.5%。适宜在我国沿海海域养殖。

10. 品种名称：合方鲫

品种登记号： GS-02-001-2016

亲本来源： 日本白鲫（♀）×红鲫（♂）

育种单位： 湖南师范大学

品种简介： 该品种是以20世纪70年代从日本引入我国并经5代群体选育的日本白鲫雌体为母本，以从湘江采捕并经5代群体选育的红鲫雄体为父本，杂交获得的F1代，即合方鲫。在相同养殖条件下，1龄鱼生长速度比母本日本白鲫平均提高30.3%，比父本红鲫平均提高53%。适宜在全国各地人工可控的淡水水体中养殖。

11. 品种名称：杂交鲟“鲟龙1号”

品种登记号：GS－02－002－2016

亲本来源：达氏鳇（♀）×施氏鲟（♂）

育种单位：中国水产科学研究院黑龙江水产研究所、杭州千岛湖鲟龙科技股份有限公司、中国水产科学研究院鲟鱼繁育技术工程中心

品种简介：该品种是以从黑龙江抚远江段采捕并分别经2代群体选育后获得的达氏鳇雌体为母本、施氏鲟雄体为父本，杂交获得的F1代，即杂交鲟“鲟龙1号”。在相同养殖条件下，1龄鱼生长速度比父本施氏鲟平均提高19.1%；4龄鱼生长速度比父本施氏鲟平均提高90.3%；7龄鱼性腺指数比母本达氏鳇高3.93，比父本施氏鲟高2.44。适宜在全国各地人工可控的淡水水体中养殖。

12. 品种名称：长珠杂交鳜

品种登记号：GS－02－003－2016

亲本来源：翘嘴鳜（♀）×斑鳜（♂）

育种单位：中山大学、广东海大集团股份有限公司、佛山市南海百容水产良种有限公司

品种简介：该品种是以从洞庭湖采捕并经4代群体选育的翘嘴鳜雌体为母本，以从珠江采捕并经2代群体选育的斑鳜雄体为父本，杂交获得的F1代，即长珠杂交鳜。在相同养殖条件下，7月龄鱼成活率比母本翘嘴鳜平均提高20%，平均体重是父本斑鳜的3.2倍。适宜在我国珠江及长江流域人工可控的淡水水体中养殖。

13. 品种名称：虎龙杂交斑

虎龙杂交斑母本棕点石斑鱼

虎龙杂交斑父本鞍带石斑鱼

虎龙杂交斑

品种登记号：GS－02－004－2016

亲本来源：棕点石斑鱼（♀）×鞍带石斑鱼（♂）

育种单位：广东省海洋渔业试验中心、中山大学、海南大学、海南晨海水产有限公司

品种简介：该品种是以分别经2代群体选育的棕点石斑鱼雌体为母本、鞍带石斑鱼雄体为父本，杂交获得的F1代，即虎龙杂交斑。在相同养殖条件下，14月龄鱼平均体重是母本棕点石斑鱼的2.1倍；与父本鞍带石斑鱼相比，育苗难度降低。适宜在全国各地人工可控的海水及咸淡水水体中养殖。

14. 品种名称：牙鲆“鲆优2号”

品种登记号：GS-02-005-2016

亲本来源：中国的牙鲆抗鳗弧菌病群体与日本的牙鲆群体杂交后代（♀）×中国的牙鲆抗鳗弧菌病群体与韩国的牙鲆群体杂交后代（♂）

育种单位：中国水产科学研究院黄海水产研究所、海阳市黄海水产有限公司

品种简介：该品种是以2003年选育的中国的牙鲆抗鳗弧菌病群体与日本的牙鲆群体杂交后经3代选育获得的生长快品系雌体为母本，以中国的牙鲆抗鳗弧菌病群体与韩国的牙鲆群体杂交后经2代选育获得的抗迟缓爱德华氏菌病品系雄体为父本，杂交获得的F1代，即牙鲆“鲆优2号”。在相同养殖条件下，与未经选育的牙鲆相比，18月龄鱼生长速度平均提高20%，成活率平均提高20%。适宜在我国沿海人工可控的海水水体中养殖。

15. 品种名称：异育银鲫“中科5号”

品种登记号：GS-01-001-2017

亲本来源：遗传标记鉴别的银鲫雌核生殖系E系、团头鲂、兴国红鲤

育种单位：中国科学院水生生物研究所、黄石市富尔水产苗种有限责任公司

品种简介：该品种是在1995年利用团头鲂精子激活银鲫E系的卵子，再经冷休克处理获得携带团头鲂遗传物质的雌核生殖核心群体的基础上，以生长速度和抗病性为目标性状，采用雌核生殖纯化、群体选育和分子标记辅助育种技术，用兴国红鲤精子刺激进行连续10代雌核生殖扩群选育而成。在相同养殖条件下，与异育银鲫“中科3号”相比，在投喂低蛋白（27%）低鱼粉（5%）饲料时，生长速度平均提高18.2%，抗鲫疱疹病毒能力平均提高12.6%，抗体表黏孢子虫病能力平均提高21.0%。适宜在全国各地人工可控的淡水水体中养殖。

16. 品种名称：滇池金线鲃“鲃优1号”

品种登记号： GS-01-002-2017

亲本来源： 滇池金线鲃牧羊河野生群体

育种单位： 中国科学院昆明动物研究所、深圳华大海洋科技有限公司、中国水产科学研究院淡水渔业研究中心

品种简介： 该品种是以2004年采自盘龙江上游牧羊河的野生滇池金线鲃5 000尾个体为基础群体，以生长速度和肌间刺弱化为目标性状，采用群体选育技术，经连续4代选育而成。在相同养殖条件下，与未经选育的滇池金线鲃相比，24月龄滇池金线鲃“鲃优1号”体长平均提高20.5%，体重平均提高37.0%；肌间刺简化弱化，分支分叉等复杂刺形的肌间刺占比平均减少78.5%。适宜在全国各地人工可控的10～25 ℃淡水水体中养殖。

17. 品种名称：福瑞鲤2号

品种登记号：GS－01－003－2017

亲本来源：建鲤、黄河鲤和黑龙江野鲤野生群体

育种单位：中国水产科学研究院淡水渔业研究中心

品种简介：该品种是以2004年从江苏无锡收集的建鲤、黄河郑州段收集的黄河鲤和黑龙江哈尔滨段收集的黑龙江野鲤为原始亲本，通过完全双列杂交建立自交、正反交家系构成选育基础群体，以生长速度和成活率为目标性状，采用BLUP选育技术，经连续5代选育而成。在相同养殖条件下，养殖16个月的福瑞鲤2号生长速度与同龄普通养殖鲤鱼相比平均提高22.9%，成活率平均提高6.5%。适宜在全国各地人工可控的淡水水体中养殖。

18. 品种名称：脊尾白虾“科苏红1号”

品种登记号：GS－01－004－2017

亲本来源：脊尾白虾养殖群体

育种单位：中国科学院海洋研究所、江苏省海洋水产研究所、启东市庆健水产养殖有限公司

品种简介：该品种以2012年在江苏启东沿海脊尾白虾养殖池塘中发现的体色突变为红色的个体作为亲本，以红色体色为目标性状，采用群体选育技术，经连续4代选育而成。表皮和肌肉均为红色，富含类胡萝卜素和虾青素。在相同养殖条件下，与未经选育的脊尾白虾相比，体色经三文鱼肉色标准比色尺（SalmoFanTMLineal）测量的平均色度值为30，红体色虾占比100%。适宜在全国各地人工可控的海水和咸淡水水体中养殖。

19. 品种名称：脊尾白虾“黄育1号”

品种登记号： GS－01－005－2017

亲本来源： 脊尾白虾野生群体

育种单位： 中国水产科学研究院黄海水产研究所、日照海辰水产有限公司

品种简介： 该品种是以2011年从渤海湾、莱州湾、胶州湾、海州湾和象山湾收集的约3万尾野生脊尾白虾为基础群体，以生长速度为目标性状，采用群体选育技术，经连续6代选育而成。在相同养殖条件下，与未经选育的野生脊尾白虾相比，3月龄体长平均提高12.6%，体重平均提高18.4%。适宜在天津、河北、江苏、浙江和山东沿海养殖。

20. 品种名称：凡纳滨对虾“正金阳1号”

品种登记号：GS－01－006－2017

亲本来源：凡纳滨对虾养殖群体

育种单位：中国科学院南海海洋研究所、茂名市金阳热带海珍养殖有限公司

品种简介：该品种是以 2011 年引进的泰国正大卜蜂集团、美国科纳湾海洋资源公司、夏威夷海洋研究所的凡纳滨对虾和凡纳滨对虾“中科 1 号”（GS－01－007－2010）种虾为基础群体，以耐低温、耐低盐、成活率和生长速度为目标性状，采用家系选育和品系选育相结合的育种技术，经连续 4 代选育而成。在水温 12～18 ℃养殖条件下，与凡纳滨对虾“中科 1 号”和美国对虾改良系统有限公司虾苗相比，成活率分别平均提高 16％和 24％，生长速度分别平均提高 10％和 13％。适合我国海水、咸淡水和淡水养殖区域养殖。

21. 品种名称：凡纳滨对虾“兴海 1 号”

品种登记号：GS－01－007－2017

亲本来源：凡纳滨对虾养殖群体

育种单位：广东海洋大学、湛江市德海实业有限公司、湛江市国兴水产科技有限公司

品种简介：该品种是以 2011 年分别从广东湛江和广西东兴 7 个不同养殖群体中挑选的 3 880 尾凡纳滨对虾为基础群体，以成活率和体重为目标性状，采用 BLUP 选育技术，经连续 4 代选育而成。在相同养殖条件下，与美国对虾改良系统有限公司一代苗相比，100 日龄成活率平均提高 15.0％，体重无显著差异；与美国对虾改良系统有限公司二代苗相比，成活率平均提高 11.1％，体重平均提高 12.6％。适宜在我国南方沿海养殖海域中养殖。

22. 品种名称：中国对虾“黄海 5 号”

品种登记号： GS－01－008－2017

亲本来源： 中国对虾“黄海 2 号”和野生群体

育种单位： 中国水产科学研究院黄海水产研究所

品种简介： 该品种是以 2009 年分别从山东海阳、日照附近海域、朝鲜半岛西海岸野生群体和中国对虾“黄海 2 号”（GS－01－002－2008）群体中收集挑选的 1 200 尾个体为基础群体，以抗病性和生长速度为目标性状，采用多性状复合育种技术，经连续 6 代选育而成。在相同养殖条件下，与未经选育的中国对虾相比，白斑综合征病毒抗性平均提高 30.1%，生长速度平均提高 26.5%。适宜在浙江及以北人工可控的海水水体中养殖。

23. 品种名称：青虾“太湖 2 号”

品种登记号： GS－01－009－2017

亲本来源： 杂交青虾“太湖 1 号”

育种单位： 中国水产科学研究院淡水渔业研究中心、无锡施瑞水产科技有限公司、深圳华大海洋科技有限公司、南京市水产科学研究所、江苏省渔业技术推广中心

品种简介： 该品种是以 2009 年中国水产科学研究院淡水渔业研究中心大浦科学

试验基地繁育的1 300千克杂交青虾“太湖1号”(GS-02-002-2008)为基础群体，以生长速度为目标性状，采用群体选育技术，经连续6代选育而成。在相同养殖条件下，与杂交青虾“太湖1号”相比，体重平均提高17.2%。适宜在我国人工可控的淡水水体中养殖。

24. 品种名称：虾夷扇贝“明月贝”

品种登记号： GS-01-010-2017

亲本来源： 虾夷扇贝养殖群体

育种单位： 大连海洋大学、獐子岛集团股份有限公司

品种简介： 该品种是以2007年从辽宁大连和山东长岛海域虾夷扇贝养殖群体

中收集挑选的 1 000 枚个体为基础群体，以壳色和壳高为目标性状，采用群体选育和家系选育技术，经连续 4 代选育而成。贝壳双面均为白色。在相同养殖条件下，与未经选育的虾夷扇贝相比，20 月龄贝壳高平均提高 12.3%。适宜在辽宁和山东沿海养殖海域中养殖。

25. 品种名称：三角帆蚌“申紫 1 号”

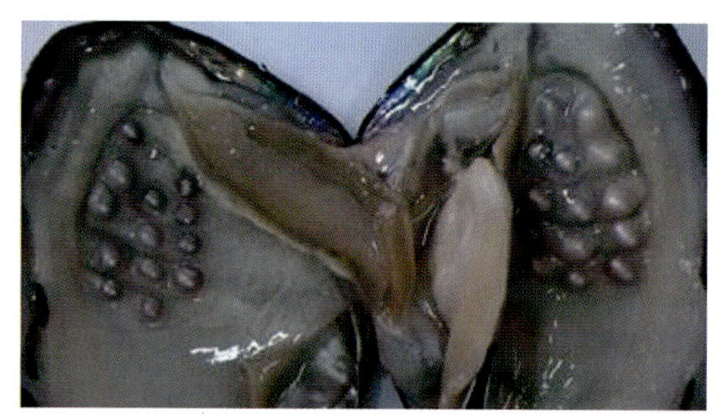

品种登记号： GS－01－011－2017

亲本来源： 鄱阳湖、洞庭湖采集的野生三角帆蚌

育种单位： 上海海洋大学，金华市浙星珍珠商贸有限公司

品种简介： 该品种是以 1998 年从鄱阳湖和洞庭湖采集的 5 000 个野生三角帆蚌构建基础群体，以贝壳珍珠质深紫色、个体大为目标性状，采用群体选育辅以家系选择方法，经连续 5 代选育而成。该品种最大特点是贝壳珍珠质深紫色，紫色个体比例达 95.6%，插珠 18 个月后，所育紫色珍珠比例达 45.8%，在相同养殖条件下，与未经选育的三角帆蚌相比，所育紫色珍珠比例提高 43.0%。适宜在全国各地人工可控的淡水水体中养殖。

26. 品种名称：文蛤“万里 2 号”

品种登记号： GS－01－012－2017

亲本来源： 文蛤养殖群体

育种单位： 浙江万里学院

品种简介： 该品种是以 2006 年从山东东营自然种群移养浙江的文蛤养殖群体中收集挑选的 2 000 枚暗灰底色、锯齿花纹个体为基础群体，以壳色和体重为目标性状，采用群体选育技术，经连续 4 代选育而成。贝壳为暗灰底色、锯齿花纹。在相同养殖条件下，与未经选育的文蛤相比，2 龄贝体重平均增加 34.8%。适宜在山东、江苏、浙江和福建沿海养殖海域中养殖。

27. 品种名称：缢蛏"申浙1号"

品种登记号： GS-01-013-2017

亲本来源： 缢蛏野生群体

育种单位： 上海海洋大学、三门东航水产育苗科技有限公司

品种简介： 该品种是以 2008 年从浙江乐清湾海域野生群体中收集挑选的1 200枚个体作为基础群体，以壳长和体重为目标性状，采用群体选育技术，经连续 5 代选育而成。在相同养殖条件下，与未经选育的缢蛏相比，9 月龄缢蛏壳长和体重分别平均提高 17.4%和 38.2%。适宜在浙江、福建、江苏和广东沿海养殖海域中养殖。

28. 品种名称：刺参“安源 1 号”

品种登记号： GS－01－014－2017

亲本来源： 刺参“水院 1 号”

育种单位： 山东安源水产股份有限公司、大连海洋大学

品种简介： 该品种是以 2008 年从刺参“水院 1 号”（GS－02－005－2009）选育群体中筛选的 350 头个体为基础群体，以体重和疣足数量为目标性状，采用群体选育技术，经连续 4 代选育而成。在相同养殖条件下，与刺参“水院 1 号”相比，24 月龄体重平均提高 10.2%，平均疣足数量稳定在 45 个，疣足数量平均提高 12.8%。适宜在辽宁、山东和福建沿海养殖海域中养殖。

29. 品种名称：刺参“东科 1 号”

品种登记号： GS－01－015－2017

亲本来源： 刺参养殖群体

育种单位： 中国科学院海洋研究所、山东东方海洋科技股份有限公司

品种简介： 该品种是以 2005 年分别从山东省的烟台市蓬莱区、青岛市即墨区与黄岛区、日照市岚山区的 4 个刺参养殖群体中收集挑选的 740 头个体为基础群体，以体重和度夏成活率为目标性状，采用群体选育技术，经连续 4 代选育而成。在相同养殖条件下，与未经选育的刺参群体相比，24 月龄参体重平均提高 23.2%，度夏成活率平均提高 13.6%。适宜在山东和河北沿海池塘中养殖。

30. 品种名称：刺参"参优1号"

品种登记号： GS-01-016-2017

亲本来源： 刺参野生群体

育种单位： 中国水产科学研究院黄海水产研究所、青岛瑞滋海珍品发展有限公司

品种简介： 该品种是以2006—2007年从我国大连、烟台、威海、青岛和日本北海道野生刺参群体中收集挑选的5 050头个体为基础群体，以体重和抗病性为目标性状，采用群体选育技术，经连续4代选育而成。在相同养殖条件下，与未经选育的刺参相比，6月龄刺参养成收获体重平均提高26.5%，抗灿烂弧菌侵染力平均提高11.7%，成活率平均提高23.5%。适宜在福建以北沿海养殖海域中养殖。

31. 品种名称：太湖鲂鲌

品种登记号： GS－02－001－2017

亲本来源： 翘嘴鲌（♀）×三角鲂（♂）

育种单位： 浙江省淡水水产研究所

品种简介： 该品种是以2004年从南太湖沿岸水域采捕并经连续两代群体选育及两代异源雌核发育诱导筛选获得的翘嘴鲌子代为母本，以2007年从湖州德清三角鲂良种场引进并经三代群体选育的三角鲂子代为父本，通过人工杂交获得的F1代，即“太湖鲂鲌”。在相同养殖条件下，与母本翘嘴鲌相比，18月龄鱼生长速度平均提高48.2％，鱼种饲料蛋白最适需求量平均降低12.3％；与父本三角鲂相比，抢食能力更强，肉质鲜嫩度提高。适宜在全国各地人工可控的淡水水体中养殖。

32. 品种名称：斑节对虾“南海2号”

品种登记号： GS－02－002－2017

亲本来源： 斑节对虾“南海1号”（♀）×斑节对虾非洲品系（♂）

育种单位： 中国水产科学研究院南海水产研究所

品种简介： 该品种是以斑节对虾“南海1号”（GS－01－009－2010）为母本，以2009年从非洲南部附近海域引进并经5代家系选育获得的斑节对虾非洲品系为父本，经杂交获得的F1代，即斑节对虾“南海2号”。在相同养殖条件下，4月龄虾成活率比母本“南海1号”平均提高12.4%，生长速度比父本非洲品系平均提高10.2%；与斑节对虾非洲野生群体繁殖的一代苗相比，4月龄虾成活率平均提高13.5%，生长速度平均提高26.5%。适宜在我国沿海人工可控的海水及咸淡水水体中养殖。

33. 品种名称：扇贝“青农2号”

品种登记号： GS－02－003－2017

亲本来源： 紫扇贝（♀）×和海湾扇贝（♂）

育种单位： 青岛农业大学、青岛海弘达生物科技有限公司

品种简介： 该品种是以2009年从秘鲁引进的紫扇贝雌性群体与山东胶南海域养殖的海湾扇贝雄性群体通过种间杂交获得的杂交一代群体为母本，以山东胶南海域养殖的海湾扇贝为父本进行回交，从回交一代中选择2 000个大个体作为基础群体，以壳高和体重为目标性状，采用群体选育技术，经连续4代选育而成。左壳为黑褐色，右壳为白色。在相同养殖条件下，与未经选育的海湾扇贝相比，7月龄贝壳高平均提高15.6%，体重平均提高45.3%。适宜在我国黄海、渤海养殖海域中养殖。

34. 品种名称：大口黑鲈“优鲈 3 号”

品种登记号： GS-01-001-2018

亲本来源： 大口黑鲈“优鲈 1 号”和大口黑鲈北方亚种引进群体

育种单位： 中国水产科学研究院珠江水产研究所、广东梁氏水产种业有限公司、南京帅丰饲料有限公司

品种简介： 该品种是以 2012 年从美国引进的大口黑鲈北方亚种和大口黑鲈“优鲈 1 号”群体中挑选出的 1 000 尾个体为基础群体，以生长速度和易驯化摄食配合饲料为目标性状，采用群体选育技术，经连续 4 代选育而成。在相同养殖环境及投喂配合饲料条件下，与大口黑鲈“优鲈 1 号”相比，10 月龄生长速度平均提高 17.1%，15 日龄幼鱼驯食 5 天后的驯食成功率平均提高 10.3%。适宜在全国各地人工可控的淡水水体中养殖。

35. 品种名称：津新红镜鲤

品种登记号： GS-01-002-2018

亲本来源： 德国镜鲤养殖群体

育种单位：天津市换新水产良种场

品种简介：该品种是以1999年从辽宁大连市兴水综合开发公司引进并经连续2代群体选育的德国镜鲤繁殖后代中发现的55尾金红色散鳞个体为基础群体，以金红体色为目标性状，采用群体选育技术，经连续4代选育而成。在相同养殖条件下，与普通的德国镜鲤相比，体表均为金红色，金红色性状比例达100%；生长速度没有显著差别。适宜在全国各地人工可控的淡水水体中养殖。

36. 品种名称：暗纹东方鲀“中洋1号”

品种登记号：GS-01-003-2018

亲本来源：暗纹东方鲀长江水系野生群体

育种单位：江苏中洋集团股份有限公司、中国水产科学研究院淡水渔业研究中心、南京师范大学

品种简介：该品种是以1993—1994年从长江干流如皋、江阴、扬中段收集的野生暗纹东方鲀6 500尾个体为基础群体，以耐低温为目标性状，采用群体选育技术，经连续5代选育而成。在相同养殖条件下，与未经选育的暗纹东方鲀相比，12 ℃以上正常摄食，最低摄食温度降低了4 ℃；越冬成活率平均提高11.8%。适宜在江苏、浙江、上海、福建、广东、海南等人工可控的淡水及咸淡水水体中养殖。

37. 品种名称：罗非鱼“壮罗1号”

品种登记号： GS－01－004－2018

亲本来源： 吉富罗非鱼养殖群体

育种单位： 广西壮族自治区水产科学研究院、中国水产科学研究院黄海水产研究所

品种简介： 该品种是以 2003 年从青岛罗非鱼良种场引进的吉富罗非鱼后代群体中挑选出的 10 000 尾个体为基础群体，以抗病性和生长速度为目标性状，采用家系选育技术，经连续 4 代选育而成。在相同养殖条件下，与普通吉富罗非鱼相比，抗无乳链球菌侵染能力平均提高 25.6%，养殖成活率平均提高 19.2%，生长速度平均提高 12.1%。适宜在广西、广东、海南和云南人工可控的淡水水体中养殖。

38. 品种名称：鲂“先锋 2 号”

品种登记号： GS－01－005－2018

亲本来源： 梁子湖团头鲂野生群体和长江上游合江江段、赖溪河与龙溪河的黑尾近红野生群体

育种单位： 武汉市农业科学院、武汉先锋水产科技有限公司

品种简介： 该品种是以 2007 年从采捕于湖北梁子湖并经连续 4 代选育的团头鲂（母本）与采捕于长江上游并经连续 4 代选育的黑尾近红（父本）的杂交子一代群体中挑选生长快、体型为菱形的 3 000 尾个体为基础群体，以菱形体型、生长速度为目标性状，采用群体选育技术，经连续 4 代选育而成。体型呈菱形。在相同养殖条件下，与普通团头鲂相比，18 月龄鱼生长速度平均提高 21.9%，成活率平均提高 37.5%，性情温顺，鳞片不易脱落；与黑尾近红相比，18 月龄鱼生长速度平均提高 84.8%。适宜在全国各地人工可控的淡水水体中养殖。

39. 品种名称：三疣梭子蟹“黄选 2 号”

品种登记号： GS－01－006－2018

亲本来源： 三疣梭子蟹“黄选 1 号”和野生群体

育种单位： 中国水产科学研究院黄海水产研究所、昌邑市海丰水产养殖有限责任公司

品种简介： 该品种是以 2010 年分别从东营垦利黄河口和南通启东长江口三疣梭子蟹野生群体及三疣梭子蟹“黄选 1 号”群体中收集的 1 830 只个体为基础群体，以耐低盐能力和生长速度为目标性状，采用群体选育方法，经连续 5 代选育而成。在相同养殖条件下，与未经选育的三疣梭子蟹相比，成活率平均提高 31.2%，体重平均提高 18.8%；与“黄选 1 号”相比，成活率平均提高 10.7%，体重无显著差异；能显著提高对养殖水体低盐度变化的适应力。适宜在我国黄海、渤海、东海及其河口人工可控的海水池塘中养殖。

40. 品种名称：长牡蛎“海大 3 号”

品种登记号：GS－01－007－2018

亲本来源：长牡蛎野生群体

育种单位：中国海洋大学、烟台海益苗业有限公司、乳山华信食品有限公司

品种简介：该品种是以 2010 年从山东沿海长牡蛎野生群体中筛选出的左壳为黑色的 360 只个体为基础群体，以壳黑色和生长速度为目标性状，采用家系选育和群体选育相结合的混合选育技术，经连续 6 代选育而成。在相同养殖条件下，与未经选育的长牡蛎相比，10 月龄贝壳高平均提高 32.9%，软体部重平均提高 64.5%，左右壳和外套膜均为黑色，黑色性状比例达 100%。适宜在山东和辽宁人工可控的海水水体中养殖。

41. 品种名称：方斑东风螺“海泰 1 号”

品种登记号：GS－01－008－2018

亲本来源：方斑东风螺养殖群体

育种单位：厦门大学、海南省海洋与渔业科学院

品种简介：该品种是以 2011 年从海南文昌市方斑东风螺养殖群体中收集挑选的 10 000 只个体为基础群体，以壳长和体重为目标性状，采用群体选育技术，经连续 4 代选育而成。在相同养殖条件下，与未经选育的方斑东风螺相比，6 月龄的壳长平均提高 18.7%，体重平均提高 32.1%。该品种适宜在海南和福建人工可控的海水水体中养殖。

42. 品种名称：扇贝“青农金贝”

品种登记号：GS－01－009－2018

亲本来源：紫扇贝与海湾扇贝杂交一代的第三代选育群体

育种单位：青岛农业大学、中国科学院海洋研究所、烟台海之春水产种业科技有限公司

品种简介：该品种是以 2011 年从紫扇贝与海湾扇贝杂交一代的第三代选育群体中挑选的闭壳肌和贝壳均呈金黄色的 500 枚个体为基础群体，以闭壳肌金黄色为目标性状，采用群体选育技术，经连续 4 代选育而成。在相同养殖条件下，生长速度与扇贝"渤海红"相比没有显著差别，闭壳肌金黄色的比例为 97.0%。适宜在我国黄海、渤海沿海养殖海域中吊笼养殖。

43. 品种名称：中华鳖"永章黄金鳖"

品种登记号：GS－01－010－2018

亲本来源：中华鳖野生群体及养殖群体

育种单位：保定市水产技术推广站、河北大学、阜平县景涛甲鱼养殖厂

品种简介：该品种是以 2000—2002 年从河北省阜平县沙河、胭脂河等自然水域及当地多家养鳖场中采集的体色突变为金黄色的 25 只个体为基础群体，以黄色体色和生长速度为目标性状，采用群体选育技术，经连续 4 代选育而成。鳖体呈金黄色，金黄色占比 93%以上。在相同养殖条件下，与当地主要养殖的中华鳖相比，1 龄鳖生长速度平均提高 18.1%，2 龄鳖生长速度平均提高 23.3%。适宜在河北、山西和天津等北方地区人工可控的淡水水体中养殖。

44. 品种名称：刺参“鲁海 1 号”

品种登记号：GS－01－011－2018

亲本来源：刺参野生群体

育种单位：山东省海洋生物研究院、好当家集团有限公司

品种简介：该品种是以 2003—2004 年从我国辽宁大连和山东威海、烟台、青岛、日照野生刺参群体中收集挑选的 2 700 头个体为基础群体，以体重和养殖成活率为目标性状，采用群体选育技术，经连续 4 代选育而成。在相同养殖条件下，与未经选育的刺参相比，24 月龄刺参体重平均提高 24.8%，养殖成活率平均提高 23.5%。适宜在山东、辽宁、河北和福建人工可控的海水水体中养殖。

45. 品种名称：杂交黄颡鱼“黄优 1 号”

品种登记号：GS－02－001－2018

亲本来源：黄颡鱼（♀）×瓦氏黄颡鱼（♂）

育种单位：华中农业大学、射阳康余水产技术有限公司、南京师范大学、扬州市董氏特种水产有限公司、南京市水产科学研究所、湖北黄优源渔业发展有限公司

品种简介：该品种是以 2011 年从梁子湖水域采捕并经连续 3 代选育的黄颡鱼为

母本，以2011年从长江岳阳段至武汉段采捕并经连续2代选育的瓦氏黄颡鱼为父本，经人工杂交获得的F1代，即杂交黄颡鱼"黄优1号"。在相同养殖条件下，与母本黄颡鱼相比，1龄鱼生长速度平均提高143.4%；与父本瓦氏黄颡鱼相比，品质和市场接受度提高；与普通养殖黄颡鱼相比，1龄鱼生长速度平均提高31.1%，成活率平均提高30.9%。适宜在全国各地人工可控的淡水水体中养殖。

46. 品种名称：云龙石斑鱼

品种登记号： GS-02-002-2018

亲本来源： 云纹石斑鱼（♀）×鞍带石斑鱼（♂）

育种单位： 莱州明波水产有限公司、中国水产科学研究院黄海水产研究所、福建省水产研究所、厦门小嶝水产科技有限公司、中山大学

品种简介： 该品种是以2005年从福建东山岛和广东饶平县海域采捕并经连续2代选育的云纹石斑鱼子代为母本，以2003年从马来西亚和我国台湾引进并经连续2代选育的鞍带石斑鱼子代为父本，利用精子冷冻保存技术并通过人工杂交获得的F1代，即"云龙石斑鱼"。在相同养殖条件下，与母本云纹石斑鱼相比，1龄鱼体重平均提高208.8%；与父本鞍带石斑鱼相比，育苗难度显著降低；与广泛养殖的杂交种珍珠龙胆相比，1龄鱼体重平均提高31.4%。适宜在我国南北方沿海地区人工可控的海水水体中养殖。

47. 品种名称：绿盘鲍

品种登记号： GS－02－003－2018

亲本来源： 皱纹盘鲍（♀）×绿鲍（♂）

育种单位： 厦门大学、福建闽锐宝海洋生物科技有限公司

品种简介： 该品种是以2003年从辽宁大连市长海县引进并经连续6代群体选育获得的皱纹盘鲍为母本，以2007年从美国加利福尼亚圣地亚哥引进并经连续4代群体选育获得的绿鲍为父本，通过人工杂交获得的F1代，即绿盘鲍。在相同养殖条件下，与母本皱纹盘鲍相比，24月龄鲍体重平均提高56.4%，养殖成活率平均提高19.0%；与父本绿鲍相比，24月龄鲍体重平均提高71.2%，养殖成活率平均提高12.9%。适宜在福建、山东人工可控的海水水体中养殖。

48. 大黄鱼“甬岱1号”

品种登记号： GS－01－001－2020

亲本来源： 大黄鱼岱衢洋野生群体

育种单位： 宁波市海洋与渔业研究院、宁波大学、象山港湾水产苗种有限公司

品种简介： 该品种是以2007年从岱衢洋采捕的野生大黄鱼为基础群体，以生长

速度和体型为目标性状，采用群体选育技术，经连续5代选育而成。在相同养殖条件下，与未经选育的大黄鱼相比，21月龄生长速度平均提高16.4%；与普通养殖大黄鱼相比，体高/体长、全长/尾柄长和尾柄长/尾柄高等体型参数存在显著差异，体型显匀称细长。适宜在浙江和福建沿海人工可控的海水水体中养殖。

49. 团头鲂“浦江2号”

品种登记号： GS-01-002-2020

亲本来源： 团头鲂鄱阳湖野生群体

育种单位： 上海海洋大学、上海淀原水产良种场

品种简介： 该品种是以2006年从江西鄱阳湖采捕的1 498尾野生团头鲂为基础群体，以生长速度为目标性状，采用群体选育技术，辅以低氧胁迫技术，经连续4代选育而成。在相同养殖条件下，与未经选育的团头鲂相比，1龄鱼生长速度平均提高38.0%，2龄鱼生长速度平均提高34.0%；与“浦江1号”相比，1龄鱼生长速度平均提高18.6%，2龄鱼生长速度平均提高18.1%，具有一定的耐低氧能力。适宜在我国团头鲂主产区人工可控的淡水水体中养殖。

50. 中国对虾“黄海4号”

品种登记号： GS-01-003-2020

亲本来源： 中国对虾“黄海1号”和中国对虾“黄海3号”选育群体

育种单位： 中国水产科学研究院黄海水产研究所、昌邑市海丰水产养殖有限责任

公司、日照海辰水产有限公司

品种简介：该品种是以 2011 年从中国对虾“黄海 1 号”和中国对虾黄海 3 号选育群体中挑选出的 9 600 尾交尾亲虾为基础群体，以黄海 3 号耐高 pH 和收获体重为目标性状，采用群体选育技术，经连续 5 代选育而成。与中国对虾“黄海 1 号”和“黄海 3 号”相比，高 pH（9.2）胁迫 72 小时仔虾成活率分别平均提高 32.2%和 16.3%；在相同养殖条件下，收获体重分别平均提高 5.1%和 10.7%，成活率分别平均提高 20.3%和 13.6%。适宜在我国长江以北人工可控的海水水体中养殖。

51. 缢蛏“甬乐 1 号”

品种登记号：GS－01－004－2020

亲本来源：缢蛏福建长乐野生群体

育种单位：浙江万里学院、浙江万里学院宁海海洋生物种业研究院品种简介：该品种是以2012年从福建长乐野生缢蛏群体中收集挑选的1 000粒大个体为基础群体，以生长速度和耐低盐为目标性状，采用群体选育技术，经连续4代选育而成。在相同养殖条件下，与未经选育的缢蛏相比，9月龄、14月龄贝生长速度分别平均提高68.1%和44.0%，低盐3.0胁迫72小时成活率平均提高27.6%。适宜在浙江、福建、江苏等沿海人工可控的泥质滩涂和池塘中养殖。

52. 熊本牡蛎“华海1号”

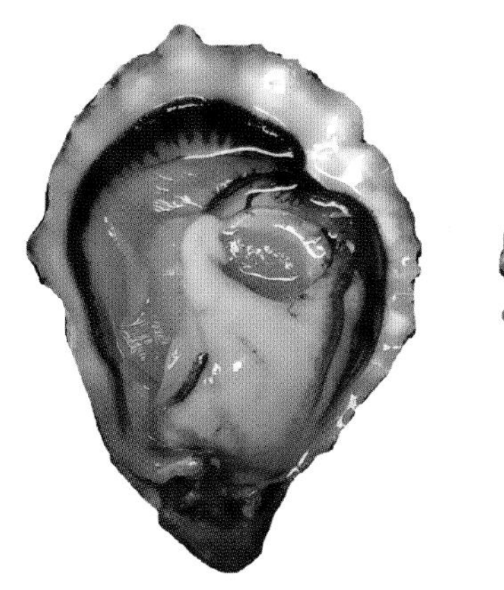
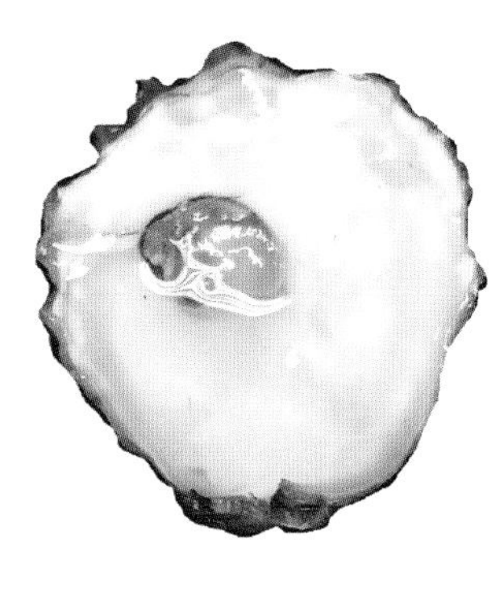

品种登记号：GS-01-005-2020

亲本来源：熊本牡蛎广东湛江野生群体

育种单位：中国科学院南海海洋研究所、广西阿蚌丁海产科技有限公司

品种简介：该品种是以2012年从广东湛江野生熊本牡蛎群体中收集的3 000只个体为基础群体，以壳高和体重为目标性状，采用群体选育技术，经连续4代选育而成。在相同养殖条件下，与未经选育的熊本牡蛎相比，1龄商品贝壳高平均提高15.6%，体重平均提高30.8%，左壳（凹壳）具有多条明显的放射嵴。适宜在我国广东、广西、福建等华南沿海人工可控的海域中养殖。

53. 长牡蛎“鲁益1号”

品种登记号：GS-01-006-2020

亲本来源：长牡蛎山东烟台、威海和日照野生群体

育种单位：鲁东大学、山东省海洋资源与环境研究院、烟台海益苗业有限公司、烟台市崆峒岛实业有限公司

品种简介：该品种是以2010年从山东烟台、威海和日照三个海域收集的野生长牡蛎3 000只个体为基础群体，以糖原含量为目标性状，采用家系选育技术，辅以近

红外（Near Infrared，NIR）光谱分析技术，经连续 4 代选育而成。在相同养殖条件下，与未经选育的长牡蛎相比，1 龄商品贝软体组织糖原含量（干样）平均提高 19.3%。适宜在黄海、渤海牡蛎主产区人工可控的海水水体中养殖。

54. 长牡蛎“海蛎 1 号”

品种登记号：GS－01－007－2020

亲本来源：长牡蛎河北乐亭野生群体

育种单位：中国科学院海洋研究所

品种简介：该品种是以 2010 年从河北乐亭长牡蛎野生群体中采集的 1 000 只个体为基础群体，以糖原含量为目标性状，采用家系选育和基因模块辅助选育技术，经连续 4 代选育而成。在相同养殖条件下，与未经选育的长牡蛎相比，1 龄商品贝软体组织糖原含量（干样）平均提高 25.4%，生长速度保持不变。适宜在黄海、渤海牡蛎主产区人工可控的海水水体中养殖。

55. 三角帆蚌“浙白1号”

品种登记号： GS－01－008－2020

亲本来源： 三角帆蚌养殖群体

育种单位： 金华职业技术学院、金华市威旺养殖新技术有限公司

品种简介： 该品种是以2002年从浙江义乌三角帆蚌养殖群体中收集挑选的2 000只个体为基础群体，以贝壳珍珠层颜色纯白色为目标性状，采用群体选育技术，经连续5代选育而成。在相同养殖条件下，与普通养殖的三角帆蚌相比，珍珠层颜色纯白色个体比例达92.0%，以此为制片蚌所育白色珍珠比例平均提高47.3%。适宜在我国淡水珍珠养殖主产区人工可控的水体中养殖。

56. 池蝶蚌“鄱珠1号”

品种登记号： GS－01－009－2020

亲本来源： 池蝶蚌日本琵琶湖引进群体

育种单位：南昌大学、抚州市水产科学研究所

品种简介：该品种是以 1997 年从日本琵琶湖引进的池蝶蚌 108 只个体为基础群体，以壳宽为目标性状，采用群体选育技术，经连续 6 代选育而成。在相同养殖条件下，与池蝶蚌引进群体相比，四龄蚌壳宽平均提高 25.4%，壳宽与壳长比平均提高 17.8%；与池蝶蚌引进群体子一代相比，单蚌有核珍珠培育产量平均提高 58.1%，优质珠比例平均提高 35.8%；培育直径 10 mm 以上圆形无核珍珠比例平均增长 1.92 倍。适宜在我国淡水珍珠主产区人工可控的水体中养殖。

57. 坛紫菜"闽丰 2 号"

品种登记号：GS－01－010－2020

亲本来源：坛紫菜野生纯系和诱变选育纯系

育种单位：集美大学

品种简介：该品种是以 2001 年从福建平潭岛采集的野生坛紫菜中经细胞工程技术提纯培养获得的野生纯系为母本，以 2000 年从平潭岛采集的野生坛紫菜中经 $^{60}Co-\gamma$ 射线辐照选育获得的诱变选育纯系为父本，杂交后获得的子一代群体为基础群体，以生长速度和品质为目标性状，采用群体选育技术，辅以细胞工程技术，经连续 4 代选育而成。在相同的栽培条件下，与未经选育的坛紫菜相比，生长速度平均提高 25.0%，粗蛋白含量提高 35.6%、色素蛋白含量提高 100.8%、4 种呈味氨基酸含量提高 76.0%，耐高温能力强，可在 30 ℃水温下正常生长不腐烂；与坛紫菜"闽丰 1 号"相比，生长速度相当，粗蛋白含量提高 20.4%，4 种呈味氨基酸含量提高 14.8%。叶状体成熟时易发育形成果孢子囊，方便规模化制种。适宜在福建、广东、

江苏和山东等沿海人工可控海水水体中栽培。

58. 中华鳖“珠水1号”

品种登记号： GS－01－011－2020

亲本来源： 中华鳖洞庭湖水系野生群体

育种单位： 中国水产科学研究院珠江水产研究所、广东绿卡实业有限公司

品种简介： 该品种是以1992—1993年从湖南常德收集挑选的洞庭湖水系野生中华鳖2.1万只个体为基础群体，以生长速度为目标性状，采用群体选育技术，经连续5代选育而成。在相同养殖条件下，与当地未经选育的中华鳖相比，生长速度平均提高12.3%，裙边宽度有所提高。适宜在广东、广西、江西等长江以南地区人工可控的淡水水体中养殖。

59. 杂交鲂鲌“皖江1号”

品种登记号： GS－02－001－2020

亲本来源：（翘嘴鲌♂×团头鲂“浦江1号”♀）♀×翘嘴鲌♂

育种单位：安庆市皖宜季牛水产养殖有限责任公司、安徽省农业科学院水产研究所、上海海洋大学

品种简介：该品种是以2000年从长江水系皖河段采捕并经连续4代选育的翘嘴鲌子代（♂）和2012年从上海海洋大学试验基地引进的团头鲂“浦江1号”（♀）杂交获得的子一代为母本，以上述经连续4代选育的翘嘴鲌子代为父本，杂交获得的F1，即为杂交鲂鲌皖江1号。体形偏向翘嘴鲌。在相同养殖环境及投喂粗蛋白为皖江1号32%的配合饲料条件下，2龄鱼生长速度较父本翘嘴鲌平均提高37.1%，较团头鲂“浦江1号”平均提高18.4%。仅能在人工可控的淡水水体中养殖，且要严防逃逸。

60. 罗非鱼“粤闽1号”

品种登记号：GS-04-001-2020

亲本来源：尼罗罗非鱼（XX）♀×超雄罗非鱼（YYa型）♂

育种单位：中国水产科学研究院珠江水产研究所、福建百汇盛源水产种业有限公司

品种简介：该品种是以2008年从厦门罗非鱼良种场引进并经连续5代群体选育的尼罗罗非鱼雌鱼（XX）为母本，以2008年从厦门罗非鱼良种场引进的奥利亚罗非鱼经连续3代选育的雌鱼（ZW）与通过遗传性别控制技术获得的染色体为YY型的超雄尼罗罗非鱼杂交、再与其回交获得的YYa型超雄罗非鱼为父本，经交配后获得的F1，即罗非鱼“粤闽1号”。与尼罗罗非鱼“鹭雄1号”相比，雄性率（98.3%）相当，超雄父本制种更容易，利于规模化生产。在相同养殖条件下，与吉富罗非鱼相比，6月龄生长速度平均提高23.8%。适宜在我国罗非鱼主产区人工可控的淡水水体中养殖。

61. 翘嘴鲌“全雌1号”

品种登记号： GS-04-002-2020

亲本来源： 翘嘴鲌太湖湖州段野生群体

育种单位： 浙江省淡水水产研究所

品种简介： 该品种是以2004年从太湖湖州段采捕后经以生长速度为目标性状的2代群体选育和2代异源雌核发育的翘嘴鲌子代为母本（XX），以性别控制技术诱导雌核发育翘嘴鲌子代获得的生理雄鱼（XX′）为父本，经交配繁殖获得的F1，即为翘嘴鲌“全雌1号”。在相同养殖条件下，与未经选育的翘嘴鲌相比，18月龄鱼生长速度平均提高17.0%；雌性率较高，平均雌性率为99.8%。适宜在我国翘嘴鲌主产区人工可控的淡水水体中养殖。

“十三五”期间通过审定的水产新品种简表一（按年份排序）

序号	种类	物种名称	品种名称	品种登记号	亲本来源	选育单位	类别
1	淡水鱼	团头鲂	团头鲂“华海1号”	GS-01-001-2016	团头鲂野生群体	华中农业大学、湖北百容水产良种有限公司、湖北省团头鲂（武昌鱼）原种场	选育种
2	海水鱼	黄姑鱼	黄姑鱼“金鳞1号”	GS-01-002-2016	黄姑鱼养殖群体	集美大学、宁德市横屿岛水产有限公司	选育种
3	虾	南美白对虾	凡纳滨对虾“广泰1号”	GS-01-003-2016	凡纳滨对虾引进群体、凡纳滨对虾“科海1号”	中国科学院海洋研究所、西北农林科技大学、海南广泰海洋育种有限公司	选育种
4	虾	南美白对虾	凡纳滨对虾“海兴农2号”	GS-01-004-2016	凡纳滨对虾引进群体	广东海兴农集团有限公司、广东海大集团股份有限公司、中山大学、中国水产科学研究院黄海水产研究所	选育种
5	蟹	河蟹	中华绒螯蟹“诺亚1号”	GS-01-005-2016	中华绒螯蟹长江水系野生群体	中国水产科学研究院淡水渔业研究中心、江苏诺亚方舟农业科技有限公司、常州市武进区水产技术推广站	选育种
6	贝	海湾扇贝	海湾扇贝“海益丰12”	GS-01-006-2016	海湾扇贝养殖群体	中国海洋大学、烟台海益苗业有限公司	选育种
7	贝	牡蛎	长牡蛎“海大2号”	GS-01-007-2016	长牡蛎野生群体	中国海洋大学、烟台海益苗业有限公司	选育种
8	贝	牡蛎	葡萄牙牡蛎“金蛎1号”	GS-01-008-2016	葡萄牙牡蛎野生群体和养殖群体	福建省水产研究所	选育种
9	贝	菲律宾蛤仔	菲律宾蛤仔“白斑马蛤”	GS-01-009-2016	菲律宾蛤仔野生群体	大连海洋大学、中国科学院海洋研究所	选育种
10	淡水鱼	鲫鱼	合方鲫	GS-02-001-2016	日本白鲫（♀）×红鲫（♂）	湖南师范大学	杂交种

（续）

序号	种类	物种名称	品种名称	品种登记号	亲本来源	选育单位	类别
11	淡水鱼	鲟鱼	杂交鲟“鲟龙1号”	GS-02-002-2016	达氏鳇（♀）×施氏鲟（♂）	中国水产科学研究院黑龙江水产研究所、杭州千岛湖鲟龙科技股份有限公司、中国水产科学研究院鲟鱼繁育技术工程中心	杂交种
12	淡水鱼	鳜鱼	长珠杂交鳜	GS-02-003-2016	翘嘴鳜（♀）×斑鳜（♂）	中山大学、广东海大集团股份有限公司、佛山市南海百容水产良种有限公司	杂交种
13	海水鱼	石斑鱼	虎龙杂交斑	GS-02-004-2016	棕点石斑鱼（♀）×鞍带石斑鱼（♂）	广东省海洋渔业试验中心、中山大学、海南大学、海南晨海水产有限公司	杂交种
14	海水鱼	牙鲆	牙鲆“鲆优2号”	GS-02-005-2016	中国的牙鲆抗鳗弧菌病群体与日本的牙鲆群体杂交后代（♀）×中国的牙鲆抗鳗弧菌病群体与韩国的牙鲆群体杂交后代（♂）	中国水产科学研究院黄海水产研究所、海阳市黄海水产有限公司	杂交种
15	淡水鱼	鲫鱼	异育银鲫“中科5号”	GS-01-001-2017	遗传标记鉴别的银鲫雌核生殖系E系、团头鲂、兴国红鲤	中国科学院水生生物研究所、黄石市富尔水产苗种有限责任公司	选育种
16	淡水鱼	滇池金线鲃	滇池金线鲃“鲃优1号”	GS-01-002-2017	滇池金线鲃牧羊河野生群体	中国科学院昆明动物研究所、深圳华大海洋科技有限公司、中国水产科学研究院淡水渔业研究中心	选育种
17	淡水鱼	鲤鱼	福瑞鲤2号	GS-01-003-2017	建鲤、黄河鲤和黑龙江野鲤野生群体	中国水产科学研究院淡水渔业研究中心	选育种
18	虾	脊尾白虾	脊尾白虾“科苏红1号”	GS-01-004-2017	脊尾白虾养殖群体	中国科学院海洋研究所、江苏省海洋水产研究所、启东市庆健水产养殖有限公司	选育种
19	虾	脊尾白虾	脊尾白虾“黄育1号”	GS-01-005-2017	脊尾白虾野生群体	中国水产科学研究院黄海水产研究所、日照海辰水产有限公司	选育种
20	虾	南美白对虾	凡纳滨对虾“正金阳1号”	GS-01-006-2017	凡纳滨对虾养殖群体	中国科学院南海海洋研究所、茂名市金阳热带海珍养殖有限公司	选育种

（续）

序号	种类	物种名称	品种名称	品种登记号	亲本来源	选育单位	类别
21	虾	南美白对虾	凡纳滨对虾“兴海1号”	GS-01-007-2017	凡纳滨对虾养殖群体	广东海洋大学、湛江市德海实业有限公司、湛江市国兴水产科技有限公司	选育种
22	虾	中国对虾	中国对虾“黄海5号”	GS-01-008-2017	中国对虾“黄海2号”和野生群体	中国水产科学研究院黄海水产研究所	选育种
23	虾	青虾	青虾“太湖2号”	GS-01-009-2017	杂交青虾“太湖1号”	中国水产科学研究院淡水渔业研究中心、无锡施瑞水产科技有限公司、深圳华大海洋科技有限公司、南京市水产科学研究所、江苏省渔业技术推广中心	选育种
24	贝	虾夷扇贝	虾夷扇贝“明月贝”	GS-01-010-2017	虾夷扇贝养殖群体	大连海洋大学、獐子岛集团股份有限公司	选育种
25	贝	三角帆蚌	三角帆蚌“申紫1号”	GS-01-011-2017	鄱阳湖、洞庭湖采集的野生三角帆蚌	上海海洋大学，金华市浙星珍珠商贸有限公司	选育种
26	贝	文蛤	文蛤“万里2号”	GS-01-012-2017	文蛤养殖群体	浙江万里学院	选育种
27	贝	缢蛏	缢蛏“申浙1号”	GS-01-013-2017	缢蛏野生群体	上海海洋大学、三门东航水产育苗科技有限公司	选育种
28	棘皮	刺参	刺参“安源1号”	GS-01-014-2017	刺参“水院1号”	山东安源水产股份有限公司、大连海洋大学	选育种
29	棘皮	刺参	刺参“东科1号”	GS-01-015-2017	刺参养殖群体	中国科学院海洋研究所、山东东方海洋科技股份有限公司	选育种
30	棘皮	刺参	刺参“参优1号”	GS-01-016-2017	刺参野生群体	中国水产科学研究院黄海水产研究所、青岛瑞滋海珍品发展有限公司	选育种
31	淡水鱼	鲂鲌	太湖鲂鲌	GS-02-001-2017	翘嘴鲌（♀）×三角鲂（♂）	浙江省淡水水产研究所	杂交种
32	虾	斑节对虾	斑节对虾“南海2号”	GS-02-002-2017	斑节对虾“南海1号”（♀）×斑节对虾非洲品系（♂）	中国水产科学研究院南海水产研究所	杂交种
33	贝	扇贝	扇贝“青农2号”	GS-02-003-2017	紫扇贝（♀）×和海湾扇贝（♂）	青岛农业大学、青岛海弘达生物科技有限公司	杂交种
34	淡水鱼	大口黑鲈	大口黑鲈“优鲈3号”	GS-01-001-2018	大口黑鲈“优鲈1号”和大口黑鲈北方亚种引进群体	中国水产科学研究院珠江水产研究所、广东梁氏水产种业有限公司、南京帅丰饲料有限公司	选育种
35	淡水鱼	鲤鱼	津新红镜鲤	GS-01-002-2018	德国镜鲤养殖群体	天津市换新水产良种场	选育种

（续）

序号	种类	物种名称	品种名称	品种登记号	亲本来源	选育单位	类别
36	淡水鱼	暗纹东方鲀	暗纹东方鲀“中洋1号”	GS-01-003-2018	暗纹东方鲀长江水系野生群体	江苏中洋集团股份有限公司、中国水产科学研究院淡水渔业研究中心、南京师范大学	选育种
37	淡水鱼	罗非鱼	罗非鱼“壮罗1号”	GS-01-004-2018	吉富罗非鱼养殖群体	广西壮族自治区水产科学研究院、中国水产科学研究院黄海水产研究所	选育种
38	淡水鱼	鲌鲂	鲌鲂“先锋2号”	GS-01-005-2018	梁子湖团头鲂野生群体和长江上游合江江段、赖溪河与龙溪河的黑尾近红野生群体	武汉市农业科学院、武汉先锋水产科技有限公司	选育种
39	蟹	三疣梭子蟹	三疣梭子蟹“黄选2号”	GS-01-006-2018	三疣梭子蟹“黄选1号”和野生群体	中国水产科学研究院黄海水产研究所、昌邑市海丰水产养殖有限责任公司	选育种
40	贝	长牡蛎	长牡蛎“海大3号”	GS-01-007-2018	长牡蛎野生群体	中国海洋大学、烟台海益苗业有限公司、乳山华信食品有限公司	选育种
41	贝	方斑东风螺	方斑东风螺“海泰1号”	GS-01-008-2018	方斑东风螺养殖群体	厦门大学、海南省海洋与渔业科学院	选育种
42	贝	扇贝	扇贝“青农金贝”	GS-01-009-2018	紫扇贝与海湾扇贝杂交一代的第三代选育群体	青岛农业大学、中国科学院海洋研究所、烟台海之春水产种业科技有限公司	选育种
43	爬行	中华鳖	中华鳖“永章黄金鳖”	GS-01-010-2018	中华鳖野生群体及养殖群体	保定市水产技术推广站、河北大学、阜平县景涛甲鱼养殖厂	选育种
44	棘皮	刺参	刺参“鲁海1号”	GS-01-011-2018	刺参野生群体	山东省海洋生物研究院、好当家集团有限公司	选育种

（续）

序号	种类	物种名称	品种名称	品种登记号	亲本来源	选育单位	类别
45	淡水鱼	杂交黄颡鱼	杂交黄颡鱼“黄优1号”	GS-02-001-2018	黄颡鱼（♀）×瓦氏黄颡鱼（♂）	华中农业大学、射阳康余水产技术有限公司、南京师范大学、扬州市董氏特种水产有限公司、南京市水产科学研究所、湖北黄优源渔业发展有限公司	杂交种
46	海水鱼	云龙石斑鱼	云龙石斑鱼	GS-02-002-2018	云纹石斑鱼（♀）×鞍带石斑鱼（♂）	莱州明波水产有限公司、中国水产科学研究院黄海水产研究所、福建省水产研究所、厦门小嶝水产科技有限公司、中山大学	杂交种
47	贝	绿盘鲍	绿盘鲍	GS-02-003-2018	皱纹盘鲍（♀）×绿鲍（♂）	厦门大学、福建闽锐宝海洋生物科技有限公司	杂交种
48	海水鱼	大黄鱼	大黄鱼“甬岱1号”	GS-01-001-2020	大黄鱼岱衢洋野生群体	宁波市海洋与渔业研究院、宁波大学、象山港湾水产苗种有限公司	选育种
49	淡水鱼	团头鲂	团头鲂“浦江2号”	GS-01-002-2020	团头鲂鄱阳湖野生群体	上海海洋大学、上海淀原水产良种场	选育种
50	虾	中国对虾	中国对虾“黄海4号”	GS-01-003-2020	中国对虾“黄海1号”和中国对虾“黄海3号”选育群体	中国水产科学研究院黄海水产研究所、昌邑市海丰水产养殖有限责任公司、日照海辰水产有限公司	选育种
51	贝	缢蛏	缢蛏“甬乐1号”	GS-01-004-2020	缢蛏福建长乐野生群体	浙江万里学院、浙江万里学院宁海海洋生物种业研究院	选育种
52	贝	熊本牡蛎	熊本牡蛎“华海1号”	GS-01-005-2020	熊本牡蛎广东湛江野生群体	中国科学院南海海洋研究所、广西阿蚌丁海产科技有限公司	选育种
53	贝	长牡蛎	长牡蛎“鲁益1号”	GS-01-006-2020	长牡蛎山东烟台、威海和日照野生群体	鲁东大学、山东省海洋资源与环境研究院、烟台海益苗业有限公司、烟台市崆峒岛实业有限公司	选育种

（续）

序号	种类	物种名称	品种名称	品种登记号	亲本来源	选育单位	类别
54	贝	长牡蛎	长牡蛎“海蛎1号”	GS-01-007-2020	长牡蛎河北乐亭野生群体	中国科学院海洋研究所	选育种
55	贝	三角帆蚌	三角帆蚌“浙白1号”	GS-01-008-2020	三角帆蚌养殖群体	金华职业技术学院、金华市威旺养殖新技术有限公司	选育种
56	贝	池蝶蚌	池蝶蚌“鄱珠1号”	GS-01-009-2020	池蝶蚌日本琵琶湖引进群体	南昌大学、抚州市水产科学研究所	选育种
57	藻	坛紫菜	坛紫菜“闽丰2号”	GS-01-010-2020	坛紫菜野生纯系和诱变选育纯系	集美大学	选育种
58	爬行	中华鳖	中华鳖“珠水1号”	GS-01-011-2020	中华鳖洞庭湖水系野生群体	中国水产科学研究院珠江水产研究所、广东绿卡实业有限公司	选育种
59	淡水鱼	杂交鲂鲌	杂交鲂鲌“皖江1号”	GS-02-001-2020	（翘嘴鲌♂×团头鲂“浦江1号”♀）♀×翘嘴鲌♂	安庆市皖宜季牛水产养殖有限责任公司、安徽省农业科学院水产研究所、上海海洋大学	杂交种
60	淡水鱼	罗非鱼	罗非鱼“粤闽1号”	GS-04-001-2020	尼罗罗非鱼（XX）♀×超雄罗非鱼（YYa型）♂	中国水产科学研究院珠江水产研究所、福建百汇盛源水产种业有限公司	其他种
61	淡水鱼	翘嘴鲌	翘嘴鲌“全雌1号”	GS-04-002-2020	翘嘴鲌太湖湖州段野生群体	浙江省淡水水产研究所	其他种

“十三五”期间通过审定的水产新品种简表二（按品种排序）

序号	种类	物种名称	品种名称	品种登记号	亲本来源	选育单位	类别
1	淡水鱼	团头鲂	团头鲂“华海1号”	GS-01-001-2016	团头鲂野生群体	华中农业大学、湖北百容水产良种有限公司、湖北省团头鲂（武昌鱼）原种场	选育种
2	淡水鱼	鲫鱼	合方鲫	GS-02-001-2016	日本白鲫（♀）×红鲫（♂）	湖南师范大学	杂交种
3	淡水鱼	鲟鱼	杂交鲟“鲟龙1号”	GS-02-002-2016	达氏鳇（♀）×施氏鲟（♂）	中国水产科学研究院黑龙江水产研究所、杭州千岛湖鲟龙科技股份有限公司、中国水产科学研究院鲟鱼繁育技术工程中心	杂交种
4	淡水鱼	鳜鱼	长珠杂交鳜	GS-02-003-2016	翘嘴鳜（♀）×斑鳜（♂）	中山大学、广东海大集团股份有限公司、佛山市南海百容水产良种有限公司	杂交种
5	淡水鱼	鲫鱼	异育银鲫“中科5号”	GS-01-001-2017	遗传标记鉴别的银鲫雌核生殖系E系、团头鲂、兴国红鲤	中国科学院水生生物研究所、黄石市富尔水产苗种有限责任公司	选育种
6	淡水鱼	滇池金线鲃	滇池金线鲃“鲃优1号”	GS-01-002-2017	滇池金线鲃牧羊河野生群体	中国科学院昆明动物研究所、深圳华大海洋科技有限公司、中国水产科学研究院淡水渔业研究中心	选育种
7	淡水鱼	鲤鱼	福瑞鲤2号	GS-01-003-2017	建鲤、黄河鲤和黑龙江野鲤野生群体	中国水产科学研究院淡水渔业研究中心	选育种
8	淡水鱼	鲂鲌	太湖鲂鲌	GS-02-001-2017	翘嘴鲌（♀）×三角鲂（♂）	浙江省淡水水产研究所	杂交种
9	淡水鱼	大口黑鲈	大口黑鲈“优鲈3号”	GS-01-001-2018	大口黑鲈“优鲈1号”和大口黑鲈北方亚种引进群体	中国水产科学研究院珠江水产研究所、广东梁氏水产种业有限公司、南京帅丰饲料有限公司	选育种
10	淡水鱼	鲤鱼	津新红镜鲤	GS-01-002-2018	德国镜鲤养殖群体	天津市换新水产良种场	选育种
11	淡水鱼	暗纹东方鲀	暗纹东方鲀“中洋1号”	GS-01-003-2018	暗纹东方鲀长江水系野生群体	江苏中洋集团股份有限公司、中国水产科学研究院淡水渔业研究中心、南京师范大学	选育种
12	淡水鱼	罗非鱼	罗非鱼“壮罗1号”	GS-01-004-2018	吉富罗非鱼养殖群体	广西壮族自治区水产科学研究院、中国水产科学研究院黄海水产研究所	选育种

（续）

序号	种类	物种名称	品种名称	品种登记号	亲本来源	选育单位	类别
13	淡水鱼	鲌鲂	鲌鲂“先锋2号”	GS-01-005-2018	梁子湖团头鲂野生群体和长江上游合江江段、赖溪河与龙溪河的黑尾近红野生群体	武汉市农业科学院、武汉先锋水产科技有限公司	选育种
14	淡水鱼	杂交黄颡鱼	杂交黄颡鱼“黄优1号”	GS-02-001-2018	黄颡鱼（♀）×瓦氏黄颡鱼（♂）	华中农业大学、射阳康余水产技术有限公司、南京师范大学、扬州市董氏特种水产有限公司、南京市水产科学研究所、湖北黄优源渔业发展有限公司	杂交种
15	淡水鱼	团头鲂	团头鲂“浦江2号”	GS-01-002-2020	团头鲂鄱阳湖野生群体	上海海洋大学、上海淀原水产良种场	选育种
16	淡水鱼	杂交鲂鲌	杂交鲂鲌“皖江1号”	GS-02-001-2020	（翘嘴鲌♂×团头鲂“浦江1号”♀）♀×翘嘴鲌♂	安庆市皖宜季牛水产养殖有限责任公司、安徽省农业科学院水产研究所、上海海洋大学	杂交种
17	淡水鱼	罗非鱼	罗非鱼“粤闽1号”	GS-04-001-2020	尼罗罗非鱼（XX）♀×超雄罗非鱼（YYa型）♂	中国水产科学研究院珠江水产研究所、福建百汇盛源水产种业有限公司	其他种
18	淡水鱼	翘嘴鲌	翘嘴鲌“全雌1号”	GS-04-002-2020	翘嘴鲌太湖湖州段野生群体	浙江省淡水水产研究所	其他种
19	海水鱼	黄姑鱼	黄姑鱼“金鳞1号”	GS-01-002-2016	黄姑鱼养殖群体	集美大学、宁德市横屿岛水产有限公司	选育种
20	海水鱼	石斑鱼	虎龙杂交斑	GS-02-004-2016	棕点石斑鱼（♀）×鞍带石斑鱼（♂）	广东省海洋渔业试验中心、中山大学、海南大学、海南晨海水产有限公司	杂交种
21	海水鱼	牙鲆	牙鲆“鲆优2号”	GS-02-005-2016	中国的牙鲆抗鳗弧菌病群体与日本的牙鲆群体杂交后代（♀）×中国的牙鲆抗鳗弧菌病群体与韩国的牙鲆群体杂交后代（♂）	中国水产科学研究院黄海水产研究所、海阳市黄海水产有限公司	杂交种
22	海水鱼	云龙石斑鱼	云龙石斑鱼	GS-02-002-2018	云纹石斑鱼（♀）×鞍带石斑鱼（♂）	莱州明波水产有限公司、中国水产科学研究院黄海水产研究所、福建省水产研究所、厦门小嶝水产科技有限公司、中山大学	杂交种
23	海水鱼	大黄鱼	大黄鱼“甬岱1号”	GS-01-001-2020	大黄鱼岱衢洋野生群体	宁波市海洋与渔业研究院、宁波大学、象山港湾水产苗种有限公司	选育种

（续）

序号	种类	物种名称	品种名称	品种登记号	亲本来源	选育单位	类别
24	虾	南美白对虾	凡纳滨对虾“广泰1号”	GS-01-003-2016	凡纳滨对虾引进群体、凡纳滨对虾“科海1号”	中国科学院海洋研究所、西北农林科技大学、海南广泰海洋育种有限公司	选育种
25	虾	南美白对虾	凡纳滨对虾“海兴农2号”	GS-01-004-2016	凡纳滨对虾引进群体	广东海兴农集团有限公司、广东海大集团股份有限公司、中山大学、中国水产科学研究院黄海水产研究所	选育种
26	虾	脊尾白虾	脊尾白虾“科苏红1号”	GS-01-004-2017	脊尾白虾养殖群体	中国科学院海洋研究所、江苏省海洋水产研究所、启东市庆健水产养殖有限公司	选育种
27	虾	脊尾白虾	脊尾白虾“黄育1号”	GS-01-005-2017	脊尾白虾野生群体	中国水产科学研究院黄海水产研究所、日照海辰水产有限公司	选育种
28	虾	南美白对虾	凡纳滨对虾“正金阳1号”	GS-01-006-2017	凡纳滨对虾养殖群体	中国科学院南海海洋研究所、茂名市金阳热带海珍养殖有限公司	选育种
29	虾	南美白对虾	凡纳滨对虾“兴海1号”	GS-01-007-2017	凡纳滨对虾养殖群体	广东海洋大学、湛江市德海实业有限公司、湛江市国兴水产科技有限公司	选育种
30	虾	中国对虾	中国对虾“黄海5号”	GS-01-008-2017	中国对虾“黄海2号”和野生群体	中国水产科学研究院黄海水产研究所	选育种
31	虾	青虾	青虾“太湖2号”	GS-01-009-2017	杂交青虾“太湖1号”	中国水产科学研究院淡水渔业研究中心、无锡施瑞水产科技有限公司、深圳华大海洋科技有限公司、南京市水产科学研究所、江苏省渔业技术推广中心	选育种
32	虾	斑节对虾	斑节对虾“南海2号”	GS-02-002-2017	斑节对虾“南海1号”（♀）×斑节对虾非洲品系（♂）	中国水产科学研究院南海水产研究所	杂交种
33	虾	中国对虾	中国对虾“黄海4号”	GS-01-003-2020	中国对虾“黄海1号”和中国对虾“黄海3号”选育群体	中国水产科学研究院黄海水产研究所、昌邑市海丰水产养殖有限责任公司、日照海辰水产有限公司	选育种
34	蟹	河蟹	中华绒螯蟹“诺亚1号”	GS-01-005-2016	中华绒螯蟹长江水系野生群体	中国水产科学研究院淡水渔业研究中心、江苏诺亚方舟农业科技有限公司、常州市武进区水产技术推广站	选育种

（续）

序号	种类	物种名称	品种名称	品种登记号	亲本来源	选育单位	类别
35	蟹	三疣梭子蟹	三疣梭子蟹“黄选2号”	GS-01-006-2018	三疣梭子蟹“黄选1号”和野生群体	中国水产科学研究院黄海水产研究所、昌邑市海丰水产养殖有限责任公司	选育种
36	贝	海湾扇贝	海湾扇贝“海益丰12”	GS-01-006-2016	海湾扇贝养殖群体	中国海洋大学、烟台海益苗业有限公司	选育种
37	贝	牡蛎	长牡蛎“海大2号”	GS-01-007-2016	长牡蛎野生群体	中国海洋大学、烟台海益苗业有限公司	选育种
38	贝	牡蛎	葡萄牙牡蛎“金蛎1号”	GS-01-008-2016	葡萄牙牡蛎野生群体和养殖群体	福建省水产研究所	选育种
39	贝	菲律宾蛤仔	菲律宾蛤仔“白斑马蛤”	GS-01-009-2016	菲律宾蛤仔野生群体	大连海洋大学、中国科学院海洋研究所	选育种
40	贝	虾夷扇贝	虾夷扇贝“明月贝”	GS-01-010-2017	虾夷扇贝养殖群体	大连海洋大学、獐子岛集团股份有限公司	选育种
41	贝	三角帆蚌	三角帆蚌“申紫1号”	GS-01-011-2017	鄱阳湖、洞庭湖采集的野生三角帆蚌	上海海洋大学，金华市浙星珍珠商贸有限公司	选育种
42	贝	文蛤	文蛤“万里2号”	GS-01-012-2017	文蛤养殖群体	浙江万里学院	选育种
43	贝	缢蛏	缢蛏“申浙1号”	GS-01-013-2017	缢蛏野生群体	上海海洋大学、三门东航水产育苗科技有限公司	选育种
44	贝	扇贝	扇贝“青农2号”	GS-02-003-2017	紫扇贝（♀）×和海湾扇贝（♂）	青岛农业大学、青岛海弘达生物科技有限公司	杂交种
45	贝	长牡蛎	长牡蛎“海大3号”	GS-01-007-2018	长牡蛎野生群体	中国海洋大学、烟台海益苗业有限公司、乳山华信食品有限公司	选育种
46	贝	方斑东风螺	方斑东风螺“海泰1号”	GS-01-008-2018	方斑东风螺养殖群体	厦门大学、海南省海洋与渔业科学院	选育种
47	贝	扇贝	扇贝“青农金贝”	GS-01-009-2018	紫扇贝与海湾扇贝杂交一代的第三代选育群体	青岛农业大学、中国科学院海洋研究所、烟台海之春水产种业科技有限公司	选育种
48	贝	绿盘鲍	绿盘鲍	GS-02-003-2018	皱纹盘鲍（♀）× 绿鲍（♂）	厦门大学、福建闽锐宝海洋生物科技有限公司	杂交种
49	贝	缢蛏	缢蛏“甬乐1号”	GS-01-004-2020	缢蛏福建长乐野生群体	浙江万里学院、浙江万里学院宁海海洋生物种业研究院	选育种

（续）

序号	种类	物种名称	品种名称	品种登记号	亲本来源	选育单位	类别
50	贝	熊本牡蛎	熊本牡蛎“华海1号”	GS-01-005-2020	熊本牡蛎广东湛江野生群体	中国科学院南海海洋研究所、广西阿蚌丁海产科技有限公司	选育种
51	贝	长牡蛎	长牡蛎“鲁益1号”	GS-01-006-2020	长牡蛎山东烟台、威海和日照野生群体	鲁东大学、山东省海洋资源与环境研究院、烟台海益苗业有限公司、烟台市崆峒岛实业有限公司	选育种
52	贝	长牡蛎	长牡蛎“海蛎1号”	GS-01-007-2020	长牡蛎河北乐亭野生群体	中国科学院海洋研究所	选育种
53	贝	三角帆蚌	三角帆蚌“浙白1号”	GS-01-008-2020	三角帆蚌养殖群体	金华职业技术学院、金华市威旺养殖新技术有限公司	选育种
54	贝	池蝶蚌	池蝶蚌“鄱珠1号”	GS-01-009-2020	池蝶蚌日本琵琶湖引进群体	南昌大学、抚州市水产科学研究所	选育种
55	藻	坛紫菜	坛紫菜“闽丰2号”	GS-01-010-2020	坛紫菜野生纯系和诱变选育纯系	集美大学	选育种
56	棘皮	刺参	刺参“安源1号”	GS-01-014-2017	刺参“水院1号”	山东安源水产股份有限公司、大连海洋大学	选育种
57	棘皮	刺参	刺参“东科1号”	GS-01-015-2017	刺参养殖群体	中国科学院海洋研究所、山东东方海洋科技股份有限公司	选育种
58	棘皮	刺参	刺参“参优1号”	GS-01-016-2017	刺参野生群体	中国水产科学研究院黄海水产研究所、青岛瑞滋海珍品发展有限公司	选育种
59	棘皮	刺参	刺参“鲁海1号”	GS-01-011-2018	刺参野生群体	山东省海洋生物研究院、好当家集团有限公司	选育种
60	爬行	中华鳖	中华鳖“永章黄金鳖”	GS-01-010-2018	中华鳖野生群体及养殖群体	保定市水产技术推广站、河北大学、阜平县景涛甲鱼养殖厂	选育种
61	爬行	中华鳖	中华鳖“珠水1号”	GS-01-011-2020	中华鳖洞庭湖水系野生群体	中国水产科学研究院珠江水产研究所、广东绿卡实业有限公司	选育种